Barbara Brüning (Hg.)

Philosophische Spurensuche

Ethik · Gymnasiale Oberstufe

Lehrbuch · Landesausgabe Sachsen

Vorwort

Liebe Schülerinnen und Schüler,

„Wahre Philosophen sind jene, die auf die Freiheit des anderen den Zwang ausüben, mehr in die Tiefe zu dringen."
Diese Gedanken der Schweizer Philosophin Jeanne Hersch (1910–2004), sollen das Motto der philosophischen Spurensuche sein, zu der wir Sie mit unserem Lehrbuch anregen wollen.

Unsere Spuren führen durch sieben Kapitel. Wir beginnen im ersten Kapitel mit der Frage, ob der Mensch wirklich frei sein kann oder ob er beispielsweise von vornherein durch neurophysiologische Strukturen festgelegt ist und aus diesem Gefängnis der Seele nicht selbstbestimmt ausbrechen kann.
Das folgende Kapitel widmet sich der Ethik, die sich traditionell in drei große Bereiche unterteilen lässt: die Philosophische Ethik, die Religiöse Ethik und die Angewandte Ethik. Letztere entstand erst im 20. Jahrhundert als Reaktion auf die wissenschaftlich-technische Revolution und die damit verbundenen Probleme für die Umwelt und die Wirtschaft.
Eine aktuell besonders heftig diskutierte Form der Angewandten Ethik ist die Medizinethik. Sie beschäftigt sich u. a. mit Problemen der Organspende, der Transplantationsmedizin und der Sterbehilfe.
Das dritte Kapitel diskutiert Einwände gegen die Ethik wie den ethischen Relativismus, der ein festes Wertefundament der Gesellschaft negiert. Bereits in der Antike behaupteten beispielsweise die Kyniker, dass nur ein unmoralisches Leben ein gutes Leben sei.
Die beiden folgenden Kapitel thematisieren Gerechtigkeit und Recht. Hier werden insbesondere austeilende und ausgleichende Gerechtigkeit nach Aristoteles unterschieden sowie Naturrecht und positives Recht. Im Anschluss daran folgen im sechsten Kapitel Überlegungen für und wider die Todesstrafe anhand aktueller Beispiele und philosophischer Reflexionen.
Das letzte Kapitel widmet sich existentialistischer Literatur, die insbesondere die Klassiker Jean-Paul Sartre, Albert Camus und Simone de Beauvoir umfasst. Da sie sich die genannten Philosophen, die auch Schriftsteller waren, mit fundamentalen Problemen menschlicher Existenz beschäftigt haben, die sich durch alle Kapitel unseres Lehrbuches ziehen, finden Sie ihre Überlegungen am Schluss der Spurensuche.

Unsere Arbeitsanregungen zu den einzelnen Kapiteln beziehen sich wie schon in der Sekundarstufe I auf die Grundmethoden des Philosophierens: Begriffsanalyse, Argumentieren, sokratische Gespräche führen und Gedankenexperimente weiterdenken.
Sie werden durch weitere Methoden wie den fiktiven Brief oder den Haiku ergänzt: Erklärungen hierzu finden Sie am Schluss des Buches im „Kurzen Methodenlexikon der Ethik". Die Methoden werden im laufenden Text mit einem * gekennzeichnet wie auch die Autorinnen und Autoren, über die wir im Glossar wichtige Informationen geben. Dort finden Sie auch Bücher zum Weiterlesen zu allen Themen des Lehrbuches.

Zu vielen Themen werden auch Internetadressen angeführt, die allerdings schnelllebig sind, sodass Sie möglicherweise Suchmaschinen verwenden müssen, um veraltete Adressen zu aktivieren.
Wir wünschen Ihnen viele kluge Gedanken beim Entschlüsseln und Weiterdenken der vielfältigen Spuren der philosophischen Tradition.

Ihre Autorinnen und Autoren

Barbara Brüning (Hg.)

Philosophische Spurensuche

Ethik · Gymnasiale Oberstufe
Lehrbuch · Landesausgabe Sachsen

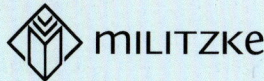

Inhaltsverzeichnis

Vorwort

1 Ist der Mensch wirklich frei? 6

1.1 Freiheit – ein schwieriger Begriff 7
1.2 Warum Menschen handeln 9
   1.2.1 Triebe und Instinkte als Antriebsmotor 11
   1.2.2 Institutionen als verpflichtende Ordnung 12
   1.2.3 Gesetze als Handlungsrahmen 14
1.3 Tun wir immer, was wir wollen? 15
   1.3.1 Freiwillige und unfreiwillige Handlungen 15
   1.3.2 Willensfreiheit als Eigenschaft vernünftiger Wesen 21
1.4 Hat der freie Wille Grenzen? 25
   1.4.1 Freiheit und Determination 25
   1.4.2 Widerlegt die Hirnforschung den freien Willen? 28
   1.4.3 Determinismus aus Sicht der Religion 35
1.5 Freiheit und Verantwortung 38
   1.5.1 Zur Freiheit verurteilt 38
   1.5.2 Wir müssen für unsere Handlungen einstehen 41

2 Die Frage nach dem guten Handeln 42

2.1 Nicht nur Gutes tun, sondern auch wissen, warum 42
2.2 Philosophische Ethik 47
   2.2.1 Deontologische Position: Müssen Menschen ihre Pflicht erfüllen? 47
   2.2.2 Teleologische Position: Handeln wir moralisch gut, wenn es der Mehrheit nützt? 54
   2.2.3 Entscheidungen treffen – deontologisch oder utilitaristisch? 60
   2.2.4 Weitere Positionen der Philosophischen Ethik: Mitleid als moralischer Motor? 65
   2.2.5 Tugendethik: Mitmenschlichkeit als höchste Tugend des Konfuzius 73
2.3 Religiöse Ethik 77
   2.3.1 Christliche Ethik: „Wenn es die Zehn Gebote nicht gäbe" 77
   2.3.2 Buddhistische Ethik: Mit-Leiden mit anderen 82
   2.3.3 Taoistische Ethik: Eins sein mit der Natur 87
2.4 Angewandte Ethik 92
   2.4.1 Passt die Moral zur Wirtschaft? 93
   2.4.1.1 Gewinne oder Ethik? 94
   2.4.1.2 Marktwirtschaft im Dienst des Menschen 95
   2.4.2 Medizinethik – Leben erhalten um jeden Preis? 100
   2.4.2.1 Das Arzt-Patienten-Verhältnis 104
   2.4.2.2 Das Recht zu sterben 108
   2.4.2.3 Organtransplantation 112
   2.4.2.4 Ethische Herausforderungen am Anfang und Ende des Lebens 116

3 Kritik der Ethik 122

3.1 Der Kynismus: Alles ist erlaubt 123
3.2 Der Nihilismus: Neue Werte schaffen 125
3.3 Alles egal? Das Problem des ethischen Relativismus 127

4 Gerechtigkeit – Illusion oder realisierbares Prinzip? 129

4.1 Was heißt gerecht handeln? 129
   4.2.1 Gerechtigkeit im Alltag 130
4.2 Leben wir in einer gerechten Gesellschaft? 131
   4.2.1 Gleichberechtigung von Mann und Frau 131
   4.2.2 Chancengleichheit für alle Menschen? 135
4.3 Theorien zur Gerechtigkeit 137

4.3.1 Gerechtigkeit als Tugend	137	7	**Der Mensch lebt – Literatur des Existentialismus**	**192**
4.3.2 Gerechtigkeit als Offenbarung Gottes	139			
4.3.3 Gerechtigkeit als moralisches Empfinden	140	7.1	Elixiere des Lebens – die Pariser Existentialisten	194
4.3.4 Ungerechtigkeit als moralische Antriebskraft	141		7.1.1 Albert Camus: Das Absurde	194
			7.1.2 Simone de Beauvoir: Liebe und Tod	197
4.4 Schafft der gerechte Staat wirklich Gerechtigkeit?	**142**		7.1.3 Jean-Paul Sartre: Ekel und Einsamkeit	202
4.4.1 Vom Naturzustand zum Vertrag	142	7.2	**Die Welt spielt verrückt – junge existentialistische Literatur**	**207**
4.4.2 Der Gemeinwille als Grundlage des Gesellschaftsvertrags	146			
4.4.3 Gerechtigkeit als Fairness	149	7.3	**Im Wandel der Zeit – existentialistische Lyrik**	**209**
4.5 Eine gemeinsame Formel der Gerechtigkeit	**153**			

		8	**Rüstzeug zum Philosophieren**	**211**
5 Alles, was Recht ist …	**154**			
		8.1	Hermeneutik	211
5.1 Funktionen des Rechts	**155**	8.2	Das sokratische Gespräch	215
5.2 Naturrecht und positives Recht	**157**			
5.2.1 Die Natur als Quelle des Rechts	157			
5.2.2 Was heißt „positives Recht"?	159	**Anhang**		**219**
5.2.3 Das Recht auf Widerstand	161		Kleines Methodenlexikon der Ethik	219
5.2.4 Rechtspositivismus: Immer treu nach dem Gesetz?	162		Glossar	223
			Bücher zum Weiterlesen	229
5.3 Menschenrechte sind unteilbar	**165**		Bildnachweis	230
5.4 Strafe – ein notwendiges Übel?	**169**			
5.4.1 Relative und absolute Strafe	170			
5.4.2 Was durch Strafe erreicht werden soll	172			
5.4.3 Straftheorien in der aktuellen Praxis	174			
5.5 Schuld – Sühne – Gnade	**177**			

Legende der Symbole

 Fragen und Aufgaben

 Projektvorschlag

 Quellentexte

 Wissenskasten

6 Der Tod als Strafe – Todesstrafe	**181**
6.1 Die Todesstrafe in der öffentlichen Meinung	**182**
6.2 Rache als Motiv für die Todesstrafe?	**184**
6.3 Gnade und Begnadigung	**189**

1. Ist der Mensch wirklich frei?

Wolfgang Mattheuer: Hinter den sieben Bergen (1973)

 *Beschreiben Sie das Bild. Welche Rolle spielt die Frau mit den Luftballons?
Nehmen wir an, sie wäre ein Symbol für die Freiheit, bedeutet das, die Freiheit schwebt über den Dingen?
Begründen Sie Ihren Standpunkt.*

1.1 Freiheit – ein schwieriger Begriff

Die Freiheit ist ein wundersames Tier

Vor ein paar Tagen ging ich in den Zoo
Die Sonne schien, mir war ums Herz so froh
Vor einem Käfig sah ich Leute stehn
Da ging ich hin um mir das näher anzusehen
„Nicht füttern" stand auf einem großen Schild
Und „bitte nicht reizen, da sehr wild!"
Erwachsene und Kinder schauten dumm
Und nur ein Wärter schaute grimmig und sehr stumm
Ich fragte ihn „wie heißt denn dieses Tier?"
„Das ist die Freiheit!" sagte er zu mir
„Die gibt es jetzt so selten auf der Welt
Drum wird sie hier für wenig Geld zur Schau gestellt"
Ich schaute und ich sagte „Lieber Herr!
Ich seh ja nichts, der Käfig ist doch leer"
„Das ist ja grade" – sagte er – „der Gag!
Man sperrt sie ein und augenblicklich ist sie weg!"
Die Freiheit ist ein wundersames Tier
und manche Menschen haben Angst vor ihr
doch hinter Gitterstäben geht sie ein
denn nur in Freiheit kann die Freiheit Freiheit sein –

Georg Danzer, österreichischer Liedermacher
(Freiheit. In: Ders.: Die großen Hits, ASIN: B0000241GN)

1. Warum ist die Freiheit ein wundersames Tier, vor dem einige Menschen Angst haben? Erstellen Sie zum Begriff der Freiheit einen *Cluster.

Stellen Sie weitere Songtexte im Kurs vor, die das Thema „Freiheit" behandeln.

2. Versetzen Sie sich in die Person auf dem Foto. Beschreiben Sie die Gefühle, die bei Ihnen geweckt werden.
3. Berichten Sie über Erfahrungen, die in Ihrem Leben eine ähnliche Wirkung hervorgerufen haben.
4. Schreiben Sie anschließend eine Kurzgeschichte, die eine Situation thematisiert, in der sich ein Mensch „frei" gefühlt hat.

Freiheit in Aktion

Der Begriff „Freiheit" wird gewöhnlich in drei unterschiedlichen Bedeutungen verwendet, die in Erörterungen des Themas häufig durcheinander geraten. Es ist daher ratsam, sie zumindest so weit wie möglich zu unterscheiden.

a) Die Freiheit als Fähigkeit, gemäß den eigenen Wünschen und Plänen zu handeln. Dies ist die gebräuchlichste Bedeutung des Wortes, auf die wir uns am häufigsten beziehen, wenn das Thema im Gespräch auftaucht. Es bezieht sich auf Situationen, in denen physische, psychologische oder rechtliche Hindernisse fehlen, die unseren Willen beschränken könnten. Nach diesem Verständnis ist derjenige frei – sich zu bewegen, zu gehen oder zu kommen –, der nicht gefesselt oder eingesperrt ist, bedroht oder gefoltert wird oder unter Drogeneinfluss steht.

Darüber hinaus ist in diesem Sinne frei – am öffentlichen Leben teilzunehmen, sich um öffentliche Ämter zu bewerben –, wer nicht durch diskriminierende Gesetze an den Rand gedrängt oder ausgeschlossen ist, wer nicht in furchtbarem Elend oder völliger Unwissenheit lebt und so weiter. Meiner Auffassung nach umfasst diese Definition von Freiheit nicht nur die Möglichkeit, das Gewollte anzustreben, sondern auch eine gewisse Chance, es zu erreichen. Wenn es überhaupt keine Erfolgsaussicht gibt, würden wir auch nicht sagen, dass es Freiheit gibt: Vor dem *Unmöglichen* ist niemand wirklich frei.

b) Die Freiheit zu wollen, was ich will – noch vor jeglichem Versuch, das Gewollte wirklich zu erreichen. Es handelt sich hier um eine kompliziertere und weniger offenkundige Bedeutungsebene des Wortes Freiheit. So stramm gefesselt oder sicher eingesperrt ich auch sein mag, niemand kann mich daran hindern, eine Reise machen zu *wollen* – man kann mich lediglich daran hindern, sie tatsächlich anzutreten. Wenn ich nicht will, kann mich niemand zwingen, meinen Folterer zu hassen oder die verordneten Meinungen zu glauben, die er mir mit Gewalt aufnötigen will. Mein Wollen ist frei, auch wenn die Umstände die Möglichkeit seiner Ausführung vereiteln. Die Stoiker (Anhänger einer philosophischen Richtung, die bis in die Spätantike sehr einflussreich war) bestanden stolz auf dieser unverletzlichen Freiheit des menschlichen Willens. Der Verlauf der Ereignisse liegt nicht in meiner Hand – ein einfacher Stein im Schuh kann meinen Weg unterbrechen –, doch die Redlichkeit – oder Perversion – meines Willens trotzt den Gesetzen der Physik und des Staates. Ein Beispiel dafür unter Tausenden bot der Stoiker Cato der Jüngere im alten Rom, als er die Rebellion der Republikaner gegen Cäsar unterstützte. Nachdem die Rebellen besiegt waren, sagte Cato dem Historiker Plutarch zufolge, die Sache der Besiegten habe zwar den Göttern missfallen, ihm selbst jedoch gefallen. Die Götter – die Notwendigkeit, die Geschichte, das Unvermeidliche – können die Pläne des Menschen vereiteln. Doch sie können nicht verhindern, dass er *diese* Pläne hat und keine anderen.

c) Die Freiheit, das zu wollen, was wir nicht wollen und das nicht zu wollen, was wir tatsächlich wollen. Ohne Zweifel ist dies die seltsamste und am schwierigsten zu erklärende Bedeutung des Wortes Freiheit. Um uns ihr anzunähern, können wir zunächst darauf hinweisen, dass Menschen nicht nur Wünsche verspüren, sondern auch Wünsche bezüglich ihrer Wünsche haben. Wir haben nicht nur Intentionen, sondern hätten auch gerne bestimmte Intentionen – obwohl wir sie tatsächlich nicht haben. Nehmen wir an, ich komme an einem brennenden Haus vorbei und höre im Inneren ein Kind weinen. Ich möchte nicht hineingehen, um es zu retten. Ich habe Angst, es ist sehr gefährlich und schließlich gibt es dafür ja Feuerwehrleute. [...] Gleichzeitig jedoch *möchte ich wollen*, hineinzugehen, um das Kind zu retten, denn es würde mir gefallen, nicht so viel Angst vor der Gefahr zu haben. Und ich würde gern in einer Welt leben, in der die Erwachsenen den Kindern im Falle eines Feuers helfen. Ich bin das, was ich sein möchte, aber gleichzeitig möchte ich anders sein – anderes, Besseres wollen.

Jeder möchte vor der Gefahr fliehen, doch niemand möchte ein Feigling sein. Manchmal ist es verlockend zu lügen, doch ich möchte mich selbst nicht als Lügner betrachten. Mir gefällt es, Alkohol zu trinken, aber ich möchte nicht zu einem Trinker werden. Das, was ich „jetzt tun will" und was ich „sein will", ist nicht identisch. Fragt man mich, was ich tun will, bringe ich meinen unmittelbaren, direkten Willen zum Ausdruck. Werde ich dagegen gefragt, was ich sein will – oder wie ich sein will –, antworte ich darauf, indem ich sage, was ich sein möchte, was also meiner Meinung nach zu wollen gut wäre. Der römische Dichter Ovid brachte diesen Widerspruch in einem Vers zum Ausdruck: *Video melior proboque, deteriora sequor* („Ich sehe, was besser ist und heiße es gut, doch fröne ich weiterhin dem Schlechteren" – das heißt, ich will weiterhin, was ich nicht wollen möchte).

Fernando Savater, zeitgenössischer spanischer Philosoph (Die Fragen des Lebens, Übersetzt von Andreas Simon, Campus, Frankfurt am Main 2000, S. 145 ff.)

Wählen Sie zu jeder der drei Formen von Freiheit ein Bildbeispiel aus diesem Kapitel aus, das eine geeignete Illustration bietet.

Sie können darüber hinaus auch eigene Bildbeispiele zur Diskussion stellen oder selbst einen Comic zu dem jeweiligen Begriff von Freiheit anfertigen.

1.2 Warum Menschen handeln

Arbeiten – Herstellen – Handeln

*Hannah Arendt gehört zu den bedeutendsten deutschen Philosophinnen des 20. Jahrhunderts. In ihrem Buch „Vita activa" unterschied sie drei menschliche Grundtätigkeiten: Arbeiten, Herstellen und Handeln.

Die Tätigkeit der Arbeit entspricht dem biologischen Prozess des menschlichen Körpers, der in seinem spontanen Wachstum, Stoffwechsel und Verfall sich von Naturdingen nährt, welche die Arbeit erzeugt und zubereitet, um sie als die Lebensnotwendigkeiten dem lebendigen Organismus zuzuführen. Die Grundbedingung, unter der die Tätigkeit des Arbeitens steht, ist das Leben selbst.

Im Herstellen manifestiert sich das Widernatürliche eines von der Natur abhängigen Wesens, das sich der immerwährenden Wiederkehr des Gattungslebens nicht fügen kann und für seine individuelle Vergänglichkeit keinen Ausgleich findet in der potentiellen Unvergänglichkeit des Geschlechts. Das Herstellen produziert eine künstliche Welt von Dingen, die sich den Naturdingen nicht einfach zugesellen, sondern sich von ihnen dadurch unterscheiden, dass sie der Natur bis zu einem gewissen Grade widerstehen und von den lebendigen Prozessen nicht einfach zerrieben werden. In dieser Dingwelt ist menschliches Leben zu Hause, das von Natur in der Natur heimatlos ist; und die Welt bietet Menschen eine Heimat in dem Maße, in dem sie menschliches Leben überdauert, ihm widersteht und als objektiv-gegenständlich gegenübertritt. Die Grundbedingung, unter der die Tätigkeit des Herstellens steht, ist Weltlichkeit, nämlich die Angewiesenheit menschli-

cher Existenz auf Gegenständlichkeit und Objektivität.
Das Handeln ist die einzige Tätigkeit der Vita activa, die sich ohne die Vermittlung von Materie, Material und Dingen direkt zwischen Menschen abspielt. Die Grundbedingung, die ihr entspricht, ist das Faktum der Pluralität, nämlich die Tatsache, dass nicht ein Mensch, sondern viele Menschen auf der Erde leben und die Welt bevölkern. Zwar ist menschliche Bedingtheit in allen ihren Aspekten auf das Politische bezogen, aber die Bedingtheit durch Pluralität steht zu dem, dass es so etwas wie Politik unter Menschen gibt, noch einmal in einem ausgezeichneten Verhältnis; sie ist nicht nur die conditio sine qua non (1), sondern die conditio per quam (2) […]

Alle drei Grundtätigkeiten und die ihnen entsprechenden Bedingungen sind nun nochmals in der allgemeinsten Bedingtheit menschlichen Lebens verankert, dass es nämlich durch Geburt zur Welt kommt und durch Tod aus ihr wieder verschwindet. Was die Mortalität (3) anlangt, so sichert die Arbeit das Am-Leben-Bleiben des Individuums und das Weiterleben der Gattung; das Herstellen errichtet eine künstliche Welt, die von der Sterblichkeit der sie Bewohnenden in gewissem Maße unabhängig ist und so ihrem flüchtigen Dasein so etwas wie Bestand und Dauer entgegenhält; das Handeln schließlich, soweit es der Gründung und Erhaltung politischer Gemeinwesen dient, schafft die Bedingungen für eine Kontinuität der Generationen, für Erinnerung und damit für Geschichte. Auch an der Natalität (4) sind

Hannah Arendt

alle Tätigkeiten gleicherweise orientiert, da sie immer auch die Aufgabe haben, für die Zukunft zu sorgen, bzw. dafür, dass das Leben und die Welt dem ständigen Zufluss von Neuankömmlingen, die als Fremdlinge in sie hineingeboren werden, gewachsen und auf ihn vorbereitet bleibt. Dabei ist, aber das Handeln an die Grundbedingung der Natalität enger gebunden als Arbeiten und Herstellen. Der Neubeginn, der mit jeder Geburt in die Welt kommt, kann sich in der Welt nur darum zur Geltung bringen, weil dem Neuankömmling die Fähigkeit zukommt, selbst einen neuen Anfang zu machen, d. h. zu handeln. Im Sinne von Initiative ein initium (5) setzen steckt ein Element von Handeln in allen menschlichen Tätigkeiten, was nichts anderes besagt, als dass diese Tätigkeiten eben von Wesen geübt werden, die durch Geburt zur Welt gekommen sind und unter der Bedingung der Natalität stehen. Und da Handeln ferner die politische Tätigkeit par excellence ist, könnte es wohl sein, dass Natalität für politisches Denken ein so entscheidendes, Kategorien-bildendes Faktum darstellt, wie Sterblichkeit seit eh und je und im Abendland zumindest seit Plato der Tatbestand war, an dem metaphysisch-philosophisches Denken sich entzündete […].

(1) conditio sine qua non = eine unerlässliche Bedingung
(2) conditio per quam = die Bedingung dafür
(3) Mortalität = Sterblichkeit
(4) Natalität = Geburt
(5) initium = Anfang

Hannah Arendt, deutsche Philosophin
(Vita activa oder vom tätigen Leben, Piper Verlag, München 1967, S. 16–18)

1. Warum sind Arbeit, Herstellen und Handeln Grundtätigkeiten menschlichen Lebens? Wodurch unterscheiden sie sich? Fertigen Sie dazu ein Schema an.
2. Welche Rolle spielen Ihrer Meinung nach Geburt und Tod im menschlichen Leben?
Schreiben Sie dazu einen *Essay.
3. Nennen Sie, zu dem Schema auf der Seite 11, weitere Faktoren, die menschliches Handeln beeinflussen können.

Faktoren, die das Handeln der Menschen beeinflussen

1.2.1 Triebe und Instinkte als Antriebsmotor

Der Kampf ums Dasein

Seit der Entstehung der Psychoanalyse zu Beginn des 20. Jahrhunderts durch den österreichischen Philosophen *Sigmund Freud hat sich die Ethik verstärkt mit den verschiedenen Faktoren menschlichen Handelns und insbesondere auch mit dem Einfluss des Unbewussten auf das Handeln der Menschen beschäftigt.

Es steht mit diesem Trieb [dem Aggressionstrieb, d. Hg.] so wie mit jedem anderen im Menschen: er kann seine Gestalt verändern, auch ist er entperiodisiert, wie der Geschlechtstrieb, auf Dauer gestellt und immer ansprechbar. Auch er kann, wie dieser, als Komponente in viele andere Bedürfnisse und Antriebe eingehen und unterscheidet sich daher nicht von den anderen so plastischen, verteilbaren, verschmelzbaren, die Erscheinungsform wechselnden Instinktresiduen des Menschen.
Nun ist der Aggressionstrieb doch offenbar auf den Daseinskampf bezogen, und FREUD sagte sehr richtig, er müsse durch das Muskelsystem abgeleitet werden. Die beiden wichtigsten Formen dieser Ableitung sind mit Sicherheit jahrtausendelang die schwere körperliche Arbeit und der Kampf von Gruppen untereinander gewesen. In den früheren kleinteiligen Gesellschaften, als wenige Leute periodisch miteinander rauften, gab es vielleicht mehr inneren Frieden in der Welt als jetzt. Denn inzwischen ist folgendes geschehen: Wir haben die großen […] Massengesellschaften moderner Staaten und die Maschine, die dem Menschen die Arbeit abnimmt und erleichtert. Die beiden großen Kanäle, in denen die Menschen jahrtausendelang den Aggressionstrieb abführten, sind verstopft: nämlich die schwere körperliche Arbeit und die doch bis zur Erfindung des mühelosen Tötens mit der Feuerwaffe recht harmlosen dauernden Fehden und Raufereien.

Wo bleibt denn jetzt dieser Trieb? Er ist nach wie vor am Leben, aber er wechselt die Erscheinung. Er lebt in den gewaltigen Ladungen innersozialer Gereiztheit, die unsere großen, von der physischen Arbeit so stark entlasteten Gesellschaften zu sprengen drohen; er hat sich in Angst und Angstbereitschaft konvertiert oder in das allgegenwärtige Misstrauen, mit dem die Menschen sich gegenübertreten. Dies ist offenbar die Zivilisationsform dieses Triebes, die Gestalt, die er unter den modernen entlasteten und erleichterten Lebensbedingungen annimmt. Vielleicht gibt es überhaupt wegen der verminderten Abfuhrmöglichkeit eine Energiestauung dieses Triebes mit der bekannten Senkung der Reizschwelle, so dass große Massen von Aggressionsbereitschaft bereitlägen, um loszubrechen, wenn sie ausgeklinkt werden – wobei dieses Ausklinken immer leichter möglich würde. Jedenfalls steht eines fest: mit der zivilisatorischen Entlastung des Menschen von schwerer körperlicher Arbeit, die ja schon so weit geht, dass höchstbezahlte Berufe dieser Art gemieden werden, geht zeitlich und örtlich eine Verletzbarkeit, eine Angstentwicklung zusammen, wie sie so noch nie gegeben war.

Man kann dieses Beispiel einer allgemeinen Überlegung aussetzen. Mit der Freisetzung der Intelligenz und Motorik, wie sie beim Menschen geschehen ist, scheint eine (1)„Instinktreduktion", eine Art Abbau der wohlgeordneten angeborenen und stereotypen Verhaltensformen eingetreten zu sein, die wir beim Tier instinktiv nennen. Das Wort „Instinktreduktion" bedeutet oder meint keine quantitative Abnahme von Antriebsbeträgen, sondern soll einen anthropologisch sehr grundlegenden Zusammenhang bezeichnen. Abgehängt von der Motorik nehmen unsere vitalen Antriebe die Form der Innenentfaltung, des Gefühlsstoßes, der Affektentwicklung an, oder zum mindesten tritt diese Innenverarbeitung gleichberechtigt neben die Abfuhr in der Handlung. Zweitens sind die beim Tier wohlumschriebenen Instinktkomplexe beim Menschen entdifferenziert, in hohem Grade verschmelzungsfähig, plastisch, konvertierbar (wie dies FREUD nannte). [...]

Instinktive Komponenten können also in den verschiedensten Verteilungen und Überlagerungen in ein beliebiges gelerntes menschliches Handeln übergehen.

Nimmt man z. B. den Affekt der Eifersucht, so kann niemand sagen, was an instinktiven Komponenten darin steckt, was daran Liebe, gekränkter Stolz, was Besitztrieb oder „Instinkt der Integrität" [...] ist. Und ebenso wenig kann jemand voraussagen, ob dieser Affekt als Gefühlsstoß in der Innenverarbeitung bleibt oder ob er sich in Handlungen entlädt, und wenn ja, in welchen.

Und dann kommt dazu noch eine andere Grundeigenschaft des menschlichen Antriebslebens, nämlich seine chronische, pausenlose Regsamkeit und Ansprechbarkeit, eben [...] den Triebüberschuss. Man erhält so manchmal den Eindruck, als ob mehrere Gruppen von Instinktresiduen dauernd und gleichzeitig um dasselbe Ausdrucksfeld, nämlich die Motorik, den Handlungsbereich konkurrierten und dabei zu grandiosen Vereinfachungen und Verschmelzungen genötigt würden, die wir dann als Eifersucht, Ehrgeiz, Erwerbsstreben, Pflichtgefühl usw. bezeichnen. Ganz sicher bilden die Sitten, Rechtsgewohnheiten und Institutionen einer Gesellschaft die Grammatik, nach deren Regeln sich unsere Antriebe artikulieren müssen; vielleicht sind sie überhaupt die großen Vereinfacher, die jene großen Synthesen, in denen die verschiedensten Antriebe zu Gesinnungen verschmelzen, hervorbringen und von außen stützen. Sind diese haltgebenden Mächte erschüttert, dann zerfallen diese Gesinnungen in wechselnde Impulse, die stammeln und kauderwelschen, weil sie die gemeinsame Sprache verloren haben.

(1) Instinktresiduum = Instinktrest

*Arnold Gehlen, deutscher Soziologe und Philosoph (Das Bild des Menschen im Lichte der modernen Anthropologie (1951). In: Ders.: Anthropologische Forschung, Rowohlt, Reinbek b. Hamburg 1961, S. 60 ff.)

1. Stellen Sie dar, welche handlungsmotivierenden Kräfte im Menschen nach Gehlen vorhanden sind.
2. Am Schluss des Textes finden Sie die Übertragung des Verhältnisses zwischen Antrieben und Gesellschaft auf den Bereich der Sprache (stammeln, kauderwelschen). Interpretieren Sie dieses Bild.
3. Führen Sie ein *„Sokratisches Gespräch" zu dem Thema: Die Freiheit des Menschen ist durch Instinkte und Triebe stark eingeschränkt.

1.2.2 Institutionen als verpflichtende Ordnung

„Nicht auf Ewigkeit gestellt"

Ob wir die Gegenwart oder aber die Vergangenheit betrachten, ob wir auf agrarische oder industrialisierte, demokratische oder totalitäre Gesellschaften achten – überall finden wir eine Gemeinsamkeit: Das Tun und Lassen der Menschen ist weder durch Triebe und Bedürfnisse vollständig determiniert noch dem freien Gutdünken jedes Einzelnen überlassen. Das

menschliche Handeln spielt sich vielmehr im Rahmen einer Vielzahl von sozialen Gebilden ab, die der unmittelbaren Verfügung der individuellen Subjekte weitgehend entzogen sind und die eine gewisse normative Struktur haben, eine Struktur, durch die das Handeln der Individuen in bestimmte Bahnen, Verhaltensmuster und Rollen gelenkt wird. Solche sozialen Gebilde, die der individuellen Verfügung entzogen sind und die das Tun und Lassen der Einzelnen lenken, heißen aber Institutionen. Institutionen sind die durch Sitte oder Recht gebundenen Dauerformen einer sozialen Gruppe. Institutionen sind zum Beispiel die Ehe und die Familie, auch die Sippe oder der Clan; die Schule, die Akademie und die Universität; das Eigentum, der Betrieb, das Krankenhaus, das Gericht und das Altersheim; die politische Gemeinde und der Staat, auch die religiöse Gemeinde, der Orden, der Zölibat und die Kirche. [...]
Durch diese verpflichtende Ordnung wird der Rahmen des sozial zulässigen, auch des sozial verbindlichen Verhaltens definiert, zugleich wird das davon abweichende Verhalten als sanktionswürdig erkannt. Die verschiedenen Institutionen der Ehe zum Beispiel definieren Rechte und Pflichten der Ehepartner, damit auch berechtigte Ansprüche (die „Gemeinschaft von Tisch und Bett") und illegitime Verhaltensweisen (wie Ehebruch). Entscheidend für Institutionen ist nun, dass ihre verbindliche Struktur eine dauerhafte und damit auch selbstständige Wirklichkeit hat. Das ist der Grund dafür, dass Institutionen der unmittelbaren Verfügung der einzelnen Menschen weitgehend entzogen sind. So sucht man in unserer Kultur zwar in der Regel sich seinen Ehepartner selbst aus, aber das Sozialgebilde „Ehe" erfindet man nicht; man findet es vielmehr in seiner verbindlichen Struktur vor. [...]
Anderseits sind die Institutionen zwar auf Dauer, aber nicht „auf Ewigkeit" gestellt. Im Unterschied zu physiologischen Eigenschaften des Menschen sind Institutionen historisch beschränkte Beziehungsformen. Institutionen gehen aus dem gemeinsamen Denken und Handeln der Menschen hervor, sie wandeln sich im Miteinander und gegebenenfalls gehen sie im Zusammenleben auch wieder unter.

*Otfried Höffe, zeitgenössischer deutscher Philosoph
(Der Begriff von Institutionen. In: Internationale Katholische Zeitschrift, 8. Jg. (1979), S. 70 f.)

1. Klären Sie in einem *Begriffsnetz den Begriff Institution.
2. Welche Rolle spielen Institutionen für das Handeln der Menschen? Ergänzen Sie die Gedanken von Höffe.
3. Diskutieren Sie in kleinen Gruppen die positiven und negativen Seiten von Institutionen innerhalb einer Gesellschaft.
4. Was könnte die Frau auf dem Comic antworten? Unterbreiten Sie auf einem Extrablatt einen Vorschlag. Gibt es einen Verbindung zwischen dem Comic und den Gedanken von Höffe? Begründen Sie Ihren Standpunkt.

1. Beschreiben Sie möglichst genau, was Sie in der Karikatur entdecken. Interpretieren Sie Details wie etwa die Bänder, indem Sie freiheitsberaubende Bindungen benennen, die dazu führen, dass jemand „auf die Nase fällt".
2. Stellen Sie eine Verbindung zu den Texten von Höffe und Gehlen her.

1.2.3 Gesetze als Handlungsrahmen

„Wer grundlegende Freiheiten aufgibt, um ein wenig Sicherheit zu gewinnen, verdient weder Freiheit noch Sicherheit."

Benjamin Franklin, nordamerikanischer Staatsmann, Schriftsteller und Physiker

SICHERHEITSTECHNIK
Echo aus dem Ohr
Der neue Reisepass mit Chip und Antenne markiert den Beginn einer Ära: Maschinen sollen Menschen anhand von Körpermerkmalen identifizieren – und etwa Terroristen enttarnen.

3. Beschreiben Sie das Foto und die Überschrift aus dem „Spiegel" und setzen Sie es in Beziehung zu dem Zitat von Benjamin Franklin.
4. Informieren Sie sich über den gegenwärtigen Stand der Sicherheitstechnik und die Bedenken einiger „Datenschützer".

1. Diskutieren Sie mit einem Expertenpodium (das durchaus auch aus Ihrem Kurs gebildet werden kann) die Vor- und Nachteile der Sicherheitstechnik im Zusammenhang mit den durch das Grundgesetz verbürgten Freiheitsrechten der Bürgerinnen und Bürger und der im Zitat von Benjamin Franklin vertretenen Position. Versuchen Sie, Ihre Kenntnisse aus dem Fach „Gemeinschaftskunde" anzuwenden.

Machen Sie eine Umfrage in Ihrer Klassenstufe oder der Oberstufe, welches Freiheitsrecht Ihren Mitschülerinnen und Mitschülern am wichtigsten ist und wo sie am ehesten Einschränkungen akzeptieren könnten. Werten Sie diese Umfrage anschließend aus.

1.3 Tun wir immer, was wir wollen?

1.3.1 Freiwillige und unfreiwillige Handlungen

Vielen Schülerinnen und Schülern fällt es nicht leicht, für eine Klausur zu lernen. Die meisten tun es dann doch, da sie eine gute Note bekommen wollen. Bei einigen sind es auch die mahnenden Worte der Eltern oder der Lehrerinnen und Lehrer, die sie zum Lernen motivieren. Handeln sie dann noch freiwillig? Macht es einen Unterschied etwas freiwillig zu tun oder nach Erwägung möglicher Konsequenzen? Was heißt eigentlich „freiwillig"? Ist es z. B. sinnvoll zu sagen, die Katze sei freiwillig in ihren Korb gegangen? Können wir einen Menschen für etwas bestrafen, was er nicht freiwillig tut?

2. Antworten Sie spontan in *Miniaturtexten auf die gestellten Fragen und ergänzen Sie Ihre Überlegungen nach der Lektüre der Texte auf den folgenden Seiten.

Friedrich Karl Waechter

„Wenn ihr Schiß habt vor der Freiheit, geht zurück in euern Stinkstall und laßt euch verwursten."

1. Beschreiben Sie die Situation, die Waechter in seiner Karikatur darstellt.
2. Interpretieren Sie die Darstellung im Zusammenhang mit dem Problem der Freiheit.
3. Schreiben Sie eine Fabel, in der das Verhältnis von Freiheit und Verantwortung die Kernaussage bildet.

Was Handlungsfreiheit von Willensfreiheit unterscheidet

Der griechische Philosoph *Aristoteles hat sich als einer der ersten Philosophen in seinem berühmten Buch „Die Nikomachische Ethik" mit dem Problem der Freiwilligkeit und Unfreiwilligkeit von Handlungen auseinandergesetzt. Seine Gedanken sind immer noch aktuell, wie der folgende Text des Hamburger Philosophen Ulrich Steinvorth zeigt.

Nach der üblichen Definition ist *Handlungsfreiheit* das Vermögen eines Lebewesens, nach seinem Willen oder seiner Natur zu handeln. Es ist unumstritten, dass Menschen und Tiere Handlungsfreiheit haben. Umstritten war, ob wir den Menschen zusätzlich Willensfreiheit zuschreiben müssen. Nach den Deterministen ist das unnötig. Hobbes argumentierte gegen Bischof Bramhall, dass Menschen gerecht bestraft werden, weil ihre Handlungen schädlich sind, nicht deshalb, weil sie nicht notwendig geschehen. Nach den Anhängern der Willensfreiheit verfehlt Hobbes' Verständnis spezifisch menschliche Handlungsmöglichkeiten.

Die Definition der *Handlungsfreiheit* geht auf Aristoteles' „Nikomachische Ethik" zurück. Dort finden wir aber auch die Quelle der scholastischen Definition der *Willensfreiheit*. Aristoteles unterscheidet freiwillige Handlungen von solchen, die nach Überlegung gewählt werden. Freiwillig, sagt er, nennen wir nicht nur Handlungen von Leuten, die tugend- und lasterhaft sein können, sondern auch Handlungen von Kindern und Tieren. Freiwillige Handlungen müssen ihren Ursprung „im Handelnden" haben; *überlegt gewählte* Handlungen dagegen werden gewählt, wenn wir „Dinge überlegen, die in unsrer Hand liegen und durch Handlung erreichbar sind", nicht Dinge, die wir nicht ändern können oder wollen.

Aristoteles' Unterscheidung zwischen freiwilligen und überlegt gewählten Handlungen entspricht der zwischen Handlungs- und Willensfreiheit. Handlungsfrei sind Handlungen, die ihren „Ursprung" „im Handelnden" haben, sei es, dass die Handlung durch einen Entschluss, sei es, dass sie durch die Natur des Handelnden bestimmt ist. Dass sie dort ihren Anfang hat, schließt nicht aus, dass der Anfang seinerseits durch Umstände außerhalb des Handelnden verursacht oder ausgelöst wird. Es heißt nur, dass die Handlung durch die Natur oder den Willen des Handelnden bestimmt wird und nicht Folge eines äußeren Zwangs oder eines Irrtums über die Handlungsumstände ist wie Ödipus' Tötung seines Vaters und Heirat seiner Mutter.

Anders als willensfreie hören handlungsfreie Handlungen nicht auf, frei zu sein, wenn sie durch vorausgehende Umstände verursacht sind; daher erkennt sie auch jeder Determinist an. Denn auch das, was ich nicht verhindern kann zu tun, kann ich freiwillig tun. Es gibt einen weiteren wichtigen Unterschied. Zwang und Unwissenheit, die Handlungen unfreiwillig machen, und daher auch Freiwilligkeit und Handlungsfreiheit können mehr oder weniger groß sein. Handlungsfreiheit ist ein graduelles Vermögen; Willensfreiheit dagegen, wie wir sahen, ist entweder vollständig oder gar nicht gegeben.

Willensfrei sind Handlungen, die nicht nur ihren Anfang im Handelnden haben, sondern darüber hinaus einer überlegten Wahl von Dingen entspringen, die wir ebenso wohl tun wie unterlassen können. Aristoteles formuliert hier das Prinzip der alternativen Möglichkeiten, durch das die Scholastik ebenso wie heutige Philosophen Willensfreiheit definieren. Wenn er nämlich überlegt gewählte Handlungen beschreibt, sagt er: „wenn der Ursprung einer Handlung in jemand selbst liegt, steht es in seiner Macht, es zu tun und nicht zu tun".

Aristoteles liefert uns daher folgende Definitionen: Handlungsfreiheit ist das Vermögen, ohne Zwang und Unwissenheit zu handeln und Willensfreiheit ist das Vermögen, überlegt eine Handlung zu wählen und nicht zu wählen.

Ulrich Steinvorth, zeitgenössischer deutscher Philosoph (Willensfreiheit. In: Ethik & Unterricht 2/2005, S. 11 ff.)

1. Arbeiten Sie in einer Tabelle die Unterschiede heraus, die Ulrich Steinvorth zwischen Handlungs- und Willensfreiheit gefunden hat und ergänzen Sie diese im Laufe des Kurses.
2. Konstruieren Sie einerseits Beispiele, die besonders deutlich den Unterschied zwischen Handlungs- und Willensfreiheit zeigen, andererseits solche, die diese Unterscheidung eher fragwürdig erscheinen lassen.

Darf man sich zwingen lassen?

Die folgenden Überlegungen stammen von *Aristoteles. Dargestellt werden Überlegungen zu den Problemen der Handlung unter Zwang, der Handlung aus Unwissenheit und der Handlung aus Begierde oder aus Angst.

Da nun die Tugend sich auf Leidenschaften und Handlungen bezieht und da Lob und Tadel das Freiwillige treffen, das Unfreiwillige aber Verzeihung erlangt, gelegentlich sogar Mitleid, so muss derjenige, der nach der Tugend forscht, wohl auch das Freiwillige und Unfreiwillige bestimmen. Dies ist auch nützlich für die Gesetzgeber im Hinblick auf Ehrungen und Züchtigungen.

Unfreiwillig scheint zu sein, was durch Gewalt oder Unkenntnis geschieht. Gewaltsam ist, was seinen Ursprung außerhalb hat, und zwar so, dass der Handelnde oder Leidende keinen

Einfluss darauf nehmen kann, etwa wenn der Sturm einen irgendwohin führt, oder die Menschen, die über einen herrschen.
Was aber aus Angst vor größerem Übel geschieht oder wegen etwas Edlem, etwa wenn ein Tyrann eine schändliche Tat befiehlt und dabei Eltern und Kinder in seiner Gewalt hat und diese gerettet werden können, wenn man sie tut, dagegen sterben müssen, wenn man sie nicht tut, so besteht hier ein Zweifel, ob man das freiwillig oder unfreiwillig nennen soll. Ähnliches geschieht auch, wenn man im Sturm etwas von sich wirft. Denn im allgemeinen wirft niemand freiwillig Wertgegenstände weg, dagegen tun es alle Verständigen, wenn ihre eigene Rettung und die anderer auf dem Spiele steht. Solche Handlungen sind also gemischt, gleichen aber eher den freiwilligen. Denn im Augenblick, in dem sie ausgeführt werden, entscheidet man sich für sie. Und das Ziel einer Handlung wird ja durch die Situation bestimmt. Darum muss man von freiwillig und unfreiwillig reden für den Augenblick, in dem es getan wird. Dann handelt man freiwillig. Denn der Ursprung der Bewegung der werkzeughaften Teile bei derartigen Handlungen ist im Handelnden selbst. Bei wem aber der Ursprung des Handelns steht, bei dem steht ebenso das Handeln oder Nichthandeln selbst. Also ist derartiges freiwillig; allgemein gesprochen dagegen vielleicht unfreiwillig. Denn keiner würde eine derartige Handlung als solche frei wählen.
Bei derartigen Handlungen wird man allerdings zuweilen sogar gelobt, wenn man Schändliches oder Schmerzliches aushält um eines Großen und Schönen willen. Wo aber das Gegenteil der Fall ist, wird man getadelt. Denn das Schändlichste zu erdulden ohne Hinblick auf ein Edles oder Angemessenes

Aristoteles

zeigt niedrige Gesinnung. In einzelnen Fällen gibt es kein Lob, aber doch Verzeihung, wenn man tut, was nicht sein soll, im Hinblick auf Dinge, die die menschliche Natur übersteigen und die keiner aushalten würde. Zu einigen Dingen soll man sich überhaupt nicht zwingen lassen, sondern eher sterben und das Schlimmste erdulden. [...]
Zuweilen ist es schwierig, zu beurteilen, für was man sich entscheiden und welches von zwei Dingen man aushalten soll – und noch schwerer ist es, bei dem einmal Entschiedenen zu bleiben. Denn zumeist ist das, was einen erwartet, schmerzlich, das, wozu man gezwungen wird, schändlich, so dass also Lob und Tadel sich darnach verteilen, ob man sich hat zwingen lassen oder nicht. [...]

Wenn aber einer behaupten wollte, dass das Angenehme und Schöne gewaltsam wirke (denn es zwinge von außen her), so wäre für ihn überhaupt alles gewaltsam. Denn um jener Dinge willen tun wir ja alle alles; die einen freilich mit Gewalt und ungern und mit Schmerzen, die anderen jedoch um des Angenehmen und Schönen willen und mit Freude. Lächerlich ist es dann, das von außen Kommende anzuklagen und nicht vielmehr sich selbst, weil man durch dieses so leicht erjagt werden kann, und für das Schöne sich selbst als Ursache zu fühlen, für das Schändlich aber das Angenehme verantwortlich zu machen.
So scheint also das Gewaltsame dasjenige zu sein, dessen Ursache außerhalb liegt, ohne dass der Gewalt Erleidende selbst etwas dazu beiträgt.

Aristoteles
(Nikomachische Ethik, dtv/Artemis, Zürich und München 1991, übers. v. Olof Gigon, 3. Buch, S. 149 ff.))

1. Formulieren Sie in wenigen Sätzen die Grundaussage des Textes.
2. Finden Sie Beispiele, die nach Aristoteles' Verständnis Probleme bei der Klassifizierung als „freiwillig" oder „unfreiwillig" bereiten könnten.

Ist „Entscheidung" ein Vorher-Bedachtes?

Da wir nun das Freiwillige und Unfreiwillige bestimmt haben, haben wir in der Folge von der Entscheidung zu sprechen. Denn dies scheint der Tugend am eigentümlichsten zu sein und noch mehr als die Handlungen ein Urteil über die Charaktere zu ermöglichen.

Die Entscheidung gehört offenbar zum Freiwilligen, ist aber nicht dasselbe. Das Freiwillige ist der weitere Begriff. Denn am Freiwilligen haben auch die Kinder und die übrigen Lebewesen einen Anteil, an der Entscheidung dagegen nicht. Und plötzliche Handlungen nennen wir freiwillig, aber nicht, dass sie von einer Entscheidung ausgehen.

Wer aber behauptet, sie sei Begierde, Zorn oder ein Wollen oder irgendein Meinen, scheint nicht das Richtige zu treffen. Denn die Entscheidung ist uns mit den vernunftlosen Lebewesen nicht gemein, wohl aber die Begierde und der Zorn. Und der Unbeherrschte handelt im Begehren, aber nicht mit Entscheidung. Der Beherrschte umgekehrt handelt in Entscheidung, aber ohne Begehren. Und der Entscheidung kann die Begierde entgegentreten, nicht aber die Begierde selbst einer Begierde. Endlich bezieht sich die Begierde auf Angenehmes und Schmerzliches, die Entscheidung dagegen weder auf das eine noch auf das andere.

Noch weniger ist sie mit dem Zorn gleichzusetzen. Denn was im Zorn geschieht, scheint am allerwenigsten durch Entscheidung zu geschehen.

Sie ist aber auch kein Wollen, auch wenn sie verwandt erscheint. Denn die Entscheidung bezieht sich nicht auf Unmögliches, und wenn einer behauptet, sich für solches zu entscheiden, so müsste er als einfältig wirken. Das Wollen dagegen bezieht sich auch auf Unerreichbares, wie etwa die Unsterblichkeit. Das Wollen geht auch auf Dinge, die man niemals aus sich selbst vollbringt, wie etwa, dass irgendein Schauspieler oder Athlet den Sieg erringt. Dazu entscheidet sich aber keiner, sondern nur zu Dingen, von denen er annimmt, dass er sie selbst zustande bringen kann. Ferner bezieht sich das Wollen eher auf das Ziel, das Entscheiden dagegen eher auf die zum Ziel führenden Wege. So wollen wir gesund sein, wir entscheiden uns aber für die Mittel, durch die wir gesund werden. Und wir wollen glückselig sein und beanspruchen dies; es geht aber nicht an, zu sagen, dass wir uns dafür entscheiden. Allgemein gesagt, scheint sich die Entscheidung auf das zu beziehen, was in unserer Gewalt ist. […]

Was ist nun die Entscheidung und welcher Art, da sie nichts vom Genannten ist? Sie scheint freiwillig zu sein, aber das Freiwillige ist nicht immer ein Gegenstand der Entscheidung. Ist sie also ein Vorher-Bedachtes? Denn die Entscheidung geht mit Denken und Überlegen zusammen. […]

Wir überlegen uns also die Dinge, die in unserer Gewalt und ausführbar sind. Denn dies ist auch das einzige, was übrig bleibt. Ursachen scheinen nämlich zu sein die Natur, die Notwendigkeit und der Zufall, ferner der Geist und alles, was durch den Menschen bewirkt wird. Von den Menschen überlegt ein jeder das, was er zu vollbringen fähig ist. (…)

Wir überlegen uns weiterhin nicht die Ziele, sondern das, was zu den Zielen führt. Denn der Arzt überlegt nicht, ob er heilen soll, noch der Redner, ob er überzeugen soll, noch der Politiker, ob er eine gute Staatsordnung schaffen soll, noch überhaupt jemand hinsichtlich des Zieles. Sondern wir setzen das Ziel an und erwägen dann, wie und durch welche Mittel wir es erreichen, und wenn sich mehrere Wege zeigen, so wird geprüft, welcher der schnellste und schönste sei; wenn aber ein Weg eingeschlagen wird, so fragt man, wie das Ziel durch diesen Weg erreicht wird, und dann wieder, wie man auf jenen Weg gelangt, bis man zur ersten Ursache kommt, die im Fragen das Letzte ist. […]

Und wenn man auf etwas Unmögliches stößt, so verzichtet man, etwa wenn man Geld braucht und sich dies nicht zu beschaffen vermag. Wenn es sich aber als möglich erweist, dann beginnt man zu handeln. Möglich ist, was durch uns geschehen kann; auch was durch Freunde geschieht, geschieht in gewisser Weise durch uns. Denn die Ursache steht bei uns. Man fragt aber bald nach den Werkzeugen, bald nach der Art ihrer Verwendung; ebenso im übrigen bald durch welches Mittel, bald wie, bald mit wessen Hilfe etwas geschehen soll.

Aristoteles (Nikomachische Ethik, a. a. O., 3. Buch, S. 153 ff.)

1. Finden Sie Beispiele, um das Verhältnis von Entscheidung und Begierde zu veranschaulichen, wie es von Aristoteles gesehen wird.
2. Beurteilen Sie, inwieweit sich Aristoteles' Gebrauch von „wollen" mit Ihrem Sprachgebrauch deckt.
3. Interpretieren Sie die Behauptung, dass „wir uns weiterhin nicht die Ziele, sondern das, was zu den Zielen führt" überlegen.

Géricault hat einen außerordentlich pathetischen Moment eingefangen. Fünfzehn Tage nach dem Schiffbruch entdecken die Leute auf dem Floß am Horizont ein Schiff, und versuchen verzweifelt auf sich aufmerksam zu machen. Vergebens. [...] Die Fregatte „Medusa" hatte, von drei anderen Booten begleitet, am 18. Juni 1816 Frankreich mit dem Ziel Saint-Louis-du-Sénégal verlassen; an Bord befanden sich der Gouverneur und Angestellte der Kolonie, zusammen mit den Seeleuten vierhundert Personen. Am 2. Juli strandete die Fregatte an der Arguin-Bank. Nach vergeblichen Versuchen, das Schiff wieder flott zu bekommen, entschloss man sich, ein Floß zu konstruieren, auf dem sich einhundertneunundvierzig Personen zusammendrängten, denn die Rettungsboote boten nicht ausreichend Platz für alle. Die Rettungsboote sollten das Floß ziehen, doch die Leinen, die sie miteinander verbanden, rissen nach kurzer Zeit, so dass das Floß steuerlos seinem Schicksal überlassen blieb. Die schrecklichsten Szenen spielten sich ab, vom einfachen Faustkampf bis zu regelrechten Schlachten; als der Hunger nicht mehr zu ertragen war, spielten sich auf dem Floß kannibalische Szenen ab; Géricault zeich-

Theodore Géricault: Das Floß der Medusa (1817–1819)

nete alle Details mit einer Genauigkeit, die eines modernen Reporters würdig wäre. Zwölf Tage später nahm die Brick „Angus" fünfzehn Überlebende auf, mehr tot als lebendig. Zwei der Davongekommenen, der Ingenieur Corréard und der Chirurg Savigny, entschlossen sich, nachdem sie einigermaßen wieder hergestellt waren, die Affäre bekannt zu machen.

Philippe Grunchec, zeitgenössischer französischer Kunsthistoriker (Philippe Grunchec: Théodore Géricault. Werkverzeichnis. Übersetzt von Rudolf Kinnig. In: Die großen Meister der Malerei, Ullstein, Frankfurt a. M. 1980, S. 8 f.)

4. Der historische Hintergrund, der das Gemälde so spektakulär werden ließ, wird hier mit dem Begriff „Affäre" bezeichnet. Beschreiben Sie die Notsituation in der Terminologie des Aristoteles und interpretieren Sie daran das Problem der „Freiwilligkeit".

Es lassen sich noch weitere Kommentare und Interpretationen zu Géricaults Gemälde finden. Begeben Sie sich auf die Suche und tragen Sie Ihre Ergebnisse zusammen. Eine Interpretation findet sich z. B. in Peter Weiss' Roman „Ästhetik des Widerstands" im zweiten Band, S. 7 ff. (Peter Weiss: Die Ästhetik des Widerstands 2, Suhrkamp, Frankfurt am Main 2005, S. 7 ff.)

1.3.2 Willensfreiheit als Eigenschaft vernünftiger Wesen

Ich will es einfach ...

Eines Morgens wollen wir annehmen, wachen Sie mit dem Willen auf, umzuziehen. Es ist noch nicht lange her, dass Sie in die jetzige Wohnung gezogen sind, es ist Ihnen darin gutgegangen, Sie haben viel Geld investiert, und noch gestern Abend haben Sie den bewundernden Gästen auf der Einweihungsparty erklärt, Sie würden nie wieder ausziehen. Doch jetzt, beim Frühstück, spüren Sie den klaren und festen Willen, die Wohnung zu wechseln. Es berührt Sie seltsam, dass es so ist, aber gegen diesen überraschenden Willen ist nichts zu machen. Natürlich könnte es sein, dass er Sie schon auf dem Weg zum Makler wieder verlässt, aber wir wollen annehmen, dass er anhält, bis Sie eine neue Wohnung gefunden und die alte gekündigt haben. „Sag' mal, spinnst du?" fragen die Freunde. „Wieso", sagen Sie, „das ist doch das Schöne an der Freiheit, dass man immer ganz neu anfangen kann." „Ja, aber *warum* um Himmels willen willst du dort schon wieder raus? Es hat dir doch gut gefallen, vom Geld einmal ganz zu schweigen." „Ich will es halt einfach und genieße es, keinen Grund angeben zu müssen; ich fühle mich dabei so richtig frei."

Peter Bieri, zeitgenössischer deutscher Philosoph
(Das Handwerk der Freiheit. In: Ethik & Unterricht Heft 2/2005, S. 42)

1. Kennen Sie solche Situationen auch? Schreiben Sie ein ähnliches Erlebnis auf und diskutieren Sie anschließend im Kurs darüber.
2. Überlegen Sie nach der Lektüre des folgenden Textes von Immanuel Kant, wie dieser das Problem beurteilt hätte.

Mit Freiheit handeln

Die Frage, ob der Mensch in seinem Handeln frei ist oder nicht, hat vor allem den Königsberger Philosophen *Immanuel Kant beschäftigt. Der Mensch ist für Kant grundsätzlich ein vernunftbegabtes Wesen, das in der Lage ist, unabhängig von sinnlichen, auch triebhaften Einflüssen zu denken und zu entscheiden. Er ist daher nicht fremdbestimmt, sondern kann selbst sein Denken und Handeln bestimmen. Damit liegen auch die moralischen Entscheidungen im Subjekt selbst.
Hätte der Mensch keinen freien Willen, so wäre moralisches Handeln unmöglich, Freiheit ist mithin die „Bedingung der Möglichkeit" moralischen Handelns. Freiheit bedeutet in diesem Sinn also nicht Willkür, sondern die Freiheit, Gesetzen zu folgen, die sich die Vernunft selbst gegeben hat. Ein freier Wille ist für Kant also ein Wille unter ethischen Gesetzen; Freiheit ohne diese freiwillige Unterwerfung ist für ihn keine Freiheit. Damit basieren moralisch schlechte Handlungen nicht auf Willensfreiheit, sondern sind durch sinnliche, triebhafte Einflüsse kausal bedingt.

Es ist nicht genug, dass wir unserem Willen, es sei aus welchem Grunde, Freiheit zuschreiben, wenn wir nicht eben dieselbe auch allen vernünftigen Wesen beizulegen hinreichenden Grund haben. Denn da Sittlichkeit für uns bloß als für vernünftige Wesen zum Gesetze dient, so muss sie auch für alle vernünftigen Wesen gelten, und da sie lediglich aus der Eigenschaft der Freiheit abgeleitet werden muss, so muss auch Freiheit als Eigenschaft des Willens aller vernünftigen Wesen bewiesen werden, und es ist nicht genug, sie aus gewissen vermeintlichen Erfahrungen von der menschlichen Natur darzutun (wiewohl dieses auch schlechterdings unmöglich ist und lediglich a priori dargetan werden kann), sondern man muss sie als zur Tätigkeit vernünftiger und mit einem Willen begabter Wesen überhaupt gehörig beweisen. Ich sage nun: Ein jedes Wesen, das nicht anders als unter der Idee der Freiheit handeln kann, ist eben darum in praktischer Rücksicht wirklich frei, d. i. es gelten für dasselbe alle Gesetze, die mit der Freiheit unzertrennlich verbunden sind, ebenso als ob sein Wille auch an sich selbst und in der theoretischen Philosophie gültig, für frei erklärt würde. Nun behaupte ich: dass wir jedem vernünftigen Wesen, das einen Willen hat, notwendig auch die Idee der Freiheit leihen müssen, unter der es allein handle. Denn in einem solchen Wesen denken wir uns eine Vernunft, die praktisch ist, d. i. Kausalität in Ansehung ihrer Objekte hat. Nun kann man sich unmöglich eine Vernunft denken, die mit ihrem eigenen Bewusstsein in Ansehung ihrer Urteile anderwärts her eine Lenkung empfinge, denn als denn würde das Subjekt nicht seiner Vernunft, sondern einem Antriebe die Bestimmung der Urteilskraft zuschreiben. Sie muss sich selbst als Urheberin ihrer Prinzipien ansehen, unabhängig von fremden Einflüssen, folglich muss sie als praktische Vernunft, oder als Wille eines vernünftigen Wesens, von ihr selbst als frei angesehen werden; d. i. der Wille desselben kann nur unter der Idee der Freiheit ein eigener Wille sein und muss also in praktischer Absicht allen vernünftigen Wesen beigelegt werden.

Immanuel Kant
(Immanuel Kant: Grundlegung zur Metaphysik der Sitten, Meiner, Hamburg 1999, S. 75 ff.)

1. Lesen Sie den Text Satz für Satz und klären Sie im Kurs schwierige Begriffe.
2. Erläutern Sie, warum nach Kant „man sich unmöglich eine Vernunft denken" kann, „die mit ihrem eigenen Bewusstsein in Ansehung ihrer Urteile anderwärts her eine Lenkung empfinge".
3. Würde Kant auch Tieren eine Willensfreiheit zugestehen? Begründen Sie Ihren Standpunkt. Lesen Sie hierzu auch die Überlegungen der Philosophin Ursula Wolf auf den Seiten 70–71 in diesem Buch.
4. Führen Sie ein „Sokratisches Gespräch" zum Thema „Freiheit ist eine notwendige Voraussetzung für menschliches Handeln".

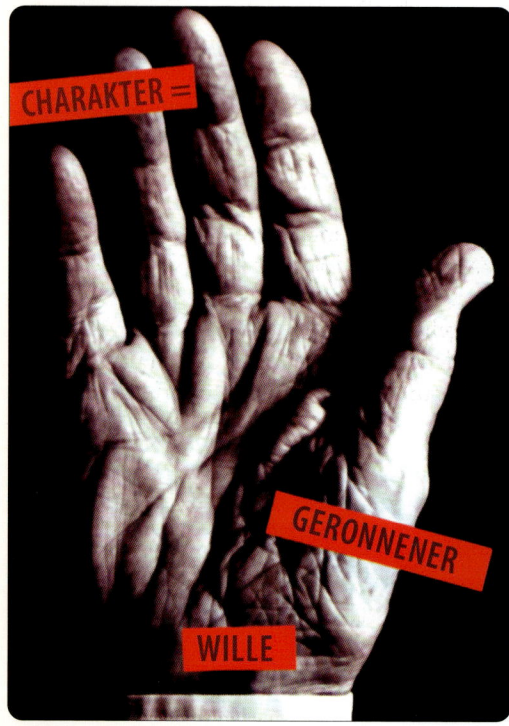

5. Beschreiben Sie das Verhältnis von Bild und Text, und interpretieren Sie die Aussage des Plakates.

Selbstbewusstsein und Willensfreiheit

Nach Auffassung des Philosophen *Arthur Schopenhauer liegt der Wille nicht nur dem Handeln des Menschen zugrunde, sondern er umfasst die gesamte Wirklichkeit, das heißt die organische und die anorganische Natur. Er objektiviert sich in der Erscheinungswelt als Wille zum Leben und zur Fortpflanzung. Diese Lehre vom „Primat des Willens" bildet die zentrale Idee der Philosophie Schopenhauers und zeigt viele Entsprechungen zum Buddhismus. Lesen Sie hierzu auch das Kapitel 2.3.2.

Um die Entstehung dieses für unser Thema so wichtigen Irrtums speziell und aufs Deutlichste zu erläutern [...], wollen wir uns einen Menschen denken, der, etwa auf der Gasse stehend, zu sich sagte: „Es ist 6 Uhr abends, die Tagesarbeit ist beendigt. Ich kann jetzt einen Spaziergang machen; oder ich kann in den Klub gehen; ich kann auch auf den Turm steigen, die Sonne untergehen zu sehn; ich kann auch ins Theater gehen; ich kann auch diesen oder aber jenen Freund besuchen; ja ich kann auch zum Tor hinauslaufen, in die weite Welt, und nie wiederkommen. Das alles steht allein bei mir, ich habe völlige Freiheit dazu; tue jedoch davon jetzt nichts, sondern gehe ebenso freiwillig nach Hause, zu meiner Frau." Das ist gerade so, als wenn das Wasser spräche: „Ich kann hohe Wellen schlagen (ja! nämlich im Meer und Sturm), ich kann reißend hinabeilen (ja! nämlich im Bette des Stroms), ich kann schäumend und sprudelnd hinunterstürzen (ja! nämlich im Wasserfall), ich kann frei als Strahl in die Luft steigen (ja! nämlich im Springbrunnen), ich kann endlich gar verkochen und verschwinden (ja! bei 80 Grad Wärme); tue jedoch von dem allen jetzt nichts, sondern bleibe freiwillig ruhig und klar im spiegelnden Teiche." Wie das Wasser jenes alles nur dann kann, wann die bestimmenden Ursachen zum einen oder zum andern eintreten; ebenso kann jener Mensch, was er zu können wähnt, nicht anders als unter derselben Bedingung. Bis die Ursachen eintreten, ist es ihm unmöglich: dann aber muss er es, so gut wie das Wasser, sobald es in die entsprechenden Umstände versetzt ist. [...]

Kehren wir zu jenem aufgestellten, um 6 Uhr deliberierenden (1) Menschen zurück und denken uns, er bemerke jetzt, dass ich hinter ihm stehe, über ihn philosophiere und seine Freiheit zu allen jenen ihm möglichen Handlungen abstreite; so könnte es leicht geschehen, dass er, um mich zu widerlegen, eine davon ausführte: dann wäre aber gerade mein Leugnen und dessen Wirkung auf seinen Widerspruchsgeist das ihn dazu nötigende Motiv gewesen. Jedoch würde dasselbe ihn nur zu einer oder der anderen von den leichteren unter den oben angeführten Handlungen bewegen können, z. B. ins Theater zu gehen, aber keineswegs zur zuletzt genannten, nämlich in die weite Welt zu laufen: dazu wäre dies Motiv viel zu schwach.

(1) deliberieren = überlegen, bedenken

Arthur Schopenhauer
(Die Freiheit des Willens. In: Ders.: Werke in fünf Bänden, Haffmanns, Zürich 1988, Bd. 3, S. 400 f.)

1. Erläutern Sie, in welchem Sinne Schopenhauer den Begriff „freiwillig" im Text verwendet und vergleichen Sie seine Auffassung mit der von Aristoteles (siehe Seiten 17–18).
2. Beurteilen Sie den Vergleich der Handlungsmöglichkeiten des Menschen mit denen des Wassers.
3. Ordnen Sie der Position Schopenhauers eine vergleichbare zeitgenössische Sichtweise aus den Bereichen Philosophie oder Neurophysiologie zu (siehe Seiten 25–35 (Freiheit und Determination) in diesem Buch).

Freiheit und Lebensweisheit

Die französische Philosophin *Simone Weil hat in ihrem Buch „Freiheit und Knechtschaft" vor allem die Rolle des Denkens als Element des freien Willens in den Mittelpunkt ihrer Überlegungen gestellt.

Verstände man unter Freiheit einfach die Abwesenheit jeglichen Zwanges, dann verlöre dieses Wort jede konkrete Bedeutung, aber es stellte dann für uns nicht das dar, dessen Entbehrung dem Leben seinen Wert entzieht.

Man kann unter Freiheit etwas anderes verstehen als die Möglichkeit, mühelos zu erhalten, was einem gefällt. Es gibt einen ganz anderen Freiheitsbegriff: den heroischen Begriff der Lebensweisheit. Die wirkliche Freiheit wird nicht durch die Beziehung zwischen Wunsch und Erfüllung definiert, sondern durch die zwischen Denken und Handeln. Vollständig frei wäre der Mensch, dessen Aktionen in einer vorherigen Erkenntnis des erstrebten Zwecks sowie der Verknüpfung der für die Erreichung des Zwecks geeigneten Mittel gründeten. Es ist unwichtig, ob diese Aktionen an sich leicht oder schmerzhaft sind, es ist sogar unwichtig, ob sie erfolgreich enden. Schmerz und Misserfolg können den Menschen unglücklich machen, aber sie sind außerstande, ihn zu erniedrigen, solange er selbst über seine Fähigkeit zu handeln verfügt. Über seine eigenen Aktionen verfügen, bedeutet keineswegs, willkürlich handeln. Die willkürlichen Aktionen gründen in einer Erkenntnis und können daher eigentlich nicht als frei gelten. Jede Erkenntnis bezieht sich auf eine objektive Situation, folglich auf ein Gewebe von Notwendigkeiten. Der lebende Mensch kann keineswegs aufhören, allseitig durch eine absolut unerbittliche Notwendigkeit bedrängt zu werden. Aber da er denkt, kann er entscheiden: blind dem Stachel der äußeren Notwendigkeit nachgeben oder der inneren Vorstellung darüber. Hier ist der Gegensatz zwischen Knechtschaft und Freiheit. Die beiden Begriffe dieses Gegensatzes sind übrigens nur theoretische Grenzen, zwischen denen das menschliche Leben sich bewegt, ohne je eine erreichen zu können, sofern es nicht aufhören soll, Leben zu sein. Ein Mensch wäre vollständig versklavt, wenn all seine Gesten einer anderen Quelle als seinem Denken entstammten: entweder den unvernünftigen Reaktionen des Körpers oder dem Denken eines anderen. [...] Ein ganz freies Leben wäre ein solches, wo alle realen Schwierigkeiten sich als Probleme darstellten, wo alle Siege in Aktion umgesetzte Lösungen sein würden.

Simone Weil, französische Philosophin
(Unterdrückung und Freiheit. Politische Schriften, Rogner & Bernhard, München 1975, übers. von Heinz Abosch, S. 200 ff.)

1. Erläutern Sie den Begriff der Freiheit, den Weil als „heroischen Begriff der Lebensweisheit" umschreibt.
2. Inszenieren Sie eine Talkshow über die Freiheit des Menschen, in der Kant, Schopenhauer und Simone Weil teilnehmen.

1.4 Hat der freie Wille Grenzen?

1.4.1 Freiheit und Determination

Ist Theo für seine Taten verantwortlich?

Der deutsche Filmemacher Matthias Glasner hat einen Film gedreht mit dem Titel „Der freie Wille". Darin erzählt der die Geschichte des Vergewaltigers Theo, der immer wieder gegen seine Triebe ankämpft.

[...] Es geht gleich los. Keine Einführung. Keine lange Vorgeschichte, warum er wurde, was er ist. Nein, gleich in der ersten Viertelstunde vergewaltigt Theo (Jürgen Vogel) eine junge Frau. Überholt sie mit dem Auto. Reißt sie vom Fahrrad. Zerrt sie hinter die Düne. Verbindet ihr die Augen. Und schlägt ihr brutal ins Gesicht, vier Mal, bevor er sie missbraucht. Es ist wie eine Warnung: Seht her, das erwartet euch. Und wir Zuschauer erleben das qualvoll aus der Perspektive des Opfers. Am Boden kauernd, mit dem Kerl über uns, röchelnd im Gegenlicht. In seinen ersten Minuten bereits vergewaltigt und traumatisiert „Der freie Wille" uns alle.

Aber die eigentliche Zumutung von Matthias Glasners Film ist eine andere: Er hebt diese klassische Opfer-Täter-Perspektive auf, ohne dass er sich ganz auf die andere Seite schlägt – der Täter wird uns hier nicht als Opfer präsentiert. Warum dieser Mann eine solche Wut in sich trägt, als eine Zeitbombe, die sich jeden Moment entladen kann, wir werden es bis zum Filmende so wenig erfahren wie dieser Theo selbst.

Um das Warum geht es nie. Und keiner ist da, der ihn verteidigen würde. Der gar behaupten würde, dieser Mensch sei so nett, dass man seine eigene Tochter mit ihm auf den Opernball gehen lassen würde, wie der Strafverteidiger das im Fall des Magnus Gäfgen gesagt hat.

Nein, dieser Mensch, dieser Theo ist ein Täter. Ist es auch, als er neun Jahre später aus dem Maßregelvollzug entlassen wird, weil er selber nicht mit Bestimmtheit sagen kann, dass „es" aufgehört hat. Die Zumutung besteht darin, dass der Film diesen Menschen, der so unsympathisch eingeführt wurde wie kaum ein Held oder Anti-Held zuvor, nun dennoch begleitet, in seinen sperrigen Versuchen, sich in die Gesellschaft wiedereinzugliedern.

Dass das gar nicht so leicht ist, zeigt sich in der Freiheit gleich bei der ersten Konfrontation mit einem Werbeplakat, in dem eine Frau in knappem Höschen posiert. Oder bei ein paar aufgebrezelten Schicksen im Bus. Oder sich anbiedernden Go-Go-Girls in der Disco.

Aber dann trifft dieser Mann, der im Grunde nichts mit Frauen anfangen will und ihnen ausweicht, ausgerechnet auf eine Frau, die nichts mit Männern anfangen will und ihnen ausweicht. Und irgendwie lernen sie sich doch näher kennen und finden, gerade in ihrer Ablehnung, eine Gemeinsamkeit. Kommen sich konsequent beim Karatekurs, bei Abwehr und Selbstverteidigung, zum ersten Mal körperlich nah. Eine unmögliche Liebesgeschichte, eine *amour fou* zweier Gestrandeter, Isolierter, die kein Happy End haben kann. Und doch schafft es dieser Film, dass der Zuschauer irgendwann doch ein wenig hofft, dass der Mann sich in den Griff kriegt und das Mädchen obendrein …

Um […] eine Bewertung der Therapiemöglichkeiten geht es Glasner nicht. Er zeigt einen Betroffenen, der von der ganzen erhitzten Debatte um seinesgleichen gar nichts mitbekommt. Weil er von seiner eigenen Schuld erdrückt, weil er nie frei sein wird, auch nicht nach der Therapie in Freiheit. „Aber ich kann doch nichts dafür", krähte Peter Lorre einst in „M – Eine Stadt sucht einen Mörder". „Es ist in mir drin. Und es hört nicht auf", heißt es im „Freien Willen".

Peter Zander, deutscher Feuilletonredakteur
(„Die Welt" vom 23.08.2006)

1. Ist ein Vergewaltiger wie Theo aus Ihrer Sicht für seine Handlungen verantwortlich? Begründen Sie Ihren Standpunkt.
2. Versuchen Sie aus der Diskussion um die Hirnforschung (Seiten 29–31 in diesem Buch) und den freien Willen Argumente für Ihre Position zu finden.

Kuchen oder Pfirsich zum Dessert oder – was ist Determinismus?

Einige Leute haben geglaubt, dass es uns in diesem absoluten Sinne niemals möglich ist, etwas anderes als das zu tun, was wir in Wirklichkeit tun. Sie gestehen uns zu, dass das, was wir tun, von unserer Wahl, unseren Entscheidungen und Wünschen abhängt, und dass wir in unterschiedlichen Situationen unterschiedlich wählen: wir drehen uns nicht wie die Erde mit monotoner Gleichförmigkeit um unsere eigene Achse.

Sie sind jedoch der Auffassung, dass die vor unserer Handlung bestehenden Umstände in jedem Fall unsere Handlungen determinieren und unvermeidlich machen. Die Summe aller Erfahrungen, Wünsche und Erkenntnisse einer Person sowie ihre Erbanlagen, die gesellschaftlichen Bedingungen und der Charakter der Entscheidung, mit der sie konfrontiert ist, wirken mit anderen Faktoren, die uns möglicherweise unbekannt sind, zusammen und machen eine bestimmte Handlung unter den gegebenen Umständen unausweichlich.

Diese Auffassung bezeichnet man als *Determinismus*. Der Determinismus glaubt nicht, dass sämtliche Gesetzmäßigkeiten des Universums bekannt sein und zur Vorhersage dessen herangezogen werden können, was geschehen wird. Erstens können wir nicht all die komplizierten Umstände kennen, die eine menschliche Entscheidung beeinflussen. Zweitens gilt, dass wir, selbst wenn wir etwas über die Umstände erfahren und eine Prognose wagen, hierdurch die Ausgangsbedingungen verändern, was wiederum das prognostizierte Ergebnis verändern kann. Prognostizierbarkeit steht jedoch nicht zur Debatte. Die Hypothese besagt, dass es Naturgesetze wie jene, welchen die Bewegung der Planeten unterworfen ist, gibt, die alles bestimmen, was in der Welt geschieht – und dass die vor einer Handlung bestehenden Umstände kraft solcher Gesetze sowohl festlegen, dass die Handlung erfolgen wird, als auch jede andere Möglichkeit ausschließen.

Wenn das wahr ist, dann war es, selbst während Sie sich über Ihren Nachtisch klar zu werden versuchten, immer schon durch die Vielzahl der in Ihnen und auf Sie einwirkenden Faktoren festgelegt, dass Sie den Kuchen wählen würden. Sie konnten den Pfirsich nicht gewählt haben, wenn Sie auch glauben, dies gekonnt zu haben: ein Entscheidungsprozess ist nichts anderes als ein Vorgang, der ein vorherbestimmtes Ergebnis im Bewusstsein zum Vorschein kommen lässt.

Falls der Determinismus für alles gilt, was überhaupt geschieht, so stand es bereits vor Ihrer Geburt fest, dass Sie zur Torte greifen würden. Ihre Entscheidung war durch die unmittelbar vorhergehende Situation determiniert, und diese Situation durch die ihr vorhergehende, und so fort, wie weit Sie auch zurückgehen wollen.

Auch wenn der Determinismus nicht für alles gilt, was geschieht – wenn einiges sich einfach so ereignet, ohne durch vorher bestehende Ursachen determiniert zu sein –, so bliebe es immer noch ein sehr bedeutsamer Umstand, wenn alles, was wir tun, bereits festgelegt wäre, bevor wir es tun. Wie frei wir uns auch immer fühlten, wenn wir zwischen dem Obst und der Torte oder zwischen zwei politischen Kandidaten wählten, wir wären in Wirklichkeit unter den gegebenen Umständen nur zu einer einzigen Wahl in der Lage – obgleich wir unter anderen als den gegebenen Umständen eine andere Wahl getroffen hätten.

Dies sind die Probleme, denen wir ins Auge sehen müssen, wenn der Determinismus wahr ist. Aber vielleicht ist er gar nicht wahr. Viele Wissenschaftler glauben heute, dass er für die Grundbestandteile der Materie nicht gilt – dass ein Elektron sich in einer bestimmten Situation auf mehr als bloß eine Weise verhalten kann. Falls der Determinismus ebenso wenig für menschliche Handlungen gilt, gibt es vielleicht doch einen Platz für Willensfreiheit und Verantwortlichkeit. Was wäre, wenn menschliche Handlungen, oder zumindest einige menschliche Handlungen, nicht vorherbestimmt sind? Was wäre, wenn bis zu dem Augenblick, in dem Sie wählen, eine offene Möglichkeit besteht, dass Sie sich entweder für die Schokoladentorte oder für den Pfirsich entscheiden werden? Dann können Sie, soweit es die vorangegangenen Ereignisse betrifft, entweder das eine oder das andere wählen. Auch wenn Sie in Wirklichkeit die Torte wählen, hätten Sie einen Pfirsich wählen können. Doch reicht das am Ende für die Willensfreiheit noch gar nicht aus? Ist dies alles, was Sie meinen, wenn Sie sagen, „Ich hätte statt dessen das Obst wählen können" – meinen Sie bloß, dass Ihre Wahl nicht von vorneherein feststand? Nein, Sie meinen noch mehr. Sie glauben, dass Sie bestimmt haben, was Sie tun würden, indem Sie es taten. Es war nicht von vorneherein festgelegt, aber es ist auch nicht einfach bloß geschehen. – Sie taten es und Sie hätten das Gegenteil tun können. Was bedeutet jedoch das schon wieder?

Eine kuriose Frage, denn wir alle wissen, was es bedeutet, etwas zu tun. Nun stellt sich aber das Problem, dass die Tat, wenn sie nicht unter anderem durch Ihre Wünsche, Ihre Überzeugungen und Ihren Charakter vorherbestimmt war, etwas zu sein scheint, das einfach bloß geschieht und für das es keine Erklärung gibt. Aber inwiefern war sie dann Ihre Tat?

Thomas Nagel, zeitgenössischer amerikanischer Philosoph (Willensfreiheit. In: Ders.: Was bedeutet das alles? Eine ganz kurze Einführung in die Philosophie, Reclam, Stuttgart 1990, übers. von Michael Gebauer, S. 44 ff.)

1. Nagel spricht von einigen Leuten, die geglaubt haben, „dass es uns in diesem absoluten Sinne niemals möglich ist, etwas anderes als das zu tun, was wir in Wirklichkeit tun" und uns zudem zugestehen „dass das, was wir tun, von unserer Wahl, unseren Entscheidungen und Wünschen abhängt". Erläutern Sie, wie diese beiden Aspekte zusammen passen.
2. Finden Sie (in diesem Kapitel) Vertreter der Position, die Nagel als deterministisch charakterisiert hat.
3. Zu Beginn des Textauszugs ist davon die Rede, dass unsere „Erbanlagen" eine bestimmte Handlung unausweichlich machen. Positionieren Sie sich zu dieser Behauptung, indem Sie Kenntnisse aus dem Biologieunterricht anwenden.
4. Bestimmen Sie, was Nagel in diesem Textabschnitt unter „Willensfreiheit" versteht.
5. Beantworten Sie die abschließende Frage des Textes („Aber inwiefern war sie dann Ihre Tat?"), indem Sie eine Pro- und Contra-Debatte führen.

1.4.2 Widerlegt die Hirnforschung den freien Willen?

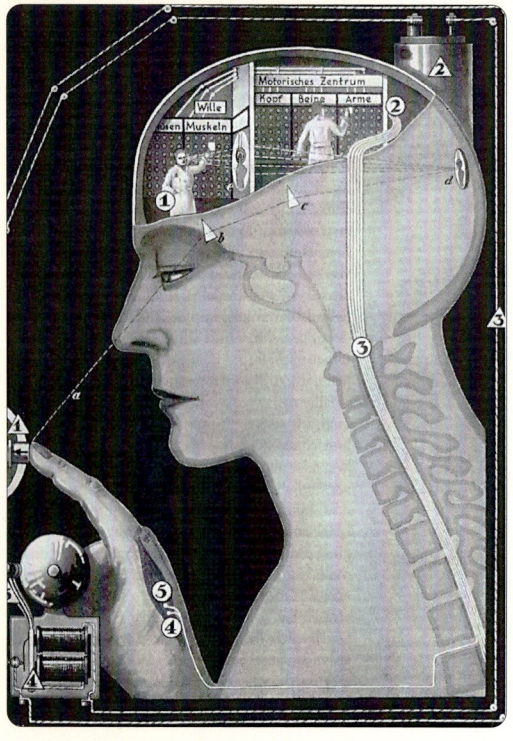

Fritz Kahn: Das menschliche Gehirn (1924)

 Beschreiben Sie den Prozess, der in dem Schema dargestellt wird. Informieren sie sich über neuere Erkenntnisse zur Funktionsweise des menschlichen Gehirns.

Über lange Zeit hinweg waren die Philosophen die „Experten" zum Thema „Freiheit und Determination". Sicher war ihnen immer bewusst, dass die Gedanken mit Vorgängen im Gehirn zusammenhängen. Unklar war bisher, wie das Denken genau funktioniert, d. h. welche Veränderungen im Gehirn zu welchen Gedanken führen. Dies ist zwar im Einzelnen immer noch unklar, die Gehirnforscher haben jedoch mit unterschiedlichen bildgebenden Verfahren – wie dem EEG (Elektroenzephalographie), PET (Positronenemissionstomographie) und fMRT (funktionelle Magnetresonanztomographie) – einen großen Fortschritt in der Erkundung des menschlichen Gehirns erzielt. Dies hat nun auch Auswirkungen auf die Frage nach der Freiheit des Menschen, denn das Zustandekommen einer Entscheidung ist genauso im Gehirn repräsentiert wie eine Erinnerung oder ein Vorstellungsbild von einem gewünschten Gegenstand.
Den Ausgangspunkt der gegenwärtigen Diskussion bildet ein Versuch von Benjamin Libet zur Messung der zeitlichen Abfolge bewusster Handlungsentscheidungen und ihrer motorischen Umsetzung. Dieses Experiment löste eine kontroverse Diskussion über mögliche Schlussfolgerungen über die Freiheit des menschlichen Willens aus. Libet selbst ist ein Verfechter des freien Willens, der mit seinem Versuch zunächst einen empirischen Beweis für die Freiheit des menschlichen Willens erbringen wollte. Als seine Ergebnisse eine solche Interpretation nicht zuließen, konstruierte er die „Vetofunktion" des Bewusstseins als Möglichkeit, aufgrund moralischer Erwägungen unbewusst aufkommende Handlungsimpulse zu unterdrücken.

1. Wiederholen Sie, was Sie aus der 10. Klasse über das Libet-Experiment wissen.
2. Interpretieren Sie das Plakat „Wunsch wird nicht Wille" im Zusammenhang mit dem Problem der Determiniertheit menschlichen Handelns.
3. Fertigen Sie einen *Cluster zu den Begriffen Wunsch und Wille an.

Von Nebelwolken in unseren Köpfen

In dem folgenden Interview verteidigt der deutsche Hirnforscher Wolfgang Prinz die Behauptung, dass sämtliche menschlichen Handlungen von vornherein durch das menschliche Gehirn determiniert sind.

[...] Frage: Sie gehen von Ihrem Forschungsbereich der Handlungssteuerung immer wieder auch in philosophische Bereiche, beschäftigen sich mit dem Leib-Seele-Problem, also der alten philosophischen Frage, wie Gehirn und Geist zusammenwirken, oder genauer: ob es überhaupt einen Dualismus von Geist und Gehirn gibt, und der Frage nach der Willensfreiheit. In diesem Zusammenhang haben Sie den Satz geprägt: „Wir tun nicht, was wir wollen, sondern wir wollen, was wir tun." Was meinen Sie damit?

Wolfgang Prinz: Die Formulierung bezieht sich auf die Experimente des Neurophysiologen Benjamin Libet von 1979, die dem Alltagsverständnis unseres Handelns widersprechen. Wir glauben, dass wir, wenn wir handeln, uns erst entscheiden und dann tätig werden. Ich als mentaler Akteur kommandiere meinen physischen Körper: Ich tue, was ich will.

Die Wissenschaft erklärt unser Handeln aber anders. Der Interpretation des Libet-Versuchs zufolge findet eine Entscheidung früher im Gehirn als im Bewusstsein einer Person statt. Das kann nur bedeuten, dass unser bewusster Willensimpuls so etwas wie ein Ratifizieren einer Entscheidung ist, die das Gehirn schon getroffen hat: Ich will, was ich tue. Allerdings muss man beachten, dass die Libet-Situation einen sehr engen Zeitrahmen hat. Und wie weit man von dieser Situation auf andere Situationen schließen kann, ist noch eine offene Frage.

Frage: Sind die Libet-Experimente ein Hinweis darauf, dass wir durch unsere Gehirne determiniert sind?
Wolfgang Prinz: Ja. Aber um festzustellen, dass wir determiniert sind, bräuchten wir die Libet-Experiment nicht. Die Idee eines freien menschlichen Willens ist mit wissenschaftlichen Überlegungen prinzipiell nicht zu vereinbaren. Wissenschaft geht davon aus, dass alles, was geschieht, seine Ursache hat und dass man diese Ursachen finden kann. Für mich ist unverständlich dass jemand, der empirische Wissenschaft betreibt, glauben kann, dass freies, also nichtdeterminiertes, Handeln denkbar ist.

Frage: Die meisten Menschen sind doch aber davon überzeugt, dass sie freie, autonome Akteure sind.
Wolfgang Prinz: Das sind unsere alltagspsychologischen Intuitionen. Die Alltagspsychologie ist dualistisch: Sie unterscheidet zwischen mentalen und physischen Sachverhalten, und sie glaubt, dass der Geist den Körper regiert. Wenn wir wissenschaftlich denken, ist diese dualistische Position unhaltbar. Die Wissenschaft liebt Monismus und Determinismus.

Frage: Welche Konsequenzen müsste es haben, dass Wissenschaft und Alltagspsychologie dieselben Gegebenheiten – unser Wahrnehmen, Denken und Handeln – unterschiedlich deuten?
Wolfgang Prinz: Es muss erst einmal gar keine geben. Wir leben ja auch in anderen Bereichen mit Inkompatibilitäten, also müssten wir sie auch hier aushalten können. Die Inkompatibilität besteht hier im übrigen nicht nur zwischen Wissenschaft und Leben, sondern auch zwischen den Wissenschaften: Die Natur- und Geisteswissenschaften kommen nicht zusammen, da die meisten Überlegungen zu einer Philosophie des Geistes alltagspsychologische Intuitionen als Fundament nehmen. Gerade die wären aber aus der Sicht des Naturwissenschaftlers zu hinterfragen.

Frage: Was meinen Sie damit?
Wolfgang Prinz: Viele Philosophen glauben, dass zwischen mir und der Außenwelt ein Wahrnehmungsvorgang vermittelt und dass die Wahrnehmung richtig oder falsch sein, dass sie also auch „danebengehen" kann. Dagegen gilt für sie als ausgemacht, dass ich, wenn ich über mein Seelenleben rede, ganz unmittelbar bei mir selbst bin. Es gibt dann keinen Wahrnehmungsprozess, keine Distanz, keine Vermittlung, und das, was ich über mich selbst weiß, kann nicht falsch sein. Dieser Auffassung zufolge sind unsere alltagspsychologischen Intuitionen natürliche Gegebenheiten: jeder, der ein menschliches Genom hat, bildet diese Dinge – ein subjektives Ich, Bewusstsein – aus. Diese Idee ist falsch. Ich halte das Ich für ein soziales Konstrukt. Es kann sich genau so entwickeln, wie wir es kennen. Es kann sich aber auch anders entwickeln.

Frage: Wie kommen Sie darauf?
Wolfgang Prinz: Man kann das am Beispiel von multiplen Persönlichkeiten verdeutlichen. Wir halten es für natürlich und normal, dass in einem physischen Körper eine – und nur eine mentale Person wohnt. Wenn man aber die Entstehung des Ichs entwicklungspsychologisch verfolgt, kann man feststellen, dass das Ich keineswegs ein natürliches Organ der Seele ist, sondern ein Konzept, das sich nur unter bestimmten Bedingungen entwickelt. Wenn die Entwicklung nicht ihren „normalen" Gang nimmt, etwa bei frühkindlicher Traumatisierung, geschieht es, dass Menschen verschiedene Ichs, verschiedene psychische Subjekte ausbilden, also multiple Persönlichkeiten werden. Das ist ein Indiz dafür, dass mentale Prozesse, so wie wir sie selbstverständlich erfahren, nicht natürliche Gegebenheiten sind, sondern Ergebnisse einer sozialen Konstruktion. Ebenso ist es mit dem freien Willen.

Frage: Aber unsere Erfahrung sagt uns doch, dass wir lernen können, bestimmte Dinge zu tun und andere zu lassen – auch entgegen unseren Impulsen. Erziehungs- und Moralsysteme sind also – zumindest teilweise – wirksam. Sind das nicht Hinweise darauf, dass wir uns entscheiden können, dass wir also doch frei sind?
Wolfgang Prinz: Nein, aus wissenschaftlicher Sicht nicht. Aber die Feststellung, dass unsere Vorstellungen vom Ich und der Willensfreiheit soziale Konstruktionen sind, bedeutet nicht, dass sie wirkungslos sind. Unsere alltagspsychologischen Intuitionen schweben ja nicht in

irgendwelchen Nebelwolken über unseren Köpfen, sondern sind selbst ebenfalls in Gehirnen implementiert und realisiert, ebenso wie etwa mein Wissen über den Eiffelturm oder die Geographie Europas. Die Frage ist nun, was unsere alltagspsychologischen Intuitionen für die Mechanismen bedeuten, in denen unsere Handlungen zustande kommen.

Man könnte sich das zum Beispiel so vorstellen dass es ein primäres System gibt, das Handlungen produziert und ein zweites System, das die Handlungsproduktion beobachtet und nach den Kategorien der Alltagspsychologie interpretiert. Und beide Systeme interagieren – schließlich sind beide im Gehirn implementiert. Man wird also vermutlich damit rechnen können, dass die Prozesse, die entscheidend für die alltagspsychologischen Intuitionen sind, auch an Handlungsentscheidungen mitbeteiligt sind. Auf diese Weise können dann auch Moral und Erziehungssysteme kausal wirksam sein. Wir wissen allerdings noch nicht, was das bedeutet und wie das funktioniert. Nur eines bedeutet es mit Sicherheit nicht: dass wir die freien autonomen Subjekte, für die wir uns halten, auch tatsächlich sind.

Frage: Wenn Sie sagen, dass man aus wissenschaftlicher Sicht nicht von einem freien Willen sprechen kann, heißt das dann, dass Mörder und Drogenhändler nicht mehr verurteilt werden sollten?
Wolfgang Prinz: Doch – solange wir uns für das Rechtssystem entscheiden, das zur Zeit gültig ist. Das muss dann auch heißen, unsere Kinder weiterhin in diesem alltagspsychologischen System zu sozialisieren. Dazu gehört auch, dass sie sich frei fühlen und versuchen, ihr Leben so gut wie möglich zu gestalten. An Erziehung – und übrigens auch an therapeutische Prozesse – zu glauben heißt ja gerade auch, an einen Determinismus zu glauben, sonst könnte man es ja gleich sein lassen. Auch Personen, die gläubige Vertreter der Willensfreiheit sind, glauben ja im übrigen an einen weitgehenden Determinismus menschlichen Handelns. Unsere Willensfreiheit gilt auch in der Alltagspsychologie als eingeschränkt – etwa durch Charaktereigenschaften oder durch Alkoholkonsum, was ja auch das Strafrecht berücksichtigt. Der Unterschied zwischen Alltagspsychologie und Wissenschaft ist nicht, dass die eine uns für komplett frei und die andere uns für unfrei hält, sondern darin, dass die *Alltagspsychologie uns teilweise für frei hält.

Frage: Müsste die Sichtweise der Wissenschaft nicht zur Folge haben, ein neues Rechtssystem zu etablieren?
Wolfgang Prinz: Wir müssen keineswegs, solange wir die Inkompatibilität der alltagspsychologischen Intuitionen und wissenschaftlichen Erkenntnisse aushalten können. Wir könnten aber andererseits auch ein anderes Rechtssystem etablieren. Etwa eines, das nicht auf dem Schuld- und Verantwortungsprinzip beruht, sondern darauf, dass man für Handlungen, die anderen schaden, zahlen muss, ohne dass man dem Handeln Freiheit und Schuldfähigkeit unterstellt.

Frage: Wenn man das Ich als soziales Konstrukt erklärt und den Determinismus insofern erweitert, als auch die Alltagsintuitionen in ihm Berücksichtigung finden, kann man die Diskrepanz zwischen der wissenschaftlichen Ansicht von unserem Ich und unseren alltagspsychologischen Intuitionen aufheben. Aber hat man damit verstanden, wie das Ganze funktioniert wie wir etwa zu unseren Vorstellungen von uns selbst kommen? Ist darüber schon etwas bekannt?
Wolfgang Prinz: Nein. Die Biologen können erklären, wie Chemie und die Physik des Gehirns funktionieren. Aber niemand weiß bisher, wie es zur Ich-Erfahrung kommt und das Gehirn überhaupt Bedeutungen hervorbringt.
Das Interview führten Sabine Schmidt und Julia Wolf.

Wolfgang Prinz, zeitgenössischer deutscher Psychologe
(Der Mensch ist nicht frei. Ein Gespräch. In: Christian Geyer (Hg.): Hirnforschung und Willensfreiheit, a. a. O., S. 20 ff.)

---

1. Erläutern Sie die von Wolfgang Prinz gemachte Einschränkung zu der Deutung der Libet-Experimente: „Allerdings muss man beachten, dass die Libet-Situation einen sehr engen Zeitrahmen hat." Informieren Sie sich dazu über den genauen Ablauf der Libet-Experimente.

2. Arbeiten Sie die Beispiele für „alltagspsychologische Intuitionen" aus dem Text heraus, die nach Einschätzung des Autors aus naturwissenschaftlicher Sicht nicht haltbar sind.
3. Beurteilen Sie die Aussage von Prinz „niemand weiß bisher, wie es zur Ich-Erfahrung kommt und das Gehirn überhaupt Bedeutungen hervorbringt" im Zusammenhang mit den gemachten Einlassungen zu „alltagspsychologische Intuitionen".
4. Wie beurteilen Sie die Auffassung, dass das Rechtssystem geändert werden müsse?
5. Gedankenexperiment: Beschreiben Sie in einem *philosophischen Tagebuch einen Tagesablauf aus der Sicht eines Individuums, das nach der Devise funktioniert: „Wir tun nicht, was wir wollen, sondern wir wollen, was wir tun."

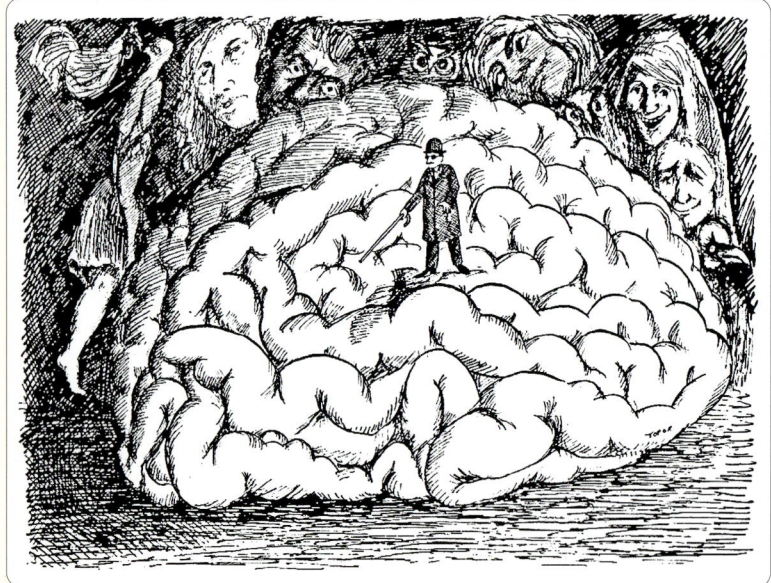

Roland Topor: Zeichnung aus dem Zyklus „Stadt" (1958–1968)

Chemie und Physik erklären nicht das Ich

WOLFGANG PRINZ (Münchner Max-Planck-Institut für Kognitions- und Neurowissenschaften) hält es noch längst nicht für ausgemacht, dass aufgrund der Hirnforschung „unserem Menschenbild beträchtliche Erschütterungen ins Haus stehen": Wie die Schönheit einer Bachschen Fuge, so könne auch das Menschenbild von jeglicher Reduktion und Dekonstruktion (1) unberührt bleiben: Was jedoch sicher revidiert werden müsse, sei der kaum reflektierte Naturalismus, der dieses Menschenbild und auch das mancher Hirnforscher präge. Menschen seien das, was sie sind, nicht nur durch ihre Natur, sondern vor allem auch durch ihre Kultur – und das durch und durch, bis in die tiefsten Wurzeln ihrer kognitiven Leistungen und die hintersten Winkel und Windungen ihrer Gehirne. „Deshalb kann Hirnforschung hier zwar sicher vieles, aber gewiss nicht alles ausrichten. Als neue Leitdisziplin der Humanwissenschaften, die sie gerne wäre, taugt sie jedenfalls nicht."
In einem Gespräch wird PRINZ noch deutlicher: „Die Biologen können erklären, wie die Chemie und die Physik des Gehirns funktionieren. Aber niemand weiß bisher, wie es zur Ich-Erfahrung kommt und wie das Gehirn überhaupt Bedeutungen hervorbringt." [...]
Das Individuum erfährt andere und sich selbst immer wieder als unberechenbar, weil frei. So

oft sagt ein Mensch nein, wo man ein Ja erwartet, und ja, wo man ein Nein fürchtet. Deshalb werden Wahl- und Börsenprognosen – wenngleich Menschen allzu oft dem Herdentrieb verfallen – häufig widerlegt. Ich erfahre es an mir als unbestreitbare Tatsache: So sehr ich auch in meinem ganzen Dasein äußerlich und innerlich abhängig und bestimmt bin, bin ich mir dessen bewusst, dass dieses oder jenes zu guter Letzt eben doch an mir liegt, ob ich rede oder schweige, aufstehe oder sitzen bleibe, ob ich dieses oder jenes Getränk oder Kleidungsstück, diese oder jene Reise vorziehe. So sehr mein Gehirn spontan entscheidet, dass mein Auge jemanden anschaut oder mein Fuß einem Hindernis ausweicht: Sobald es jedoch nicht wie in jenen Experimenten nur um physische Kurzvorgänge (etwa Heben eines Arms oder Fingers) geht, sondern um langzeitige Prozesse, die meine Reflexion erfordern – etwa die Wahl eines Berufs, die Annahme eines Jobs, die Wahl eines Lebenspartners –, da muss ich mich mit verschiedenen Denkinhalten und Handlungsalternativen auseinandersetzen, muss mich entscheiden und unter Umständen auch meine Entscheidung korrigieren. Die ganze Lebensgeschichte kommt hier in den Blick.

Der Tübinger Entwicklungsbiologe ALFRED GIERER hat deshalb recht, wenn er neben der Neurophysiologie und der Introspektion (2) als dritten Zugang zu unserem Bewusstsein und zu unserer Freiheit unsere willentlichen Handlungen hervorhebt: „Informationstheoretisch ausgedrückt, kann die objektive Analyse von Gehirnvorgängen nur einen Teil der Information über Bewusstseinszustände und -vorgänge ergeben; die intersubjektive Vermittlung bewussten Erlebens durch die Sprache erschließt mehr, die willentliche Handlung noch einmal mehr. In gewissem Maße sind alle drei Zugänge zueinander komplementär, aber auch zusammen ergeben sie noch kein vollständiges Bild." Wenn man sich statt an die „etwas angestaubte, vor-quantenphysikalische Mechanik des 19. Jahrhunderts" besser an die Einsichten der mathematischen Entscheidungstheorie halte, dann sei „mit prinzipiellen Grenzen der Entschlüsselung der Gehirn-Geist-Beziehung zu rechnen." Dies würde auch das uralte Grundproblem der Willensfreiheit betreffen: „Der Wille anderer ist mit objektiven Mitteln vermutlich nicht vollständig zu erschließen. Der Mensch kennt sich nicht einmal selbst zur Genüge – der Blick nach innen ist unvollständig –, und er erlebt sich in vieler Hinsicht erst in seinen eigenen Handlungen." Für die Problematik Hirn und Geist sei hier eine letzte Horizonterweiterung angemahnt.

(1) Dekonstruktion: Umbau, Auflösung
(2) Introspektion: Innenschau

Hans Küng, Schweizer Theologe
(Der Anfang aller Dinge – Naturwissenschaft und Religion, Piper Verlag, München 2006, 8. Auflage, S. 204 und 207/208)

1. Welche Kritik formuliert Hans Küng an der Hirnforschung?
2. Was verstehen Sie unter der Aussage „Die ganze Lebensgeschichte kommt in den Blick"?

Wie sollen wir künftig mit Straftätern umgehen?

Wahrnehmen-Behalten-Erinnern: Wo Bewusstsein entsteht

3. Veranschaulichen Sie den Zusammenhang von „Bewusstsein", „Wahrnehmen", „Behalten" und „Erinnern" an einem Beispiel.

Der folgende Text von Hans-Ludwig Kröber beschreibt mögliche Auswirkungen der von Wolfgang Prinz u. a. vertretenen Theorien menschlichen Denkens und Handelns.

Wenn Neurophysiologen einen starken Determinismus vertreten, lassen sich einige mit unserer kulturellen Praxis eng verflochtene Ansichten über Verantwortung, Strafe und Erziehung wahrscheinlich nicht aufrechterhalten.
Kann man künftig Straftäter anhand biologischer Merkmale bereits identifizieren noch, bevor sie ihre erste Straftat überhaupt begangen haben? Und was macht man dann mit ihnen? Die Problematik, die Steven Spielberg in seinem Film „Minority Report" behandelt, ist keineswegs utopisch. Bereits heute könnte man anhand der Befunde in bildgebenden Verfahren, die man bei Straftätern, „Mördern", „Psychopathen" und anderen Menschengruppen gefunden hat, so etwas wie eine Rasterfahndung einleiten nach Menschen ohne Mitgefühl und mit hoher Aggressivität. Das ist die dunkle Seite dieser Forschungsmacht. Die scheinbar helle zeigt sich in der Behauptung, wer durch Besonderheiten seines Gehirns bedingt Straftaten begehe, sei für sie strafrechtlich nicht verantwortlich. Er wird nicht bestraft. Was man statt dessen mit ihm macht: Man sperrt ihn lebenslang ein, aber nicht als Strafe, sondern rein prophylaktisch, zur Sicherung. Denn wer für sein Tun nicht verantwortlich ist, kann die Freiheit nicht kosten.
Allerdings gehen manche Hirnforscher wie Gerhard Roth noch einen Schritt weiter und sagen, wir alle befänden uns in dem Irrglauben, freie Willensentscheidungen treffen zu können. Tatsächlich aber treffe das limbische System, also die Übergangszone zwischen dem Cortex und dem Hirnstamm, in dem die vegetative und endokrine Steuerungszentrale liegt, „unsere" Entscheidungen. Auf die naheliegende Rückfrage, wessen limbisches System denn die Entscheidung trifft, weicht Roth allerdings zurück und sagt: Die ganze Person trifft die Entscheidung. Aber sie sei nicht frei, weil die Entscheidung aus dem Unbewussten komme, weil nämlich ihr limbisches System die Entscheidung treffe. Und die unbewusste Entscheidung des limbischen Systems sei die determinierte Resultante aller biographischen Erfahrungen dieser Person.

So sind wir bereits mitten in den Sprachspielen der biologischen Hirnforscher, und diese Sprachspiele zeichnen sich dadurch aus, dass bestimmte anatomische und funktionelle Strukturen sozusagen beseelt werden und in die Position eines Homunculus hineinwachsen, eines kleinen Menschen im Menschen, der mit anderen zerebralen homunculi im Widerstreit oder Austausch steht und schließlich auch Regierungsmacht über die ganze Person oder das ganze Gehirn gewinnt. Im finalen Showdown gewinnt das limbische System schließlich sogar gegen das Gesamtgehirn und die ganze Person. [...]

Und wenn denn das limbische System tatsächlich die große Festplatte aller emotional geladenen biographischen Erfahrungen ist: Wer hat denn dann diese Festplatte beschrieben? Speziell im forensisch-psychatrischen (1) Bereich ist es nicht überraschend, dass bestimmte Untergruppen chronisch Straffälliger auch neurophysiologische und neuroanatomische Besonderheiten aufweisen. Auch das Wahrnehmen, Werten, Denken und Handeln rechtskonformer und psychisch ungestörter Menschen ist in erheblichem Umfang im biologischen Untergrund verankert und in dem lebensgeschichtlichen Umgang mit den eigenen Stärken und Schwächen herausgebildet. Dass unsere Entscheidungen auf einer materiell fassbaren biologischen Grundlage erfolgen, besagt noch nichts darüber, ob es freie Entscheidungen sind, und entsprechend auch nichts über die strafrechtliche Verantwortung. Wir sind strafrechtlich verantwortlich, wenn wir imstande sind, unsere Wünsche kritisch zu bewerten.

(1) Forensische Psychiatrie: In diesem Fachgebiet arbeiten Rechtsmediziner, die eine spezielle Ausbildung in Psychiatrie und Psychologie haben. Ihre Aufgabe unter anderem: zu klären, ob Täter gestört, brutal oder eben krank sind.

Hans-Ludwig Kröber, zeitgenössischer deutscher Psychologe (Die Hirnforschung bleibt hinter dem Begriff strafrechtlicher Verantwortung zurück. In: Christian Geyer (Hg.): Hirnforschung und Willensfreiheit, a. a. O., S. 103 ff.)

1. Veranschaulichen Sie an Beispielen den im Text betrachteten Zusammenhang zwischen Straftat, Entscheidung, Verantwortung, Schuld und Strafe. Lesen Sie hierzu auch die Seiten 169–180 (Strafe) in diesem Buch.
2. Erörtern Sie die von Kröber formulierte Kritik an den verbreiteten Vorstellungen der „biologischen Hirnforscher". Beschäftigen Sie sich hierzu auch noch einmal mit dem Fall des Vergewaltigers Theo (siehe Seiten 25/26 in diesem Buch).
3. Vergleichen Sie Kröbers Auffassung im Bereich der Rechtsprechung mit der des Juristen Eduard Dreher, wie sie im folgenden Zitat zum Ausdruck kommt:

Einem Menschen, der infolge einer psychischen Störung, die von der Alkoholvergiftung bis zur Geisteskrankheit reichen kann, außerstande ist, von ihm begangenes Unrecht als solches zu erkennen oder nach dieser Einsicht zu handeln, spricht unser Recht lediglich die Schuldfähigkeit ab. Er begeht Unrecht, handelt aber ohne Schuld. Mit dem Determinismus würde das grundlegend anders. Denn Schuld gibt es nicht mehr und jeder Mensch handelt determiniert. Damit aber verschwindet der Unterschied zwischen dem Geisteskranken und dem geistesgesunden Menschen. Der Geisteskranke, der im Verfolgungswahn einen Wärter umbringt, wird nicht anders angesehen und behandelt als der grausame Mörder, der das entführte Kind nach Erhalt des erpressten Lösegeldes kaltblütig umbringt. In beiden Fällen wird nur geprüft, ob der Täter weiterhin gefährlich ist.

(Eduard Dreher: Die Willensfreiheit. Ein zentrales Problem mit vielen Seiten, C. H. Beck, München 1987, S. 26 f.)

1.4.3 Determinismus aus Sicht der Religion

Von Dingen, die höher sind als der Mensch

Mit der Frage, ob der menschliche Wille determiniert ist, haben sich nicht nur Hirnforscher und Philosophinnen und Philosophen beschäftigt, sondern auch die Vertreter der religiösen Ethik wie z. B. Martin Luther und Erasmus von Rotterdam.

So ist der menschliche Wille in die Mitte gestellt (zwischen Gott und Satan) wie ein Zugtier. Wenn Gott sich darauf gesetzt hat, will er und geht, wohin Gott will. [...] Wenn Satan sich darauf gesetzt hat, will und geht er, wohin Satan will. Und es steht nicht in seiner freien Entscheidung zu einem von beiden Reitern zu laufen oder ihn sich zu verschaffen zu suchen. [...]
Wenn wir nun überhaupt dieses Wort (freier Wille) nicht aufgeben wollen, was am sichersten und frömmsten wäre, sollten wir lehren, es doch bis dahin gewissenhaft zu gebrauchen: dass dem Menschen ein freier Wille nicht in Bezug auf die Dinge eingeräumt sei, die höher sind als er, sondern nur in Bezug auf das, was so viel niedriger ist als er, d. h. dass er weiß, er

Lutherdenkmal in Eisenach

habe in Bezug auf seine zeitlichen Geldmittel und Besitztümer das Recht, etwas nach freiem Ermessen zu gebrauchen, zu tun, zu lassen (obwohl auch dies durch den freien Willen Gottes allein gelenkt wird, wohin immer es ihm gefällt). Im Übrigen hat er gegenüber Gott oder in den Dingen, welche Seligkeit oder Verdammnis angehen, keinen freien Willen, sondern ist gefangen, unterworfen, verknechtet – entweder dem Willen Gottes oder dem Willen des Satans.

Martin Luther, deutscher Theologe und Reformator
(Martin Luther: Vom unfreien Willen. In: Die Werke Martin Luthers in neuer Auswahl für die Gegenwart, hg. v. Kurt Aland, Vandenhoeck & Ruprecht, Göttingen 1983, Bd. 3: Der neue Glaube, S. 196 ff.)

1. Wiederholen Sie noch einmal aus früheren Jahrgangsstufen, was Sie über das Verhältnis von Gott und Satan wissen.
2. Veranschaulichen Sie in einem Gedankenexperiment das Lebensgefühl eines Menschen, der sein Verhältnis zu Gott so versteht und empfindet, wie dies im Textauszug zum Ausdruck kommt.

Allmacht und Vorherwissen

Aber selbst der natürliche Menschenverstand muss unbedingt bekennen, dass der lebendige und wahre Gott eine solche Macht haben muss, aus seiner Freiheit uns Notwendigkeit aufzuerlegen. Sonst wäre es ja ein lächerlicher Gott oder vielmehr ein Götze, der Zukünftiges nur unsicher voraussieht oder von den Ereignissen getäuscht würde; haben doch sogar die Heiden ihren Göttern unentrinnbare Schicksalsmacht zugeschrieben! Gleichermaßen lächerlich wäre er, wenn er nicht alles könnte und täte oder wenn irgendetwas ohne ihn geschähe. Wenn aber Gottes Vorherwissen und Allmacht zugegeben wird, so folgt daraus natürlich mit unantastbarer Folgerichtigkeit, dass wir nicht durch uns selbst geschaffen sind oder leben oder irgendetwas vollbringen, sondern alles geschieht nur durch Gottes Allmacht. Da er aber im Voraus wusste, dass wir so sein würden und uns auch jetzt so erschafft, lenkt und regiert, was kann dann, so frage ich, überhaupt erdacht werden, das in uns frei sei, dass es so oder anders geschehe, als Gott es vorausgesehen hat und nun ins Werk setzt? So steht also Gottes Vorherwissen und Allmacht im schärfsten Gegensatz zu unserm freien Willen. Denn entweder irrt sich Gott in seinem Vorherwissen und wird sich dann auch in seinem Tun irren – was doch unmöglich ist –, oder wir handeln und werden geleitet nach seinem Vorherwissen und Handeln. Als Allmacht Gottes aber bezeichne ich nicht jene Macht, durch die er vieles nicht tut, was er wohl könnte, sondern jene handelnde Kraft, durch die er machtvoll alles in allem wirkt; und in diesem Sinne nennt ihn auch die Schrift [gemeint ist die Bibel, d. Hg.] allmächtig. Und diese Allmacht und dieses Vorherwissen Gottes zerstört – so sage ich – von Grund auf die Lehre vom freien Willen. Hierbei kann auch nicht Dunkelheit der Schrift oder Schwierigkeit der Sache vorgeschützt werden. Die Worte sind ganz klar und schon Kindern vertraut. Die Sache ist klar und leicht verständlich auch durch das so allgemeine, natürliche Urteil der Vernunft erwiesen, sodass eine noch so lange Reihe von Jahrhunderten, Zeiten und Personen, die anders schreiben und lehren, nichts bedeutet.

Martin Luther
(Vom unfreien Willen, a. a. O., S. 286 f.)

3. Charakterisieren Sie die Vorstellung von Freiheit, die Luther in diesem Abschnitt vor dem Hintergrund der Allmacht Gottes entwickelt.
4. Erläutern Sie mithilfe anderer Quellen oder von Sekundärliteratur, wie sich die beiden Textauszüge widerspruchsfrei zusammen denken lassen.

Allmacht, Gnade und Schuld

Auf Drängen der Katholischen Kirche schrieb *Erasmus von Rotterdam 1525 die Abhandlung „Vom freien Willen", um die Aussagen Luthers zu widerlegen. Die Konfrontation mit Martin Luther, der ihm Feigheit und Inkonsequenz vorwarf, überlagert das Leben und Werk des Erasmus von Rotterdam.

Diese Stelle also [gemeint ist das Buch Sirach 15, 14-18, d. Hg.] lässt erkennen, dass Adam, der Erstling unseres Geschlechtes, so erschaffen worden war, dass er eine unverdorbte Vernunft besaß, die unterscheiden konnte, was zu erstreben und was zu meiden ist; doch er hat außerdem einen Willen bekommen, der zwar auch unverdorben gewesen ist, jedoch frei, sodass er, wenn er es wollte, sich vom Guten abwenden und zum Bösen ablenken konnte. [...]

Unser Urteilsvermögen [...] ist durch die Sünde verdunkelt, nicht ausgelöscht worden; unser Wille als ein Vermögen zu wählen und zu meiden ist bis zu dem Grade verderbt worden, dass er durch seine natürlichen Hilfsmittel nicht wieder besser werden kann, sondern seine Freiheit verloren hat und genötigt ist, der Sünde zu dienen, der er sich willentlich einmal verschrieben hat. Doch durch die Gnade Gottes, die ihm die Sünde vergeben hat, ist er bis zu dem Grade wieder frei geworden, dass er [...] ohne die Hilfe neuer Gnade das ewige Leben erringen kann, doch so, dass er sein Heil Gott zu verdanken hat, der den freien Willen sowohl geschaffen als auch wiederhergestellt hat, und dass – wie die Rechtgläubigen lehren – infolge der ständig gegenwärtigen Hilfe der göttlichen Gnade der Mensch in rechter Beschaffenheit zu streben fortfahren kann, ohne indessen frei zu sein von einer Geneigtheit zum Bösen, die von den Überresten der einmal eingewurzelten Sünde herrührt. Wie die Sünde der Stammeltern auf die Nachkommen übertragen worden ist, so geht auch die Geneigtheit zum Sündigen auf uns alle über; diese wird durch die sündentilgende Gnade bis zu dem Grade abgeschwächt, dass sie überwunden, nicht aber ausgerottet werden kann. Nicht, als ob hierzu die Gnade nicht imstande wäre, sondern weil es uns nicht dienlich wäre.

Erasmus von Rotterdam, niederländischer Humanist und Theologe (Vom freien Willen. Verdeutscht von Otto Schuhmacher, Vandenhoeck & Ruprecht, Göttingen 1988, S. 24 ff.)

Wolfgang Mattheuer: Adam wartet (1967)

1. Erklären Sie Erasmus' Verständnis von der Allmacht Gottes, seiner Gnade und der Willensfreiheit des Menschen.
2. Arbeiten Sie die Punkte heraus, die einen Unterschied zum Problem der Freiheit zwischen Luther und Erasmus deutlich werden lassen. Lesen Sie hierzu auch die Seiten 177–180 (Schuld) in diesem Buch.
3. Interpretieren Sie das Bild von Wolfgang Mattheuer.

1.5 Freiheit und Verantwortung

1.5.1 Zur Freiheit verurteilt

Wie oft haben wir nicht schon den Satz gehört: Ich kann nichts dafür. Oder: Ich habe keine Schuld. In vielen Fällen mag er berechtigt sein, manchmal zeigt er auch nur die Unfähigkeit oder die Unwilligkeit Verantwortung zu übernehmen. Wie die Verantwortung für eine Handlung oder für einen Zustand mit der Vorstellung von Freiheit zusammenhängt, ist ein großes Thema des Existentialismus. Diese Strömung in der Literatur und Philosophie im 20. Jahrhundert – insbesondere in Frankreich – (siehe auch S. 192–210 in diesem Buch) wurde maßgeblich durch den Philosophen Jean-Paul Sartre geprägt. In dem unten in einem Auszug abgedruckten Text wird andeutungsweise so etwas wie ein Programm oder eine Bestimmung des Existentialismus entwickelt.

Constant (C. Anton Nieuwenhuys):
Die Freiheit gehört uns (1949)

1. Analysieren Sie die verschiedenen Bildelemente: Wie verstehen Sie den Titel des Bildes?
2. Welche andere Überschrift würden Sie dem Bild geben?
3. Betrachten Sie das Bild noch einmal, nachdem Sie den Text von Sartre gelesen haben.

Der Mensch, wie ihn der Existentialist versteht, ist nicht definierbar, weil er zunächst nichts ist. Er wird erst dann, und er wird so sein, wie er sich geschaffen haben wird. Folglich gibt es keine menschliche Natur, da es keinen Gott gibt, sie zu ersinnen. Der Mensch, er ist lediglich, allerdings nicht lediglich wie er sich auffasst, sondern wie er sich will, und wie er sich nach der Existenz auffasst, nach diesem Elan zur Existenz hin; der Mensch ist nichts anderes als das, wozu er sich macht. Das ist das erste Prinzip des Existentialismus. Das ist es auch, was man Subjektivität nennt und uns unter ebendiesem Namen vorwirft. Aber was wollen wir damit anderes sagen, als dass der Mensch eine größere Würde hat als der Stein oder der Tisch? Wir wollen sagen, dass der Mensch erst existiert, das heißt, dass der Mensch erst das ist, was sich in eine Zukunft wirft und was sich bewusst ist, sich in die Zukunft zu entwerfen. Der Mensch ist zunächst ein sich subjektiv erlebender Entwurf, anstatt Schaum, Fäulnis oder ein Blumenkohl zu sein; nichts existiert vor diesem Entwurf, nichts ist am intelligiblen Himmel, und der Mensch wird zuerst das sein, was er zu sein entworfen haben wird. Nicht, was er sein will. Denn was wir gewöhnlich unter wollen verstehen, ist eine bewusste Entscheidung, die bei den meisten von uns erst später gefällt wird, von demjenigen, zu dem sie sich selbst gemacht haben. Ich kann Mitglied einer Partei werden, ein Buch schreiben, heiraten wollen, das alles ist nur Ausdruck einer ursprünglicheren, spontaneren Wahl als einer, die man willentlich nennt. Wenn jedoch die Existenz wirklich dem Wesen vorausgeht, ist der Mensch für das, was er ist, verantwortlich. So besteht die erste Absicht des Existentialismus darin, jeden Menschen in den Besitz seiner selbst zu bringen und ihm die totale Verantwortung für seine Existenz aufzubürden. Und wenn wir sagen, der Mensch ist für sich selbst verantwortlich, wollen wir nicht sagen, er sei verantwortlich für seine strikte Individualität, sondern für alle Menschen. Das Wort Subjektivismus hat zwei Bedeutungen, und unsere Gegner treiben mit diesen zwei Bedeutungen ihr Spiel. Subjektivismus bedeutet einerseits die Wahl des individuellen Subjekts durch sich selbst und andererseits die Unmöglichkeit für den Menschen, die menschliche Subjektivität zu überschreiten. Der zweite Sinn ist der tiefe Sinn des Existentialismus. Wenn wir sagen, der Mensch wählt sich, verstehen wir darunter, jeder von uns wählt sich, doch damit wollen wir auch sagen, sich wählend wählt er alle Menschen.

In der Tat gibt es für uns keine Handlung, die, den Menschen schaffend, der wir sein wollen, nicht auch zugleich ein Bild des Menschen hervorbringt, wie er unserer Ansicht nach sein soll. Wählen, dies oder das zu sein, heißt gleichzeitig, den Wert dessen, was wir wählen, zu bejahen, denn wir können niemals das Schlechte wählen; was wir wählen, ist immer das Gute, und nichts kann gut für uns sein, ohne es für alle zu sein. Wenn andererseits die Existenz dem Wesen vorausgeht und wir zugleich existieren und das Bild von uns gestalten wollen, so gilt dieses Bild für alle und für unsere gesamte Epoche. So ist unsere Verantwortung viel größer, als wir vermuten können, denn sie betrifft die gesamte Menschheit. Wenn ich Arbeiter bin und wähle, eher einer christlichen Gewerkschaft beizutreten, als Kommunist zu sein, wenn ich mit diesem Beitritt zeigen will, dass im Grunde Resignation die Lösung ist, die dem Menschen entspricht, dass das Reich des Menschen nicht auf Erden ist, betrifft das nicht nur meinen Fall: ich will für alle resigniert sein, folglich zieht mein Vorgehen die gesamte Menschheit nach sich. Wenn ich – eine individuellere Angelegenheit – mich verheiraten und Kinder haben will, ziehe ich dadurch, selbst wenn diese Heirat einzig von meiner Situation oder meiner Leidenschaft oder meinem Begehren abhängt, nicht nur mich selbst, sondern die gesamte Menschheit auf den Weg zur Monogamie. So bin ich für mich selbst und für alle verantwortlich, und ich schaffe ein bestimmtes Bild vom Menschen, den ich wähle; mich wählend wähle ich den Menschen. [...]

Wenn tatsächlich die Existenz dem Wesen vorausgeht, ist nichts durch Verweis auf eine gegebene und unwandelbare menschliche Natur erklärbar; anders gesagt, es gibt keinen Determinismus, der Mensch ist frei, der Mensch ist die Freiheit. Wenn zum anderen Gott nicht existiert, haben wir keine Werte oder Anweisungen vor uns, die unser Verhalten rechtfertigen könnten. So finden wir weder hinter noch vor uns im Lichtreich der Werte Rechtfertigungen oder Entschuldigungen. Wir sind allein, ohne Entschuldigungen. Das möchte ich mit den Worten ausdrücken: der Mensch ist dazu verurteilt, frei zu sein. Verurteilt, weil er sich nicht selbst erschaffen hat, und dennoch frei, weil er, einmal in die Welt geworfen, für all das verantwortlich ist, was er tut. Der Existentialist glaubt nicht an die Macht der Leidenschaft. Er wird nie meinen, eine schöne Leidenschaft sei eine alles mitreißende Flut, die den Menschen schicksalhaft zu bestimmten Taten zwingt und daher eine Entschuldigung ist. Er meint, der Mensch ist für seine Leidenschaft verantwortlich. Der Existentialist meint genauso wenig, der Mensch könne Hilfe finden in einem auf Erden gegebenen Zeichen, das ihm eine Richtung weist; denn er denkt, der Mensch entziffert das Zeichen, wie es ihm gefällt. Er meint also, der Mensch ist in jedem Augenblick, ohne Halt und ohne Hilfe, dazu verurteilt, den Menschen zu erfinden.

Jean-Paul Sartre, französischer Philosoph
(Jean-Paul Sartre: Der Existentialismus ist ein Humanismus. In: Ders.: Gesammelte Werke in Einzelausgaben. Philosophische Schriften 4, Rowohlt, Reinbek bei Hamburg 2000, S. 150 f., 155)

1. Geben Sie den verschiedenen Sinnabschnitten des Textes eine Überschrift und klären Sie schwierige Begriffe oder Formulierungen. Versuchen Sie, den Gedankengang Sartres nachzuvollziehen, z. B. in einem *Cluster.
2. Erläutern Sie an einem Beispiel den Satz: Der Mensch ist lediglich, wie er sich will.
3. Warum ist der Mensch zur Freiheit verurteilt? Schreiben Sie einen *fiktiven Brief an Sartre, in welchem Sie seine These entweder begründen, bestätigen oder kritisieren.
4. Vergleichen Sie Sartres Begriff von Freiheit mit den Positionen, die Aristoteles und Kant vertreten.

1. Beschreiben Sie die Stimmung, die sich durch das Plakat verbreitet. Erläutern Sie die Problematik, die sich mit der Formulierung „die Wahl haben" verbindet, indem Sie die existentialistische Theorie der Freiheit zur Anwendung bringen.

1.5.2 Wir müssen für unsere Handlungen einstehen

Stellen wir uns eine Frau vor, deren Ehemann eine Reise unternimmt. Sie nutzt seine Abwesenheit, um sich mit ihrem Liebhaber zu treffen. Von einem auf den anderen Tag kündigt nun dieser seine Rückkehr an und bittet seine Gemahlin, ihn vom Bahnhof abzuholen. Um zum Bahnhof zu gelangen, muss die Frau einen Wald durchqueren, wo sich ein furchtbarer Mörder versteckt hält. Ängstlich bittet sie ihren Geliebten, sie zu begleiten, doch dieser weigert sich, weil er nicht auf den Ehemann treffen möchte. So bittet die Frau stattdessen um den Schutz des einzigen Dorfpolizisten, der ebenfalls ablehnt, muss er sich doch zuerst um die Sicherheit der übrigen Dorfbewohner kümmern. Sie wendet sich daraufhin an Nachbarn und erhält überall Absagen, von den einen aus Angst, von den anderen aus Bequemlichkeit. Schließlich macht sie sich allein auf den Weg und wird im Wald von dem Verbrecher ermordet. Frage: Wer ist Schuld an ihrem Tod? [...]

Die Freiheit ist unverzichtbar, um die Verantwortlichkeit festzustellen. Denn ohne zuschreibbare Verantwortlichkeit ist in keiner Gesellschaftsform das Zusammenleben möglich. Doch dieses Freisein ist nicht nur Gegenstand des Stolzes, sondern auch der Besorgnis und sogar der Angst. Unsere Freiheit anzunehmen setzt nämlich voraus, unsere Verantwortung für das, was wir tun, zu akzeptieren – sogar für das, was wir zu tun beabsichtigen oder für unerwünschte Folgen unseres Handelns. Frei zu sein heißt nicht, nur dann „Hier!" zu rufen, wenn Belohnungen verteilt werden, sondern auch zuzugeben: „Ich war es", wenn der Schuldige einer Missetat gesucht wird. Im ersten Fall gibt es immer Freiwillige, doch im zweiten nimmt man gewöhnlich bei der drückenden Last der Umstände Zuflucht: Der Betrüger lastet seine Vergehen dem frühen Verlust der Eltern an, den Versuchungen der Konsumgesellschaft oder den schlechten Beispielen des Fernsehens. Auch der Nobelpreisträger spricht nur von seinen Anstrengungen angesichts eines widrigen Schicksals und von seinen Verdiensten.

Niemand möchte schließlich durch eine Auflistung seiner schlechten Handlungen charakterisiert werden. Wenn wir jemanden überfahren, antworten wir auf Vorwürfe: „Ich konnte nicht ausweichen. Ich hätte Sie an meiner Stelle sehen mögen, ich bin nicht so", und so weiter. Zugleich versuchen wir, die Schuld der Gesellschaft anzulasten, in der wir leben, oder dem kapitalistischen System – während wir gleichzeitig die Möglichkeit andeuten, sauber, unparteiisch, mutig und besser zu sein als andere. Daher ist die Freiheit nicht eine Art Belohnung, sondern eine Last. Viele Menschen, die nicht ganz oder hinlänglich reif sind – das heißt solche, denen es an Selbständigkeit und Selbstbewusstsein fehlt –, ziehen es vor, auf sie zu verzichten und sie einem Führer zu übertragen, der zugleich die Entscheidungen trifft und die Last der Schuld auf sich nimmt.

*Fernando Savater, zeitgenössischer spanischer Philosoph (Die großen Fragen des Lebens, Übersetzt von Andreas Simon, Campus Verlag, Frankfurt a. M. 2000, S. 153 und 156)

2. Klären Sie die Frage, wer Schuld am Tod der Frau ist. Erarbeiten Sie dazu eine *Standpunktrede.
3. Warum kann Freiheit auch eine Last sein?
4. Schreiben Sie einen *Essay über das schwierige Verhältnis zwischen Freiheit und Verantwortung.

2. Die Frage nach dem guten Handeln

2.1 Nicht nur Gutes tun, sondern auch wissen, warum

Gemälde von Laura Owens

Welchen Titel würden Sie dem Bild geben? Entscheiden Sie, nachdem Sie die folgende Begebenheit von Michael Wittschier gelesen haben.

Ist Küssen unmoralisch?

An Münchens Isarstrand tauschte vor einiger Zeit ein Liebespaar in Badebekleidung auf einer Decke Zärtlichkeiten aus. Ein zufällig vorbeikommender Spaziergänger beobachtete dieses Treiben zunächst für einige Zeit aus kürzerer, wenig später dann noch einmal aus weiterer Entfernung. „Früher hat es so etwas nicht gegeben" - mag er gedacht haben. Und vom sittlichen Standpunkt aus betrachtet, wäre es auch durchaus verständlich, wenn er sich nicht interessiert, sondern empört gezeigt hätte. Denn noch um die Jahrhundertwende galt es als höchst unsittlich, wenn ein junges Mädchen allein mit einem fremden Mann auf der Straße gesehen wurde.

Aber es kam ganz anders: Das junge Liebespaar fühlte sich umgekehrt durch den Zuschauer gestört, und nach einem erregten Wortwechsel stellte der junge Mann Strafantrag wegen Beleidigung. In zwei Instanzen wurde der allzu interessierte Zuschauer von Rechts wegen tatsächlich verurteilt und schließlich in der dritten Instanz freigesprochen. Die Richter der dritten Instanz beschäftigte vor allem die Frage, ob das schmusende Liebespaar durch das Hinsehen des Spaziergängers beleidigt worden sei. Denn nur ein solches Verhalten ist nach der herrschenden Rechtsordnung strafbar. Dies wäre aber nach Auffassung des Gerichts nur dann der Fall gewesen, wenn jener Zuschauer ungebeten in die Intimsphäre der beiden eingedrungen wäre. Dieser Fall hat aber auch eine moralische Seite. Denn man könnte das Beobachten des schmusenden Paares auch als eine herabwürdigende Achtungsverletzung der beteiligten Personen sehen. Aber Zärtlichkeiten zwischen Liebenden sind doch die selbstverständlichste und schönste „Sache" der Welt – möchte man einwenden. Und wem sollte ein solcher Anblick schaden? Ist die ganze Angelegenheit vielleicht nur eine Frage des persönlichen Geschmacks?

Michael Wittschier, zeitgenössischer deutscher Philosoph
(Abenteuer Philosophie, Piper, München 2002, S. 138/139)

1. Beantworten Sie die letzte Frage und begründen Sie Ihren Standpunkt.
2. Küssen in der Öffentlichkeit galt in früheren Zeiten im Gegensatz zu heute als unmoralisch. Warum? Worin sehen Sie die Ursachen für den Wertewandel?
3. Stellen Sie sich vor, das Liebespaar an der Isar wären zwei Männer oder zwei Frauen gewesen. Wäre die Reaktion ähnlich ausgefallen? Warum? Warum nicht?

Wozu brauchen wir Normen?

Die Ethik als eine Disziplin der Philosophie versteht sich als Wissenschaft vom moralischen Handeln. Sie untersucht die menschliche Praxis im Hinblick auf die Bedingungen ihrer Moralität und versucht, den Begriff der Moralität zu begründen. Dabei ist mit Moralität vorerst jene Qualität gemeint, die es erlaubt, eine Handlung als eine moralische, als eine sittlich gute Handlung zu bezeichnen. Heißt dies nun aber, dass Ethik etwas so Elitäres, der Alltagspraxis Enthobenes ist, dass niemand von sich aus, quasi naturwüchsig darauf käme, Ethik zu betreiben? Keineswegs. Ethische Überlegungen sind nicht bloß dem Moralphilosophen oder Ethiker vorbehalten. Vielmehr hat sich jeder in seinem Leben gelegentlich schon mehr oder weniger ausdrücklich ethische Gedanken gemacht, in der Regel jedoch, ohne sie systematisch zu einer zusammenhängenden Theorie zu entfalten, weil diese Gedanken meist im Zusammenhang mit einer bestimmten Situation, einem bestimmten Konflikt sich einstellen, mit dessen Lösung auch das darin steckende ethische Problem erledigt ist. Manchmal ergeben sich Diskussionen allgemeiner Art: Dürfen Politiker sich in Krisensituationen über Moral und Recht hinwegsetzen? Wem nützt es, dass es moralische Normen gibt, wenn keiner sie befolgt? Aber auch in solchen Diskussionen bleiben ethische Fragen oft im Ansatz stecken.

Soviel ist fürs erste deutlich: Ohne moralische Fragen, Konflikte, Überzeugungen etc. keine Ethik. Aber wie kommt man denn zur Moral? Sobald ein Kind anfängt, sich seiner Umwelt zu vergewissern, indem es nicht nur rezeptiv wahrnimmt, was um es herum geschieht, sondern zugleich seiner Umgebung seinen Willen aufzuzwingen versucht, macht es die Erfahrung, dass es nicht alles, was es will, auch ungehindert erreicht. Es lernt, dass es Ziele gibt, die unerreichbar sind (z. B. Siebenmeilenstiefel zu haben) oder die zu erreichen nicht wünschenswert ist, weil sie entweder schlimme Folgen haben (z. B. die heiße Kochplatte anzufassen) oder von den Erwachsenen unter Androhung von Strafe verboten werden (z. B. die kleineren Geschwister zu verprügeln). Andere Ziele wiederum (z. B. der Mutter zu helfen) werden durch Lob und Belohnungen ausgezeichnet.

Mit der Zeit lernt das Kind, zwischen gebotenen (du sollst …), erlaubten (du darfst …) und verbotenen (du sollst nicht …; du darfst nicht …) Zielen zu unterscheiden und diesen Unterschied nicht nur in bezug auf das, was es selbst unmittelbar will, zu berücksichtigen, sondern auch in seine Beurteilung der Handlungen anderer einzubringen. Es lernt mithin, nicht nur Regeln zu befolgen und nach Regeln zu handeln, sondern auch Handlungen (seine eigenen wie die anderer Menschen) nach Regeln zu beurteilen.

*Annemarie Pieper, zeitgenössische deutsche Philosophin
(Einführung in die Ethik, Francke Verlag, Tübingen 1991, S. 17/18)

1. Wiederholen Sie den Unterschied zwischen Werten, Normen und Gesetzen.
2. Warum ist es wichtig, dass bereits Kinder moralische Gebote kennen und einhalten lernen?
3. Legen Sie sich ein *Begriffsnetz zum Begriff Ethik an und ergänzen Sie dieses im Laufe des Unterrichts.

Das Grundgerüst der Ethik

Handlungen sind der Ausgangspunkt der Ethik (siehe Kap. 1).	**Moralische Urteile** beziehen sich auf Handlungen und bewerten diese.	**Moralische Begründungen** Als Maßstäbe gelten Gesetze, Regeln, Normen, Tugenden, Gefühle und Ideale.
Sanktionen sind Maßnahmen zur Erzwingung moralischen Handelns.	? ? ?	

4. Lässt sich dieses Grundgerüst noch ergänzen? Warum? Warum nicht?
5. Welcher Unterschied besteht zwischen moralischen und außermoralischen Handlungen? Erarbeiten Sie dazu ein Kurzreferat. Lesen Sie u. a. William Frankena: Analytische Ethik, dtv, München, München 1998, S. 27–29.

Moralische Begründungen

Paul Weber: Die Argumente

Betrachten Sie das Bild und notieren Sie Stichworte über Ihre Empfindungen und Gedanken. Klären Sie nach der Lektüre des folgenden Textes, warum Argumente in einer moralischen Diskussion wichtig sind.

In der Alltagspraxis ist es oft der Fall, dass eine geschehene Handlung moralisch unterschiedlich beurteilt oder die Ausführung einer ge-
25 planten Handlung von dem einen bejaht, von dem anderen verneint wird. In derartigen Fällen, in denen eine Handlung moralisch umstritten ist, aber auch jedes Mal dann, wenn sich jemand für sich allein über eine ver-
30 gangene oder zukünftige Handlung seiner selbst oder eines anderen Gedanken macht, um sich ein moralisches Urteil zu bilden, wird Bezug auf „gute" Gründe genommen, die geeignet sind, die Handlung und das darin sich
35 äußernde moralische Urteil des Handelnden zu rechtfertigen.
Solche guten Gründe, vermittels deren sich jemand von der Rechtmäßigkeit der Handlung überzeugt oder einen anderen zu über-
40 zeugen sucht, lassen sich global in sechs Klassen von Begründungsstrategien unterteilen.
[...]
Bezugnahme auf ein Faktum
45 Die wohl häufigste und typischste Form einer moralischen Begründung bedient sich zur Stützung eines singulären normativen Urteils oder Werturteils eines bestimmten Faktums, dessen Objektivität die Rechtmäßigkeit der Handlung garantieren soll. So gibt z. B. jemand auf die Frage, warum er einem ihm fremden Menschen oder auch einem Bekannten in einer bestimmten Weise zu Hilfe gekommen sei, Antworten des Typs:

- *weil die Frau blind und die Straße stark befahren war;*
- *weil die Frau schwanger war und sehr müde aussah;*
- *weil er um Hilfe gerufen hatte;*
- *weil er mein Freund ist;*
- *weil sie so zart und hilflos wirkte.*

Antworten dieser Art werden in der Regel ohne weiteres als zureichende Begründung für die Rechtmäßigkeit eines Tuns anerkannt, jedoch nicht deshalb, weil es sich um besondere moralische Fakten handelt, sondern weil sich in einem solchen Rekurs auf ein Faktum eine allgemeine Norm bzw. ein allgemeines Werturteil zum Ausdruck bringt, deren Verbindlichkeit von den meisten fraglos anerkannt ist: Blinden, Schwangeren, in Gefahr Geratenen, Freunden und Hilflosen muss man in einer Situation, die sie allein nicht zu bewältigen vermögen, ohne sich zu gefährden, nach Kräften helfen.

Besteht hinsichtlich dieser allgemeinen Regel ein Konsens, so ergibt sich daraus die moralische Notwendigkeit (Pflicht) zu handeln, und die Handlung kann dann allenfalls noch hinsichtlich ihrer Wirksamkeit bzw. ihres Erfolgs (ob sie das beste Mittel zur Durchsetzung des gesetzten Zwecks war bzw. ist), nicht aber mehr bezüglich ihrer Moralität in Frage gestellt werden.

Anders verhält es sich jedoch, wenn sich in einem Rekurs auf ein als guter Grund bzw. als moralische Begründung angeführtes Faktum nicht die Anerkennung einer allgemein als verbindlich erachteten Norm, sondern lediglich ein Vorurteil zum Ausdruck bringt. Dies ist z. B. der Fall, wenn jemand auf die Frage, warum er sich auf eine bestimmte (negative oder positive) Weise zu einem anderen verhält, Antworten des Typs gibt:

- weil er ein Farbiger, Jude, ehemaliger Nazi, Sohn einer Hure, eines Arbeiters etc. ist;
- weil er adlig ist;
- weil er akademisch gebildet ist.

Antworten dieser Art werden in der Regel nicht als zureichende Begründung für die Rechtmäßigkeit eines Sichverhaltens anerkannt, weil die pauschale Diskriminierung oder Wertschätzung von Menschen wegen ihrer Zugehörigkeit zu einer bestimmten Gruppe/Klasse und die damit verbundene Unterteilung der Menschen in wertvolle und wertlose Menschen moralisch höchst fragwürdig ist. Nur ist es oft sehr schwierig festzustellen, wo die Grenze zwischen einem Vorurteil und einer verbindlichen Norm liegt, eine Grenze, die ja nicht einfach festgelegt werden kann im Hinblick auf die statistische Häufigkeit der von den meisten gefällten Urteile, denn es ist durchaus denkbar, dass in einer Gesellschaft eine Norm durchgängig anerkannt ist, die gleichwohl ein bloßes Vorurteil ist, so wie umgekehrt eine Minderheit sich auf Fakten beziehen kann, die keine allgemein anerkannte Norm repräsentieren und trotzdem kein Vorurteil beinhalten, sondern Ausdruck von Moralität sind.

Annemarie Pieper
(Einführung in die Ethik, a. a. O., 1991, S. 156–158)

1. Wiederholen Sie, was Sie aus dem bisherigen Ethikunterricht über das Schema einer Argumentation und die verschiedenen Möglichkeiten des Argumentierens wissen.
2. Welche Konsequenzen könnten sich ergeben, wenn Menschen ihre moralischen Urteile nicht begründen würden?
3. Warum wird manchmal eine moralische Begründung von anderen Menschen nicht anerkannt?

Wichtige Gebiete der Ethik

Religiöse Ethik
Moralisch gutes Handeln wird auf auf religiöse Ontologien gestützt, z. B. Gott oder Allah

Moralvorstellungen der verschiedenen Religionen, z. B. die Zehn Gebote des Christentums

Philosophische Ethik
Erarbeitung von Kriterien für moralisch gutes Handeln

deontologische Ethik
deos = Pflicht
moralisch gutes Handeln orientiert sich an Pflichten, Normen, Idealen, Prinzipien

Angewandte Ethik
Erarbeitung von moralischen Standards für den Umgang mit Wissenschaft und Technik

Umweltethik, Wirtschaftsethik, Bioethik, Tierethik, Medizinethik

teleologische Ethik
telos = Zweck
moralisch gutes Handeln orientiert sich am Nutzen einer Handlung

2.2 Philosophische Ethik

2.2.1 Deontologische Position: Müssen Menschen ihre Pflicht erfüllen?

Die Pflicht mit Ja zu antworten?

Hans Frank war während des zweiten Weltkrieges von 1941–1944 Generalgouverneur von Polen und verantwortlich für die Vernichtung von sechs Millionen Juden, die in den Konzentrationslagern, zum Beispiel Auschwitz-Birkenau, ermordet worden. Er wurde 1946 in den Nürnberger Kriegsverbrecherprozessen angeklagt, zum Tode verurteilt und hingerichtet. Durch sein Schuldeingeständnis hatte er gehofft, dem Todesurteil zu entgehen.

Am 18. April 1946, trat Hans Frank in den Zeugenstand. Nachdem er Monate zuvor noch geweint hatte, als ihm die Anklageschrift überreicht worden war, gab er jetzt ohne Tränen Auskunft über seine Taten. Verteidiger Dr. Alfred Seidl, monatlich mit dreitausendfünfhundert Reichsmark bezahlt, fragte ihn: „Haben Sie sich jemals irgendwie an der Vernichtung von Juden beteiligt?"
Der Angeklagte saß ruhig auf dem Zeugenstuhl, hielt sich mit beiden Händen am Pult vor ihm fest und antwortete mit einer Stimme, in der im Gegensatz zum Inhalt seiner Sätze kein Bedauern mitschwang: „Ich sage ja; und zwar sage ich deshalb ja, weil ich unter dem Eindruck dieser fünf Monate der Verhandlung und vor allem unter dem Eindruck der Aussage des Zeugen Höß es mit meinem Gewissen nicht verantworten könnte, die Verantwortung dafür allein auf diese kleinen Menschen abzuwälzen. Ich habe niemals ein Judenvernichtungslager eingerichtet oder ihr Bestehen gefordert; aber wenn Adolf Hitler persönlich diese furchtbare Verantwortung auf sein Volk gewälzt hat, dann trifft sie auch mich; denn wir haben den Kampf gegen das Judentum jahrelang geführt, und wir haben uns in Äußerungen ergangen – und mein Tagebuch ist mir selbst als Zeuge gegenübergetreten –, die furchtbar sind. Und ich habe daher nur die Pflicht, Ihre Frage in diesem Sinne und in diesem Zusammenhang mit Ja zu beantworten. Tausend Jahre werden vergehen und diese Schuld von Deutschland nicht wegnehmen."

(1) Rudolf Höß war der Lagerkommandant von Auschwitz

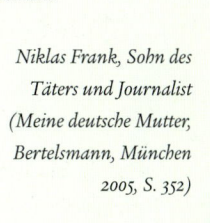

Niklas Frank, Sohn des Täters und Journalist (Meine deutsche Mutter, Bertelsmann, München 2005, S. 352)

Hans Frank auf dem Weg in den Gerichtssaal

Welchen Begriff von Pflicht hat der Kriegsverbrecher Hans Frank?

Soldier

Seit mehr als 30 Jahren hat die britische Armee Truppen in Nordirland, um den Religionskonflikt zwischen Protestanten und Katholiken zu entschärfen. Das folgende Lied entstand 1972 und wurde 2006 wieder neu aufgelegt.

In the station in the city a British soldier stood,
Talking to the people there if the people would,
Some just stared in hatred and others turned in pain,
And the lonely British soldier wished he was back home again.

Come join the British Army said the posters in his town,
See the world and have your fun, come serve before the crown.
The jobs were hard to come by and he could not face the dole,
So he took his country's shilling and enlisted on the role.

For there was no fear of fighting, the Empire long was lost,
Just ten years in the army getting paid for being bossed,
Then leave (as) a man experienced, a man who's made the grade,
A medal and a pension, some memories and a trade.

Then came the call to Ireland as the call had come before,
Another bloody chapter in an endless civil war,
The priests, they stood on both sides, the priests, they stood behind
Another fight in Jesus' name, the blind against the blind.

The soldier stood between them, between the whistling stones,
And then the broken bottles that led to broken bones;
The petrol bombs that burnt his hands, the nails that pierced his skin,
And wished that he had stayed at home, surrounded by his kin.

The station filled with people, the soldier soon was bored,
But better in the station than where the people warred,
The room filled up with mothers, with daughters and with sons,
Who stared with itchy fingers at the soldier and his guns.

A yell of fear, a screech of brakes, a shattering of glass,
The window of the station broke to let the package pass,
A scream came from the mothers as they ran towards the door,
Dragging children crying from the bomb upon the floor.

The soldier stood and could not move, his gun he could not use,
He knew the bomb had seconds and not minutes on the fuse,
He could not run to pick it up and throw it in the street,
There were far too many people there, too many running feet.

„Take cover", yelled the soldier, „Take cover for your lives",
And the Irishmen threw down their young and stood before their wives,
They turned towards the soldier, their eyes alive with fear,
„For God's Sake, save our children or they'll end their short lives here".

The soldier moved towards the bomb, his stomach like a stone,
Why was this his battle, God, why was he alone,
He lay down on the package and he murmured one farewell
To those at home in England, to those he loved so well.

He saw the sights of summer, felt the winds upon his brow,
The young girls in the city parks, how precious were they now;
The soaring of the swallow, the beauty of the swan,
The music of the turning earth, so soon it would be gone.

A muffled soft explosion and the room began to quake,
The soldier blown across the floor, his blood a crimson lake,
They never heard him cry or shout, they never heard him moan,
And they turned their children's faces from the blood and from the bone.
The crowd outside soon gathered, and the ambulances came
To carry off the body of a pawn lost to the game,
And the crowd, they clapped and jeered and sang their rebel songs,
One soldier less to interfere where he did not belong;

And will the children growing up learn at their mother's knee
The story of the soldier who bought their liberty,
Who used his useful body as the means towards the end,
Who gave his life to those who called him murderer, not friend !

Harvey Andrews, britischer Sänger. – Aus dem Album „Writer of Songs" 2006

1. Übersetzen Sie die wesentlichen Gedanken des Liedes in Zusammenarbeit mit dem Englischunterricht in kleinen Gruppen.
2. Wiederholen Sie, was Sie aus früheren Jahrgängen oder dem Englischunterricht über den Religionskonflikt in Nordirland wissen.
3. Handelt der Soldat aus einem Pflichtgefühl heraus oder anders gesagt: Musste oder wollte er sein Leben für das der anderen opfern? Begründen Sie Ihre Antwort. Was hätten Sie an seiner Stelle getan?
4. Vergleichen Sie den Pflichtbegriff von Hans Frank mit dem des unbekannten britischen Soldaten.

„Tue deine Pflicht"

... kann man heute kaum noch einem jungen Menschen sagen, ohne Gelächter zu ernten. Denn Pflicht erinnert an Kadavergehorsam und damit an die dunklen Abschnitte der deutschen Geschichte. Friedrich Wilhelm von Preußen zwang seinen Sohn Friedrich, der später der Große genannt wurde, äußerst brutal „in die Pflicht". Der Wächter im Konzentrationslager erfüllte seine „Pflicht" und führte die Menschen in die Gaskammern. Doch dieses blinde Ausführen von „Pflicht" ist nicht gemeint, wenn in der Ethik von Pflicht gesprochen wird.

Pflicht ist ein Grundelement der Ethik, ohne sie kann keine Moral funktionieren. Wenn wir davon ausgehen, dass die Moral aus einer Summe von Werten und Handlungsanweisungen besteht, die das gute Zusammenleben in einer Gemeinschaft zum Ziel haben, dann bedarf es, wie wir gesehen haben, mehrerer Elemente, um die theoretischen Vorstellungen dessen, was das Gute ist, in die Praxis umzusetzen. Eine Voraussetzung ist die Einsicht, dass die Werte und Tugenden, auf die eine Gesellschaft sich geeinigt hat, auch der Erkenntnis des Guten entsprechen. Wer zu dieser Einsicht gelangt ist, dass die Handlungsregelungen der Moral richtig sind, dem bleibt, wenn er vernünftig ist, nichts anderes übrig, als sich nach den moralischen Werten zu richten? [...]

Die Pflicht bringt zum Ausdruck, dass die agierende Person mittels Einsicht in die Moral weiß, dass sie freiwillig handelt. Allerdings folgt ihr freier Wille einem unbedingten Sollen, das möglicherweise ihren egoistischen Gefühlen widerspricht. Damit ist die Handlung zwar freiwillig, aber nur, weil sie der Einsicht in die Notwendigkeit der Moral folgt. Sie ist gleichzeitig ein Zwang, weil sie keine andere – vielleicht privat bevorzugte – Wahl zulässt, und somit ist sie Pflicht.

Die Gesellschaft achtet eine Person besonders dann als moralisch hochstehend, wenn sie im Konfliktfall gegen ihre persönliche Neigung zugunsten des Wohls der Gesellschaft entscheidet. Doch was verleitet jemanden, seine persönliche Lust zurückzustellen?

Ulrich Wickert, Fernsehjournalist
(Das Buch der Tugenden, Heyne Verlag, München 1995, S. 335 und 336)

Max Klinger: Der Philosoph

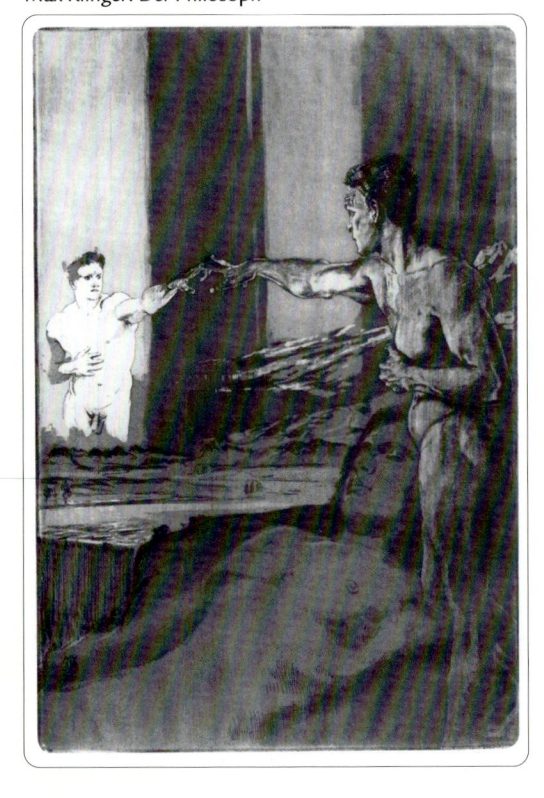

1. Beantworten Sie die letzte Frage und berücksichtigen Sie dabei das Beispiel des britischen Soldaten.
2. Welcher Zusammenhang besteht nach Ansicht des Fernsehjournalisten Ulrich Wickert zwischen Pflichterfüllung und moralischem Handeln?
3. Gestalten Sie zu dem Imperativ „Tue deine Pflicht" eine *Collage.
4. Was verstehen Sie unter einem Philosophen? Assoziieren Sie in einem *Miniaturtext.

Die Pflicht gegen sich selbst

Der Mensch betrachtet sich, in dem Bewusstsein einer Pflicht gegen sich selbst, als Subjekt derselben, in zweifacher Qualität: erstlich als Sinnenwesen, d. i. als Mensch (zu einer der Tierarten gehörig); dann aber auch als Vernunftwesen (nicht bloß vernünftiges Wesen, weil die Vernunft nach ihrem theoretischen Vermögen wohl auch die Qualität eines lebenden körperlichen Wesens sein könnte), welches kein Sinn erreicht und das sich nur in moralisch-praktischen Verhältnissen, wo die unbegreifliche Eigenschaft der Freiheit sich durch den Einfluss der Vernunft auf den innerlich gesetzgebenden Willen offenbar macht, erkennen lässt.

Der Mensch nun, als vernünftiges Naturwesen (homo phaenomenon), ist durch seine Vernunft, als Ursache, bestimmbar zu Handlungen in der Sinnenwelt, und hierbei kommt der Begriff einer Verbindlichkeit noch nicht in Betrachtung. Ebenderselbe aber seiner Persönlichkeit nach, d. i. als mit innerer Freiheit begabtes Wesen (homo noumenon) gedacht, ist ein der Verpflichtung fähiges Wesen, und zwar gegen sich selbst (die Menschheit in seiner Person) betrachtet, so: dass der Mensch (in zweierlei Bedeutung betrachtet), ohne in Widerspruch mit sich zu geraten (weil der Begriff vom Menschen nicht in einem und demselben Sinn gedacht wird), eine Pflicht gegen sich selbst anerkennen kann.

Immanuel Kant, deutscher Philosoph
(Metaphysik der Sitten. Akademie-Ausgabe,
Bd. 6, Berlin 1902, S. 418)

Erklären Sie mit eigenen Worten, warum der Mensch ein zur Verpflichtung fähiges Wesen ist.

Der kategorische Imperativ

Der norwegische Philosoph und Schriftsteller Jostein Gaarder schrieb 1991 das Buch „Sofies Welt". Der Roman erzählt die Geschichte von Sofie Amundsen und vielen geheimnisvollen Briefen, die sie eines Tages in ihrem Briefkasten vorfindet. Anhand dieser Briefe unternimmt Sofie einen Gang durch die Geschichte der Philosophie und trifft dabei auch auf den Philosophen Immanuel Kant.

Kant hatte von Anfang an ganz stark den Eindruck, dass der Unterschied zwischen Recht und Unrecht mehr als nur eine Gefühlssache sein musste. Darin stimmte er den Rationalisten zu, die erklärt hatten, es liege in der menschlichen Vernunft, Recht und Unrecht zu unterscheiden. Alle Menschen wissen, was Recht ist und was nicht, und wir wissen das nicht nur, weil wir es gelernt haben, sondern auch, weil es unserer Vernunft innewohnt. Kant glaubte, alle Menschen hätten eine praktische Vernunft, die uns jederzeit sagt, was im moralischen Bereich Recht ist und was Unrecht."
„Sie ist also angeboren?"
„Die Fähigkeit, zwischen Recht und Unrecht zu unterscheiden, ist ebenso angeboren wie alle anderen Eigenschaften der Vernunft. Alle Menschen fassen die Ereignisse in der Welt als ursächlich bestimmt auf – und alle haben auch Zugang zum selben universellen Moralgesetz. Dieses Moralgesetz hat dieselbe absolute Gültigkeit wie die physikalischen Naturgesetze. Es ist für unser moralisches Leben genauso grundlegend, wie es für unser Vernunftleben grundlegend ist, dass alles eine Ursache hat, oder dass sieben plus fünf zwölf ist."
„Und was sagt dieses Moralgesetz?"
„Da es vor jeder Erfahrung liegt, ist es ‚formal'. Das bedeutet, dass es nicht mit bestimmten moralischen Wahlmöglichkeiten zusammenhängt. Es gilt für alle Menschen in allen Gesellschaften und zu allen Zeiten. Es sagt also nicht, dass du in dieser oder jener Situation dies oder jenes tun sollst. Es besagt, wie du dich in allen Situationen zu verhalten hast."
„Aber welchen Sinn hat ein Moralgesetz, wenn

es uns nicht sagt, wie wir uns in einer bestimmten Situation zu verhalten haben?"
„Kant formuliert sein Moralgesetz als *kategorischen Imperativ*. Darunter versteht er, dass das Moralgesetz „kategorisch" ist, das heißt, in allen Situationen gilt. Außerdem ist es ein „Imperativ" und damit ein „Befehl" und absolut unumgänglich."
„Hm …"
„Allerdings formuliert Kant seinen kategorischen Imperativ auf verschiedene Weise. Erstens sagt er, *wir sollten immer so handeln, dass wir uns gleichzeitig wünschen können, die Regel nach der wir handeln, würde allgemeines Gesetz*. Wörtlich heißt es bei ihm: „Handle nur nach derjenigen Maxime, durch die du zugleich wollen kannst, dass sie ein allgemeines Gesetz werde."
„Wenn ich etwas tue, muss ich also sicher sein, dass ich mir wünschen kann, alle anderen würden in derselben Situation dasselbe tun."
„Genau. Nur dann handelst du in Übereinstimmung mit deinem inneren moralischen Gesetz. Kant hat den kategorischen Imperativ auch so formuliert, dass wir andere Menschen immer *als Zweck an sich selbst und nicht bloß als Mittel zu etwas anderem behandeln sollen*."

„Wir dürfen andere Menschen also nicht ‚benutzen', nur um selber Vorteile zu erlangen."
„Nein, denn alle Menschen sind ein Zweck an sich. Aber das gilt nicht nur für andere Menschen, das gilt auch für uns selber! Wir dürfen uns selber auch nicht als Mittel benutzen, um etwas zu erreichen."
„Das erinnert ein bisschen an die ‚goldene Regel': Was du nicht willst, das man dir tu, das füg auch keinem andern zu."
„Ja, und das ist eine formale Richtlinie, die im Grunde alle ethischen Wahlmöglichkeiten umfasst. Du kannst gut behaupten, diese goldene Regel drücke in etwa das aus, was Kant als Moralgesetz bezeichnet hat."
„Aber das sind doch auch bloß Behauptungen. David Hume hatte wohl Recht damit, dass wir mit der Vernunft nicht beweisen können, was Recht und was Unrecht ist."
„Kant hielt das Moralgesetz für ebenso absolut und allgemeingültig wie zum Beispiel das Kausalgesetz. Auch das lässt sich mit der Vernunft nicht beweisen und ist doch unumgänglich. Kein Mensch würde es bestreiten."

(Jostein Gaarder: Sofies Welt, Übersetzt von Gabriele Haefs, Hanser Verlag, München 1993, S. 393–395)

1. Warum meint Kant, dass die Fähigkeit zwischen Recht und Unrecht zu unterscheiden eine Sache der Vernunft ist?
2. Warum gilt der kategorische Imperativ absolut und was unterscheidet ihn von der Goldenen Regel? Lesen Sie herzu auch die Seiten (Willensfreiheit) und (Religiöse Ethik) in diesem Buch.
3. Informieren Sie sich über das Leben und die ethischen Positionen von David Hume.
4. Geben Sie anhand des Schemas je ein Beispiel für eigennütziges und tugendhaftes Handeln im Sinne Kants.

Kants deontologische Ethik
(Handeln wird durch praktische Grundsätze bestimmt)

Maximen (*subjektive Grundsätze*)
· selbst gesetzte Handlungsziele

1 Selbstliebe
· Mensch folgt seinen Trieben und Neigungen

2 Tugend
· Mensch folgt der Vernunft und handelt aus Pflichterfüllung vernünftig = moralische Handlung

Imperative (*objektive Grundsätze*)
· allgemeine, von der Vernunft gesetzte Prinzipien für praktisches Handeln z. B. der kategorische Imperativ als ein synthetisches Urteil a priori (vgl. S. 21/22 in diesem Buch)

Darf man Versprechen doch brechen?

Ein reiner Regeldeontologe kann dieses Problem eines möglichen Konflikts zwischen fundamentalen Prinzipien vermeiden, falls er zeigen kann, dass es lediglich ein einziges fundamentales Prinzip gibt. Das beste Beispiel dieser monistischen Spielart einer regeldeontologischen Auffassung stellt die Theorie Immanuel Kants dar. Wir können unsere Erörterung dieser Theorie auf jenen Satz beschränken, der für Kant die erste Fassung des kategorischen Imperativs bildet: „Handle nur nach derjenigen Maxime, durch die du zugleich wollen kannst, dass sie ein allgemeines Gesetz werde." In diesem Satz bringt Kant ein Prinzip zum Ausdruck, das den schon zitierten Prinzipien Sidgwicks und Rashdalls sehr ähnlich ist; er stellt es als notwendiges und hinreichendes Kriterium zur Bestimmung der konkreteren Maximen oder Regeln hin, nach denen wir leben sollten. Als notwendig haben wir das Prinzip in der Tat schon akzeptiert; es bleibt die Frage, ob es hinreichend ist. Wenn ja, so ist unsere Suche nach einer normativen Ethik am Ziel.

Es ist zwar nicht unproblematisch, wie man Kant zu verstehen hat, aber wir dürfen annehmen, dass er die folgenden Behauptungen aufstellen wollte: (1) Eine freiwillige Handlung folgt stets einer Maxime oder Regel, die als solche formulierbar ist.
(2) Man trifft dann und nur dann eine Entscheidung oder Beurteilung vom moralischen Standpunkt aus, wenn man bereit ist bzw. bereit wäre, seine Maxime zu verallgemeinern, d. h. wenn man wünscht bzw. wünschte, dass jeder dieser Maxime folgt, der sich in einer ähnlichen Situation befindet, und zwar auch für den Fall, dass man selber der von der Handlung Betroffene ist.
(3) Eine Handlung ist dann und nur dann moralisch richtig oder pflichtgemäß, wenn man ohne Widerspruch wollen kann, dass die betreffende Maxime oder Regel unter ähnlichen Umständen von jedem befolgt wird; und eine Handlung ist dann und nur dann moralisch unrichtig, wenn man das nicht ohne Widerspruch wollen kann. Wir haben hier hauptsächlich mit der dritten Behauptung zu tun, werden allerdings auch über die zweite einige Worte verlieren. Ist Kants Kriterium zur Bestimmung unserer sittlichen Pflichten hinreichend ebenso wie notwendig?

Betrachten wir zunächst ein Beispiel für den Gebrauch, den Kant von seinem Kriterium macht. In einem seiner Beispiele geht Kant davon aus, dass A ein Versprechen abgibt, es aber brechen will, sofern das seinen Zwecken dient. Als Maxime läßt sich dann wie folgt formulieren: Wenn es meinen Zwecken dient, will ich ein Versprechen abgeben, in der Absicht, es, sofern vorteilhaft, zu brechen. Nun kann A aber nach Kants Meinung nicht ohne Widerspruch wollen, dass diese Maxime allgemein befolgt wird: „Würde ich wohl zu mir sagen können: es mag jedermann ein unwahres Versprechen tun, wenn er sich in Verlegenheit befindet, daraus er sich auf andere Art nicht ziehen kann? So werde ich bald inne, dass ich zwar die Lüge, aber ein allgemeines Gesetz zu lügen gar nicht wollen könne; denn nach einem solchen würde es eigentlich gar kein Versprechen geben, weil es vergeblich wäre, meinen Willen in Ansehung meiner künftigen Handlungen andern vorzugeben, die diesem Vorgeben doch nicht glauben, oder, wenn sie es übereilter Weise täten, mich doch mit gleicher Münze bezahlen würden, mithin meine Maxime, so bald sie zum allgemeinen Gesetz würde, sich selbst zerstören würde." Kant folgert daraus, dass es moralisch nicht vertretbar ist, falsche Versprechen abzugeben. Mit ziemlich ähnlichen Argumenten glaubt er zeigen zu können, dass es z. B. ebenfalls moralisch unrichtig ist, sich das Leben zu nehmen, seine natürlichen Gaben und Talente nicht zu nutzen sowie anderen Menschen, die in Not sind, nicht zu helfen. [...]

Man muss zugeben, dass Kants Argumente nicht in allen Fällen so überzeugend wirken wie im Fall des falschen Versprechens. Man darf auch nicht übersehen, dass seine Theorie nicht frei ist von den Schwierigkeiten, die sich aus einem Widerstreit verschiedener Pflichten ergeben; es besteht zumindest die Möglichkeit, dass die Einhaltung eines Versprechens einen daran hindert, einem in Not befindlichen Mitmenschen zu helfen. Vielleicht könnte Kant in diesem Fall argumentieren, es sei richtig, das Versprechen zu brechen und dem Mitmenschen, der in Not ist, zu helfen; man könne nämlich angesichts der speziellen Situation durchaus wollen, dass die Maxime „Wenn es, um einem anderen zu helfen, erforderlich ist, ein Versprechen zu brechen, so will ich es tun" allgemein befolgt wird, insbesondere wenn die Situation sich noch dadurch auszeichnet, dass bei der Hilfeleistung, nicht aber bei dem Versprechen, viel auf dem Spiel steht.

Kant zeigt jedoch keine Neigung, so zu argumentieren, sondern scheint zu meinen, dass Versprechen nie gebrochen werden dürfen. Aber eben diese Meinung wird durch seine Argumentation nicht hinreichend gestützt. Wie soeben ausgeführt, erscheint es nicht unmöglich, unter spezifischen Umständen einen allgemeinen Versprechensbruch zu wollen, selbst wenn dieses unter gewöhnlichen Umständen nicht der Fall ist.

William Frankena, zeitgenössischer amerikanischer Philosoph (Analytische Ethik, übersetzt von Norbert Hoerster, dtv, München 1974, S. 49/50 und S. 51)

1. Unter welchen Umständen könnte jemand Ihrer Meinung nach ein Versprechen brechen?
2. Welche Kritik übt William Frankena an der Argumentation Kants? Stimmen Sie zu? Begründen Sie Ihren Standpunkt.
3. Schreiben Sie einen *fiktiven Brief an Kant und erläutern Sie ihm, welche Schwierigkeiten der Kategorische Imperativ im alltäglichen moralischen Handeln bereiten kann.

2.2.2 Teleologische Position:
Handeln wir moralisch gut, wenn es der Mehrheit nützt?

4. Was würden Sie antworten? Unterbreiten Sie schriftlich einen Vorschlag und diskutieren Sie anschließend im Kurs darüber.

Diktatia

Die Regierung von Diktatia ist nicht sehr beliebt. Um ehrlich zu sein, sie ist sogar ziemlich verhasst. Leider gibt es keine demokratischen Verfahren, mit denen die Bevölkerung ihren Unmut ausdrücken könnte. Deshalb ist im Untergrund eine Widerstandsbewegung entstanden, die immer wieder Anschläge verübt.

Nach einem besonders furchtbaren Attentat, bei dem eine Bombe neben dem Regierungspalast explodiert ist, lässt der Präsident 30 bekannte Mitglieder der Opposition verhaften und stellt ihnen ein Ultimatum. Entweder verraten sie die Namen der Attentäter oder sie werden alle hingerichtet. Er erwartet mindestens zwei Namen.

Im Fernsehen gibt der Präsident bekannt, man habe die Führer der Verschwörung gefasst, versuche aber, vor der Verurteilung ein Geständnis zu erwirken.

Die inhaftierten Oppositionellen bekommen Zeit, um über das Angebot nachzudenken. Es ist alles andere als verlockend. Selbstverständlich ist keiner von ihnen an dem Attentat beteiligt gewesen. Sie wissen nicht einmal, wer es begangen haben könnte. Wenn sie aber keine Namen angeben, sollen alle 30 hingerichtet werden, „um den anderen Oppositionellen eine Lehre zu sein", wie es der Polizeichef mit grimmigem Lächeln ausgedrückt hatte. Die Drohung ist durchaus ernst zu nehmen, es hat bereits genügend frühere Vorfälle gegeben, bei denen die Regierung ihre Zuverlässigkeit in dieser Hinsicht unter Beweis gestellt hatte.

Schließlich macht einer der Gefangenen einen Vorschlag: Man könnte losen, wer von der Gruppe zugeben soll, die Bombe gelegt zu haben. Die beiden Verlierer würden sich opfern müssen, damit die anderen frei kämen.

Der Vorschlag scheint besser als das Todesurteil für alle. Aber ist er ethisch vertretbar?

(Martin Cohen: 99 philosophische Rätsel, Campus Verlag, Frankfurt 2001, 2. Auflage, S. 31)

1. Erarbeiten Sie in kleinen Gruppen einen Lösungsvorschlag und werten Sie Ihre Ergebnisse im Kurs aus.
2. Vergleichen Sie den Vorschlag des Gefangenen mit dem Handeln des britischen Soldaten in dem Lied „Soldier" auf den Seiten 48/49 in diesem Buch.
3. Lesen Sie zum Thema „Todesstrafe" auch die Seiten 181–191 in diesem Buch.

Was heißt utilitaristisch handeln?

Das hedonistische Kalkül

Eine der wichtigsten teleologischen Positionen der Ethik wurde von den Vertretern des Utilitarismus ausgearbeitet. Zu ihnen gehören die englischen Philosophen Jeremy Bentham (1748-1832) und John Stuart Mill (1773-1836), die sogenannten klassischen Utilitaristen. Sie stützten sich in ihren Überlegungen auf Ideen aus der Antike, speziell den Hedonismus. Er besagt, dass ein gutes Leben immer auch ein lustvolles Leben sein sollte, wobei Lust im Sinne auch im Sinne von geistiger Lust gesehen wird.

Jeremy Bentham hat in seiner Schrift „Eine Einführung in die Prinzipien der Moral und der Gesetzgebung" einen Maßstab für die „Messung der Lust" entwickelt, das sogenannte hedonistische Kalkül.

Die Natur hat die Menschheit unter die Herrschaft zweier souveräner Gebieter – Leid und Freude – gestellt. Es ist an ihnen allein aufzuzeigen, was wir tun sollen, wie auch zu bestimmen, was wir tun werden. Sowohl der Maßstab für Richtig und Falsch als auch die Kette der Ursachen und Wirkungen sind an ihrem Thron festgemacht. Sie beherrschen uns in allem, was wir tun, was wir sagen, was wir denken: jegliche Anstrengung, die wir auf uns nehmen können, um unser Joch von uns zu schütteln, wird lediglich dazu dienen, es zu beweisen und zu bestätigen. Jemand mag zwar mit Worten vorgeben, ihre Herrschaft zu leugnen, aber in Wirklichkeit wird er ihnen ständig unterworfen bleiben. Das Prinzip der Nützlichkeit erkennt dieses Joch an und übernimmt es für die Grundlegung jenes Systems, dessen Ziel es ist, das Gebäude der Glückseligkeit durch Vernunft und Recht zu errichten. Systeme, die es in Frage zu stellen versuchen, geben sich mit Lauten anstatt mit Sinn, mit einer Laune anstatt mit der Vernunft, mit Dunkelheit anstatt mit Licht ab.

Unter Nützlichkeit ist jene Eigenschaft an einem Objekt zu verstehen, durch die es dazu neigt, Gewinn, Vorteil, Freude, Gutes oder Glück hervorzubringen (dies alles läuft im vorliegenden Fall auf das gleiche hinaus) oder (was ebenfalls auf das gleiche hinausläuft) die Gruppe, deren Interesse erwogen wird, vor Unheil, Leid, Bösem oder Unglück zu bewahren; sofern es sich bei dieser Gruppe um die Gemeinschaft im allgemeinen handelt, geht es um das Glück der Gemeinschaft; sofern es sich um ein bestimmtes Individuum handelt, geht es um das Glück dieses Individuums.

Für eine Anzahl von Personen wird der Wert einer Freude oder eines Leids, sofern man sie im Hinblick auf jede von ihnen betrachtet, gemäß sieben Umständen größer oder kleiner sein: das sind die sechs vorigen, nämlich

a) die Intensität,
b) die Dauer,
c) die Gewissheit oder Ungewissheit,
d) die Nähe oder Ferne,
e) die Folgenträchtigkeit,
f) die Reinheit einer Freude oder eines Leids.
Hinzu kommt ein weiterer Umstand, nämlich
g) das Ausmaß, das heißt die Anzahl der Personen, auf die Freude oder Leid sich erstrecken oder (mit anderen Worten) die davon betroffen sind.
Wenn man also die allgemeine Tendenz einer Handlung, durch die die Interessen einer Gemeinschaft betroffen sind, genau bestimmen will, verfahre man folgendermaßen. Man beginne mit einer der Personen, deren Interessen am unmittelbarsten durch eine derartige Handlung betroffen zu sein scheinen, und bestimme:

a) den Wert jeder erkennbaren Freude, die von der Handlung in erster Linie hervorgebracht zu sein scheint;
b) den Wert jeden Leids, das von ihr in erster Linie hervorgebracht zu sein scheint;
c) den Wert jeder Freude, die von ihr in zweiter Linie hervorgebracht zu sein scheint. Dies begründet die Folgenträchtigkeit der ersten Freude und die Unreinheit des ersten Leids,
d) den Wert jeden Leids, das von ihr in zweiter Linie anscheinend hervorgebracht wird. Dies begründet die Folgenträchtigkeit des ersten Leids und die Unreinheit der ersten Freude.
e) Man addiere die Werte aller Freuden auf der einen und die aller Leiden auf der anderen Seite. Wenn die Seite der Freude überwiegt, ist die Tendenz der Handlung im Hinblick auf die Interessen dieser einzelnen Person insgesamt gut; überwiegt die Seite des Leids, ist ihre Tendenz insgesamt schlecht.
f) Man bestimme die Anzahl der Personen, deren Interessen anscheinend betroffen sind, und wiederhole das oben genannte Verfahren im Hinblick auf jede von ihnen. Man addiere die Zahlen, die den Grad der guten Tendenz ausdrücken, die die Handlung hat – und zwar in Bezug auf jedes Individuum, für das die Tendenz insgesamt gut ist; das gleiche tue man in Bezug auf jedes Individuum, für das die Tendenz insgesamt schlecht ist. Man ziehe die Bilanz; befindet sich das Übergewicht auf der Seite der Freude, so ergibt sich daraus für die betroffene Gesamtzahl oder Gemeinschaft von Individuen eine allgemein gute Tendenz der Handlung; befindet es sich auf der Seite des Leids, ergibt sich daraus für die gleiche Gemeinschaft eine allgemein schlechte Tendenz.

Jeremy Bentham
(Aus: Ottfried Höffe: Einführung in die utilitaristische Ethik, Verlag Carl Beck, München 1975, S. 35 f. und S. 50 f.)

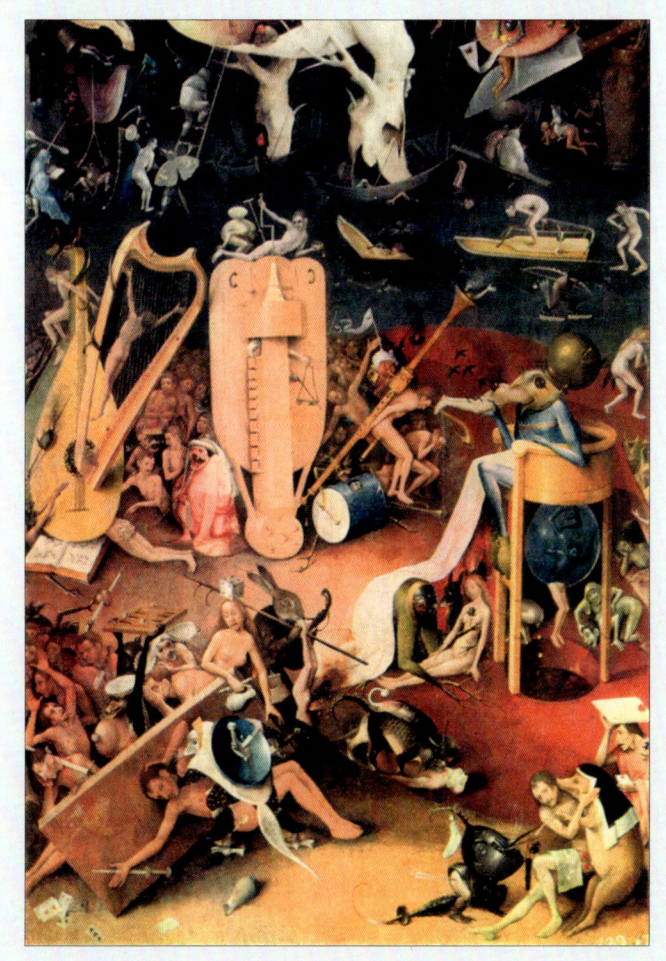

Hieronymus Bosch: Im Garten der Lüste (Ausschnitt rechter Innenflügel)

1. Welche lustvollen Tätigkeiten können Sie auf dem Bild entdecken?
2. Gibt es einen Zusammenhang zwischen dem Bild und den Gedanken von Bentham? Begründen Sie Ihre Auffassung.
3. Erarbeiten Sie in Kurzreferaten die Biografien von Bentham und Mill.
4. Recherchieren Sie im Internet oder in einem Lexikon den Begriff Hedonismus und erarbeiten Sie dazu ein *Cluster mit den wichtigsten Vertretern.
5. Wie beurteilen Sie die Überlegungen Benthams? Halten Sie das hedonistische Kalkül für praktikabel? Warum? Warum nicht?

Das Prinzip des größten Glücks

John Stuart Mill beschäftigte sich schon als Kind mit antiken Sprachen und Philosophie. Seine Hauptschrift „Was heißt Utilitarismus" geht der Frage nach, wie Nützlichkeit und Moral in Einklang zu bringen sind.

Die Auffassung, für die die Nützlichkeit oder das Prinzip des größten Glücks die Grundlage der Moral ist, besagt, dass Handlungen insoweit und in dem Maße moralisch richtig sind, als sie die Tendenz haben, Glück zu befördern und insoweit moralisch falsch, als sie die Tendenz haben, das Gegenteil von Glück zu bewirken. Unter Glück wird dabei Lust (pleasure) und das Freisein von Unlust (pain), unter Unglück Unlust oder Fehlen von Lust verstanden. [...]

Was anders sollte darüber entscheiden, welche von zwei Schmerzempfindungen die heftigste oder welche von zwei lustvollen Empfindungen die intensivste ist, als das Mehrheitsvotum derer, denen beide vertraut sind.

(Aus: Ottfried Höffe, Utilitarismus, a. a. O., S. 60 und S. 63)

1. Warum wurde diese Ansicht Mills bereits von einigen seiner Zeitgenossen kritisiert? Berücksichtigen Sie bei Ihren Überlegungen die zwei Männer vor dem Abgrund und die Gefangenen in „Diktatia" auf den Seiten 54 und 55 in diesem Buch.
2. Kann jemand Ihrer Meinung nach auch moralisch gut handeln ohne dabei Lust zu empfinden? Suchen Sie nach Beispielen dafür.
3. Mill wird in der Ethik als Regelutilitarist bezeichnet und Bentham als Handlungsutilitarist. Erklären Sie, warum.

„Ich habe gedacht, wir schaffen das!"

Dem Jungen, der Joshua (Gott hilft) heißen sollte, stand kein lebenswertes Leben bevor. Das seltene Apert-Syndrom hatte seinen Schädel zu einem grotesken Turm verformt. Die Hand war ein Klumpen, das Gehirn eine Masse ohne Halt. Von Geburt an litt er an chronischer Lungenentzündung, konnte kaum durch die Nase atmen. 20 bis 30 Operationen standen ihm bevor. Das Kleinkindalter hätte er dennoch kaum erreicht. Tatsächlich wurde er nur sieben Wochen alt. Am 5. Juli 2002 legte sein Vater Daniel R. (38) zwei Wolldecken über seine Babytragetasche. Das Kind erstickte.
„Ich habe gedacht, es wäre das Beste für ihn und für uns", sagte sein Vater, als er sich in dieser Woche zum zweiten Mal vor Gericht verantworten musste. Es ist eine Tat ohne Beispiel. Und deshalb tun sich Richter schwer mit der Einordnung. Anderthalb Jahre nach dem Tod des Jungen zeigte sich der Krankenpfleger selbst an.
Da waren die Ermittlungen längst eingestellt, der Tod war als natürlich bestimmt worden. Anderthalb Jahre saß er als Mordverdächtiger in Untersuchungshaft, als ihn im Frühjahr 2005 das Nürnberger Schwurgericht zu sechs Jahren Haft wegen Totschlags verurteilte. Selbst die Staatsanwaltschaft hatte eine geringere Strafe von vier Jahren verlangt. Sie legte ebenso wie die Verteidigung Revision beim Bundesgerichtshof ein – zugunsten des Angeklagten. Der BGH sah „Wertungsfehler und Erörterungsmängel" im Urteil. Strafmildernde Umstände hätten stärker gewichtet werden müssen [...]

Obwohl sich Daniel R. seines Sohnes schämte, kümmerte er sich um die bestmögliche Pflege, fuhr täglich mit abgepumpter Muttermilch Hunderte Kilometer in eine Spezialklinik. Einen Monat nach der Geburt kam das Baby nach Hause – und das, was Verteidiger Sven Oberhof eine „griechische Tragödie" nannte, nahm seinen Lauf.

„Ich habe gedacht, wir schaffen das. Aber wir haben es nicht geschafft", sagte Daniel R. Ins Heim habe er das Kind nicht abschieben wollen. Er selbst sei im Heim aufgewachsen und habe dies als unverzeihliches Versagen seiner Eltern empfunden. Das Angebot seiner Schwiegermutter, das Kind aufzunehmen, sei nie ernst gemeint gewesen – wie diese in der Verhandlung bestätigte. Den Umstand, dass Daniel R. dieses vermeintliche Angebot ausschlug, hatte das Erstgericht noch strafverschärfend gewertet. Das Urteil: fünf Jahre Haft. [...].

(„Die Welt" vom 25.8.2006)

4. Stellen Sie sich vor, Sie wären der Richter? Wie hätten Sie in diesem Fall entschieden? Begründen Sie Ihr Urteil.

Die Interessen aller Betroffenen berücksichtigen

Wir sprechen ab heute nur noch Englisch in der Schule

Und wir?

Indem ich akzeptiere, dass moralische Urteile von einem universalen Standpunkt aus getroffen werden müssen, akzeptiere ich, dass meine eigenen Interessen nicht einfach deshalb, weil sie meine Interessen sind, mehr zählen als die Interessen von irgend jemand anders. Deshalb muss, wenn ich moralisch denke, mein ganz natürliches Bestreben, dass für meine Interessen gesorgt wird, ausgedehnt werden auf die Interessen anderer. [...] Dies erfordert von mir, dass ich alle diese Interessen abwäge und jenen Handlungsverlauf wähle, von dem am wahrscheinlichsten ist, dass er die Interessen der Betroffenen maximiert. Allerdings muss ich den Handlungsverlauf wählen, der per saldo für alle Betroffenen die besten Konsequenzen hat. Dies ist eine Form des Utilitarismus. Sie unterscheidet sich vom klassischen Utilitarismus dadurch, dass „beste Konsequenzen" das bedeutet, was nach reiflicher Überlegung die Interessen der Betroffenen fördert, und nicht bloß das, was Lust vermehrt und Unlust verringert. [...]

Diese andere Version des Utilitarismus beurteilt Handlungen nach dem Grad, in dem sie mit den Präferenzen der von den Handlungen oder ihren Konsequenzen betroffenen Wesen übereinstimmt. [...] Präferenz-Utilitarismus statt des klassischen Utilitarismus liegt dann vor, wenn wir unsere eigenen Interessen in der Art universalisieren, wie es beschrieben wurde. Nach dem Präferenz-Utilitarismus ist eine Handlung, die der Präferenz irgendeines Wesens entgegensteht, ohne dass diese Präferenz durch entgegengesetzte Präferenzen ausgeglichen wird, falsch. Eine Person zu töten, die es vorzieht, weiterzuleben, ist daher falsch, die übrigen Umstände als gleichbleibend vorausgesetzt. Dass die Opfer nach der Ermordung nicht mehr da sind, um sich darüber zu beklagen, dass ihre Präferenzen nicht beachtet worden sind, ist unerheblich.

Für Präferenz-Utilitaristen ist das Töten einer Person in der Regel schlimmer als das Töten eines anderen Wesens, weil ein Wesen, das sich nicht selbst als eine Wesenheit mit einer Zukunft sehen kann, keine Präferenz hinsichtlich seiner eigenen zukünftigen Existenz haben kann. Dagegen wird nicht bestritten, dass ein solches Wesen gegen eine Situation ankämpfen kann, in der sein Leben in Gefahr ist, so wie ein Fisch kämpft, um sich von dem Angelhaken in seinem Maul zu befreien; aber dies bezeichnet lediglich eine Präferenz für das Aufhören eines Zustandes, der als schmerzlich oder bedrohend empfunden wird. Kampf gegen Gefahr und Schmerz bedeutet nicht, dass der Fisch fähig ist, seine eigene zukünftige Existenz der Nicht-Existenz vorzuziehen. Das Verhalten eines Fisches am Haken legt es nahe, Fische nicht mit dieser Methode zu töten, aber es liefert keinen präferenzutilitaristischen Grund dagegen, Fische mit einer humanen Methode zu töten.

Peter Singer, zeitgenössischer australischer Philosoph (Praktische Ethik, übersetzt von Oscar Bischoff, Reclam, Stuttgart 1984, S. 112)

Utilitarismus

Handlungsutilitarismus

Eine Handlung wird danach beurteilt, welche moralisch guten Folgen sie in einer konkreten Situation für die Allgemeinheit hat,
z. B. Jeremy Bentham

Regelutilitarismus

Eine moralische Entscheidung wird im Einklang mit einer Regel gefällt; die Regel ist so zu wählen, dass das allgemeine Wohl befördert wird,
z. B. John Stuart Mill

Präferenzutilitarismus

Jedes Lebewesen hat Interessen und Wünsche. Ihre moralische Beachtung muss über den Kreis der Angehörigen einer Spezies hinausgehen,
z. B. Peter Singer

1. Wodurch unterscheidet sich Peter Singers Position von den klassischen Utilitaristen?
2. Was würde Singer zu dem, im Bild auf Seite 59, dargestellten Interessenkonflikt sagen?
3. Gibt Singers Position eine Lösung für das Problem des getöteten Babys? Begründen Sie Ihre Entscheidung.
4. Berücksichtigen Sie in Ihrer Diskussion auch die kritischen Einwände gegen den Utilitarismus der Philosophin Ursula Wolf auf den Seiten 70/71 in diesem Buch.

Unternehmen Sie zu den dargestellten Positionen des Utilitarismus einen *Galeriespaziergang und werten Sie diesen im Kurs aus.

2.2.3 Entscheidungen treffen – deontologisch oder utilitaristisch?

Klonen Sie mich, Herr Professor!

In dem Roman „Blueprint" von Charlotte Kerner leidet die berühmte Musikerin Iris Sellin an der unheilbaren Nervenkrankheit Multiple Sklerose. Damit ihr Talent nicht aus der Welt schwindet, beschließt sie, sich klonen zu lassen. Der folgende Textauszug beschreibt ein Gespräch zwischen Iris und dem Klonforscher Professor Mortimer G. Fisher.

Iris war gerade dreißig Jahre alt geworden, als sich ihr Sehnerv zum zweiten Mal entzündet hatte und sie die letzten Hoffnungen begraben musste. Nun gab es keinen Zweifel mehr: Sie hatte die Multiple Sklerose im Leib und das bestätigten auch die verschiedensten medizinischen Tests.
Iris hatte sich genau informiert, was MS bedeutete. Die Sellins wollen immer die Wahrheit wissen, sonst fühlen sie sich ohnmächtig! Die harrte Statistik sagte: Innerhalb von zehn Jahren würde die Krankheit wahrscheinlich ausbrechen. Immer mehr Entzündungen, kleine Kabelbränden gleich, würden im Laufe der Zeit die Nervenhüllen und Nervenfasern in ihrem Körper schädigen und sie am Ende vielleicht lahm, blind oder auch verwirrt zurücklassen. Wie der Verlauf auch sein würde – leicht, schwer oder sehr bösartig – in jedem Fall drohte ihr, der berühmten Pianistin Iris Sellin, ein unaufhaltsamer Abstieg.
Bei dieser zweiten Sehnerventzündung im Sommer vor dem Jahr null schoben sich von rechts nach links dunkle Wände in ihr Blickfeld und bildeten eine schwarze Gasse, die in einem Abgrund führte. In ihren Träumen sah Iris in dieses dunkle Loch, von wo es keinen Weg zurück gab. Doch sie würde nicht abstürzen, das schwor sie sich. Sie schlug ihr Nein in die Tasten des Flügels, bis die Finger schmerzten.

Thomas Theodor Heine: Der neue Mensch (1897)

1. Beschreiben Sie, was in diesem Labor vor sich geht. Achten Sie dabei auf die Mimik und die Gesten. Formulieren Sie anschließend einen *Aphorismus zu diesem Bild.
2. Informieren Sie sich in Zusammenarbeit mit dem Biologieunterricht über die aktuelle Diskussion zur Gentechnologie.

Die Diagnose MS schleuderte sie heraus aus der normalen Welt und machte sie aufsässig und trotzig. Sie wollte sich diesem Schicksal nicht beugen, nicht sie! Niemals! Nacht um Nacht wälzte sie sich schlaflos im Bett und verfluchte ihren Körper, der so jämmerlich versagte. „Warum gerade ich!", schrie sie.
Ihre Karriere, ihre Kunst, das Komponieren waren immer alles für sie gewesen. Doch plötzlich zählte das nicht mehr. Plötzlich trauerte sie, dass sie keine Kinder hatte. Niemand, dem sie ihr Talent, ihr Wissen weitergeben konnte. Niemand, der ihr Erbe antreten würde. Niemand, in dem sie weiterleben würde. Niemand, den sie wirklich liebte und der sie wiederliebte.

Iris hatte nie geahnt, wie allein sie war. In tiefster Ausweglosigkeit überfielen sie Gefühle, die sie zuvor als primitive Fortpflanzungsinstinkte belächelt hatte.
In dieser Zeit der Verzweiflung stieß sie zufällig auf einen Zeitungsartikel über Professor Mortimer G. Fisher aus dem Center for Reproductive Medicine and Bioengineering in Montreal, Kanada. Zu einer anderen Zeit hätte sie den Bericht wohl überlesen oder bestenfalls überflogen und genauso schnell wieder vergessen. Aber was hier stand, elektrisierte sie: Der englische Forscher hatte das Klonen von Säugetieren sicherer gemacht, denn endlich hatte er den so lange gesuchten zentralen Ent-

wicklungsschalter in den Genen entdeckt und konnte ihn nun ganz gezielt „anschalten". Nachdem Iris den Bericht mehrmals durchgelesen hatte, wusste sie, was sie zu tun hatte, um ihr Schicksal zu ändern. [...]

Iris erzählte Professor Fisher von ihren beiden Sehnerventzündungen. „Ich habe mich schon daran gewöhnt, dass ich nicht mehr scharf sehe, wenn ich etwas fixiere. Wenn ich vom Blatt abspiele oder auch beim Komponieren, wenn ich die Noten notiere, schaue ich immer knapp rechts oder links an den Punkten vorbei, das klappt inzwischen ganz gut. Aber ich weiß auch genau, was mich noch erwartet. Ich habe mich informiert und es gibt keinen Zweifel an der Diagnose MS. Wenn ich Glück habe, bleiben mir noch einige gesunde Jahre, aber dann ..." Ihre Stimme versagte.

Sie hatte das ehrliche Entsetzen auf dem Gesicht des Forschers erwartet und in dieses Entsetzen hinein fragte sie: „Wollen Sie mir helfen?"

Diese Frage hatte Fisher nicht erwartet, aber er ließ sich seine Unsicherheit nicht anmerken. Mit seiner ruhigen Arztstimme schuf er geübt Distanz, um sich zu fassen: „Aber Frau Sellin, Sie wissen doch so gut wie ich, dass es weder ein wirkliches Medikament noch eine Gentherapie gegen diese Krankheit gibt."

„Das weiß ich. Aber Sie können mir trotzdem helfen ..." Hier setzte Iris eine kleine Pause. Pausen sind so furchtbar wichtig. Und Pausen wusste Iris nicht nur in ihren Kompositionen, sondern auch im richtigen Leben immer sehr effektvoll einzusetzen. Pausen als Zwischenräume steigern die Spannung. Pausen bereiten den Höhepunkt vor.

Fisher war sich nicht sicher, was die große Pianistin von ihm wollte. „Was kann ich tun, was nicht schon andere versucht haben?", fragte er gespannt.

Als Iris Sellin dann endlich ihr Anliegen vorbrachte, klang es völlig einleuchtend. „Klonen Sie mich", forderte sie mehr, als sie fragte.

Einen erwachsenden Menschen noch einmal aufstehen lassen! Diesen Gedanken kannte Fisher nur zu gut. Einer der Ersten zu sein, die es wagen! Davon hatte er oft genug geträumt. Inzwischen waren nicht mehr Dutzende geklonte Eizellen nötig, um zum Ziel zu kommen. Sein Verfahren hatte das Klonen sicherer gemacht. Dadurch wurde es so viel leichter, das altmodische Tabu, keine menschlichen Klone, hinwegzufegen!

„Aber ich habe mit der neuen Methode bisher nur Mäuse und Kühe geklont", Fisher bemühte sich, ruhig zu bleiben. Diesen banalen Einwand brachte er nur vor, um Zeit zu gewinnen, und dabei wusste er ganz genau, wie wenig überzeugend er klang.

Iris lächelte fast herablassend. „Ich weiß und deshalb nehmen Sie jetzt mich, entgegnete sie, „einen willigen, weiblichen homo sapiens. Säugetier bleibt schließlich Säugetier. Ich habe nichts zu verlieren, aber alles zu gewinnen. Das gilt auch für Sie. Wenn Sie mich klonen, sind Sie auf der sicheren Seite. Und ich verspreche Ihnen auch, dass ich nichts dagegen habe, die ganze Sache öffentlich zu machen. Ich bin öffentliche Auftritte schließlich gewöhnt. Niemand kann und wird am Ende gegen uns sein oder gegen das Klonen sein ... das wissen Sie so gut wie ich."

Charlotte Kerner, zeitgenössische deutsche Autorin (Blueprint, Beltz & Gelberg, Weinheim Basel 2004, S. 12 f. und S. 17 f.)

1. Wie würden Sie sich anstelle des Professors entscheiden? Schreiben Sie im Namen des Professors an Iris einen *fiktiven Brief.
2. Welche ethischen Gründe sprechen gegen das Klonen? Welche Gründe sprechen im Fall von Iris dafür?
3. Was würde Immanuel Kant zum Fall von Iris sagen?

Projektvorschlag: Organisieren Sie eine Talkshow mit Iris, dem Professor, zwei anderen Wissenschaftlern und einem Vertreter des Nationalen Ethikrates (siehe Seiten 64/65 in diesem Buch). Bereiten sie vor der Diskussion jeweils die (unterschiedlichen) Argumentationen vor.

Was heißt Klonen?

„Klonen"
Der Begriff „Klonen" (aus dem Griechischen „Zweig" oder „Sprössling") bezeichnet sowohl einen natürlichen als auch einen künstlichen Vorgang, bei dem eine genetisch identische Kopie oder zumindest Gewebezellen eines Lebewesens entstehen.
In der Pflanzenwelt und bei einzelligen Organismen ist diese „Verdoppelung" weit verbreitet. Hingegen kommen „Klone" bei Menschen und Tieren eher zufällig vor, beispielsweise eineiige Zwillinge.
Das künstliche Klonen in Bezug auf den Menschen verfolgt zwei verschiedene Zielsetzungen. Zum Einen werden Stammzellen von Embryos genommen. Diese Zellen sind noch nicht auf ein bestimmtes Wachstumsziel festgelegt. Aus ihnen können sich beispielsweise Rückenmarks- oder Herzzellen entwickeln, d. h. es besteht die Möglichkeit, hieraus spezielle Organe zu züchten und dadurch kranken Menschen zu helfen. Deshalb wird diese Art des Klonens auch „therapeutisches Klonen" genannt. In der Ethik wird nunmehr darüber diskutiert, ob es erlaubt werden darf, dafür extra Embryos zu züchten.
Demgegenüber verfolgt das „reproduktive Klonen" ausschließlich den Zweck, eine genetisch identische Kopie eines Menschen zu schaffen.

Genmais anbauen?

Herr und Frau M. betreiben einen landwirtschaftlichen Betrieb in Zeitz. Sie bauen hauptsächlich Mais als Futtermittel an und haben bisher immer gute Absätze erzielen können. In diesem Jahr hat ihnen allerdings der Regen einen Strich durch die Rechnung gemacht und so konnten sie keine guten Erträge erwirtschaften. Als eines Tages der Vertreter eines Genlabors vor der Tür steht und ihnen im Auftrag eines größeren Konzern den Vorschlag unterbreitet, gentechnisch veränderten Mais anzubauen und an der praktischen Erforschung seiner Wachstumsbedingungen teilzunehmen, klingt das Angebot für die Familie M. sehr verlockend. Sie bitten sich zwei Tage Bedenkzeit aus.

Die Genforschung hat mittlerweile zu einigen noch umstrittenen Produkten geführt. Im Bereich der Agrarindustrie wird möglicherweise in wenigen Jahren Getreidesaatgut angeboten, das über ein so genanntes Selbstzerstörungsgen verfügt. Unmittelbar vor der Ernte des betreffenden Getreides bewirkt dieses Gen, dass die neuen Samenkörner steril werden. Damit sie selbst als Saatgut unbrauchbar sind und das neue Saatgut wieder beim ursprünglichen Produzenten gekauft werden muss. Hier schreckt das Wissen um den Informationsaustausch zwischen den Pflanzenarten noch um vieles mehr: Was tun wir, wenn die Natur das Selbstzerstörungsgen weitgehend kopieren würde?

Urs Thurnherr, zeitgenössischer deutscher Philosoph (Angewandte Ethik, Junius Verlag, Hamburg 2000, S. 45)

1. Helfen Sie der Familie M. eine Entscheidung zu treffen. Stellen Sie sich vor, Sie wären ein guter Freund oder eine gute Freundin der Familie, was würden Sie raten?
2. Stellen Sie ethische Argumente zusammen, die dafür sprechen, gentechnisch veränderten Mais anzubauen und suchen Sie nach Gründen, die dagegen angeführt werden können.
3. Was würden die Utilitaristen der Familie raten, wie würde Kant argumentieren?
4. Erarbeiten Sie zu dem Problem der Familie M. eine *Standpunktrede.

Dieses Bild der Künstlerin Frida Kahlo (1907–1954) zeigt den mexikanischen Pflanzenzüchter Luther Burbank. Burbank war berühmt für außergewöhnliche Gemüse- und Pflanzenkreuzungen. Frida Kahlo stellt ihn deswegen halb als Mensch und halb als Pflanze dar; er zieht seine Lebenskraft aus einem menschlichen Skelett.

Frida Kahlo: Der Pflanzenzüchter

1. Interpretieren Sie das Bild, indem Sie die verschiedenen Symbole analysieren.
2. Könnte es einen Zusammenhang zwischen dem Bild und der Geschichte vom Genmais geben? Begründen Sie Ihren Standpunkt.

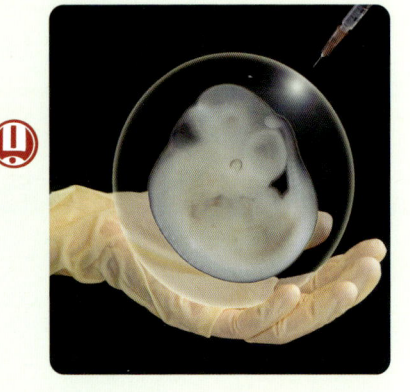

Weltweites Klonverbot?

Worüber der Nationale Ethikrat diskutiert

Der Nationale Ethikrat wurde 2001 von der damaligen Bundesregierung unter Bundeskanzler Gerhard Schröder eingesetzt. Der Nationale Ethikrat befasst sich mit den ethischen, rechtlichen und sozialen Folgen biowissenschaftlicher Forschung und ihrer Anwendung. Für weitere Informationen besuchen Sie folgende Internetadresse *www.nationaler-ethikrat.de*.

Das Klonen von Embryonen zu Forschungszwecken sollte nach Ansicht des Nationalen Ethikrates zum jetzigen Zeitpunkt verboten bleiben. Nach 15-monatiger Debatte einigte sich das Gremium auf die vorgelegte Empfehlung, das so genannte therapeutische Klonen „gegenwärtig" nicht zuzulassen. Diese Kernbotschaft wird auch von den Mitgliedern mitgetragen, die ansonsten grundsätzlich für eine Zulassung des Forschungsklonens eintreten. Es gab dazu jedoch insgesamt drei verschiedene Zusatzerklärungen: Zwölf Kommissionsmitglieder finden therapeutisches Klonen weiter „prinzipiell vertretbar".

Die 70-seitige Gesamtempfehlung des Ethikrates spiegelt nach den Worten seines Vorsitzenden Spiros Simitis exakt jene moralischen und wissenschaftlichen Streitpunkte wieder, wie sie derzeit in der Gesellschaft ausgetragen würden. Es sei deshalb nicht verwunderlich, dass sich der Ethikrat neben seiner zentralen Botschaft in den Details nicht auf eine gemeinsame Aussage verständigt habe, sondern drei Gruppen-Voten vorlege.

Die Befürworter des Forschungsklonens begründeten ihre Zustimmung zu dem Moratorium damit, dass sie in der „moralisch hoch aufgeladenen deutschen Debatte" ein Friedenszeichen setzen wollten. Statt des weiteren Aufeinanderprallens von „Fundamental-Positionen" wolle man mehr Ruhe für eine sachliche Auseinandersetzung gewinnen, sagte der Wissenschafts-Soziologe Wolfgang van den Daele. Sollten sich allerdings bei der internationalen Forschung beachtliche Heilungserfolge für kranke Menschen zeigen, müssten auch die deutschen Gen-Techniker einsteigen, sagte er. Fünf Ethikrat-Mitglieder plädieren in ihrem Gruppen-Votum für die generelle Beibehaltung des Verbotes, „weil dabei Embryos vernichtet werden, die eigens zur Forschung hergestellt werden", begründete der Freiburger Moraltheologe Eberhard Schockenhoff die Entscheidung. Weitere fünf Experten, darunter auch der Ethikrat-Vorsitzende Simitis, sind für den Bestand des Verbotes „zum gegenwärtigen Zeitpunkt". Dafür sprächen die unsicheren Erfolgsprognosen bei einem zugleich moralisch fragwürdigem hohen Verbrauch von Ei-Zellen, sagte die Biologin und Sozialforscherin Regine Kollek. Drei Mitglieder konnten sich keiner Position anschließen.

(„Die Welt" vom 13. September 2004)

1. Untersuchen Sie, mit welchen Argumenten die verschiedenen Gruppen des Nationalen Ethikrates ihren jeweiligen Standpunkt begründen.
2. Ergänzen Sie in drei Arbeitsgruppen die jeweilige Argumentation der Gruppen.
3. Führen Sie anschließend eine Talkshow durch und lassen Sie Vertreter der drei Gruppen miteinander diskutieren. Werten Sie die Diskussion abschließend aus.

2.2.4 Weitere Positionen der Philosophischen Ethik: Mitleid als moralischer Motor?

Das Leben der anderen

Der Spielfilm „Das Leben der anderen" erhielt 2006 den Deutschen Filmpreis. Er erzählt die Geschichte des DDR-Dramatikers Georg Dreyman und seiner Freundin, der Schauspielerin Christa-Maria Sielmann. Diese beginnt eine Affäre mit dem Kulturminister, der daraufhin den Stasi-Hauptmann Gerd Wiesler beauftragt, Dreyman zu überwachen. Man könnte ja staatsfeindliche Aktivitäten bei ihm feststellen. Eines Tages wird Wiesler, der auf dem Dach des Wohnhauses von Dreyman eine Anhörzentrale eingerichtet hat, Zeuge eines Gesprächs. Dreyman erfährt vom Selbstmord des bekannten Theaterregisseurs Albert Jerska.

+++ **Abhörzentrale**
Wiesler schläft nicht. Er nimmt den Telefonhörer ab und drückt auf den Knopf, der ihm erlaubt, durch den Hörer auf Dreymans Leitung das Gespräch mitzuhören. WALLNER (über den Telefonhörer) Georg, hier Wallner. DREYMAN (über den Telefonhörer) Was steht an? WALLNER (über den Telefonhörer) Georg, es geht um Jerska. Er ist tot. Er hat sich gestern Abend erhängt.
Schweigen.

+++ **Dreymans Wohnung**
Dreyman steht noch an derselben Stelle, unbeweglich. Es vergehen einige Momente.
DREYMAN ... ich lege jetzt auf.
Er tut es, bleibt aber noch stehen. Dann geht er zum Klavier, setzt sich auf den Hocker und sucht unter den Noten die Partitur heraus, die Jerska ihm zum Geburtstag geschenkt hat, „Die Sonate vom Guten Menschen". Er beginnt sie zu spielen, in ihrer vollen Schönheit und Melancholie. Christa kommt aus dem Schlafzimmer. Sie merkt seine Erschütterung, stellt sich neben ihn, ohne zu fragen, und hört seinem Spiel zu.

+++ **Abhörzentrale, zur gleichen Zeit**
Die Kamera fährt langsam in einem Halbkreis um Wiesler herum, der vor den vielen feindlichen Gerätschaften sitzt. Sein Gesicht ist nicht zu sehen, nur sein Rücken und sein Hinterkopf mit dem Kopfhörer, durch den die Musik klingt.

+++ **Dreymans Wohnung**
Die Kamerafahrt wird um Dreyman und Christa herum fortgesetzt. Dreyman spielt zu Ende, lässt den letzten Ton lange verhallen. DREYMAN Ich muss immer daran denken, was Lenin von der Appassionata gesagt hat: „Ich kann sie nicht hören, sonst bringe ich die Revolution nicht zu Ende."
Er blickt Christa an.
DREYMAN Kann jemand, der diese Musik gehört hat, wirklich gehört hat, noch ein schlechter Mensch sein?

+++ **Abhörzentrale, zur gleichen Zeit**
Wiesler von vorne. Auf seinem Gesicht liegt ein vorher noch nie gesehener Ausdruck.

+++ **Vor Wieslers Wohnhaus, am Abend**
Wiesler geht wieder durch den trostlosen Vorhof zu seinem stolzen Plattenbau.

+++ **Wieslers Wohnhaus**
Er wartet auf den Fahrstuhl in dem noch tristeren Vorraum.

+++ **Wieslers Wohnhaus, Fahrstuhl**
Als Wiesler in den Fahrstuhl steigt, rollt ihm ein Ball hinterher. Ein kleiner Junge von vielleicht sechs Jahren holt ihn sich und ist, als die Tür zugeht, plötzlich im Fahrstuhl gefangen. Er starrt Wiesler an.
JUNGE Bist du wirklich bei der Stasi? Wiesler mustert den Jungen.
WIESLER Weißt du überhaupt, was das ist, die Stasi?
JUNGE Das sind schlimme Männer, die andere einsperren, sagt mein Papi.
WIESLER So? Wie heißt denn dein ...
Wiesler hält inne. Anstand? Menschlichkeit? Mitleid?
JUNGE Mein was?
WIESLER ... Ball.
Der kleine Junge versteht nicht.
WIESLER Wie heißt denn dein Ball?
JUNGE (über das ganze Gesicht grinsend) Du bist aber lustig. Ein Ball hat doch keinen Namen.

Sie sind auf Wieslers Etage angekommen. Wiesler tritt hinaus, dreht sich aber noch einmal

Szene aus „Das Leben der anderen"

um. Der Junge sieht in dem großen, neonbeleuchteten Fahrstuhl wie ein kleiner, zarter Außerirdischer aus. Er sieht Wiesler an und Wiesler ihn.

JUNGE Du bist aber kein schlimmer Mann. Die Fahrstuhltür geht langsam zu.

Florian Henckel von Donnersmarck, Filmregisseur und Autor
(Das Leben der anderen, Filmbuch, Suhrkamp Verlag, Frankfurt 2006, S. 76–79)

1. Was könnte Hauptmann Wiesler dazu bewogen haben, Zweifel an seiner bisherigen Tätigkeit zu hegen?
2. Wie bewerten Sie das Gespräch zwischen ihm und dem Jungen im Fahrstuhl?
3. Informieren Sie sich über Vladimir I. Lenin, den Führer der russischen Oktoberrevolution von 1917.
4. Betrachten Sie noch einmal das Bild „Hinter den sieben Bergen" von Wolfgang Mattheuer am Anfang des ersten Kapitels, das während der Zeit der DDR entstand. In welcher Beziehung könnte es zu dem Filmausschnitt stehen?

Emotionen sind zugleich Motivationen

Emotionen sind nicht nur passive Impressionen, sondern lösen auch Handlungsimpulse aus […]. Wir weichen zurück beim Erschrecken oder wenden uns dem Gegenstand unserer Freude zu. Das heißt, Emotionen sind etwas, das uns nicht nur innerlich, sondern auch zum Handeln bewegt. Dieser Zusammenhang erhält durch die Hirnforschung eine unerwartete Bestätigung: Sie macht klar, dass zielgerichtetes Handeln oder Entscheidungen zwischen verschiedenen Zielen ohne die Fähigkeit gefühlshafter Abwägungen gar nicht möglich sind […].
Auch für das moralische Handeln ist die Motivationskraft des Gefühls unerlässlich. Mit den Worten von *Hans Jonas: „Die Kluft zwischen abstrakter Sanktion und konkreter Motivation muss vom Bogen des Gefühls überspannt werden, der allein den Willen bewegen kann."

Carola Meier-Seethaler, Psychotherapeutin und Philosophin aus Bern
(Gefühle als moralische und ästhetische Urteilskraft. In: Ethik & Unterricht, 1/2001, S. 12 f.)

5. Lesen Sie zum Thema „Hirnforschung" noch einmal die Seiten 28–35 in diesem Buch.
6. Warum können Gefühle Motivationen zu moralischem Handeln auslösen? Beziehen Sie in Ihre Diskussion auch die Handlungsweise von Hauptmann Wiesler aus dem Film „Das Leben der anderen" mit ein.

Mitleid als Triebfeder der Moral?

Arthur Schopenhauer (1788–1860) gehört zu den wichtigsten deutschen Philosophen des 19. Jahrhunderts. Er hat die Rolle der moralischen Gefühle, vor allem des Mitleids, in der Philosophie wieder belebt, die zuvor insbesondere von dem englischen Philosophen David Hume (1711–1776) als Triebfeder moralischen Handelns bewertet wurde.

1) Keine Handlung kann ohne zureichendes Motiv geschehen; so wenig, als ein Stein ohne zureichenden Stoß, oder Zug, sich bewegen kann.
2) Eben so wenig kann eine Handlung, zu welcher ein für den Charakter des Handelnden zureichendes Motiv vorhanden ist, unterbleiben, wenn nicht ein stärkeres Gegenmotiv ihre Unterlassung notwendig macht.
3) Was den Willen bewegt, ist allein Wohl und

Wehe überhaupt und im weitesten Sinne des Worts genommen; wie auch umgekehrt Wohl und Wehe bedeutet „einem Willen gemäß, oder entgegen". Also muss jedes Motiv eine Beziehung auf Wohl und Wehe haben.

4) Folglich bezieht jede Handlung sich auf ein für Wohl und Wehe empfängliches Wesen, als ihren letzten Zweck.

5) Dieses Wesen ist entweder der Handelnde selbst, oder ein Anderer, welcher alsdann bei der Handlung *passive* beteiligt ist, indem sie zu seinem Schaden, oder zu seinem Nutz und Frommen geschieht.

6) Jede Handlung, deren letzter Zweck das Wohl und Wehe des Handelnden selbst ist, ist eine *egoistische*.

7) Alles hier von Handlungen Gesagte gilt eben so wohl von Unterlassung solcher Handlungen, zu welchen Motiv und Gegenmotiv vorliegt.

8) In Folge der im vorhergehenden Paragraphen gegebenen Auseinandersetzung schließen *Egoismus* und *moralischer Werth* eine Handlung einander schlechthin aus. Hat eine Handlung einen egoistischen Zweck zum Motiv; so kann sie keinen moralischen Werth haben: soll eine Handlung moralischen Werth haben; so darf kein egoistischer Zweck, unmittelbar oder mittelbar, nahe oder fern, ihr Motiv sehn.

9) In Folge der § 5 vollzogenen Elimination der vorgeblichen Pflichten gegen uns selbst, kann die moralische Bedeutsamkeit einer Handlung nur liegen in ihrer Beziehung auf Andere: nur in Hinsicht auf diese kann sie moralischen Werth, oder Verwerflichkeit haben und demnach eine Handlung der Gerechtigkeit, oder Menschenliebe, wie auch das Gegenteil beider sehn.

Aus diesen Prämissen ist Folgendes evident (1): das *Wohl und Wehe*, welches (laut Prämisse 3) jeder Handlung, oder Unterlassung, als letzter Zweck zum Grunde liegen muss, ist entweder das des Handelnden selbst, oder das irgend eines Andern, bei der Handlung passive Beteiligten. Im *ersten Falle* ist die Handlung nothwendig *egoistisch*; weil ihr ein interessiertes Motiv zum Grunde liegt. Dies ist nicht bloß der Fall bei Handlungen, die man offenbar zu seinem eigenen Nutzen und Vorteil unternimmt, dergleichen die allermeisten sind; sondern es tritt eben so wohl ein, sobald man von einer Handlung irgend einen entfernten Erfolg, sei es in dieser, oder einer andern Welt, für sich erwartet; aber wenn man dabei seine Ehre, seinen Ruf bei den Leuten, die Hochachtung irgend jemandes, die Sympathie der Zuschauer, u. vgl. m. im Auge hat [...]. Kurzum, man setze zum letzten Beweggrund einer Handlung, was man wolle; immer wird sich ergeben, dass, auf irgend einem Umwege, zuletzt *das eigene Wohl und Wehe des Handelnden* die eigentliche Triebfeder, mithin die Handlung egoistisch, folglich ohne moralischen Werth ist. Nur einen einzigen Fall gibt es, in welchem dies nicht Statt hat: nämlich wenn der letzte Beweggrund zu einer Handlung, oder Unterlassung, geradezu und ausschließlich im *Wohl und Wehe* irgend eines dabei passive beteiligten *Andern* liegt, also der aktive Teil bei seinem Handeln, oder Unterlassen, ganz allein das Wohl und Wehe eines Andern im Auge hat und durchaus nichts bezweckt, als dass jener Andere unverletzt bleibe, oder gar Hülfe, Beistand und Erleichterung erhalte. *Dieser Zweck allein* drückt einer Handlung, oder Unterlassung, den Stempel des *moralischen Werthes* auf; welcher demnach ausschließlich darauf beruht, dass die Handlung bloß zu Nutz und Frommen eines Andern geschehe, oder unterbleibe. [...]

Wenn nun aber meine Handlung ganz allein *des Andern wegen* geschehen soll; so muss *sein Wohl und Wehe unmittelbar mein Motiv* seyn: so wie bei allen andern Handlungen das *meinige* es ist. Dies bringt unser Problem auf einen engern Ausdruck, nämlich diesen: wie ist es irgend möglich, dass das Wohl und Wehe *eines Andern*, unmittelbar, das heißt ganz so wie sonst nur mein eigenes, meinen Willen bewege, also direkt mein Motiv werde, und sogar es bisweilen in dem Grade werde, dass ich demselben mein eigenes Wohl und Wehe, diese sonst alleinige Quelle meiner Motive, mehr oder weniger nachsetze? Offenbar nur dadurch, dass jener Andere der *letzte Zweck* meines Willens wird, ganz so wie sonst ich selbst es bin: also dadurch, dass ich ganz unmittelbar *sein* Wohl will und *sein* Wehe nicht will, so unmittelbar, wie sonst nur *das meinige*. Dies aber setzt notwendig voraus, dass ich bei seinem Wehe als solchem geradezu mit leide, sein Wehe fühle, wie sonst nur meines, und deshalb sein Wohl unmittelbar will, wie sonst nur meines. Dies erfordert aber, dass ich auf irgend eine Weise mit *ihm identificirt* sei, das heißt dass jener gänzliche *Unterschied* zwischen mir und jedem Andern, auf welchem gerade mein Egoismus beruht, wenigstens in einem gewissen Grade aufgehoben sei. Da ich nun aber doch nicht *in der Haut* des Andern stecke, so kann allein vermittelst der *Erkenntniß*, die ich von ihm habe, das heißt der Vorstellung von ihm in meinem Kopf, ich mich so weit mit ihm identifizieren, dass meine Tat jenen Unterschied als aufgehoben ankündigt. Der hier analysierte Vorgang aber ist kein erträumter, oder aus der Luft gegriffener, sondern ein ganz wirklicher, ja, keineswegs seltener: es ist das alltägliche Phänomen des *Mitleids*, das heißt der ganz unmittelbaren, von allen anderweitigen Rücksichten unabhängigen *Teilnahme* zunächst am *Leiden* eines Andern und dadurch an der Verhinderung oder Aufhebung dieses Leidens, als worin zuletzt alle Befriedigung und alles Wohlsein und Glück besteht. Dieses Mitleid ganz allein ist die wirkliche Basis aller freien Gerechtigkeit und aller ächten Menschenliebe.

(1) evident = unmittelbar einsichtig

Arthur Schopenhauer
*(Preisschrift über die Grundlage der Moral,
Felix Meiner, Hamburg 1979)*

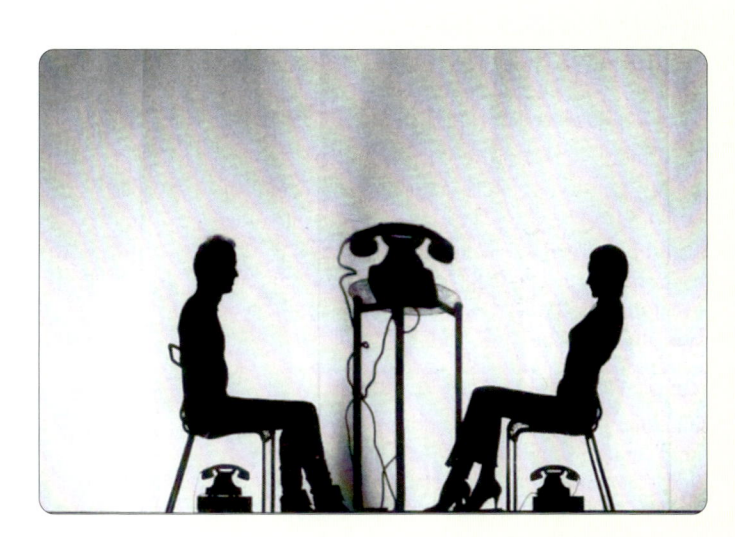

Jürgen Klacke: Schattenbilder

1. Schreiben Sie einen Dialog zwischen den beiden Personen auf der Abbildung zum Thema Mitleid.
2. Wodurch unterscheidet sich nach Ansicht von Arthur Schopenhauer eine egoistische von einer altruistischen (auf das Wohl anderer gerichteten) Handlung?
3. In welchem Verhältnis stehen bei Schopenhauer Mitleid und moralisches Handeln?
4. Formulieren Sie kritische Einwände gegen Schopenhauers Konzeption des Mitleids. Berücksichtigen Sie dabei den Ausspruch von Friedrich Nietzsche: „Wenn man bloß aus Mitleid wohl tut, so tut man eigentlich sich selbst wohl und nicht dem andern." (Fröhliche Wissenschaft, Nr. 338).
5. Stellen Sie in einem Kurzreferat die wesentlichen Gedanken zu moralischen Gefühlen von David Hume dar. Lesen Sie zum Thema auch die Seite 140 in diesem Buch.
6. Lässt sich in der Konzeption Schopenhauers eine Erklärung für das Handeln von Hauptmann Wiesler finden (siehe Seiten 65–67 in diesem Buch)? Begründen Sie Ihren Standpunkt.

Mitleid als Lebenseinstellung

Schopenhauers Position mag auf den ersten Blick ähnlich aussehen wie die utilitaristische. Sie unterscheidet sich von ihr jedoch in einer Reihe von Punkten und kann die Merkwürdigkeiten des Utilitarismus vermeiden. Ich nenne die drei wichtigsten Punkte. Erstens. Der Utilitarismus bezieht sich auf das Gesamtwohl und verstößt dadurch gegen die übliche Vorstellung individueller moralischer Rechte. Singer, an dessen Theorie ich mich orientiert habe, begründet diese Ausrichtung nicht und sieht auch bewusst von affektiven Motiven ab, weil er eine rein rationale Argumentation liefern möchte. In anderen Versionen des Utilitarismus ist das moralische Motiv das Wohlwollen (benevolence). Aber es gibt kein empirisches Gefühl des Wohlwollens, das sich auf das Gesamtwohl bezieht. Hingegen gibt es den Affekt des Mitleids, und dieser ist wesentlich auf Individuen bezogen; er eignet sich daher genau als motivationale Basis unserer individualistischen Moral. Zweitens. *Der Utilitarismus arbeitet, da er von Individuen absieht, mit einem reduzierten Begriff von Leiden und Glück; er sieht darin isolierte Zustände. Schopenhauer hingegen redet vom „Wohl und Wehe" von Menschen und anderen Tieren; Erfahrungen von Lust und Leiden werden daher als Bestandteile des Lebensganzen gesehen. Das Mitleid bezieht sich nicht einfach auf Leidenszustände als solche, sondern auf ein anderes Wesen, welches leidet. Drittens. Im Utilitarismus ist die Aufgabe der Moral gleichermaßen die Leidensverminderung wie die Glücksmaximierung. Schopenhauer orientiert sich bewusst am negativen Affekt des Mitleids, so dass es im moralischen Handeln darum geht, anderen kein Leiden zuzufügen und ihnen zu helfen, wo sie leiden. [...]

Der gängige Einwand gegen die Mitleidsmoral lautet, dass sich auf den natürlichen Affekt des Mitleids, der wie alle Affekte launisch ist, keine universalistische Moral aufbauen lasse. Dieser Einwand enthält ein bewusstes Missverständnis und ist daher unfair. Weder Schopenhauer noch irgendein anderer Vertreter einer Mitleidsmoral hat je behauptet, dass moralisches Handeln darin besteht, sich vom faktischen Auftreten des Mitleids bestimmen zu lassen. Wie Schopenhauer sagt, ist es für moralisches Handeln nicht erforderlich, dass in jedem Fall das Mitleid tatsächlich erregt wird. Vielmehr können wir auf der Basis dieses Affekts die allgemeine Maxime bilden, niemandem Leiden zuzufügen, und diese zu einem festen Vorsatz erheben (§ 17). Man könnte einwenden: Wir haben ebenso negative Affekte wie Schadenfreude, warum also sollten wir gerade das Mitleid ausdehnen, und nicht die entgegengesetzten Affekte? Bei Schopenhauers methodischem Vorgehen erübrigt sich jedoch diese Frage. Denn sein Anspruch ist nicht, die Moral aus etwas Vormoralischem herzuleiten, sondern zu erläutern, was Moral, die es immer schon gibt, ist. Moralität aber besteht im Unterschied zu subjektiven Vorlieben in allgemeinen Einstellungen. Der Affekt des Mitleids erklärt, wie moralisches Handeln empirisch-motivational möglich ist. Moralität als allgemeine Haltung besteht in der Berücksichtigung anderer, und nicht im Gegenteil. Daher kann der Affekt, der Moralität motivational verständlich macht, nur der positive Affekt des Mitleids sein. Nehmen wir an, dass diese beiden Standardeinwände sich entkräften lassen, so bleibt ein weiteres Problem. Die Mitleidsmoral hat, wie ich oben sagte, den Vorteil, dass sie nicht wie der Utilitarismus über Individuengrenzen hinweg operiert; das Mitleid ist gerade ein Affekt, der sich auf das Leiden von anderen Wesen bezieht, und nicht auf Leiden als solches oder insgesamt. Gleichwohl sind die Konsequenzen dieses Ansatzes hier schwächer als die kantischer Positionen. Kantische Positionen können durch die Annahme, dass Individuen einen absoluten Wert besitzen, am einfachsten verständlich machen, worin die auch für die Alltagsmoral typische Überzeugung, dass Individuen eine starke Grenze für das Handeln anderer darstellen, gründet. Das Mitleid hingegen bezieht sich zwar auf Individuen, aber damit scheint vereinbar, dass man z. B. Leiden zulässt oder zufügt, um größeres Leiden zu verhindern. Anders gesagt: es scheint nicht selbstverständlich, dass man hier von individuellen moralischen Rechten reden kann, aufgrund derer Wesen einen unausräumbaren Anspruch auf Rücksicht haben. Dass die Mitleidsmoral allein nicht diesen Rahmen individueller Rechte liefern kann, ergibt sich einfach daraus, dass sie nicht auf einer absoluten Wertsetzung beruht, sondern eine auf einem natürlichen Affekt basierende allgemeine Einstellung ist. Als solche ist sie eine Lebenseinstellung neben anderen, und es ist zunächst eine offene Frage, welches Gewicht sie unter den verschiedenen Einstellungen hat. In der Offenheit dieser Frage kann man jedoch gerade auch einen Vorteil sehen. Moraltheorien, die einen absoluten Wert zugrundelegen, überspielen von vornherein die Existenz dieser Frage.

Ursula Wolf, zeitgenössische deutsche Philosophin
(Das Tier in der Moral, Klostermann Verlag, Frankfurt a. M. 2004, 2. Auflage, S. 49 f. und S. 51 ff.)

1. Unterteilen Sie den Text in mehrere Sinnabschnitte und geben Sie ihnen jeweils eine Überschrift.
2. Wodurch unterscheidet sich die Position Schopenhauers von den Utilitaristen (siehe hierzu auch die Seiten 55–58 in diesem Buch)? Ergänzen Sie die Argumente von Ursula Wolf.
3. Diskutieren und bewerten Sie die beiden Einwände gegen die Mitleidsmoral.
4. Gestalten Sie zum Thema „Mitleid mit Tieren" eine *Collage.

Mitleiden als moralische Kategorie im Umgang mit Tieren

Stierkampf

Bei Haustieren übernimmt der Mensch die Rolle des Sozialpartners des Tiers. Hier bestehen daher moralische Situationen, die denen zwischen Personen durchaus analog sind. Wer einmal mit einem Hund oder einer Katze zusammengelebt hat, weiß, dass diese Tiere ein gewisses Verständnis davon entwickeln, was sie dürfen und was sie nicht dürfen, dass sie unterscheiden können zwischen Dingen, für die sie etwas können, und Dingen, an denen sie unschuldig sind, dass sie Gewohnheitsrechte beanspruchen, dass ihnen daran liegt, beachtet zu werden usw. Dass funktionierende soziale Beziehungen ein unverzichtbarer Bestandteil des tierischen Wohls sind, ist in diesem Fall, in dem wir selbst die Sozialpartner sind, besonders deutlich erkennbar, weil Tiere, wenn man sie gegen ihre sozialen Bedürfnisse willkürlich behandelt, schwere Verhaltensstörungen entwickeln.

Ich fasse jetzt die praktischen Konsequenzen im ganzen zusammen. Vom Standpunkt der Moral generalisierten Mitleids folgt, dass vieles, was Menschen den Tieren antun, zweifellos unzulässig ist. Das gilt, wie im Detail gezeigt, generell für die Praxis der Massentierhaltung und des Tierversuchs. Denn die so benutzten Tiere leben unter Bedingungen, die durchgängig und systematisch ein Leben in subjektivem Wohlbefinden ausschließen. Dieselbe systematische Verhinderung liegt vor, wo Tiere ihr Leben lang in Zoos, Käfigen usw. eingesperrt werden. Ich habe diese Fälle der durchgängigen Verhinderung des Wohls betont, weil hier besonders deutlich ist, dass der verbreitete Hinweis, dass es ohnehin kein Leben ohne Leiden gibt, irrelevant ist. Der entscheidende Bezugspunkt der moralischen Zulässigkeit ist in meiner Konzeption das Wohl oder gute Leben, nicht punktuelle Zustände von Lust und Unlust. Ich möchte damit nicht das umgekehrte

Missverständnis erzeugen, dass die Zufügung von einzelnem Leiden kein Problem wäre. Gerade wenn man Leidenserfahrungen nicht isoliert, sondern als Bestandteil des Lebens im ganzen sieht, der erinnert wird und sich auf das künftige Verhalten auswirkt, bedeutet jedes Leiden eine Minderung des Wohls. Was ich sagen will, ist nur, dass solche Minderungen manchmal unvermeidlich sind; wo sie es nicht sind, verstößt auch die Zufügung vorübergehenden Leidens gegen die moralische Rücksicht. Solche unnötigen Zufügungen von Leiden sind z. B. das Jagen von Tieren, ihre Verwendung in Kampfspielen [...].

Ursula Wolf
(Das Tier in der Moral, a. a. O., S. 102 f.)

1. Ursula Wolf nennt ihren ethischen Ansatz „die Moral des generalisierten Mitleids". Wodurch unterscheidet er sich von der Position Schopenhauers?
2. Erarbeiten Sie ein Kurzreferat zum Ansatz der Tierethik bei Ursula Wolf. Lesen Sie dazu die Seiten 87 bis 120 in diesem Buch.

Gestalten Sie einen *fiktiven Dialog zwischen Jeremy Bentham, Immanuel Kant und Ursula Wolf über die Frage, welcher ethische Ansatz der beste für ein gutes Leben ist.

2.2.5 Tugendethik: Mitmenschlichkeit als höchste Tugend des Konfuzius

Deutsche im weltweiten Vergleich besonders unglücklich

Die Deutschen sind einer Umfrage zufolge im weltweiten Vergleich ein besonders unglückliches Volk. Wie eine am Donnerstag veröffentlichte Umfrage im Auftrag der Möbelhauskette Ikea ergab, sind nur 60 Prozent der Deutschen mit ihrem Leben zufrieden. Damit gehörten die Deutschen zum unglücklichsten Drittel der Befragten weltweit. Insgesamt hatte Ikea im Juni dieses Jahres eigenen Angaben zufolge 23 000 Menschen in 23 Ländern nach ihrer Zufriedenheit befragen lassen. „Die Deutschen schaffen es nicht, ihren relativen materiellen Wohlstand in Lebenszufriedenheit umzusetzen", erklärte Ikea-Sprecherin Sabine Nold. Kinder scheinen immer noch ein wesentlicher Schlüssel für ein erfülltes Leben zu sein. So erklärten 70 Prozent der Befragten, die mit Kindern in einem Haushalt leben, sie seien glücklich. Unter Menschen in kinderlosen Haushalten waren es nur 55 Prozent.

1. Warum scheinen Kinder ein Schlüssel zu einem erfüllten Leben zu sein? Lesen Sie hierzu auch die Seiten 93–100 (Wirtschaftsethik) in diesem Buch.
2. Was gehört für Sie noch zu einem erfüllten Leben? Schreiben Sie dazu einen kurzen *Essay.

Ratschläge des Konfuzius für ein gutes Leben

Konfuzius (551–479 v. Chr.) gehört neben Lao-Tse (siehe Seiten 87–91 in diesem Buch) zu den bedeutendsten Philosophen Chinas. Er gründete die erste in der Philosophiegeschichte überlieferte philosophische Schule und er war auch der erste frei schaffende Philosophielehrer Chinas, der von den Einkünften aus seinem Unterricht lebte. Ähnlich wie der griechische Philosoph Sokrates hat Konfuzius keine eigenen Schriften hinterlassen. Seine Ratschläge und philosophischen Gedankensplitter wurden von seinen Schülern in dem Buch *Lun-yu* gesammelt, das auf Deutsch „Gespräche" heißt.

Konfuzius

Konfuzius sprach: „Ein junger Mensch soll in der Familie ehrfürchtig und gehorsam gegenüber seinen Eltern sein. Außer Haus begegne er den Menschen so, wie sich ein jüngerer Bruder gegenüber seinem älteren Bruder verhält, mit Achtung und Aufrichtigkeit, er sei durchdrungen von Liebe zu allen und eng mit dem Guten verbunden. Wenn ihm bei all dem noch Kraft bleibt, dann soll er sich den Büchern widmen."

Konfuzius sprach: „Dienst du deinen Eltern, dann kannst du ihnen auch in der gebotenen Zurückhaltung widersprechen. Siehst du aber, dass sie nicht gewillt sind, dir zu folgen, dann sei weiterhin ehrbietig und widersetze dich nicht. Mühe dich für sie, ohne zu murren."

Konfuzius sprach: „Zu Lebzeiten der Eltern soll man nicht in die Ferne ziehen. Verlässt man sie aber doch, dann muss man einen festen Wohnsitz haben."

Der Schüler Zi-gong fragte: „Nehmen wir an, es gibt einen Menschen, der viel Gutes für das Volk tut und der allen seine Hilfe angedeihen lässt – was würdet ihr von ihm halten? Könnte man das als echtes sittliches Verhalten gegenüber den Mitmenschen, als Menschenliebe, bezeichnen?"

Konfuzius antwortete: „Warum nur als Menschenliebe? Muss man nicht sagen, es ist der höchste Grad moralischer Vollkommenheit? Eine Stufe, die selbst die alten Kaiser Wao und Shun nicht erreichen konnten.
Wer den Grundsätzen des sittlichen Verhaltens folgt, will sich und andere daran aufrichten. Er will, dass ihm das gelingt und dass es auch anderen gelingt.
Das naheliegende tun können und sich dabei an anderen ein Beispiel nehmen – das ist die rechte Art des Verhaltens."

Zi-zhang fragte Konfuzius, was es heiße, sittlich zu handeln.

Der Meister antwortete: „Überall fünf Grundsätze verwirklichen – das ist Sittlichkeit."

Zi-zhang wollte daraufhin wissen, was das für Grundsätze seien.

Konfuzius sagte: „Höflichkeit, Großmut, Aufrichtigkeit, Eifer und Güte.
Der Höfliche genießt mehr Achtung, durch Großmut gewinnt man Sympathie.
Aufrichtigkeit schafft Vertrauen.
Eifer bringt Erfolg.
Wer Güte hat, kann anderer Menschen Herr und Leiter sein.

Konfuzius sprach: „Neun Dinge sind es, auf die der Edle sorgsam achtet: Beim Sehen achtet er auf Klarheit, beim Hören auf Deutlichkeit, in seiner Miene auf Freundlichkeit, im Benehmen achtet er auf Höflichkeit. Im Reden auf Ehrlichkeit, im Handeln auf Gewissenhaftigkeit.
Wenn ihm Zweifel kommen, fragt er andere. Ist er im Zorn, bedenkt er die Folgen. Angesichts eines persönlichen Vorteils, fragt er sich, ob er auch ein Anrecht darauf hat."

(Konfuzius: Gespräche, übersetzt von Ralf Moritz, Reclam, Stuttgart 2003, S. 6, 24, 37 f. und 109)

Konfuzianische Gelehrte beim Studium

1. Was versteht Konfuzius unter Sittlichkeit?
2. Welche seiner Ratschläge könnten zu einem glücklichen Leben beitragen? Begründen Sie Ihre Entscheidung.
3. Beschreiben Sie das Bild; in welcher Atmosphäre findet das Studium statt?

Konfuzius ist die lateinische Form des chinesischen Namens Kong-fu-zi, was so viel bedeutet wie Meister Kong. Sein eigentlicher Name war Kong Qiu. Dem Familiennamen der alten chinesischen Denker wurde zi = Meister hinzugefügt, um Verehrung auszudrücken.
Konfuzius wurde in Qufu in der heutigen Provinz Schandong geboren. Mit drei Jahren verlor Konfuzius seinen Vater, der Soldat gewesen war. Als er 16 Jahre alt war, starb auch seine Mutter. Sie hatte noch dafür gesorgt, dass er von seinem Großvater eine ordentliche Ausbildung erhielt. Er erlernte sechs Künste: Rechnen, Schreiben, Bogenschießen, Wagenlenken, Musik und Etikette (Regeln des guten Verhaltens); diese Künste wurden später in seiner Schule gelehrt. Mit 19 Jahren heiratete Konfuzius und wurde Vater von einem Sohn und einer Tochter, zu denen er jedoch kein herzliches Verhältnis hatte. Er verdiente anfangs seinen Lebensunterhalt als Herdenaufseher in einer reichen Familie und war dann später Lehrer für die Söhne eines Ministers und Beamter, bevor er eine eigne Schule gründete. Er bemühte sich vergeblich um politische Ämter. Etwa 517 v. Chr. ging er mit etwa 3 000 Schülern auf eine philosophische Wanderschaft. Er lebte von seinen philosophischen Ratschlägen, die er chinesischen Herrschern immer wieder anbot, litt Hunger und geriet immer wieder in kriegerische Auseinandersetzungen. Um 484 v. Chr. war er bei einem hohen Würdenträger in Lu tätig und beschäftigte sich mit der Herausgabe klassischer Schriften.

Kaiser Gaozu, der Gründer der Han-Dynastie, opfert am Grab des Meisters Kong, Holzschnitt (um 1440)

Die Tugendethik des Konfuzius

Die Tugend ist ein zentrales Konzept in der Lehre von Konfuzius. Mitmenschlichkeit, Sittlichkeit, Rechtschaffenheit, Weisheit und Vertrauenswürdigkeit sind die fünf konfuzianischen Kardinaltugenden. Darüber hinaus zeichnet sich der edle Mensch durch Loyalität und Pietät aus.
Konfuzius war der Ansicht, dass die Tugenden erlernt und vervollkommnet werden können, und zwar von jedem Menschen, weshalb prinzipiell auch jeder Mensch durch seine eigene Bemühung ein edler Mensch werden kann. Der Mensch ist demnach unvollkommen und muss erst lernen, ein wirklicher Mensch zu werden. Wer die Tugenden in sich vollendet hat und sie in seinem Handeln sichtbar werden lässt, ist ein „Edler".
Die höchste Tugend und gleichzeitig die Grundlage aller anderen Tugenden ist die Mitmenschlichkeit. Für wie bedeutend Konfuzius das Verständnis der Mitmenschlichkeit erachtete, ist schon daran zu sehen, dass er diese Tugend über einhundertmal in den „Gesprächen" erwähnte. Die Wichtigkeit der Mitmenschlichkeit stellte er sogar über das Leben:

Der Meister sprach: „Ein Mensch mit festem Willen und Mitmenschlichkeit würde nicht sein Leben retten, wenn er dadurch die Mitmenschlichkeit verletzen sollte. Er würde sein Leben opfern, um die Mitmenschlichkeit zu bewahren."

ren 仁

Das chinesische Schriftzeichen für Mitmenschlichkeit wird ren ausgesprochen. Es besteht aus dem Zeichen für „Mensch" und dem Zeichen für „zwei". Schon in der Zeit vor Konfuzius war ren ein gebräuchliches Wort, und zwar in der Bedeutung von „gut" oder „gütig". Durch Konfuzius wurde ren die Bezeichnung für eine Tugend, die im Deutschen meist durch die Begriffe „Menschlichkeit", „Güte" oder auch „Menschenliebe" wiedergegeben wird. Da das Zeichen zum Ausdruck bringt, dass es sich um eine Qualität handelt, die zwischen Menschen schwingt, um eine tiefe menschliche Verbundenheit, erscheint die Übersetzung „Mitmenschlichkeit" am treffendsten.

In den „Gesprächen" wird die Mitmenschlichkeit als „Liebe zu den Menschen" definiert. Mitmenschlichkeit schließt böses oder schlechtes Handeln gegenüber anderen ebenso aus wie Rachegefühle, Prahlerei oder Eroberungssucht. Vielmehr äußert sie sich in Verhaltensweisen wie Höflichkeit oder Verlässlichkeit, aber auch im Bestreben, anderen Menschen bei der Entwicklung ihrer eigenen Tugendhaftigkeit beizustehen. Ein Mensch der Güte oder Mitmenschlichkeit ist nicht auf seinen eigenen Vorteil bedacht. Deshalb zieht er sich zurück, wenn aus einer Situation Nutzen zu ziehen ist, und überlässt diesen anderen. Wenn jedoch eine Schwierigkeit auftritt, ist er der Erste, der sie zu meistern versucht.

Als Grundlage eines mitmenschlichen Verhaltens gilt die Selbstbildung, die Entwicklung der Tugend in einem selbst. Das bedeutet auch, Meister über sich selbst zu werden und die hohen Werte der Tugenden über die eigenen, persönlichen Wünsche zu stellen. Denn nur dann vermag man anderen Menschen mit Güte zu begegnen.

In einer Gemeinschaft mitmenschlich zu handeln, heißt zudem, die Sitten und Riten zu befolgen, damit die vom Himmel vorhergesehene Harmonie und Ordnung gewährleistet werden kann. Ein zentraler Verhaltensgrundsatz in der Lehre von Konfuzius ist die „goldene Regel".

Zigong fragte: „Gibt es ein Wort, das während des gesamten Lebens für das Handeln gilt?" Der Meister entgegnete: „Gegenseitige Rücksichtnahme. Was du dir selbst nicht wünschst, füge auch anderen Menschen nicht zu."

Das chinesische Wort, das Konfuzius als Richtlinie für das Handeln, als die goldene Regel angibt, heißt shu. Es wird auch mit den Begriffen „Einfühlungsvermögen", „gegenseitiges Verstehen", „Gegenseitigkeit" oder „Fairness" wiedergegeben. Das Zeichen für shu ist aus zwei Komponenten zusammengesetzt: dem Zeichen für „Herz" und dem Zeichen für „gleich (sein)". Hieraus wird deutlich, dass dieses Wort sich auf ein Einstimmen auf das Herz des anderen bezieht oder auf einen Gleichklang zweier Herzen. Es hat etwas damit zu tun, sich selber zu verstehen, sich in andere Menschen einfühlen zu können und Rücksicht auf sie zu nehmen. Als Handlungsmaxime ergibt sich daraus, anderen nichts anzutun, was man im Inneren für sich selbst nicht wünscht.

Die Mitmenschlichkeit gilt als der höchste Wert. Und Konfuzius klagte darüber, dass die Menschen sich nicht um sie bemühen, obwohl ein jeder die Fähigkeit dazu hat.

Martina Draga, Sinologin
(Konfuzius, Hugendubel Verlag, München 2001, S. 36–38)

Konfuzius, der Lehrer der 10 000 Generationen

1. Interpretieren Sie den Titel des Bildes.
2. Fassen Sie die wesentlichen Merkmale der konfuzianischen Ethik schriftlich zusammen.
3. Charakterisieren Sie die Tugend der Mitmenschlichkeit. Welche Rolle könnte sie in einem glücklichen Leben spielen?
4. Welche Schwierigkeiten sehen Sie bei der Verwirklichung von Mitmenschlichkeit im Zusammenleben der Menschen?

2.3 Religiöse Ethik

2.3.1 Christliche Ethik: „Wenn es die Zehn Gebote nicht gäbe"

Welche Rolle spielen Gebote im Zusammenleben der Menschen?

> Es gibt ein paar Grundsätze, die finde ich nicht verkehrt. Die würde ich meinen Kindern sicherlich mit auf den Weg geben. Zum Beispiel immer auch einen Blick auf seinen Nächsten zu haben. Heutzutage verhält es sich so, dass jeder auf sein eigenes Wohl bedacht ist, besonders in der Geschäftswelt. Gerade da sollte man ein bisschen mehr Nächstenliebe an den Tag legen.
> *Franziska van Almsick, ehemalige Schwimmweltmeisterin*

> Wenn früher Bettler zu uns kamen, so bekamen sie eine Suppe. Das war bei uns so üblich. Sie bekamen kein Geld, damit sie keinen Schnaps kaufen konnten. Ich fand das manchmal seltsam, weil es arme Leute waren, die sehr schmutzig waren und uns die Bude verdreckt haben. Meine Mutter hat es aber trotzdem gemacht [...] Die Nächstenliebe ist – wie Christen sagen und meine Mutter gesagt hätte – ein Synonym für soziale Gerechtigkeit und für Solidarität in der Gesellschaft.
> *Franz Müntefering, Politiker*

> Es ist wichtig, dass man die Kinder dahingehend unterstützt, eine eigene Meinung zu haben und diese auch zu vertreten. Ganz klassische konservative Werte: Zum Beispiel, dass es nicht cool ist zu lügen, zu betrügen oder zu stehlen. Dass man Menschen gegenüber Respekt hat, egal woher sie sind, welcher Religion sie angehören und aus welcher Schicht sie kommen. Und eben Mut zur eigenen Meinung.
> *Jasmin Tabatabai, deutsche Schauspielerin iranischer Herkunft*

> Die Zehn Gebote [...] sind zum großen Teil Gebote, die dafür da sind, dass man in der Gesellschaft miteinander existieren kann.
> *Hella von Sinnen, Entertainerin*

(Aus: Hanno Gerwin: Was Deutschlands Prominente glauben, Gütersloher Verlagshaus, Gütersloh 2005, S. 21, 149, 225 und 235)

1. Welche Rolle spielen (christliche) Gebote in Ihrem Leben? Haben Sie ähnliche Erfahrungen gemacht wie die oben genannten Autorinnen und Autoren? Formulieren Sie Ihren Standpunkt in einem *Aphorismus und tragen Sie Ihre Gedanken im Kurs vor.

Projektvorschlag: Recherchieren Sie in dem Buch von Hanno Gerwin, wie weitere Prominente zur Religion und den Zehn Geboten stehen. Gestalten Sie dazu eine Wandzeitung.

Die Zehn Gebote – allgemeinmenschliche Handlungsregeln?

> Natürlich weiß ich, dass die Welt nicht der Himmel ist,
> und dass wir Menschen keine Engel sind,
> aber stellen Sie sich doch einmal vor,
> wir hätten die Zehn Gebote nicht gehabt.
>
> *Hans Küng, zeitgenössischer Schweizer Theologe*
> *(„Hamburger Abendblatt" vom 13. 12. 2005)*

2. Die Zehn Gebote sind die ältesten christlichen Normen aus dem Alten Testament der Bibel. Sie wurden nach der Überlieferung Moses, der das Volk Israel bei seiner Flucht aus Ägypten führte, am Berg Sinai übermittelt. Wiederholen Sie anhand des Bildes des jüdisch-russischen Künstlers Marc Chagall, was Sie aus früheren Schuljahren über die Flucht der Juden aus Ägypten und den Bund zwischen Moses und Gott noch wissen.

Der „Ich-bin-da", der das Gesetz verkündet

In dem folgenden Textauszug aus dem Buch „Theos Reise" der französischen Religionswissenschaftlerin und Schriftstellerin Catherine Clément trifft der Jugendliche Theo in Jerusalem einen Rabbiner, mit dem er über die Bedeutung der Zehn Gebote diskutiert.

Marc Chagall, Mose mit den Gesetzestafeln

„Wie gesagt, haben wir uns bereits vor den Christen und Muslimen zu dem einen, einzigen Gott bekannt", fuhr der Rabbiner fort. „Er ist der Ewige, der war, ist und sein wird. Sein Name bedeutet: Ich bin da als der ‚Ich-bin-da'."

„Der ‚Ich-bin-da', komischer Name für einen Gott!", wunderte sich Theo.

„Dieser rätselhafte Name wurde in der jüdischen Tradition verschieden erklärt. Uns war immer wichtig, dass Gott eine Beziehung zu uns hat. Gott war für uns da, er ist für uns da und wird auch in „Zukunft für uns da sein."

„Aber wie können Sie behaupten, dass Gott für euch da ist, wenn es euch doch so oft schlecht ergangen ist?", fragte Theo. „Jüdische Gelehrte haben auch die Auffassung vertreten, dass Gott unbegreiflich und unerkennbar ist. Wir glauben aber, dass Gott nicht fern im Himmel thront, sondern uns auch im Leiden nahe ist. Gott geht mit uns sogar ins Exil. Er ist der, der da ist!"

„Vorausgesetzt, man glaubt an ihn!", begehrte Theo auf.

„Auch wenn du nicht an ihn glaubst, ist er da", erwiderte der Rabbiner. „Aber es wird dir schwer fallen, zu leben. Woran kannst du dich festhalten? An deinen Eltern? Sie werden eines Tages sterben. An deinem Land? Es kann ausgelöscht werden. Also an dir selbst?! Aber du veränderst dich. Wer sagt dir, was verboten ist? Wahrscheinlich bildest du dir ein, du würdest nicht töten, weil es schlecht ist und weil du ein gutes Herz hast. Irrtum! Du wirst nicht töten, weil dieses das sechste der Zehn Gebote des Ewigen ist. Du wirst nicht töten, weil das Judentum der Welt die moralischen Gesetze für das Miteinanderleben weitergegeben hat. Und genauso verhält es sich mit den neun anderen, die zusammen die Zehn Gebote bilden, das Herz des Judentums."

„Ich glaube, ich hätte das Verbot zu töten an erste Stelle gesetzt", murmelte Theo. „Welche Gebote kommen davor?"

„Das erste Gebot besagt, dass man keinen anderen Gott als den Ewigen lieben soll. Das zweite, dass man sich kein Gottesbild und keine Darstellung von ihm machen soll. Deshalb stellen wir den Ewigen nicht bildlich dar, denn jedes Bild wäre in Hinblick auf den ‚Ich-bin-da' falsch."

„Aber es gibt doch Bildnisse von Jesus!"

„Ich erinnere dich daran, dass Jesus für uns nicht Gott ist", sagte Rabbi Elieser. „Die Tatsache, dass er dargestellt wird, ist ein Beweis dafür, falls einer nötig war. Ein Bildnis Gottes! Na, hör mal! Man darf nicht einmal den Namen des Ewigen aussprechen. Das dritte Gebot verlangt, den Namen des Herrn nicht zu missbrauchen. Dabei hat man vor allem an Zauber und Meineid gedacht. Das vierte Gebot ist sehr wichtig, Theo: *Gedenke des Sabbats, halte ihn heilig! Sechs Tage darfst du arbeiten, aber der siebte Tag ist ein Ruhetag, dem Herrn, deinem Gott geweiht.* Ich gehe nicht so weit wie die, die das Autofahren am Samstag verbieten wollen, aber ich kenne den Sinn des siebten Tages."

„Ich auch. Man soll faulenzen!"

„Nein, mein Junge", widersprach der Rabbiner sanft. „Der siebte Tag ist der Tag der Ruhe. Er ist Gott geweiht. Du hältst endlich inne. Du tust nichts. Erst danach kannst du wieder arbeiten. Denn ist das ein Leben, wenn du die ganze Zeit arbeitest? Der siebte Tag ist nicht nur der Tag der Ruhe, er ist das Fest der Stille. Des Austauschs zwischen der Welt und dir. Eine notwendige Leere."

„Also so etwas wie der Schlaf?"

„Ein sehr wacher Schlaf! Während des Sabbats wachen die Juden nämlich. Statt von Schlaf würde ich eher von Ferien sprechen. Der siebte Tag ist der dem Ewigen vorbehaltene Ferientag. Ein gesegneter Augenblick."

„Das mit den Ferien gefällt mir. Und das fünfte Gebot?"

„Das wird dir auch gefallen", antwortete der Rabbi. *Ehre deinen Vater und deine Mutter, damit du lange lebst in dem Land, das der Herr, dein Gott, dir gibt.* Deine Zukunft hängt davon ab. Seine Eltern ehren heißt, sie achten, sie nicht kritisieren, das Andenken an sie bewahren und deinen eigenen Kindern die Zukunft öffnen."

„Wenn man nur seine Eltern zu ehren braucht, um lange zu leben, besteht für mich keine Gefahr", seufzte Theo. „Aber die Ärzte scheinen nicht dieser Meinung zu sein."

„Die Ärzte kennen die Pläne des Ewigen nicht!", entgegnete der Rabbiner mit Nachdruck. „Er allein gebietet. Und er gebietet gut. Er kann beschließen, dich zu heilen."

„Ich nehme Sie beim Wort", sagte Theo.
„Ich werde ihn bitten. Nach der Ehrung der Eltern kommt dann das sechste Gebot: *Du sollst nicht morden.* Wenn du nämlich die Offenbarung des Ewigen nicht annimmst, wenn du die Ferien des ‚Ich-bin-da' nicht achtest, wenn du deine Eltern nicht ehrst, wirst du nicht in der Lage sein, zu verstehen, warum man nicht töten soll. Du bist nicht der Ewige. Kein Leben gehört dir."

„Das stimmt", murmelte Theo verblüfft. „So hab ich das noch gar nicht gesehen."

„Die vier anderen Gebote verbieten, die Ehe zu brechen, zu stehlen, falsches Zeugnis abzulegen und etwas zu begehren, was einem andern gehört. Du musst verstehen, dass der Ewige mit der Achtung vor den Eltern auch deine Beziehungen zu deinem Nächsten vorschreibt. Du darfst ihm nicht schaden. Du darfst nichts Unrechtes in die Wahrheit des Seins hineinbringen, weder den Betrug des Ehebruchs noch den Diebstahl, noch die Lüge, noch den Neid. Deshalb haben auch wir Juden zur moralischen Aufrüstung der Menschheit beigetragen. Das ist so wahr, dass unsere Rabbiner behaupten, die Zehn Gebote wären, nachdem sie verkündet wurden, gleichzeitig in siebzig Sprachen übersetzt worden, um von der ganzen Welt verstanden zu werden."

(Catherine Clément: Theos Reise, Übersetzt von Ulli Aumiller und Tobias Scheffel, Hanser Verlag, München 1998, S. 57–60)

1. Stellen Sie sich vor, Sie wären Theo und träfen den Rabbi in Jerusalem. Welche Fragen über die Zehn Gebote würden Sie ihm stellen? Formulieren Sie schriftlich mindestens fünf Fragen und versuchen Sie diese in kleinen Gruppen selbst zu beantworten.
2. Warum haben die Zehn Gebote seit über 2000 Jahren eine große Bedeutung für das Handeln der Menschen, nicht nur für die Christen? Berücksichtigen Sie in Ihren Überlegungen auch die Gedanken von Hans Küng.

Wie sähe die Welt ohne die Zehn Gebote aus?

3. Interpretieren Sie das Bild „Vision". Welche religiösen Symbole verwendet der Künstler?
4. Legen Sie sich ein *philosophisches Tagebuch an. Suchen Sie sich eines der zehn Gebote aus und überlegen Sie sich die negativen Konsequenzen: Wie sähe die Welt aus ohne die Verpflichtung zur Wahrheit, zur Achtung des Eigentums und des Lebens anderer Menschen. Schreiben Sie zu Ihrem ausgewählten Gebot einen Essay oder ein Gedicht und sammeln Sie Zitate aus der Philosophie, der Kunst und der Theologie.

Mikalojus Ciurlionis: Vision (Ausschnitt)

Wir geben Ihnen im Folgenden zwei Beispiele für negative Konsequenzen der Nichteinhaltung dieser Gebote.

Die Dominanz der Lüge

Die Lüge freut sich nicht am Wahren. Was nicht ist und nicht sein kann, das macht sie wichtig, und das tut sie mit einem übertriebenen und nicht zu rechtfertigenden Vergnügen. Keinem glaubt sie die Wahrheit; sie schwätzt vielmehr in verfremdeter Lüge, die keiner durchschauen kann. Und dies versucht sie zu tun gegen Gott und seine Heiligen, in denen Gott doch so große Wunder wirkt. Diese Lüge ist das Laster der Unmenschlichkeit. Wenn nämlich ein Mensch in seinem fleischlichen Verlangen sündigt, so ist das menschlich. Wer aber der Lüge folgt, der verlässt den Bereich der Menschlichkeit. Die Lügner verwickeln sich derart in ihr Lügengespinst, wie eine Unke sich in ihre Höhle verkriecht. Daher werden sie von der Glückseligkeit und dem Leben in Freude, das innerhalb der Tore der Töchter Zions herrscht, abgelenkt; sie folgen den Werken des Teufels und widersetzen sich der Lehre des Heiligen Geistes. Die Lügner machen sich in der Aufbauschung ihres Betrugs gleichsam zu Bergen auf dieser Welt, und sie wollen auf diese Weise mit den Weisen und den Reichen der Welt regieren, obgleich sie nur zum Nichts bestimmt sind. Denn Gott ist in allen Dingen und über alle Dinge, und Er wägt in Seinem ausgewogenen Richterspruch alle gerechten und ungerechten Dinge aus, und einem jeden wird Er nach dem Maß und der Art seines Tuns den Lohn auszahlen.

Dies alles ist gesagt über die zu reinigenden und zu rettenden Seelen der Büßer, und es ist die Wahrheit. Der gläubige Mensch achte darauf, und er halte es fest im Gedächtnis seines guten Gewissens.

Hildegard von Bingen, deutsche Theologin und Philosophin (Das Buch der Lebensverdienste, Übersetzt von Heinrich Schipperges, Otto Müller Verlag, Salzburg 1972, 3. Auflage, S. 125 f.)

1. Warum ist die Lüge das Laster der Unmenschlichkeit. Berücksichtigen Sie bei der Diskussion auch die deontologische Position Immanuel Kants (siehe Seiten 51–54 in diesem Buch).

Die Dominanz des Tötens

Dieses Gemälde mit dem Titel „Der Koloss" stammt von dem spanischen Maler Francisco de Goya (1746–1828) und wurde um 1810 gemalt. Es ist eines der rätselhaftesten und bewegendsten Bilder Goyas. Der Künstler hat den Torso als Allegorie für Krieg und Gewalt gewählt.

2. Beschreiben Sie das Bild und achten Sie auf die Zweiteilung der Komposition.
3. Gestalten Sie zu dem Bild einen *Miniaturtext und vergleichen Sie Ihre Ideen in der Klasse.

Francisco de Goya: Der Koloss (um 1810)

2.3.2 Buddhistische Ethik: Mit-Leiden mit anderen

Die drei Fragen

Einst weilte der Buddha bei Nālandā in dem Pāvārika-Mangohain. Asibandhakas Sohn, der Dorfvorsteher, begab sich zu ihm: „Drei Fragen beantworte mir, und ich will glauben, dass du wirklich der Erhabene bist, und dir folgen." „Frage!"
„Ein Bauer hat drei Felder, ein vorzügliches, ein mittelgutes und ein minderwertiges, steiniges und versalzenes. Wenn nun dieser Bauer aussäen will, was glaubst du, wohin würde er den Samen streuen, auf das vorzügliche Feld, auf das mittlere oder auf das hundsmiserable?"
Der Buddha dachte eine Weile nach und sagte dann: „Jener Landmann, der seine Körner aussäen wollte, würde sie dort ausstreuen, wo das besonders gute Feld liegt. Wenn er dann Samen übrig hat, wird er ihn auf den Acker von mittlerer Güte ausbringen. Und dann erst würde er den geringwerten Acker bestreuen. Vielleicht wächst ja Futter für die Kühe darauf."

„Weise hast du gesprochen, erhabener Gotama. Nun achte auf meine zweite Frage. Angenommen, ein Mann besitzt drei Wassergefäße, eines, das heil ist, ein anderes, das ein wenig undicht ist, und ein drittes, das zu Scherben zerbrochen ist. Was denkst du nun, o Herr, wenn jener Mann Wasser aufbewahren wollte, wo gösse er dies hinein? In den Wasserkrug, der heil ist, in das Wassergefäß, das etwas schadhaft ist, oder in den Wasserbehälter, der völlig zerdeppert ist?"
Der Buddha dachte lange nach, nachdem er sich den Fall noch einmal gründlich hatte schildern lassen, und antwortete dann: „Jener Mann, der Wasser aufbewahren wollte, würde es dem Krug anvertrauen, der heil ist. Hat er dieses vollgeschenkt, so gösse er das Wasser in jenes Gefäß, das unzerbrochen, aber ein wenig beschädigt ist. Dann erst wird er Wasser in den zerbrochenen Behälter gießen, oder auch nicht." „Trefflich hast du geantwortet, erhabener Gotama. Beantworte nun auch meine dritte Frage! Ein Fragesteller hat drei Fragen, die selbst ein Kind sofort beantworten kann. Die erste Frage ist überflüssig, die zweite ebenso, und die dritte auch. Warum antwortest du dennoch darauf?"
Da fiel der Buddha in ein langes Sinnen, so dass endlich des Asibandhakas Sohn, der Dorfvorsteher, fortging, und deshalb blieb er bis heute unerleuchtet.

(Aus: Peter Köhler (Hg.): Geh mir aus der Sonne, Anekdoten über Philosophen und andere Denker, Reclam, Stuttgart 2001, S. 58–60)

Der Weg in der Mitte

Buddha (ca. 560–480) stammt aus dem Adelsgeschlecht der Sakya. Sie regierten mit anderen Geschlechtern einen kleinen Staat in Kapilavastu, nahe dem mächtigen Kosalareich. Die Landschaft liegt unter den Schneebergen des Himalaya, die dort das ganze Jahr von ferne leuchten. Der Knabe und Jüngling Gautama lebte das Glück des reichen irdischen Daseins dieser adligen Welt. Der frühen Ehe entspross sein Sohn Rahula.

Dies Glück wurde erschüttert, als Gautama sich des Grundtatbestandes des Daseins bewusst wurde. Er sieht das Alter, die Krankheit, den Tod. Abscheu und Ekel gegen das hässliche Unheil des Leibes, sagt er sich, kommt mir nicht zu, denn auch ich werde altern, werde krank werden, werde sterben. „Indem ich also bei mir dachte, ging mir aller Lebensmut unter." Folge war sein Entschluss (der in Indien überlieferte Formen vorfand), Haus, Heimat, Familie und Glück zu verlassen, um durch Askese das Heil zu finden. Er war neunundzwanzig Jahre alt. Ein Bericht lautet: „Der Asket Gautama ist in jungen Jahren in blühender Jugendkraft, in der ersten Frische des Lebens von der Heimat in die Heimatlosigkeit gegangen. Der Asket Gautama hat, ob seine Eltern es gleich nicht wollten, ob sie gleich Tränen vergossen und weinten, sich Haare und Bart scheren lassen, gelbe Gewänder angetan."

Die Geburt und die ersten sieben Schritte des Buddha

Durch Lehrer in den asketischen Übungen, dem Yoga, unterrichtet, übte er viele Jahre die Kasteiung in den Wäldern. „Wenn ich einen Rinderhirten sah oder einen, der Holz holte, dann stürzte ich von Wald zu Wald, von Tal zu Tal, von Höhe zu Höhe. Und warum? Damit sie mich nicht sähen und damit ich sie nicht sähe." In der Einsamkeit wird die Meditation vollzogen: „Wahrlich, dies ist ein lieblicher Fleck Erde, ein schöner Wald; klar fließt der Fluss, mit schönen Badeplätzen; ringsum liegen Dörfer. Hier ist gut sein für einen Edlen, der nach dem Heile strebt." An solchen Plätzen sitzt Gautama, auf den Augenblick der Erkenntnis wartend, „die Zunge gegen den Gaumen gedrückt", mit Gewalt die Gedanken „festhaltend, festpressend, festquälend".

Aber vergeblich. Die Kasteiungen führten nicht zur Erleuchtung. Gautama durchschaute vielmehr, dass das Wahre im Asketischen, das nur asketisch ist, verschleiert bleibe, der leere Zwang wirkungslos sei. Da tat er das für diesen indischen Glauben Ungeheuerliche: er nahm reichlich Nahrung zu sich, um seine Kraft wiederzugewinnen. Die befreundeten Asketen verließen den Abtrünnigen. Er war allein. Die Meditation übte er ohne Askese in ihrer Reinheit.

Eines Nachts unter einem Feigenbaum kam ihm in der Meditation die Erleuchtung. Dieser Durchbruch ließ, mit einem Male und ganz, im geistigen Schauen den Weltzusammenhang ihm klar vor Augen treten: was ist, warum es ist, wie die Wesen verschlungen sind in den blinden Lebensdurst auf den Irrwegen der Seele in immer neuen Wiedergeburten der endlosen Seelenwanderung, – was das Leiden ist, woher es kommt, wie es aufgehoben werden kann.

Diese Erkenntnis wird als Lehre ausgesprochen: Weder das Leben in Lust und Genuss der Welt, noch das Leben in der selbstquälerischen Askese ist das rechte. Jenes ist unedel, dieses leidensreich, beide führen nicht zum Ziele. Der von Buddha entdeckte Weg liegt in der Mitte. Er ist der Heilspfad. Dieser geht aus von dem sich selbst noch nicht durchsichtigen

Glauben, dass alles Dasein Leiden sei, und dass es auf die Befreiung vom Leiden ankomme. Er führt über den Entschluss eines in Wort und Tat rechten Lebens zur Versenkung in den Stufen der Meditation und auf Grund dieser zur Erkenntnis dessen, was im Glauben des Anfangs schon bewegte: der Wahrheit vom Leiden. Der beschrittene Weg wird selber also erst am Ende durch die Erkenntnis hell erfasst. Der Kreis schließt sich, die Vollendung ist erreicht. Diese Erkenntnis ist der Schritt aus dem endlosen Werden und Vergehen hinüber in das Ewige, aus dem Weltdasein in das Nirvana.

Karl Jaspers, deutscher Philosoph
(Die großen Philosophen, Piper Verlag, München, 6. Auflage, München 1997, S. 128 f.)

1. Wiederholen Sie, was Sie aus den Jahrgangsstufen 9/10 über den achtfachen Heilspfad des Buddha wissen.
2. Warum ist weder ein Leben im Überfluss noch ein Leben in Askese ein sinnvolles Leben? Suchen Sie weitere Argumente dafür.
3. Was verbinden Sie mit dem Begriff Nirwana? Fertigen Sie ein Begriffsnetz dazu an.

Ratschläge des Buddha

Du musst Geduld haben mit dir selber
So wie Kinder Geduld brauchen.
Wenn das Leben von außen her schwer wird, dann müssen wir einander besonders wohlgesinnt sein.
Unsere Leiden und Wunden werden nur dann geheilt,
wenn wir sie voll Mitgefühl berühren.
Tue alles, was du tust, mit Augenmaß.
Übertreibe auch deine Askese nicht.

Der Reiche denkt Tag und Nacht an sein Gold und seinen Besitz.
Er hat Sorge, dass er bestohlen und beraubt wird.
So hat er keine ruhige Stunde, ständig lebt er in Angst.
Doch der weise Mensch kann seinen Besitz loslassen, er hängt nicht an den Dingen.
Denn er weiß um die Vergänglichkeit
Und die Wandlungen des Lebens.

Kein Feuer brennt so stark,
wie unsere Gier nach Besitz und Lust.
Kein Brand ist so verheerend,
wie der Hass sich unter den Menschen ausbreitet und unzählige Opfer fordert.
Karma bedeutet, dass alles in unserem Leben Folgen hat.
Mit keiner bösen Tat kommen wir ungestraft davon.
Jede gute Tat aber erzeugt Glück und Gnade.

Man soll nicht nur die eigene Religion ehren und die anderen Religionen verdammen.
Man soll auch die Religion der anderen ehren.
Das trägt zum Wachsen der eigenen Religion bei und leistet den anderen Religionen Dienste.

(Aus: Eva Maria Kulmer (Hg.): Lebensweisheit des Buddha, Styria Verlag, Wien und Köln 1999, S. 15, 55, 67 und 71)

4. Formulieren Sie schriftlich für die vier Ratschläge des Buddha jeweils eine Überschrift und vergleichen Sie Ihre Ideen im Kurs.
5. Welches Bild vom Menschen kommt in Buddhas Gedanken zum Ausdruck?
6. Warum trägt die Ehre für andere Religionen zum Wachsen der eigenen Religion bei?

Die Gesten des Buddha

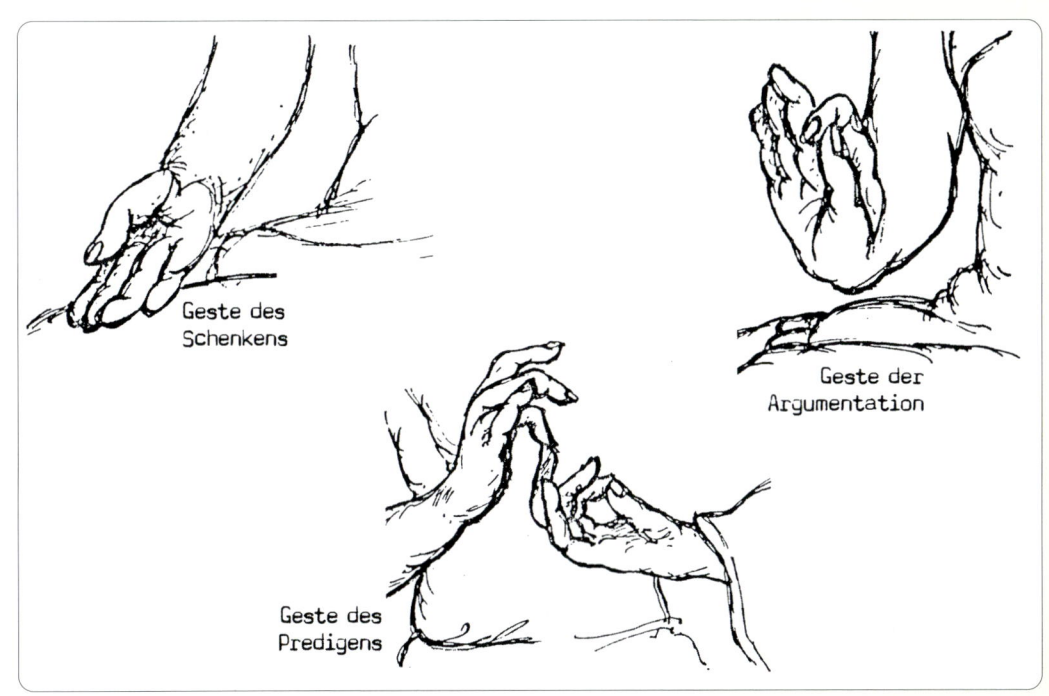

Geste des Schenkens

Geste der Argumentation

Geste des Predigens

Welche ethischen Tätigkeiten werden durch diese Gesten zum Ausdruck gebracht?

Ein Gefühl der Nähe zu anderen Lebewesen

Wie wir weiter oben festgestellt haben, heben alle bedeutenden Religionen die Wichtigkeit der Entwicklung von Liebe und Mitgefühl hervor. In der philosophischen Tradition des Buddhismus werden diesbezüglich verschiedene Verwirklichungsstufen beschrieben. Auf der ersten Stufe wird unter Mitgefühl (nying je) weitgehend das Einfühlungsvermögen verstanden, also die Fähigkeit, sich in andere hineinzuversetzen und ihr Leid bis zu einem gewissen Grad zu teilen. Doch Buddhisten – und vielleicht auch andere Menschen – glauben, dass sich diese Fähigkeit so weit fortentwickeln lässt, dass unser Mitgefühl nicht nur ohne jeden Aufwand wie von selbst in Erscheinung treten kann, sondern dass es zugleich bedingungslos ist, keine Unterschiede macht und allumfassend ist. Ein Gefühl der Nähe zu allen anderen Lebewesen entsteht – selbstverständlich einschließlich jener, die uns weh tun –, ein Wesenszug, der in der entsprechenden Literatur mit der Liebe einer Mutter zu ihrem einzigen Kind verglichen wird.

Doch diese Gelassenheit, die man anderen gegenüber empfindet, wird nicht als das Ende der Entwicklung betrachtet, sondern eher als Sprungbrett zu einer noch größeren Liebe. Da uns das Einfühlungsvermögen genauso wie die Urteilsfähigkeit angeboren ist, verfügt das Mitgefühl über dieselben Eigenschaften wie das Bewusstsein selbst. Deshalb sind wir in der Lage, das Mitgefühl konstant und dauerhaft zu entwickeln. Es handelt sich bei ihm nicht um so etwas wie einen Bodenschatz, der verbraucht werden kann. Und obwohl wir von ihm wie von einer Aktivität sprechen, ist es dennoch nicht einer körperlichen Tätigkeit gleichzusetzen, die wir trainieren können, wie zum Beispiel den Hochsprung, der jedoch bei einer festgelegten Höhe endet. Ganz im Gegenteil:

Wenn wir unsere Empfänglichkeit für das Leid anderer steigern, indem wir ihm uns bewusst öffnen, dann – so die Annahme – können wir unser Mitgefühl allmählich bis zu einer Stufe steigern, auf der uns selbst das geringste Leid anderer derart bewegt, dass wir ein alles übersteigendes Verantwortungsgefühl ihnen gegenüber empfinden. Das veranlasst einen mitfühlenden Menschen, sich ganz und gar dem anderen zu widmen, indem er ihm dabei hilft, sowohl das Leid als auch die Ursache dieses Leids zu überwinden. Im Tibetischen wird diese höchste Stufe nyingje chenmo genannt: das Große Mitgefühl.

Diese Stufe muss man aber nicht erreichen, um ein ethisch stimmiges Leben führen zu können. Ich habe nyingje chenmo hier nicht beschrieben, weil es eine Voraussetzung für ethisches Verhalten ist, sondern weil ich glaube, dass es höchst anspornend sein kann, wenn man die Logik des Mitgefühls bis zum Äußersten durchdenkt.

Ich stelle allerdings fest, dass offenbar viele Menschen die Auffassung teilen, Mitgefühl sei im Berufsleben wenn schon kein Hindernis, so doch zumindest unangebracht. Dem halte ich entgegen, dass es meiner Meinung nach nicht nur angebracht ist, sondern dass unser Handeln destruktiv zu werden droht, wenn das Mitgefühl fehlt. Das liegt daran, dass wir unvermeidlich andere verletzen, wenn wir nicht mehr bedenken, welche Auswirkungen unser Tun auf ihr Wohlergehen hat. Die Ethik des Mitgefühls kann einen Beitrag zum notwendigen Fundament und zur Motivation leisten, damit sowohl Selbstbeschränkung als auch Tugend entwickelt werden können. Von dem Augenblick an, in dem wir uns des Werts des Mitgefühls wahrhaftig bewusst werden, beginnt sich unser Blick auf andere wie von selbst zu verändern.

Der XIV. Dalai Lama, religiöses Oberhaupt der Tibeter (Das Buch der Menschlichkeit, Übersetzt von Arnd Rösling, Lübbe Verlag, Bergisch Gladbach 1999, S.137 f. und 142)

1. Wiederholen Sie in einem Kurzreferat, was Sie aus den Jahrgangsstufen 9/10 über den tibetischen Buddhismus, die politische Situation in Tibet und den Dalai Lama wissen.
2. Charakterisieren Sie die beiden Stufen des Mitgefühls.
3. Gibt es Gemeinsamkeiten zwischen der buddhistischen Auffassung vom Mitfühlen und den Mitleids-Konzeptionen Arthur Schopenhauer und Ursula Wolf (siehe Seiten 67–71 in diesem Buch)?
4. Wie beurteilen Sie die praktische Realisierbarkeit der ethischen Position des Dalai Lama? Gehen Sie bei Ihrer Diskussion verstärkt auf die letzte Passage des Textes ein.

2.3.3 Taoistische Ethik: Eins sein mit der Natur

Öko-Gewissen auf Zeit?

Ein Jahr lang hat der heute 31-jährige „Guardian"-Journalist Leo Hickman versucht, mit seiner Frau Jane und seiner neugeborenen Tochter Esme ethisch und ökologisch korrekt zu leben. Das Tückische an dem Selbstversuch: Er sollte nicht etwa auf einer einsamen Insel fern aller Versuchungen stattfinden, sondern mitten in Hickmans komfortablem Londoner Reihenhausleben, zwischen Baby, Hypothek und Fußballgucken. Leo Hickman wollte herausfinden, ob es so etwas wie einen umweltfreundlichen Großstadtalltag gibt.

Das Streben nach dem reinen Gewissen bescherte ihm ein hartes Jahr: Hickman wusch die Windeln seiner Tochter aus, putzte seine Toilette mit einer Waschsoda und legte sich Fair-Trade-Klamotten zu. Er überwies sein Geld auf eine Ökobank und hielt Würmer als Recycling-Assistenten. Am schwersten fiel ihm der „ethische" Urlaub: Statt wie sonst nach Indien oder Australien zu fliegen, fuhr er – samt Baby – mit dem Zug zum Wandern nach Italien.
„Ich hatte vor dem Experiment eigentlich nie etwas mit Umweltthemen zu tun", erzählt Hickman, „ich habe einen Abschluss in Kunstgeschichte." Er monierte nur irgendwann in der Redaktion, dass die vielen Geschichten über schmelzende Polarkappen und vergiftete Äcker wirkungslos blieben, weil sie niemand mit seinem persönlichen Lebensstil in Verbindung brachte. Daraufhin schlug ihm sein Chef vor, doch einmal zu testen, was er in seinem eigenen Haushalt realistischerweise verändern könne – und darüber zu schreiben.

Elisalex Clarly, deutsche Journalistin
(„Die Welt" vom 24. 8. 2006)

1. Hätten Sie ein Jahr lang dieses Experiment mitgemacht? Warum? Warum nicht?
2. Halten Sie das Experiment für sinnvoll, einen rechten Weg im Umgang mit der Natur zu finden? Begründen Sie Ihren Standpunkt.

Wie das Tao-Te King entstand

Lao-Tse (ca. 570–490 v. Chr.) gehört neben Konfuzius (siehe Seiten 73–76 in diesem Buch) zu den Begründern der chinesischen Philosophie. Über sein Leben ist wenig bekannt. Er soll als Wanderphilosoph durch China gezogen sein. Auf der Flucht nach Westen soll er das Buch „Tao te king" geschrieben haben, das die wichtigsten Auffassungen des Taoismus enthält und aus ca. 5 000 Wörtern besteht. Der Schriftsteller, Dramatiker und Regisseur Bertolt Brecht (1898–1956) hat diese Legende in einem Gedicht neu gestaltet.

Das chinesische Wort „Tao" bedeutet so viel wie Ordnung im Weltall, Weltvernunft oder rechter Weg, vergleichbar dem griechischen Wort *logos* bei Heraklit (ca. 536–470 v. Chr.) und Parmenides (ca. 540–48 v. Chr.).

Bildnis des Laozi, in Stein gehauen

Legende von der Entstehung des Buches Taoteking auf dem Weg des Laotse in die Emigration

1
Als er Siebzig war und war gebrechlich
Drängte es den Lehrer doch nach Ruh
Denn die Güte war im Lande wieder einmal schwächlich
  Und die Bosheit nahm an Kräften wieder einmal zu.
  Und er gürtete den Schuh.

2
Und er packte ein, was er so brauchte:
Wenig. Doch es wurde dies und das.
So die Pfeife, die er immer abends rauchte
Und das Büchlein, das er immer las.
Weißbrot nach dem Augenmaß.

3
Freute sich des Tals noch einmal und vergaß es
Als er ins Gebirg den Weg einschlug.
Und sein Ochse freute sich des frischen Grases
Kauend, während er den Alten trug.
Denn dem ging es schnell genug.

4
Doch am vierten Tag im Felsgesteine
Hat ein Zöllner ihm den Weg verwehrt:
„Kostbarkeiten zu verzollen?" – „Keine."
Und der Knabe, der den Ochsen führte, sprach:
„Er hat gelehrt."
Und so war auch das erklärt.

5
Doch der Mann in einer heitren Regung
Fragte noch: „Hat er was rausgekriegt?"
Sprach der Knabe: „Dass das weiche Wasser in Bewegung
  Mit der Zeit den mächtigen Stein besiegt.
Du verstehst, das Harte unterliegt."

6
Dass er nicht das letzte Tageslicht verlöre
Trieb der Knabe nun den Ochsen an
Und die drei verschwanden schon um eine schwarze Föhre
  Da kam plötzlich Fahrt in unsern Mann
Und er schrie: „He, du! Halt an!

7
Was ist das mit diesem Wasser, Alter?"
Hielt der Alte: „Interessiert es dich?"
Sprach der Mann: „Ich bin nur Zollverwalter

Lao zieht über die Grenze

Doch wer wen besiegt, das interessiert auch mich.
Wenn du's weißt, dann sprich!

8
Schreib mir's auf! Diktier es diesem Kinde!
So was nimmt man doch nicht mit sich fort.
Da gibt's doch Papier bei uns und Tinte
Und ein Nachtmahl gibt es auch: Ich wohne dort.
  Nun, ist das ein Wort?"

9
Über seine Schulter sah der Alte
Auf den Mann: Flickjoppe. Keine Schuh.
Und die Stirne eine einzige Falte.
Ach, kein Sieger trat da auf ihn zu.
Und er murmelte: „Auch du?"

10
Eine höfliche Bitte abzuschlagen
War der Alte, wie es schien, zu alt.
Denn er sagte laut: „Die etwas fragen
Die verdienen Antwort."
Sprach der Knabe: „Es wird auch schon kalt."
„Gut, ein kleiner Aufenthalt."

11
Und von seinem Ochsen stieg der Weise.
Sieben Tage schrieben sie zu zweit.
Und der Zöllner brachte Essen (und er fluchte nur noch leise
Mit den Schmugglern in der ganzen Zeit).
Und dann war's soweit.

12	13
Und dem Zöllner händigte der Knabe	Aber rühmen wir nicht nur den Weisen
Eines Morgens einundachtzig Sprüche ein.	Dessen Name auf dem Buche prangt!
Und mit Dank für eine kleine Reisegabe	Denn man muss dem Weisen seine Weisheit erst
Bogen sie um jene Föhre ins Gestein.	entreißen.
Sagt jetzt: kann man höflicher sein?	Darum sei der Zöllner auch bedankt:
	Er hat sie ihm abverlangt.

Bertolt Brecht (Die Gedichte in einem Band, Suhrkamp, Frankfurt a. M. 1997, S. 660–663)

Wie charakterisiert Brecht das Verhältnis des Philosophen Lao Tse zu Angehörigen des Volkes?

Der rechte Weg

Der Weg gibt den zehntausend Dingen Leben;
die Tugend ernährt sie;
die Umgebung gestaltet sie;
die Umstände bringen sie zur Reife.
Deshalb verehren all die zehntausend
Dinge den Weg und preisen die Tugend.
Doch der Weg und die Tugend werden
verehrt, nicht weil irgendjemand es
gebietet, sondern weil es sich von selbst ergibt.
Darum gibt der Weg ihnen Leben
und ernährt sie;
Er leitet und pflegt sie,
macht sie reif und vollendet sie,
erhält und beschützt sie.
Er gibt ihnen Leben,
doch er erhebt keinen Anspruch auf Besitz;
er hilft ihnen,
doch er verlangt keinen Dank;
er ist der Meister,
doch er übt keine Macht aus.
Dies nennt man die ursprüngliche Tugend.

Wer andere kennt, ist klug;
Wer sich selbst kennt, ist erleuchtet.
Wer andere überwindet hat Kraft;
Wer sich selbst überwindet, ist stark.
Wer weiß, dass er genug hat, ist reich.
Wer nicht aufgibt, zeigt Willensstärke.
Kannst du die Gegensätze in dir
vereinigen und die Einheit umfangen
ohne loszulassen?
Kannst du dich auf deinen Atem konzentrieren
Und zart bleiben wie ein Säugling?

Chinesische Landschaft

Kannst du den dunklen Spiegel in dir reinigen
und ihn makellos erhalten?
Kannst du die Menschen lieben
und den Staat regieren
und beim Nicht-Tun bleiben?

Ich tue mein Äußerstes, um leer zu werden
und versenke mich tief in die Stille.
Die zehntausend Dinge kommen und gehen,
wenn dein Selbst darauf achtet.
Sie wachsen und blühen
und kehren zu ihrem Ursprung zurück.
Zum Ursprung zurückkehren heißt
in die Stille gehen.
In die Stille gehen heißt:
zu seiner Bestimmung zurückzukehren.
Zu seiner Bestimmung zurückzukehren
heißt: das Ewige erkennen.
Das Ewige erkennen heißt: erleuchtet sein.

Lao-Tse

(Tao-Te-King, Übersetzt von Hans Knospe und Odette Brändli, Diogenes Verlag, Zürich 1996, S. 10, 16, 33 und 51)

1. Erstellen Sie ein Begriffsnetz zum Begriff Tao und vergleichen Sie das Tao mit dem griechischen Logos von Heraklit und anderen vorsokratischen Philosophen.
2. Ist der britische Journalist mit seinem Öko-Experiment zu seiner Bestimmung zurückgekehrt? Begründen Sie Ihre Entscheidung.
3. Was verbinden Sie mit Ausdrücken wie „zum Ursprung zurückkehren" oder „in die Stille gehen"?
4. Machen Sie ein Selbst-Experiment: Setzen Sie sich im Schneidersitz in die freie Natur und „gehen Sie in die Stille". Schreiben Sie anschließend einen *Haiku über ihr Erleben.

Die ethischen Konsequenzen des Tao

Der Arzt und Philosoph Albert Schweitzer (1875–1965), der den größten Teil seines Lebens in Afrika verbrachte und eine Ethik der Achtung aller Lebewesen entwickelte, hat sich auch ausführlich mit der chinesischen Philosophie beschäftigt, insbesondere mit dem Taoismus.

Dadurch, dass die taoistischen Denker durch die Vorstellung des Tao und durch die Notwendigkeit, die Idee der Nicht-Tätigkeit und die des Wirkens miteinander in Einklang zu bringen, dazu geführt werden, sich mit dem Geheimnis des Naturgeschehens zu beschäftigen, geht ihnen der tiefe Unterschied zwischen Geschehen und Tun auf. Auf Grund dessen empfinden sie es als ein Problem, in welcher Weise das menschliche Tun dem Weltgeschehen zugehört, und [sie] stellen Überlegungen an, wie es beschaffen sein muss, um als ein mit der Art des Weltgeschehens in Übereinstimmung befindliches Wirken gelten zu können.

Was unter dem Wirken in Nicht-Tätigkeit zu verstehen und wie es durchzuführen ist, führen sie mehr nach der negativen als nach der positiven Seite aus. Begreiflich und durchführbar an diesem Ideal ist in erster Linie die

Nicht-Tätigkeit, insoweit als sie dem Menschen überhaupt möglich ist.

In positiver Hinsicht verstehen die taoistischen Denker unter dem Wirken in Nicht-Tätigkeit das, was der Mensch in der geistigen Kraft vollbringt, die, wenn er sich nicht in einem auf die Welt gerichteten Tun verliert, sondern tiefste Gesammeltheit, Innerlichkeit und Lauterkeit erlangt, von ihm ausgeht und sich anderen mitteilt.

Schließlich und vornehmlich gehört zu dem Wirken in Nicht-Tätigkeit, dass der Mensch nicht mehr aus Initiativen, die seinem menschlichen Planen entspringen handelt, sondern nur noch ein Organ der in der Welt wirkenden Kraft sein will. Nicht so sehr auf die Tätigkeit als solche als auf die, die durch verstandesmäßiges Überlegen und durch diesem vorschwebende Ziele bestimmt wird, hat er zu verzichten. Einzig durch sein inneres Empfinden soll er sich leiten lassen. Der geheimen Eingebung der in ihm waltenden und sich in ihm kundgebenden Kräfte der Natur folgend, einer Glocke gleichend, die miterklingt, wenn die, auf die sie abgestimmt ist, ertönt, verhält er sich in der rechten Weise.

Angaben über dieses Tun und Lassen aus Eingebung zu machen, geht nicht an. Es ist durchaus individuell. Darum können die taoistischen Denker nicht mehr als nur in Andeutungen davon reden.

Das Paradoxe des Wirkens in Nicht-Tätigkeit bringt es mit sich, dass es nicht völlig deutlich zu machen und nicht völlig durchzuführen ist.

Der Unterschied zwischen Geschehen und Tun besteht. Es gehört zur Natur des Menschen, dass er auf Grund von Vorstellungen und Überlegungen handelt. Es gibt nicht nur das Geheimnis des Naturgeschehens, sondern auch das des individuellen Seins. Nur von dem einen, nicht auch von dem andern geben sich die taoistischen Denker Rechenschaft. Weil der Mensch Individuum ist, kann er nicht einfach Organ der in dem All wirkenden Kräfte sein [...]

Das Handeln des Menschen nach den von ihm erdachten Begriffen von „Sinnvoll und Gut" ist, den taoistischen Denkern zufolge, ein willkürlicher Eingriff in das Naturgeschehen und eine Störung seines Verlaufes, unter der die Verwirklichung des wahrhaft Sinnvollen und Guten leidet. Die Regeln über Gut und Böse sind eine menschliche Erfindung und weisen die Unvollkommenheit einer solchen auf. Was bei den einen Völkern für gut (gilt), kann bei den ändern für nicht-gut angesehen werden. Es handelt sich um Bräuche in der Beurteilung, die sich ausgebildet haben. Was die Menschen für gewöhnlich Recht und Unrecht nennen, ist etwas ebenso Relatives wie das, was sie als Glück und Nicht-Glück auffassen. Was sich in dem einen Falle als gut erweist, hat in dem andern nicht-gute Folgen. Überhaupt ergibt sich aus dem nach menschlichen Begriffen guten Handeln, wenn man die Gesamtheit seiner Folgen in Betracht zieht, nicht nur das Gute, sondern auch das Nicht-Gute.

Als ein Beispiel hierfür führt Lieh-Tse den Fall des Mannes an, der am Neujahrstage, um seine milde Gesinnung zu bezeigen, gefangenen wilden Tauben die Freiheit schenkte. Damit brachte er es dahin, dass die Leute auf den Fang wilder Tauben, die sie sonst in Ruhe gelassen hätten, ausgingen, wobei sie ihrer ebenso viele verwundeten und töteten als in den Käfigen davon trugen. Das Ergebnis der von jenem Manne erwiesenen Güte war also, dass den Tauben überhaupt Unheil widerfuhr.

Albert Schweitzer
(Geschichte des chinesischen Denkens, Verlag C. H. Beck, München 2002, S.102–105)

1. *Erläutern Sie anhand von Beispielen den Begriff des Nicht-Tätigseins im Taoismus. Berücksichtigen Sie dabei die Auszüge aus dem Tao-Te-King.*
2. *Welche Argumente führt Albert Schweitzer gegen die Auffassung des Nicht-Tätigsein-Sollens an?*
3. *Welche Orientierung könnte das Tao-Te-King für uns Menschen in modernen Industriegesellschaften geben?*

2.4 Angewandte Ethik

Was ist Angewandte Ethik?

Der rasante Fortschritt von Wissenschaft und Technik in diesem Jahrhundert hat völlig neuartige technologische Horizonte aufgeschlossen: die Technologien der Atomkraft, der Datenverarbeitung, der modernen Medien und der Kommunikationsmittel sowie der Genomanalyse bzw. der Genmanipulation. Schon Hans Jonas sprach vor zwei Jahrzehnten von „neuen Dimensionen der Verantwortung", mit denen der Mensch durch die Entwicklungen im Bereich der Wissenschaft und der Technik konfrontiert sei. Jonas führt drei Charakteristika an, die die Auswirkungen jener Technologien kennzeichnen und zugleich das Neue an den Problemen im Bereich der Moral begründen:
(a) die jede bisherige Überschaubarkeit transzendierende (1) „räumliche Ausbreitung und Zeitlänge der Kausalreihen" (Ursache-Wirkungs-Ketten), wie sie etwa bei der Atomkraftnutzung zu berücksichtigen sind;
(b) die absolute „Unumkehrbarkeit" gewisser einmal ausgelöster Vorgänge, beispielsweise nach der Freisetzung genmanipulierter Pflanzen; und
(c) der bis dahin kaum vorstellbare „kumulative (2) Charakter" bestimmter Entwicklungen, wie die Computerisierung fast sämtlicher Lebensbereiche und deren Konsequenzen belegen. Für die moralischen Probleme, die die betreffenden neuen Möglichkeiten aufwerfen, hält die tradierte (überlieferte) Moral keine Lösungen bereit, weil sie mit vergleichbaren Problemen nie konfrontiert worden ist. So vermag zum Beispiel ein Theologe den Dekalog (3) oder die anderen moralischen Gebote, die die Schrift enthält, nur noch unter größten exegetischen (4) Anstrengungen etwa auf moralische Fragen der Genmanipulation anzuwenden. Die angewandte Ethik soll und kann das betreffende moralische Vakuum ausfüllen, sie tritt heute gewissermaßen als Ersatz an die Stelle der traditionellen Moral. [...]

Die Angewandte Ethik im heutigen Sinn hat eine doppelte Bedeutung: Als Terminus für eine philosophische Disziplin meint der Begriff zum einen die systematische Anwendung ethischer Prinzipien auf Handlungsfelder, Berufsräume und Sachgebiete und auf der anderen Seite bezieht er sich – im Plural verwendet – auf die Vielzahl ethischer Gebiete [...] wie z. B. Bioethik, Medizinethik, Wirtschaftsethik, Friedensethik.

(1) die Grenzen des Vorstellbaren überschreiten
(2) angehäuft
(3) Die Zehn Gebote Gottes, siehe S. 77–81 in diesem Buch
(4) Bibelauslegung

Urs Thurnherr, zeitgenössischer deutscher Philosoph
(Angewandte Ethik. Junius Hamburg 2000)

Fassen Sie mit eigenen Worten zusammen, mit welchen Problemen sich die Angewandte Ethik beschäftigt.

2.4.1 Passt die Moral zur Wirtschaft?

Arbeitskraft Kapital Preis Familienfreundlichkeit

Marktwirtschaft

Wirtschaftsethik
stellt die Frage, wie die Marktwirtschaft ethisch, sozial und ökologisch gestaltet werden kann

Globalisierung

Ware

Arbeitsplätze

Geld

Unternehmensethik
- Mitspracherechte von Mitarbeitern und Mitarbeiterinnen in Firmen
- Umgang mit Konkurrenten auf dem Markt
- faire Preisgestaltung gegenüber Kunden und Konkurrenten

Managementethik
- Führungsstile
- Organisationsformen von Unternehmen
- ethische Werte und Unternehmensführung

Armut Arbeitslosigkeit

shareholder value Entwicklungshilfe

Tauschwert

1. *Suchen Sie weitere Begriffe, die nach Ihrer Ansicht etwas mit Wirtschaftsethik zu tun haben. Versuchen Sie diese im Laufe des Kurses in einem Schema zu ordnen.*

Was kann mir schon passieren, wenn ich nur an meinen Gewinn denke?

2. *Was würden Sie dem Chef antworten? Notieren Sie dazu schriftlich einige Stichworte und sprechen Sie anschließend im Kurs darüber.*

2.4.1.1 Gewinne oder Ethik?

Ohne Gewinne gehen die Unternehmen pleite

Man muss sich zunächst mit den Zielen eines Unternehmens bei den Wirtschaftsführern identifizieren können. Man muss aber auch dazu stehen, Gewinne zu machen. Denn ohne Gewinne geht das Unternehmen irgendwann pleite. Das gehört auch zur Ethik. Außerdem muss man stets die Balance zwischen Aktienmehrheitsinteressen, Interessen der Mitarbeiter und Kundeninteressen halten. So tut man gleichzeitig etwas für die Aktionäre und für die Mitarbeiter. Und wenn man die Interessen der Kunden aus dem Auge verliert, scheitert man meistens.

Hans-Olaf Henkel, ehemaliger Präsident des Bundesverbandes der deutschen Industrie (In: Hanno Gerwin: Was Deutschlands Prominente Glauben, Gütersloher Verlagshaus, Gütersloh 2005, S. 79)

Hat Eigentum Grenzen?

Das Eigentum hat seine Grenzen. Die Institution des Privateigentums hat einen Zweck, und wenn manche so viel besitzen, dass dieser Zweck überschritten wird, dann haben diejenigen einen Anspruch darauf, die nicht genug haben. Es gibt keine Berechtigung, überschüssigen Reichtum für sich zu behalten, wenn andere bittere Not leiden. Menschen, die zu verhungern drohen, oder Leute, die ihnen helfen wollen, sind berechtigt, vom Überfluss der anderen zu nehmen. Da der christliche Begriff des Nächsten keine geographischen Grenzen kennt, dürfen wir den Reichen etwas nehmen, um den Hungernden irgendwo in der Welt zu helfen. Das ist kein Diebstahl oder Raub, denn ich nehme etwas, das gemäß dem Naturrecht den Bedürftigen gehört und nicht denen, die bereits mehr als genug haben.
So war also vom antiken Griechenland über das Frühchristentum bis ans Ende des Mittelalters – und damit während mehr als drei Vierteln der Geschichte des Abendlandes – das Geldverdienen oft stigmatisiert, und die Verwendung von Geld, um noch mehr Geld zu verdienen, wurde besonders streng verurteilt. Gerade das ist aber wesentlich für den Kapitalismus und somit für die Wirtschaftsform, die die westliche Welt zumindest in den beiden letzten Jahrhunderten beherrscht hat und heute in der ganzen Welt keine ernsthafte Konkurrenz mehr hat. Mit der Entwicklung und dem schließlichen Triumph des Kapitalismus kam es zu einer völlig veränderten Einstellung zu Geld und Erwerb.

Peter Singer, zeitgenössischer australischer Philosoph (Wie sollen wir leben? Ethik im egoistischen Zeitalter, Übersetzt von Hermann Vetter, dtv 1999, S. 78 f.)

1. Beschäftigen Sie sich mit dem Begriff Kapitalismus.
2. Wie beurteilen Sie die Forderung Singers, dass es keine Berechtigung gibt, überschüssigen Reichtum für sich zu behalten?
3. Lesen Sie hierzu auch die Seiten 77–81 über die Zehn Gebote in diesem Buch.

Verdrängt der Markt alles Geistige?

Die Publizistin Marion Gräfin Dönhoff (1909–2003) war Mitherausgeberin der Wochenzeitung „Die Zeit". Nach dem Studium der Volkswirtschaft bereiste sie viele Länder, insbesondere in Afrika. Eines ihrer letzten Bücher trägt den Titel „Zivilisiert den Kapitalismus". Darin beschäftigt sie sich u. a. mit den „Auswüchsen der Marktwirtschaft".

Als Wirtschaftssystem ist die Marktwirtschaft unübertroffen. Für eine Sinngebung hingegen reicht sie nicht aus. Sie ist sehr possessiv. Die Marktwirtschaft beansprucht den Menschen ganz und gar und duldet keine Götter neben sich. Ihr Wesen ist der Wettstreit und ihr Motto der Egoismus: Ich muss besser sein, mehr produzieren, mehr verdienen als die anderen, sonst kann ich nicht überleben. Die Konzentration auf dieses Prinzip hat dazu geführt, dass alles Geistige, Kulturelle an den Rand gedrängt wird und schließlich immer mehr in Vergessenheit gerät.

Marion Gräfin Dönhoff
(Zivilisiert den Kapitalismus – Grenzen der Freiheit, Knaur, München 1999, S. 35)

1. Wie interpretieren Sie die Aussage, dass die Marktwirtschaft keine Götter neben sich duldet?
2. Wie beurteilen Sie die Bewertung der Marktwirtschaft von Marion Dönhoff?

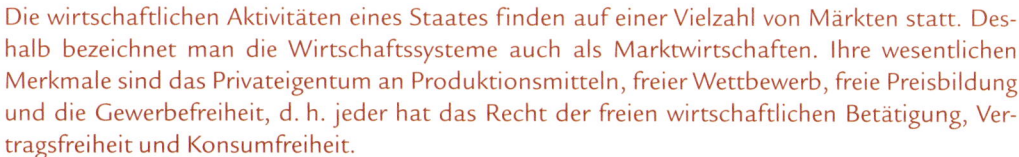

Was ist Marktwirtschaft?
Die wirtschaftlichen Aktivitäten eines Staates finden auf einer Vielzahl von Märkten statt. Deshalb bezeichnet man die Wirtschaftssysteme auch als Marktwirtschaften. Ihre wesentlichen Merkmale sind das Privateigentum an Produktionsmitteln, freier Wettbewerb, freie Preisbildung und die Gewerbefreiheit, d. h. jeder hat das Recht der freien wirtschaftlichen Betätigung, Vertragsfreiheit und Konsumfreiheit.

2.4.1.2 Marktwirtschaft im Dienst des Menschen

Die Bedürfnisse der Menschen beachten

Das menschliche Leben besteht nicht nur aus Wirtschaft, das weiß jeder. Aber es müsste durchgängig auch in der Praxis ernst genommen werden: Die Marktwirtschaft ist nicht Selbstzweck, sie muss im Dienst der Bedürfnisse der Menschen stehen und nicht die Menschen restlos der Logik des Marktes unterwerfen. Auch der Weltmarkt ist um der Menschen willen da und nicht umgekehrt. Und was die Politik betrifft: Die Marktwirtschaft soll die Demokratie ergänzen, nicht aber ersetzen oder überformen. Diese Gefahr ist unter den Bedingungen der Globalisierung mehr denn je real. Soziologisch ausgedrückt: Die Wirtschaft (und damit der Markt) ist nur ein Subsystem der Gesellschaft, neben und mit dem andere Subsysteme wie Recht, Politik, Wissenschaft, Kultur und Religion existieren. Das ökonomische Rationalitätsprinzip hat seine Berechtigung, wie wir noch genauer sehen werden, aber es darf nicht verabsolutiert werden, es geht stets um eine relative Berechtigung.

*Hans Küng, Schweizer Theologe
(Weltethos für Weltpolitik und Weltwirtschaft, Piper Verlag, München 1997, 2. Auflage, S. 283)

3. Welche Möglichkeiten gibt es, den Totalitätsanspruch der Marktwirtschaft zurückzudrängen? Welche Rolle könnten Philosophie und Religion in diesem Kontext spielen? Unterbreiten Sie in kleinen Gruppen Vorschläge.

Familie oder Vollzeitjob?

Melanie ist Elektroingenieurin in einem mittelständischen Unternehmen in Dresden. Sie hat fünf Jahre Elternzeit genommen und ihre beiden Kinder zu Hause betreut. Nun möchte sie wieder in ihren alten Betrieb zurückkehren und Teilzeit arbeiten. Ihr Chef freut sich sehr, dass sie wiederkommen will, bietet ihr allerdings nur einen Vollzeitjob an. „Unsere Kunden wollen auch am Nachmittag Serviceberatungen haben, da kann ich keine Rücksicht auf familiäre Verpflichtungen nehmen."

1. Was würden Sie an Melanies Stelle tun?
2. Gestalten Sie zu diesem Konflikt ein Rollenspiel: Jemand übernimmt Melanies Rolle und ein anderer die vom Chef. Suchen Sie für beide Positionen Argumente und werten Sie diese im Kurs aus. Lesen Sie hierzu auch die Seiten 131–134 in diesem Buch.

Was die Familie für ihre Zukunft braucht

Notwendige Voraussetzung für eine familienfreundliche Gesellschaft ist die Vereinbarkeit von Familie und Beruf. Immer mehr Menschen suchen nach der Balance zwischen Leistungs- und Lebenszielen. Die veränderte Arbeitswelt stellt zwar komplexere Anforderungen an die Mitarbeiter – bietet aber gleichzeitig auch die Chance, sowohl ein zufriedenes berufliches als auch privates Leben zu führen. Unbestritten ist, dass Unternehmen wirtschaftlich leistungsfähig sein müssen und eine klare Gewinnorientierung brauchen. Ein kurzsichtiger Blick auf diese Ziele verhindert aber oft, dass der gesellschaftliche, emotionale und auch wirtschaftliche Nutzen familienfreundlicher Maßnahmen oft nicht erkannt wird. Das können wir uns angesichts des demographischen Wandels nicht länger leisten. Unser Land verfügt heute über hervorragend ausgebildete Frauen. Nur etwa 10 Prozent von ihnen haben es jedoch in die deutschen Führungsetagen geschafft. Das ist zu wenig. Dabei beherrschen vor allem Mütter ein gutes Zeitmanagement und zeigen Pragmatismus und Kompromissbereitschaft. Das sind Fähigkeiten, die auch in der Arbeitswelt zunehmend gefragt sind, wie die jüngste Studie der Bertelsmann Stiftung und des Bundesfamilienministeriums mit dem Titel „Karrierek(n)ick Kinder – Mütter in Führungspositionen – ein Gewinn für Unternehmen" zeigt. Lösungen, die etwa durch die Flexibilisierung von Arbeitszeitsystemen die Vereinbarkeit von Familie und Beruf ermöglichen, sind oft gar nicht so schwer zu finden. Noch immer herrschen in Deutschland großes Zaudern und Zögern, aber andere Länder haben gezeigt, wie es gehen kann. In Dänemark und Finnland beispielsweise liegt die Frauenerwerbsquote bei 75 Prozent, in Schweden sogar bei 77 Prozent; in Deutschland sind es dagegen nur 67 Prozent. Ein wichtiger Grund dafür sind die oft unzureichenden Rahmenbedingungen bei der Ganztagsbetreuung von Kindern, die jünger als drei Jahre sind. So wundert es nicht, dass 40 Prozent der Mütter, die Elternzeit in

Anspruch nehmen, auch nach drei Jahren nicht wieder in den Beruf zurückkehren.

Dabei rechnet sich die Familienfreundlichkeit für die Unternehmen. Nimmt eine Frau die vollen drei Jahre Elternzeit in Anspruch, entsprechen die Aufwendungen für die Wiedereingliederung den Kosten für die Suche und Einarbeitung neuer Arbeitnehmer. Kehrt die Mutter hingegen bereits nach sechs Monaten an den Arbeitsplatz zurück, entstehen dem Unternehmen durchschnittlich nur 15 Prozent der Kosten, die bei einer Neueinstellung anfallen. Nach einer Modellrechnung der Prognos AG bringen die Investitionen in eine familienfreundliche Unternehmenspolitik langfristig eine Rendite von bis zu 25 Prozent.
Eine familienbewusste Personalpolitik führt nachweislich zu geringeren Krankenständen, erzeugt eine größere Zufriedenheit und stärkeres Engagement der Mitarbeiter. Das Institut für Mittelstandsforschung in Bonn untersuchte 2003 mittelständische Unternehmen und ermittelte den Nutzen familienfreundlicher Maßnahmen in kleinen und mittleren Betrieben: Im Vordergrund standen Vorteile für die Flexibilität im Betrieb, verbesserte Rekrutierung neuer Mitarbeiter und ihre intensivere Bindung ans Unternehmen. Dabei wurde deutlich, dass es den Unternehmen an Informationen zu praktikablen familienfreundlichen Maßnahmen mangelte.

Liz Mohn, Unternehmerin und stellvertretende Vorsitzende der Bertelsmannstiftung (In: Forum – Das Magazin der Bertelsmann Stiftung, Heft 2/2006, S. 15 f.)

1. Welche Vorteile haben Unternehmen, wenn sie eine familiefreundliche Arbeitsorganisation gewährleisten?

Seit 2003 arbeiten das Bundesministerium für Familie, Senioren, Frauen und Jugend und die Bertelsmann Stiftung im Projekt „Balance von Familie und Beruf" zusammen. Es wurden mehrere Projekte gemeinsam auf den Weg gebracht, u. a. „Balance von Familie und Beruf", „Mittelstand und Familie" sowie die Studie „Karrierek(n)ick Kinder".

2. Informieren Sie sich über diese Projekte u. a. beim Internetportal www.mittelstand-und-familie.de und bei www.bertelsmann-stiftung.de.

In der Studie „Karrierek(n)ick Kinder" wurden u. a. 500 Mütter zu den Bedingungen der Vereinbarkeit von Familie und Beruf befragt. Dabei wurden die folgenden Erfolgsfaktoren für die Vereinbarkeit von Familie und Beruf genannt:

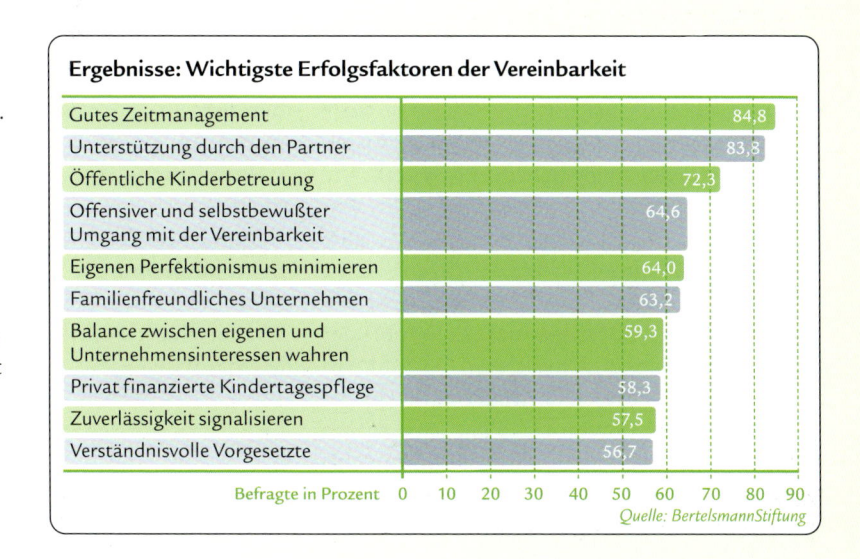

Ergebnisse: Wichtigste Erfolgsfaktoren der Vereinbarkeit

Erfolgsfaktor	Befragte in Prozent
Gutes Zeitmanagement	84,8
Unterstützung durch den Partner	83,8
Öffentliche Kinderbetreuung	72,3
Offensiver und selbstbewußter Umgang mit der Vereinbarkeit	64,6
Eigenen Perfektionismus minimieren	64,0
Familienfreundliches Unternehmen	63,2
Balance zwischen eigenen und Unternehmensinteressen wahren	59,3
Privat finanzierte Kindertagespflege	58,3
Zuverlässigkeit signalisieren	57,5
Verständnisvolle Vorgesetzte	56,7

Quelle: BertelsmannStiftung

Männerquote abschaffen

Interpretieren Sie das Bild von Holger Hürfeld im Lichte der Gedanken von Margarita Mathiopolous.

Holger Hürfeld: Selbstdarstellung

Die Überwindung starrer, althergebrachter und leistungshemmender Unternehmensstrukturen in deutschen Unternehmen ist ebenso überfällig wie die trotz aller Gleichberechtigungsbeteuerungen immer noch de facto existierende Männerquote für Platzhirsche. Schon fähige und innovative Manager werden als Bedrohung angesehen, geschweige denn herausragende Managerinnen. Seit Jahrzehnten sind wahrlich nicht nur leistungsstarke Männer in Führungspositionen gelangt. Es wäre interessant, eine empirische Analyse anzustellen, wie viele der männlichen Führungskräfte in Deutschland ihrer Aufgabe nicht gewachsen sind. Auf diese Weise würde sich das Thema der Männerquote bestens erledigen.

Wenn der Standort Deutschland wettbewerbsfähig werden will, muss das Potential der Besten nach angelsächsischem Vorbild (in search of excellence) identifiziert und ausgeschöpft werden. Frauen brauchen eine starke Lobby, die sich für die Gleichbehandlung einsetzt. In Amerika gibt es Frauen-Netzwerke, die mittlerweile recht gut funktionieren. Frauen schließen sich dort genauso wie traditionell Männer in Cliquen, Seilschaften und Frauenbünden zusammen. Hat eine Frau hierzulande dagegen einmal eine Führungsaufgabe erlangt, dann setzt sie sich nur selten für ihre Kolleginnen ein. Ohne den Willen von Frauen zur Meinungsführerschaft, ohne die Bereitschaft, sich in manchen Fällen unbeliebt zu machen, ohne den Mut, die Männer-Umwelt hin und wieder mit deutlichen Hinweisen aufzurütteln, können Frauen aber keinen „Staat machen". Wer nur auf guten Willen setzt, der wird Gleichstellung nicht erreichen. Die Frauen dürfen nicht warten, bis man ihnen die Gleichberechtigung gnädig gewährt. Anderenfalls wird man noch lange mit der Geschlechterdiskriminierung bei Führungspositionen in Wirtschaft, Wissenschaft, Politik oder im Medienbereich leben müssen.

Den Aufbruch der amerikanischen Frauen ins Berufsleben erleichterte die Gesetzgebung. Das Anti-Diskriminierungsgesetz von 1972 ist auch einer pragmatischen und effizienten amerikanischen Frauenbewegung zu verdanken, die in Deutschland weit und breit fehlt. Festgelegte Ausführungsbestimmungen bewirken seitdem, dass das Gesetz nicht bloß auf dem Papier besteht: Firmen, die staatliche Aufträge erhalten wollen, müssen von einer bestimmten Größenordnung an (mehr als 50 Beschäftigte, Auftragsvolumen mehr als 50 000 US-Dollar) einen Plan vorlegen, aus dem hervorgeht, in welchem Zeitraum sie den Anteil der Frauen auf allen Ebenen des Unternehmens entsprechend der Angebotsstruktur auf dem Arbeitsmarkt verändern wollen. Jedes Unternehmen in dieser Größenordnung muss der staatlichen Kontrollkommission in Washington jährlich Berichte vorlegen. Der sanfte Zwang führte dazu, dass die traditionellen Vorbehalte und Vorurteile männlicher Führungseliten gegenüber Frauen schrittweise abgebaut wurden. Auch die amerikanischen Personalchefs in der Privatwirtschaft haben längst erkannt, dass die Beschäftigung von Frauen in Führungspositionen zu einer Qualitätsanhebung geführt hat.

Margarita Mathiopoulos, Wirtschaftswissenschaftlerin
(Die geschlossene Gesellschaft und ihre Freunde, Hoffmann und Campe, Hamburg 1997, S. 385 f.)

Wie beurteilen Sie „den sanften Zwang" auf Unternehmen, der Frauen in Führungspositionen bringen soll?

Managerinnen und Manager als Querdenker

Der ehemalige französische VW-Manager Daniel Goeudevert wurde 1942 in Reims geboren. Er studierte in Paris Literaturwissenschaft mit dem Ziel, Lehrer zu werden. Aber bereits während des Studiums kam er zu der Einsicht, dass dieser Beruf nicht der richtige für ihn ist. Nach dem Examen kündigte er seine Stelle als Gymnasiallehrer und wurde Autoverkäufer. Er schaffte es in mehreren Schritten bis in die Chefetagen großer Autokonzerne. Dabei vertrat er ein neues Management-Konzept.

Ich bekenne mich zu einer offenen Kommunikationskultur in Unternehmen. Sie ist der Boden, auf dem Inspiration, Visionen und Motivation gedeihen.
Ich plädiere für Intuition im Management, und vielleicht kann ich den Querdenker auch so definieren: Ein Querdenker ist, wer seine Intuitionen nicht zu zügeln sucht, sondern sich davon führen lässt, indem er immer auch dem ganzen weiten Umfeld und dessen Reaktionen Rechnung trägt. [...]
Weniger hoch im Kurs stehen Qualitäten wie die Fähigkeit, seinem Tun einen Sinn zu verleihen, Flexibilität, Anpassungs-, Aufnahme- und Kommunikationsfähigkeit und nicht zuletzt Intuition. Es heißt, das seien Fraueneigenschaften.
Jeder Mensch aber verfügt im Grunde seines Wesens über Ansätze zu all den genannten Eigenschaften. Erziehung und soziales Umfeld haben nur über Jahrzehnte hinweg eine ausgeglichene Entwicklung der sogenannten männlichen und der sogenannten weiblichen Qualitäten verhindert.
Die Zukunft, davon bin ich überzeugt, wird uns ein anderes als das bisher gewohnte Lebensmuster abverlangen. Die Lebensetappen der meisten von uns folgten einem chronologisch geordneten Ablauf. [...]

Es liegt mir fern, meinen eigenen Führungsstil zu beurteilen. Dafür sind andere zuständig. Ich habe nie die Mühle einer Managerschule durchlaufen, und das hat meine Sicht der Dinge geprägt. Ich kann deshalb die Arbeit derjenigen, die heute an Managerschulen unterrichten, auch gar nicht umfassend in Zweifel ziehen. Ein guter Manager kann durchaus, muss aber nicht zwingend, aus einer Managerschule kommen.

Aber ich glaube, dass an den Managerschulen heute allenthalben ein kapitaler Fehler gemacht wird: Man lehrt die Studenten, ein guter Manager müsse eine feste Vorstellung von Unternehmensführung haben. Ein Unternehmen ist aber sehr unberechenbar, so unberechenbar wie die Menschen, die darin tätig sind. Deshalb steht und fällt meiner Ansicht nach die Qualität des Managements mit der menschlichen Qualität und der Flexibilität derjenigen, die die Führungsverantwortung tragen.

Weil ich ohne Managerdiplom keine verbindliche „Methode" der Unternehmensführung aus der Tasche ziehen konnte und weil ich mich immer wieder mit der Unternehmenskultur einer anderen Firma konfrontiert sah, war ich zwangsläufig sehr auf mein jeweiliges Umfeld angewiesen. Ich hatte auch keine bestimmte Methode, die ich von einer Firma auf die andere hätte übertragen können. Es ist ohnehin töricht zu glauben, dass die Methode, die in einem Unternehmen die Mitarbeiter motiviert und zu Erfolgen geführt hat, mit den Mitarbeitern eines anderen Unternehmens genauso funktioniert.

Daniel Goeudevert
(Wie ein Vogel im Aquarium, Rowohlt Verlag, Berlin 1996, S. 239 ff. und S. 245 f.)

1. Wie beurteilen Sie die von Goeudeverts geforderten Eigenschaften eines Managers?
2. Warum ist Phantasie für diesen Beruf besonders wichtig?
3. Warum betont Goeudevert die Wichtigkeit einer gelungenen Kommunikation für die gute Funktionsweise eines Unternehmens? Lässt sich diese Forderung auch auf andere Institutionen wie beispielsweise die Schule übertragen? Warum? Warum nicht?

2.4.2 Medizinethik – Leben um jeden Preis?

4. Äußern Sie Ihre Gedanken und Gefühle zu den Fotos.
5. Ergänzen Sie folgende Sätze
   Die Aufgabe der Medizin ist …
   Die Aufgabe der Ethik ist …
   Medizinethik ist notwendig/nicht notwendig, weil …

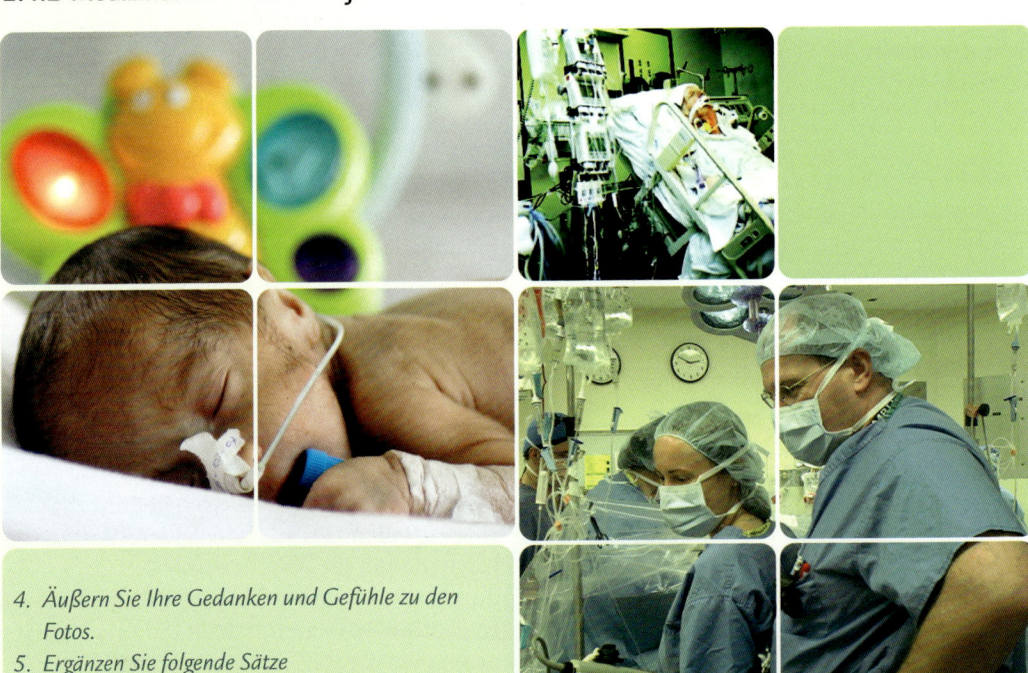

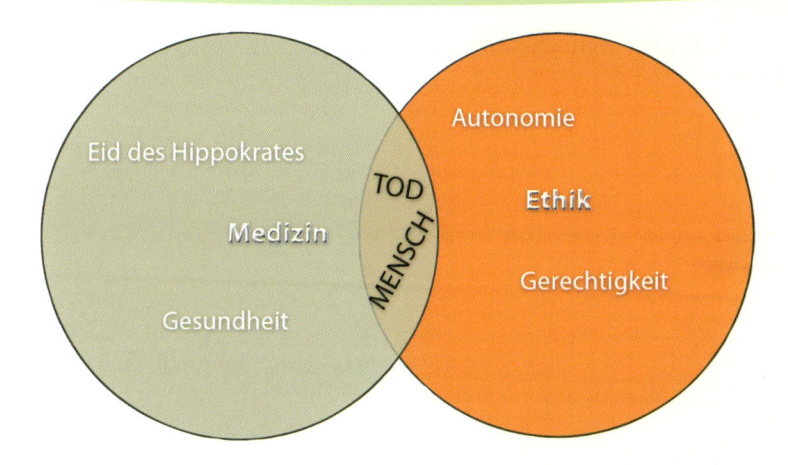

Die Frage nach dem guten Handeln

Eid des Hippokrates
Medizin
Gesundheit

TOD MENSCH

Autonomie
Ethik
Gerechtigkeit

1. Fertigen Sie in Partnerarbeit eine Übersicht an und vervollständigen sie diese. Welche Stichworte fallen Ihnen zu den Begriffen Medizin bzw. Ethik ein?
2. Welche Stichworte berühren sich stark?
3. Diskutieren Sie folgende Aussagen:

- Ärzte sind auch bloß Menschen.
- Medizin muss das Leiden bekämpfen, um ein gutes/besseres Leben zu ermöglichen.
- Ärzte müssen Menschenleben retten um jeden Preis.
- Medizin braucht keine Ethik.
- Medizinischer Fortschritt hat eben seinen Preis, daran ist nichts zu ändern.
- Der Staat hat sich um ein optimales Gesundheitssystem zu kümmern.

Hauptsache, man ist gesund

Entwicklung der Gesundheitsausgaben in Deutschland (nominal) 1996–2005

Mrd. EUR

Jahr	1996	1997	1998	1999	2000	2001	2002	2003	2004	2005
Mrd. EUR	194,9	195,9	201,1	207,3	212,4	220,7	228,1	233,7	233,8	239,4

Statistisches Bundesamt Deutschland 2007

4. Klären Sie die Begriffe Gesundheit und Krankheit mit einer Ihnen bekannten Methode.
5. Finden Sie Beispiele, die verdeutlichen, dass Gesundheit ein wichtiger Wert ist. Nutzen Sie dazu die Materialien des Statistischen Bundesamtes Deutschlands (http://www.destatis.de).
6. Worin besteht die Gefahr, wenn man Gesundheit als Wert verabsolutiert?
7. Informieren Sie sich über den Gesundheitsbegriff der WHO (Weltgesundheitsorganisation). Welche Probleme bzw. Fragen sehen Sie aufgrund dieser Definition.

Verschiedene Bereiche der Medizinethik

Die medizinische oder ärztliche Ethik betrachtet die Tätigkeit des Arztes als eine Konkretisierung der allgemeinen Norm, Hilfsbedürftigen in angemessener Weise zu helfen. Die Hilfsbedürftigen sind in diesem Fall kranke Menschen, und die angemessene Hilfe ist in erster Linie medizinischer Natur, d. h. der Arzt hat primär die Pflicht, wirksame Mittel zur Erhaltung und Wiederherstellung der Gesundheit einzusetzen, ohne dem Patienten in unzumutbarer Weise zu schaden oder ihn gegen seinen erklärten Willen zu behandeln. Darüber hinaus ist er jedoch – gemäß dem heute noch gültigen, in der „Genfer Erklärung" der „World Medical Association" 1948 neu formulierten „Eid des Hippokrates" – dazu verpflichtet, seinen Patienten nicht wie einen zu reparierenden Gegenstand unter bloß technischen Gesichtspunkten zu behandeln, sondern ihn als ein menschliches Gegenüber zu respektieren, das berechtigten Anspruch auf eine humane Zuwendung und Betreuung von Seiten des Arztes hat.

Als die wesentlichen Probleme einer medizinischen Ethik werden heute vor allem folgende Themen diskutiert:

· *Schwangerschaftsabbruch*
Ist bzw. unter welchen Voraussetzungen ist der Schwangerschaftsabbruch mit der Pflicht des Arztes, Leben zu erhalten, vereinbar?

· *Euthanasie*
Ist bzw. unter welchen Voraussetzungen ist Tötung auf Verlangen, aktive oder passive Sterbehilfe, Vernichtung von sogenanntem lebensunwertem Leben mit der Pflicht des Arztes, Leben zu erhalten, vereinbar?

· *Apparatemedizin*
In welchem Ausmaß sollen lebenserhaltende und verlängernde Maßnahmen bei Schwerstkranken auf der Intensivstation getroffen werden? Dürfen Todkranke gegen ihren eigenen Wunsch künstlich am Leben erhalten werden?

· *Manipulation am Erbmaterial*
Darf der Arzt beim Menschen Genmanipulation betreiben, d. h. Eingriffe in die Keimbahn vornehmen, z. B. um Erbkrankheiten auszumerzen oder mögliche schwere körperliche Defekte zu verhindern?

· *Humanexperimente*
Ist bzw. unter welchen Bedingungen ist der Arzt berechtigt, mittels Medikamenten oder Operationen Experimente an Menschen durchzuführen? Darf mit Embryonen experimentiert werden?

· *Künstliche Erzeugung von Menschenleben*
Ist bzw. unter welchen Voraussetzungen ist der Arzt befugt, menschliches Leben auf nicht natürliche Weise – durch homologe oder heterologe Insemination, durch In vitro Fertilisation, intratubaren Gametentransfer etc. – zu ermöglichen?

· *Gehirnchirurgie*
Ist es dem Arzt erlaubt, z. B. Querulanten und Triebtäter durch eine Gehirnoperation „ruhigzustellen" bzw. an das gesellschaftliche Normengefüge „anzupassen"?

· *Organverpflanzung*
Wann ist der Arzt befugt, einem „Spender" ein Organ zu entnehmen, um es einem anderen Menschen zur Erhaltung oder Wiederherstellung seiner Gesundheit einzupflanzen?

· *Informationspflicht*
Ist der Arzt verpflichtet, seine Patienten über Art und Schwere ihrer Krankheit sowie über das Risiko der zur Herstellung ihrer Gesundheit erforderlichen Eingriffe und Mittel vollständig aufzuklären?

· *Paternalismus*
In welchem Maß darf die Patientenautonomie durch ärztliche Anordnungen eingeschränkt oder darf sie unter Umständen sogar aufgehoben werden?

Alle diese Fragen sind letztlich ethischer Natur und bedürfen einer grundsätzlichen Klärung, die es dem Arzt ermöglicht, in den jeweils verschiedenen Einzelfällen nach bestem Wissen und Gewissen zu entscheiden, ob z. B. der rein biologische Wert eines nur noch künstlich zu erhaltenden Lebens den Vorrang vor einem bewusstlosen und als solchen nicht mehr menschenwürdigen Dasein hat, ob es richtig ist, einem Todkranken zu sagen, wie es um ihn steht und ihm damit möglicherweise die letzte Hoffnung zu nehmen etc.

Es geht bei den angedeuteten Problemen insgesamt darum, in einer Konfliktsituation anerkannte Werte zu gewichten und Gründe dafür anzugeben, warum im einen Fall der eine Wert, im andern Fall der andere Wert vorgezogen wurde. Man hat die Beantwortung solcher Fragen nicht den Ärzten allein überlassen, sondern sogenannte Ethikkommissionen gebildet, denen außer Ärzten und Ethikern auch Juristen, Theologen, Soziologen u. a. angehören. Solche Ethikkommissionen haben die Aufgabe, Rahmenrichtlinien für die anstehenden ethischen Probleme zu erarbeiten und falsche Argumentationsstrategien zu kritisieren. Damit bereiten sie den Boden für ethisch verantwortbare Entscheidungen.

*Annemarie Pieper, deutsche Philosophin
(Einführung in die Ethik, München 1994, S. 84)

1. Formulieren Sie eine Hauptthese zu diesem Text.
2. Stimmen Sie mit allen Aussagen Annemarie Piepers überein? Warum? Warum nicht?
3. Ergänzen Sie weitere Stichworte zu der Übersicht auf Seite 100.
4. Welches Problem erachten Sie als brisant? Suchen Sie sich Mitschüler/Mitschülerinnen, die Ihre Auffassung vertreten und finden Sie Gründe für Ihre Position. Präsentieren Sie diese im Plenum. Führen Sie anschließend dazu ein *sokratisches Gespräch.
5. Analysieren Sie Zeitschriften und Zeitungen. Welche medizinethischen Probleme werden zur Zeit in der Öffentlichkeit diskutiert? Sammeln Sie hierzu Texte, Fotos und anderes Material und stellen Sie dieses in einem *philosophischen Tagebuch zusammen.

6. Diskutieren Sie: Medizinethik – welche Bereiche und welche Personen(-gruppen) werden berührt?
7. Welche Probleme können sich daraus ergeben? Erarbeiten Sie in Kleingruppen dazu ein Schaubild.

Seit einigen Jahren werden in Zeitschriften wie dem Focus und dem Spiegel Anzeigen zum Thema Bioethik/Medizinethik unter der Überschrift „Bioethik geht jeden an." geschaltet. Im Internet unter www.1000fragen.de finden Sie dazu ein breites Diskussionsforum.

1. Informieren Sie sich darüber. Beziehen Sie zu einem dort dargestellten medizinethischen Problem in Form eines *Essays Stellung.
2. Medizinethische Probleme werde in verschieden Vereinigungen diskutiert. Informieren Sie sich über folgende Gremien: Ethikkommissionen in Kliniken, Bürgerkonferenzen (z. B. 2001 im DHMD) und nationalen Ethikrat. Beurteilen Sie den Einfluss dieser Gremien.
3. Führen Sie ein Sokratisches Gespräch: Medizinethische Probleme sollten in der Öffentlichkeit verstärkt diskutiert werden

2.4.2.1 Das Arzt-Patienten-Verhältnis

„Damit eines klar ist: Die Entscheidungen treffe ich!"

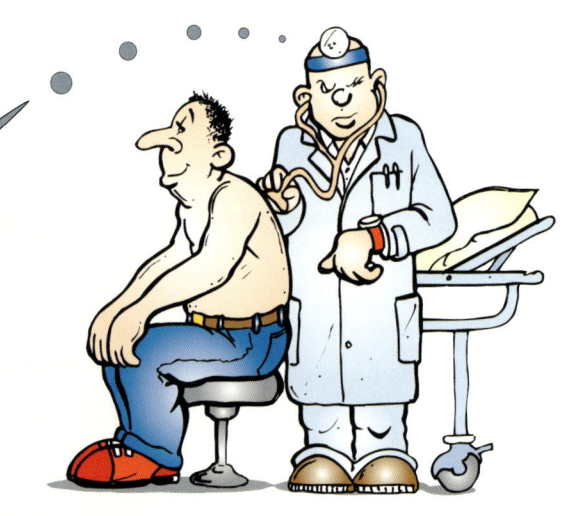

4. Diskutieren Sie die Einstellung des Arztes.

Was ist ein guter/tugendhafter Arzt?

5. Beantworten Sie in Kleingruppen die Frage. Halten Sie die Ergebnisse auf Kärtchen fest.
6. Stellen Sie Ihre Antworten im Plenum vor und erstellen Sie zu Ihren Ergebnissen einen Cluster. Diskutieren Sie Ihre Ergebnisse.

Fast allen Anschauungen zufolge ist der tugendhafte Mensch jemand, dem wir zutrauen können, dass er gewohnheitsmäßig in einer „guten" Weise handelt – tapfer, ehrenhaft, gerecht, klug und maßvoll. Er hat sich verpflichtet, ein guter Mensch zu sein und nach Vollkommenheit in seinem privaten, beruflichen und öffentlichen Leben zu streben. Er ist jemand, der selbst dann gut handelt, wenn niemand da ist, der Beifall spendet, einfach deshalb, weil anders zu handeln unserem Begriff von einer tugendhaften Person zuwiderliefe. Keine zivilisierte Gesellschaft könnte Bestand haben ohne eine erhebliche Anzahl von Bürgern, die sich diesem Tugendbegriff verpflichtet fühlen. Ohne solche Menschen könnte kein System einer allgemeinen Moral Erfolg haben, und kein System eines Berufsethos könnte den Gefahren des Eigennutzes entgehen. Gerade deshalb – mögen Rechte, Sollen, moralische Verpflichtungen noch so betont werden – „schwebte" der Tugendbegriff so beharrlich über jedem System der Ethik.

Ist der tugendhafte Arzt einfach die tugendhafte Person, die Medizin praktiziert? Gibt es in der Medizin als einer praktischen Disziplin eigene Tugenden? Haben bestimmte Einzeltugenden in der Medizin mehr Geltung als sonst in menschlichen Tätigkeiten? Ist Tugend in einigen Zweigen der Medizin wichtiger als in anderen? Wie unterscheidet sich fachliches Können von Tugend? Das sind relevante Fragen, die zu den späteren Fragen nach der Rolle der Tugend im Berufsethos der Medizin hinführen. [...]

Das Gut, wonach der Patient trachtet, ist, geheilt zu werden – dass sein früherer oder ein besserer Funktionszustand wiederhergestellt, er wieder „heil" gemacht wird. Wenn das nicht möglich ist, erwartet der Patient, dass ihm geholfen wird, dass er Beistand erhält, wenn er mit Schmerz, Gebrechen oder Tod fertig werden soll, die eine Krankheit nach sich ziehen mag. Das unmittelbare Ziel der Medizin ist nicht bloß eine technisch hochstehende Leistung, sondern die Anwendung dieser Leistung, um ein gutes Ziel zu erreichen – das Wohl des Patienten –; es ist nicht bloß sein medizinisches oder biomedizinisches Wohl im höchstmöglichen Maß, sondern auch das Wohl, wie es der Patient wahrnimmt, sein Wohl als eine menschliche Person, die ihren eigenen Lebensplan entwerfen kann, und sein Wohl als eine Person mit einer spirituellen Bestimmung, falls das sein Glaube ist. Es ist die sensible Abwägung dieser Bedeutungen des Patientenwohls, die der tugendhafte Arzt meisterlich beherrscht.

Edmund D. Pellegrzno, amerikanischer Professor für Humanmedizin (In: Hans-Martin Sass: Medizin und Ethik, Reclam Verlag, Stuttgart 1994, S. 50)

1. Erarbeiten Sie in Thesenform die Auffassung Pellegrznos.
2. Beantworten Sie die im Text gestellten Fragen. Entwerfen Sie in Kleingruppen einen Tugendkatalog für einen Arzt. Sie können Ihren Tugendkatalog anschließend vergleichen mit den Vorschlägen des Professors Sass in dem Buch „Angewandte Ethik", herausgegeben von Annemarie Pieper und Urs Thurnherr im Beck-Verlag 1998, S. 99.

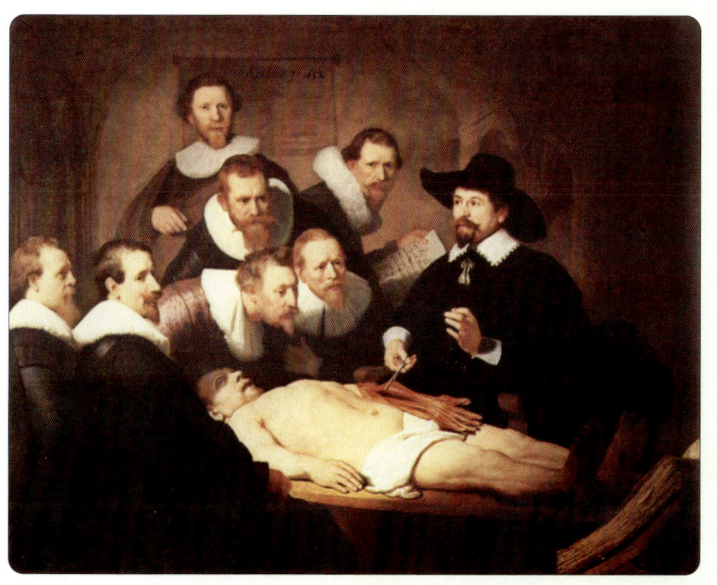

Der Eid des Hippokrates – auch heute noch gültig?

3. Welches Bild der Ärzte vermittelt dieses Gemälde?

Rembrandt:
Die Anatomie des Dr. Tulp

Wohl kaum eine andere akademische Disziplin kann auf einen so alten Moralkodex verweisen wie die Medizin. Der so genannte Hippokratische Eid ist über 2 000 Jahre alt. Seine Geschichte und seine Bedeutung sind für die Medizin auch unserer Tage kaum zu überschätzen – noch heute gilt er vielen Ärzten als die Beschreibung des Arztethos schlechthin. Dazu beigetragen hat auch der Namensgeber Hippokrates (460–375 v. Chr.), der als „Vater der Medizin" und „Idealtypus eines Arztes" in langer, häufig verklärender Tradition dem moralischen Gehalt des Eides eine besondere Autorität verleihen sollte.

(Nach: Claudia Wiesemann; Nikola Biller-Andorno: Medizinethik, Georg Thieme Verlag, Stuttgart 2005, S. 13)

1. Informieren Sie sich über den Inhalt des Hippokratischen Eides. Diskutieren Sie, ob und in welchen Bereichen diese moralischen Vorschriften noch aktuell sind. Begründen Sie Ihren Standpunkt.

Modelle der Arzt-Patienten-Beziehung

Das paternalistische Modell
Der Arzt handelt als Vormund des Patienten, indem er bestimmt und durchführt, was für den Patienten am besten ist.
Das informative Modell
Der Arzt fungiert als technischer Experte, der dem Patienten fachliche Informationen als Entscheidungsgrundlage bietet.
Das interpretative Modell
Der Arzt liefert Informationen, hilft bei der Klärung von Wertvorstellungen und schlägt Maßnahmen vor.
Das delibertive Modell
Der Arzt bespricht sich mit dem Patienten über die besten Handlungsmöglichkeiten.

2. Erörtern Sie in Gruppen die Vor- und Nachteile des jeweiligen Modells.

Alles tun, was dem menschlichem Wohl nutzt?

Die individuelle Autonomie ist Bestandteil und Determinante des menschlichen Wohls. Die Medizin, die das menschliche Wohl zum Ziel ihres Handelns erklärt, richtet sich demnach auch auf die Bewahrung der Autonomie. Das Wohl ist das Ziel, die Autonomie legt den Weg fest. So gesehen lautet der Auftrag an die Biomedizin, alles zu tun, was dem menschlichen Wohl nutzt, solange es erlaubt und individuell gewünscht ist. Heißt das, dass alles getan werden darf und sollte, was der Patient wünscht? Bedeutet medizinische Autonomie nur ein Abwehrrecht gegen unerwünschte Eingriffe oder besteht ein genereller Anspruch auf Verbesserung der Lebensqualität durch medizinische Behandlung? Soll Autonomie also negativ als Abwesenheit von Zwang oder positiv als Ermächtigung verstanden werden?
Die Verweigerung von medizinischen Eingriffen, die von Seiten des Patienten eigentlich gewünscht sind, wird als passiver Paternalismus bezeichnet. Vergegenwärtigt man sich erneut die starken Argumente gegen den Paternalismus, scheint auch die Berechtigung des passiven Paternalismus in Frage gestellt. Dennoch spricht einiges für die Ansicht, dass das medizinische Handeln nicht nur durch allgemein verbindliche Regeln, sondern auch

durch die richtig verstandene Ausrichtung auf das menschliche Wohl begrenzt werden sollte. Es gibt anscheinend legitime Einschränkungen einer „wild gewordenen" medizinischen Selbstbestimmung und damit gerechtfertigten passiven Paternalismus. Der Patientenwunsch sollte zwar als notwendige Bedingung eines legitimen medizinischen Eingriffs angesehen, nicht aber zum hinreichenden Element erklärt werden. Die Medizin darf nicht zum Supermarkt für Medizinkunden verkommen, seien diese auch noch so aufgeklärt und autonom. Um Begrenzungen medizinischen Handelns in dieser Art zu begründen, wird allerdings eine andere Basis als die der minimalen Sozialmoral benötigt.

Thomas Schramme, zeitgenössischer deutscher Philosoph (Bioethik, Campus, Frankfurt/Main 2002, S. 45)

1. Welche Einwände nennt Thomas Schramme? Stimmen Sie diesen zu? Warum? Warum nicht?
2. *Medizin als Supermarkt für Medizinkunden* – finden Sie Beispiele für diese Aussage. Diskutieren Sie in Kleingruppen, ob die Ansichten der Patienten gerechtfertigt sind. Erarbeiten Sie dazu einen sokratischen Dialog.

Grenzen der Autonomie?

Ein 65-jähriger russischer Spätaussiedler, der seit zehn Jahren in Deutschland lebt, wird wegen Bluthustens in die Klinik eingeliefert. Verschiedene Untersuchungen an der Lunge ergeben Lungenkrebs im fortgeschrittenen Stadium. Es ist eine palliative Chemotherapie möglich, aber problematisch, da die unter Umständen erreichbare Lebensverlängerung von einigen Monaten mit einer Verschlechterung der Lebensqualität einhergeht. Die Oberärztin der Station informiert zunächst die Ehefrau des Patienten über die Diagnose und die schlechte Prognose (durchschnittliche Überlebenszeit: 4–12 Monate). Daraufhin bittet die Ehefrau inständig, ihrem Mann nichts von seiner Krankheit zu sagen. Er werde diese Nachricht nicht verkraften. Sein Vater habe mit 50 Jahren erfahren, dass er an Krebs leide und sich darauf das Leben genommen.

Bei einer 27 Jahre alten Frau, die in der Modebranche arbeitet, wird Brustkrebs diagnostiziert. Der behandelnde Arzt ist davon überzeugt, dass für die Behandlung dieser aggressiven Krebsart nur die totale Brustamputation in Frage kommen kann. Die Frau dagegen besteht auf der operativen Entfernung des Karzinoms mit anschließender Bestrahlung und Chemotherapie.

Ein 35-jähriger homosexueller Mann mit häufig wechselnden Partnern klagt über Beschwerden, die eine AIDS-Erkrankung vermuten lassen. Der Hausarzt schlägt einen Test vor. Der Patient weigert sich, sich dieser Untersuchung zu unterziehen.

Eine HIV-positive Frau möchte gern ein Kind von ihrem Mann haben. Um ihn nicht zu gefährden, bespricht sie mit einem darauf spezialisierten Arzt eine künstliche Befruchtung. Dieser weist sie auf 1-2% Risiko einer Ansteckung des Kindes hin und fragt auch, ob es angesichts der möglicherweise kurzen, auf jeden Fall ungewissen Lebenserwartung der potentiellen Mutter vertretbar sei, ein Kind zur Welt zu bringen. Es sei auch medizinisch noch nicht hinreichend geklärt, ob die derart gezeugten Kinder nicht mit Spätschäden infolge der begleitend eingesetzten Anti-Viren-Medikamenten zu rechnen haben.

> Angenommen, eine ambitionierte Bogenschützin möchte ihre Fähigkeiten verbessern, indem sie sich eine Brust amputieren lässt. Sie würde den Eingriff als Verbesserung ihrer Lebensqualität ansehen. Vorausgesetzt, sie ist entscheidungskompetent und bereit, für die Kosten selbst aufzukommen; welchen Grund haben wir, die Maßnahme abzulehnen oder gar zu verbieten? Schließlich wird niemand durch einen solchen Eingriff geschädigt und die Frau selbst wünscht ihn in autonomer Weise. Zudem, was unterscheidet diesen Fall von anderen nicht therapeutischen Eingriffen in die körperliche Unversehrtheit wie Brustvergrößerungen, Beschneidungen, ja selbst Sterilisationen, die bei autonomen Menschen als legitim angesehen werden?
>
> *(Nach: H. Tristram Engelhardt jun.: Die Prinzipien der Bioethik. In: Medizin und Ethik, Reclam Verlag, Stuttgart 1994, S. 109)*

1. Diskutieren Sie, wie die Oberärztin bzw. der Arzt handeln sollen. Berücksichtigen Sie dabei die Modelle des Arzt-Patienten-Verhältnisses auf Seite 106.

> **Selbst bestimmen, was am Ende geschehen soll**
> In vielen Bereichen unseres Leben ist es selbstverständlich, dass man Vorsoge trifft (Vermögensbildung, Altersvorsorge, Versicherungen). Immer häufiger wird empfohlen auch Vorsorge zu treffen für den Fall, dass man nicht mehr in der Lage ist, selbst zu handeln. Die Frage stellt sich dann, wer im Ernstfall Entscheidungen über mich treffen soll bzw. wie meine Wünsche und Vorstellungen beachtet werden. Dazu bieten sich folgende Möglichkeiten an: Vollmacht, Patientenverfügung, Betreuungsverfügung. Doch nur ca. 8% aller Deutschen haben vorgesorgt.

2. Informieren Sie sich über die verschiedenen Formen der Selbstbestimmung. Arbeiten Sie Vor- und Nachteile heraus. Halten Sie dazu ein Referat vor der Klasse.

2.4.2.2 Das Recht zu sterben

> „Ich werde niemandem, nicht einmal auf ausdrückliches Verlangen, ein tödliches Medikament geben."
>
> Aus dem Hippokratischen Eid

Herr R. kämpft um seinen Tod

Der Patient hatte sich seine Entscheidung gut überlegt. Nachdenken, das war das Einzige, was er noch konnte. „In Bezug auf den Suizidwunsch wurde der Patient befragt, wie viel Zeit er denn für die Realisierung seines Wunsches einzuräumen bereit sei", notierte der Arzt. „Auf die Frage ‚Eine Woche?' erfolgte promptes Kopfnicken, auf ‚Zwei Wochen?' promptes Kopfnicken, auf ‚Drei Wochen?' deutlich zögerndes Kopfnicken, auf ‚Vier Wochen?' unzweifelhaft eindeutiges Kopfschütteln." Außerdem registrierte der Arzt an dieser Stelle „ein bei aller eingeschränkten Beweglichkeit eindeutiges, flehendes Drängen mittels des rechtsseitigen mit geringer Kraft möglichen angedeutet ergreifenden und schüttelnden Händedrucks".

Der Mann, der so dringend sterben wollte, hatte einen Schlaganfall erlitten. Eine Blutung im Stammhirn hatte ihn praktisch vollständig

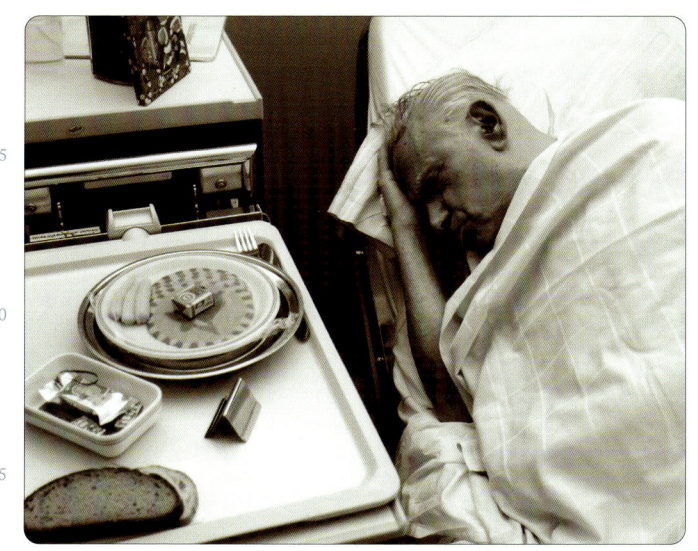

Leichnam" des Noitier de Villefort in der Geschichte des Grafen von Monte Christo. Aber erst die moderne Medizin mit ihren Methoden der künstlichen Ernährung hat aus einer qualvollen Art zu sterben eine qualvolle Art zu leben gemacht. [...] Im wirklichen Leben werden Locked in-Patienten bisweilen so weit wiederhergestellt, dass sie Computer oder elektrische Rollstühle bedienen können. Manche können immerhin fernsehen. Es gibt, sehr selten, Verläufe, die einer Heilung nahe kommen. [...]

gelähmt. Den Kopf konnte er um „20–30 Grad nach rechts und je 10–20 Grad nach oben und unten" drehen, heißt es im Bericht des Arztes; der rechte Daumen war beweglich, das linke Auge ließ sich schließen und öffnen, das rechte stand immer offen. Menschen oder Dinge zu fixieren war ihm unmöglich, da seine Pupillen zitterten. Das Großhirn des Patienten aber war intakt; so war er bei vollem Bewusstsein im eigenen Körper eingeschlossen.

Locked in Syndrom: Alexandre Dumas hat dieses Krankheitsbild beschrieben, den „lebenden

R. lebte seit zwei Jahren als „Eingeschlossener". Eine nennenswerte Besserung, sagt sein Arzt, war praktisch ausgeschlossen. „Bei weiteren Besuchen nachdrückliche Bestätigung der Suizidabsicht", notierte der Arzt. Und, wiederum einige Wochen darauf: „Verzweifeltes Drängen des Patienten auf eine Realisierung seines Lebensbeendigungswunsches."

Wer darf sterben, wen darf man sterben lassen?

Frank Drieschner, zeitgenössischer deutscher Autor
(„DIE ZEIT" vom 27.10.2005)

Formulieren Sie Fragen, die sich aus der Problemstellung ergeben? Diskutieren Sie diese in Kleingruppen und stellen Sie Ihre Ergebnisse anschließend dem Kurs vor.

Nach deutscher Rechtsprechung machen sich Ärzte nicht strafbar, wenn sie nichts gegen den Freitod eines ihnen gut bekannten Patienten unternehmen, der sich auf eigenen Wunsch hin und aus nachvollziehbaren Gründen (unbehandelbare Schmerzen, Entstellung, Aussichtslosigkeit des Leidens) das Leben nehmen will. Auch die Beihilfe zum Suizid, z. B. indem ein Arzt in einem solchen Fall wissentlich ein stark wirkendes Schlafmittel verschreibt, wird nicht zwangsläufig rechtlich verfolgt. Die Bundesärztekammer lehnt ein solches Verhalten aber als unärztlich ab.

Eine Tötung auf Verlangen, bei der also der Arzt die Tatherrschaft behält, ist verboten (§ 216 StGB). Aktive direkte Sterbehilfe ist die beabsichtigte Tötung eines Kranken. Sie liegt beispielsweise vor, wenn der Tod eines Patienten durch eine Überdosis von Kaliumchlorid gezielt verursacht wird. Bei indirekter Sterbehilfe wird der Tod eines Patienten als Nebenfolge einer Behandlung in Kauf genommen. Dies wäre beispielsweise der Fall, wenn ein Patient mit fortgeschrittenem

Lungentumor zur Linderung schwerer Atemnot hoch dosiert Morphium erhält, das als Nebenwirkung zu einem Atemstillstand führen kann.
Von passiver Sterbehilfe spricht man, wenn eine lebensverlängernde therapeutische Maßnahme nicht unternommen oder beendet wird. Darunter fällt zum Beispiel die Beendigung einer Nierendialyse bei einem Patienten mit fortgeschrittenem Multiorganversagen. Der Tod des Patienten wird zwar nicht unmittelbar bezweckt, als letzte Konsequenz des Tuns oder Unterlassens aber doch in Kauf genommen.
Der bloße Unterschied zwischen Töten und Sterbenlassen allein ist moralisch nicht ausschlaggebend. Wenn ein Arzt einen Patienten aus reiner Menschlichkeit sterben lässt, handelt er, moralisch gesehen, genauso, wie wenn er diesem Patienten – ebenfalls aus reiner Menschlichkeit eine tödliche Spritze gegeben hätte.

James Rachels, zeitgenössischer amerikanischer Philosoph
(Aktive und passiver Sterbehilfe. In: Hans-Martin Sass: Medizin und Ethik, Reclam Verlag, Stuttgart 1994, S. 260)

1. Stimmen Sie mit der getroffenen Unterscheidung zwischen Töten und Sterben lassen überein? Warum? Warum nicht? Begründen Sie Ihre Auffassung in einer *Standpunktrede.

Bundesjustizministerin Brigitte Zypries: „Den letzten Schritt muss jeder selbst tun"

DIE ZEIT: Frau Ministerin, in Deutschland ist eine neue Debatte um das Verbot aktiver Sterbehilfe entbrannt. Wie möchten Sie selbst eines Tages sterben?

Brigitte Zypries: In dem Gefühl, mit meinem Leben abgeschlossen zu haben – und ohne Schmerzen.

ZEIT: Das wünschen sich wohl alle Menschen. Was aber, wenn Sie große Schmerzen haben sollten?

Zypries: Dann hoffe ich darauf, dass mir ein Arzt mit Morphium oder einem anderen Schmerzmittel diese Qualen nimmt. Die Palliativmedizin ist da sehr hilfreich. Wir müssen sie in Deutschland noch mehr unterstützen und weiterentwickeln, denn im internationalen Vergleich hinken wir hinterher.

ZEIT: Angenommen, Sie wären unheilbar krank, bewegungsunfähig und hätten keinen Lebenswillen mehr – würden Sie sich nicht wünschen, dass Ihnen jemand beim Sterben hilft?

Zypries: Nicht in dem Sinne, dass er mich tötet. Helfen heißt für mich, dass dieser Jemand mich begleitet, mir beisteht, keine lebensverlängernden Maßnahmen gegen meinen Willen einleitet – und meine Schmerzen lindert.

ZEIT: Also keine aktive Sterbehilfe?
Zypries: Nein.

ZEIT: Ziehen wir die Grenze zwischen passiver und aktiver Sterbehilfe nicht etwas willkürlich? Ist es nicht widersinnig, dass der Arzt dem Patienten zwar kein tödliches Gift, aber in immer größeren Dosen schmerzstillendes Morphium verabreichen darf und damit letztendlich auch den Tod beschleunigt?

Zypries: Es ist doch ein sehr großer Unterschied, ob der Arzt ein Mittel injiziert, das gezielt tötet oder ob er damit nur die Schmerzen und das Leiden lindert. Der Bundesgerichtshof hat ausdrücklich anerkannt, dass Patienten mit Morphium oder anderen Schmerzmitteln versorgt werden können – auch auf das Risiko hin, dass sich dadurch ihr Leben verkürzt. Die Richter haben damit sichergestellt, dass niemand unnötig leiden muss. Weiter würde ich nicht gehen.

Interview mit Martin Klingst
(„DIE ZEIT" vom 27.10.2005)

2. Stimmen Sie mit Frau Zypries Ansichten überein? Warum? Warum nicht?
3. Schreiben Sie einen Leserbrief mit Ihrer Auffassung über Sterbehilfe.

Sterbehilfe ist längst akzeptiert, das Verbot lässt sich nicht halten

Die öffentliche Debatte, die in Deutschland über aktive Sterbehilfe geführt wird, ist soziologisch unterbelichtet. Politische Korrektheit verstellt den Blick auf die Tatsache, dass die Positionen der Entscheidungseliten sich immer stärker von den Wertvorstellungen der Bevölkerung entfernen. Während die Meinungsführer in Parlamenten, Parteien, Kirchen, Ärzteverbänden und Ethikkommissionen am Verbot der Tötung auf Verlangen ohne Abstriche festhalten, wächst in der Bevölkerung die Zustimmung dazu, dass kranke Menschen, die in aussichtsloser Lage den Tod herbeisehnen, ärztliche Hilfe zum Sterben in Anspruch nehmen können.

Die Zustimmung zu der Aussage „Ein schwer kranker Patient im Krankenhaus soll das Recht haben, den Tod zu wählen und zu verlangen, dass ein Arzt ihm eine todbringende Spritze gibt" ist zwischen 1973 und 2001 von 53 auf 64 Prozent gestiegen: Die Ablehnung hat sich fast halbiert von 33 auf 19 Prozent. Die Vorstellung, dass „ein Arzt einem unheilbar kranken Patienten auf dessen Verlangen hin ein tödliches Gift gibt", empfanden zwischen 1990 und 2002 durchgehend knapp ein Drittel der Befragten als „sehr schlimm/ziemlich schlimm", fast 70 Prozent dagegen „als weniger schlimm" oder „überhaupt nicht schlimm". Danach würden etwa zwei Drittel der Bevölkerung aktive Sterbehilfe zumindest hinnehmen. Noch deutlicher ist die Ablehnung eines gesetzlichen Verbots der aktiven Sterbehilfe: 1990 waren zwei Drittel, 2000 fast drei Viertel der Befragten dagegen.

Es ist nicht zu erwarten, dass dieser Trend sich wieder umkehrt. Die Dynamik der Selbstbestimmung, die das Ethos moderner (westlicher) Lebensführung prägt, ist in unserer Gesellschaft ungebrochen.

Wolfgang van den Daele, deutscher Medizinsoziologe
(„Die Zeit" vom 27.10.2005, S. 4)

Zustimmung zur Sterbehilfe

FRAGE „Wenn Sie bitte einmal lesen, was hier steht: Würden Sie dem zustimmen oder nicht zustimmen?"
„Ein schwerkranker Patient im Krankenhaus soll das Recht haben, den Tod zu wählen und zu verlangen, dass der Arzt ihm eine todbringende Spritze gibt."

Deutsche Bevölkerung

	West 1973	West 2001	Ost 2001
Stimme zu	53	64	80
Stimme nicht zu	33	19	6
Unentschieden	14	17	14

Angaben in %
Quelle: Allensbacher Archiv, IfD-Umfragen

Diskutieren Sie: Soll man die aktive Sterbehilfe legalisieren, weil die Mehrheit der deutschen Bevölkerung nicht dagegen ist? Gestalten Sie dazu eine Talk-Show im Kurs. Erarbeiten Sie vorher Argumente dafür und dagegen. Lesen Sie vorher noch die beiden folgenden Texte.

Schwellen-Argumente des Regel-Utilitarismus

Wäre Tötung – auch unter dem Deckmantel einer als Gnadenakt betriebenen Auslöschung von Leben – erlaubt, so wäre damit eine gefährliche Schwelle überschritten, hinter der „unerwünschtes" oder „unwertes" menschliches Leben in eine prekäre Situation geriete. [...] Hier wird daran gedacht, dass bei einer einmal erteilten Erlaubnis zum Töten gerechtfertigte Tötungshandlungen nicht mehr eindeutig von ungerechtfertigten zu trennen sind. Es scheint daher am sinnvollsten, auf eine solche Trennung schon von vornherein zu verzichten, um damit einem unvermeidlichen Abgleiten in die Prinzipienlosigkeit vorzubeugen. Zweitens heißt es, unsere Grundprinzipien gegen das Töten würden schrittweise untergraben, sobald man eine Form der Tötung als rechtmäßig anerkennt. So wird beispielsweise behauptet, die Bewilligung freiwilliger Sterbehilfe führe unweigerlich zur Erlaubnis unfreiwilliger Sterbehilfe, was wiederum zur Folge habe, dass Sterbehilfe auch all jenen geleistet werden dürfe, die der Gesellschaft zur Last fallen (Schwachsinnige, Rückfalltäter, behinderte Neugeborene, Geisteskranke usw.). Im weiteren Verlauf würden dann auch andere Prinzipien der Achtung menschlichen Lebens allmählich untergraben oder ganz preisgegeben.

Tom Beauchamp, zeitgenössischer amerikanischer Philosoph (Antwort auf James Rachels zum Thema Euthanasie. In: Hans-Martin Sass: Medizin und Ethik. Stuttgart 1994, S. 273 f.)

1. Stimmen Sie den Argumenten zu? Warum, warum nicht? Lesen Sie hierzu auch noch einmal die Seiten 55–60 (Utilitarismus) in diesem Buch.
2. Suchen Sie nach weiteren Argumenten für bzw. gegen die aktive Sterbhilfe?

Ein Gesetzgebungsvorschlag

Nach alledem bin ich der Auffassung, dass sich eine humane und sachgerechte Lösung der Sterbehilfeproblematik durch die folgende Neufassung des § 216 Strafgesetzbuch erreichen lässt.

§ 216 Tötung mit Einwilligung
(1) Die Einwilligung des Betroffenen schließt die Rechtswidrigkeit der Tötung nicht aus, es sei denn, dass wegen einer unheilbaren Krankheit des Betroffenen ein Weiterleben seinem Interesse widerspricht und dass die Tötung von einem Arzt vorgenommen wird.
(2) Eine mit Einwilligung des Betroffenen vorgenommene, rechtswidrige Tötung wird mit Freiheitsstrafe von sechs Monaten bis zu fünf Jahren bestraft.
(3) Der Versuch ist strafbar.

Norbert Hoerster, zeitgenössischer deutscher Philosoph (Tötungsverbot und Sterbehilfe. In: Hans-Martin Sass: Medizin und Ethik, Reclam Verlag, Stuttgart 1994, S. 295)

3. Positionieren Sie sich zu diesem Gesetzesvorschlag.

In der Wochenzeitung DIE ZEIT wird schon lange über das Thema Sterbehilfe diskutiert. Wählen Sie sich unter www.zeit.de Artikel aus, die Ihrer Position zur Sterbehilfe nahe kommen und stellen Sie diese dem Kurs vor. Das Problem der Sterbehilfe wird in den USA sogar zwischen den einzelnen Bundesstaaten juristisch unterschiedlich betrachtet. Informieren Sie sich darüber in der Textsammlung „Sterbehilfe" von Gabriele Wolfstlast, erschienen im Springer-Verlag 2001.

2.4.2.3 Organtransplantation

Die Transplantationsmedizin ist den Kinderschuhen entwachsen. An jedem Tag werden allein in Deutschland durchschnittlich sechs Nieren, ein Herz und eine Leber übertragen. [...] Die Zahl von Organtransplantationen nimmt derzeit geradezu explosionsartig zu. Zusätzlich werden immer neue Anwendungsgebiete erschlossen und neue Verfahren entwickelt. Immer mehr schwerkranke Menschen setzen ihre letzte Hoffnung in ein neues, funktionstüchtiges Organ. Die Organtransplantation wird zudem als typisches Beispiel einer hochentwickelten High tech Medizin angesehen. Sie ist ein Symbol für einen generellen Entwicklungstrend in der Medizin. Deshalb dient gerade die Transplantationsmedizin als eine konkrete Zielscheibe für ein allgemeines, diffuses Unbehagen an einer modernen, naturwissenschaftlich orientierten Medizin.
Wie jede neue Technik zieht die Transplanta-

tion tatsächlich neue Probleme nach sich, und in der Tat gibt es möglicherweise ungeahnte Rückwirkungen auf unser Menschenbild, auf die Gesellschaft und bisher als sicher verbürgte Werte. Überhaupt sind Innovationen in der Medizin in dieser Hinsicht besonders folgenreich, setzen sie doch am Menschen direkt an.

Thomas Schlich, Arzt
(Transplantation. Geschichte, Medizin, Ethik der Organverpflanzung, C. H. Beck Verlag, München 1998)

1. Diskutieren Sie die Vor- und Nachteile, die sich durch die Transplantationsmedizin ergeben könnten.

Probleme der Organverteilung in Deutschland

Organspender
Anzahl pro Jahr

(Liniendiagramm 1997–2006, Werte ca.: 1997: 1090; 1998: 1125; 1999: 1050; 2000: 1040; 2001: 1085; 2002: 1040; 2003: 1150; 2004: 1090; 2005: 1235; 2006: 1270)

DSO.07

Einverständnis zur Organentnahme bei Hirntoten
· *enge Zustimmungslösung*
Organentnahme nur dann möglich, wenn der Spender zu Lebzeiten seine Erlaubnis dazu erteilt hat
· *erweiterte Zustimmungslösung*
Organentnahme auch dann möglich, wenn die Angehörigen stellvertretend zustimmen
· *Widerspruchslösung*
Organentnahme erlaubt, sofern der Spender zu Lebzeiten nicht ausdrücklich widersprochen hat
In Deutschland gilt die erweiterte Zustimmungslösung.

2. Welche Vor- und Nachteile sehen Sie in den einzelnen Lösungen. Begründen Sie Ihren Standpunkt.
3. Wovon ist die Bereitschaft, Organe zu spenden, abhängig? Entwickeln Sie Vorschläge.
   · Organspende – moralisch verpflichtend?
   · Sollten nur diejenigen ein Spendeorgan bekommen, die vorher selbst dazu bereit waren?
4. Formulieren Sie Ihre Meinung in Form einer Standpunktrede.

Gerechte Verteilung

Die Verteilung von Organen kann in drei Phasen gegliedert werden:
1. Überweisung zur Behandlung;
2. Auswahl von Patienten zur Aufnahme auf die Warteliste;
3. Verteilung von Organen auf bereits wartende Patienten auf den Listen.

Drei Patienten eines Transplantationszentrums stehen wegen rasch fortschreitendem Leberversagen bei Eurotransplant auf der Warteliste. Alle drei werden innerhalb von Tagen versterben, wenn sie kein Organ erhalten. Das Transplantationszentrum hat nun die Möglichkeit, maximal einem der Patienten eine hohe Dringlichkeitsstufe zuzuweisen, was bedeutet, dass er oder sie ganz oben auf die Warteliste kommt und damit voraussichtlich in Kürze ein Organ erhalten wird. Wer sollte bei gleicher medizinischer Erfolgsaussicht als besonders dringlicher Fall gemeldet werden?

1. Eine 40jährige Mutter von drei noch schulpflichtigen Kindern: Fortschreitendes Leberversagen nach Hepatitis C Infektion unbekannter Ursache; gute Compliance* der Patientin.

2. Ein 25jähriger Bauschlosser: Wegen seiner Erkrankung seit längerem arbeitsunfähig; Leberzirrhose wegen Alkoholabusus seit dem 15. Lebensjahr, seit 6 Monaten abstinent; Compliance ist fraglich.

3. Ein 65jähriger Großunternehmer und Kunstmäzen der Region: Ursache der Leberzirrhose unbekannt, wartet von allen drei Kandidaten am längsten auf eine Transplantation; gute Compliance.

(Claudia Wiesemann; Nikola Biller-Andorno: Medizinethik, Georg Thieme Verlag, Stuttgart 2005, S. 133)

1. Wer soll als besonders dringlich gemeldet werden? Begründen Sie Ihre Auffassung.
2. Informieren Sie sich über die Auswahlkriterien von Eurotransplant. Diskutieren Sie, inwieweit diese Kriterien gerecht sind. Um welche weiteren Kriterien würden Sie die Liste ergänzen? Begründen Sie.

Französin zeigt fremdes Gesicht

Paris (dpa). Mit dem Anflug eines Lächelns hat sich gestern die erste Frau, die Teile eines fremden Gesichts erhalten hatte, der Öffentlichkeit gestellt. „Seit der Operation habe ich ein Gesicht wie alle anderen", sagte die 38jährige Französin Isabelle Dinoire im Krankenhaus von Amiens. Sie wolle jetzt „wieder ein normales Leben aufnehmen". Die Patientin dankte ihren Ärzten und Psychologen sowie der Familie der Spenderin. Ihre Ärzte teilten mit, die Erlaubnis für die nächsten fünf Gesichtstransplantationen beim Gesundheitsministerium in Paris beantragt zu haben. [...] Die Französin war am 27. Mai 2005 von ihrem Hund im Gesicht schwer entstellt worden. Bei der Operation am 27. November erhielt sie das Unterteil des Gesichtes – ein Dreieck aus Nase, Mund und Kinnpartie – von einer hirntoten Organspenderin.

(„Oschatzer Allgemeine Zeitung" vom 7.2.2006)

1. Diskutieren Sie: Sind die Grenzen der Transplantationsmedizin hier überschritten worden? Warum? Warum nicht?
2. Ab wann ist die Grenze überschritten? Führen Sie dazu eine *sokratisches Gespräch im Kurs.

Alternativen zur Todspende

Es gibt einen Mangel an Organen, sodass immer wieder die Forderung nach Lebendorganspenden gestellt wird. Andere meinen, dass die Zukunft der Transplantationsmedizin in der Xenontransplantation liege, andere in der Entwicklung künstlicher Organe, wiederum meinen eine Reihe von Wissenschaftlern, dass die Zukunft in der Organzüchtung liege.

3. Informieren Sie sich in Gruppen über den Entwicklungsstand der jeweiligen Forschung. Setzen Sie sich mit Chancen und Risiken dieser Vorstellungen auseinander.
4. Entwickeln Sie daraus eine Podiumsdiskussion.
   oder
   Führen Sie ein Rollenspiel durch:
   · eine 30-jährige Frau, durch einen unverschuldeten Autounfall hat sie eine beiderseitige Nierenverletzung, sie ist Dialyse-Patientin,
   · ein arbeitsloser Schlosser, der eine Niere verkaufen möchte,
   · ein Wissenschaftler, der die Xenontransplantation favorisiert,
   · ein Transplantationsarzt,
   · ein Techniker, der künstliche Organe entwickelt,
   · eine Entwicklungshelferin aus Indien.

Man braucht nur einen Blick in die Geschichte der Medizin zu werfen: Von den Anfängen der Impfung und den ersten chirurgischen Eingriffen in das Herz und das Gehirn über die Organtransplantationen (einschließlich künstlicher Organe und tierischer Implantate) bis hin zur Gentherapie gab es immer wieder Diskussionen darüber, ob nicht nunmehr die Grenze erreicht sei, an der auch medizinische Zwecke die weitere Technisierung des Menschen nicht mehr rechtfertigen könnten. Keine dieser Diskussion hat die Technik gestoppt. Moralische Vorbehalte gegen die Technik geben regelmäßig nach, wenn es darum geht, menschliches Leben zu erhalten oder das Leid einer Krankheit zu vermindern. Eine Moral, die die Natürlichkeit der menschlichen Natur gegen medizinische Eingriffe in diese Natur auszuspielen versucht, ist in unserer Gesellschaft moralisch nicht haltbar.

Wolfgang von den Daele, deutscher Professor für Soziologie
(Bioethik Versuchungen des Fundamentalismus.
In: Kursbuch 128, Berlin 1997, S. 89.)

5. Welchen Standpunkt vertritt der Autor? Stimmen Sie ihm zu? Warum? Warum nicht?
6. Entwerfen Sie in Gruppen ein Zukunftsbild der Medizin in 50 Jahren. Verwenden Sie dazu die Moderationsmethode. Stellen Sie es dem Kurs vor.

2.4.2.4 Ethische Herausforderungen am Anfang und Ende des Lebens

Der Anfang und das Ende des menschlichen Lebens, auch Zeugung und Geburt, sind nicht mehr nur natürliche Ereignis, insofern sie dem Manipulationshandeln des modernen Menschen ausgesetzt sind. Anfang und Ende des Lebens können sich dem helfenden, heilenden, oft aber auch verletzenden und schmerzenden, häufig wohl auch unethischen Eingriff moderner Technik nicht entziehen. Das Leben kann über den Tod des Herzens oder Hirns hinaus intensivmedizinisch verlängert werden; explantierte Organe können den Leib, dem sie entnommen wurden, als Teil eines anderen Leibes und Menschen um viele Jahre überleben. Leben kann außerhalb des Mutterleibes gezeugt oder auf verschiedene Weise innerhalb des Mutterleibes an Befruchtung oder Einrüstung gehindert werden. Die genannten und andere uns durch medizinische Fortschritte zugewachsenen Handlungsoptionen transponieren die Frage nach dem Anfang und Ende des Lebens aus dem Raum der curiositas, der theoretischen Neugierde, in den der responsibilitas, der Verantwortung für die Ziele und Grenzen des technisch möglichen Interventionshandelns. Sie verlangen auch nach einer ethischen und kulturellen Neubewertung des Verhältnisses von Kultur und Natur und der Aufgaben und Grenzen des kulturellen Manipulierens von Natur. [...] Diese neuen lebensweltlichen, ethischen wie kulturellen Probleme gehen weit über den Raum der ärztlichen Ethik und das Arzt Patient Verhältnis hinaus, bleiben aber nicht ohne Einfluss auf beide. Bei diesen Fragen wird besonders deutlich, dass neue lebensweltliche Probleme keine neue Ethik, sondern eine neue Bewertung tradierter und in Kultur und Religion überlieferter Werte und Prinzipien verlangen, dass also „Ethik in der Medizin" eingebettet in die „Ethik in der Gesellschaft" ist, in eine Ethik des Ethos im Umgang mit neuen technischen Möglichkeiten, an deren Entwicklung sich nicht nur das Schicksal der medizinischen Ethik, sondern das einer wertverpflichteten Gesellschaft überhaupt entscheiden wird.

Hans-Martin Sass, zeitgenössischer deutscher Philosoph (Medizinethik. In: Annemarie Pieper/Urs Thurnherr: Angewandte Ethik, C. H. Beck Verlag, München 1998, S. 102)

1. Stellen Sie in Thesenform die Kerngedanken des Textes dar.
2. Erarbeiten Sie in Kleingruppen Problemfelder, die sich medizin-ethisch zu Beginn und am Ende menschlichen Lebens stellen.

Wann ist der Mensch ein Mensch?

Niemand berichtet vom Anfang der Reise, vom frühen Horror
Betäubt in den Wassern zu schaukeln, vom Druck
In der Kapsel, vom Augenblick, der sie sprengt.
Wochenlang blutig, und das Fleisch wächst amphibisch
Zuckend wie die Frösche Galvanis, in Folie eingeschweißt.

Durs Grünbein, deutscher Lyriker
(In: gen-welten. Werkstatt Mensch? DHMD Dresden 1999, o. S.)

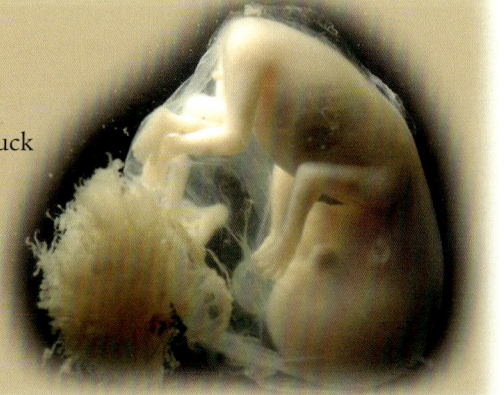

1. Welche Auffassung vertritt der Lyriker Grünbein? Stimmen Sie ihm zu? Warum? Warum nicht?

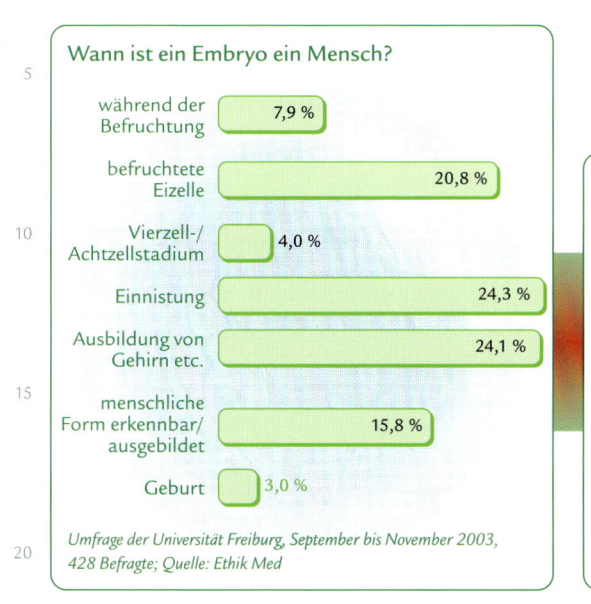

Wann ist ein Embryo ein Mensch?

- während der Befruchtung: 7,9 %
- befruchtete Eizelle: 20,8 %
- Vierzell-/Achtzellstadium: 4,0 %
- Einnistung: 24,3 %
- Ausbildung von Gehirn etc.: 24,1 %
- menschliche Form erkennbar/ausgebildet: 15,8 %
- Geburt: 3,0 %

Umfrage der Universität Freiburg, September bis November 2003, 428 Befragte; Quelle: Ethik Med

Das Grundgesetz der BRD

Artikel 1
(1) Die Würde des Menschen ist unantastbar. Sie zu achten und zu schützen ist Verpflichtung aller staatlichen Gewalt. [...]

Artikel 2
[...]
(2) Jeder hat das Recht auf Leben und körperliche Unversehrtheit. Die Freiheit der Person ist unverletzlich. [...]

2. Ist ein Embryo bereits ein Mensch im Sinne der Verfassung? Begründen Sie Ihren Standpunkt.

Was ist „menschliches Leben"?

Die Nachfragen zeigen, warum die übliche Redensart, dem Menschen komme Würde zu, keineswegs ausreicht, um die moralische Statusfrage zu beantworten. Oft wird so getan, als bestünde das einzige Problem in diesem Zusammenhang darin zu bestimmen, wann menschliches Leben beginne. Falls bereits mit der befruchteten Eizelle menschliches Leben vorläge, sei bereits die Zygote moralisch schätzenswert. Umgekehrt sprechen einige von „Präembryonen", als ob sich damit die Frage nach dem moralischen Status von Embryonen auflösen würde. Statt aber nach dem biologischen Beginn menschlichen Lebens zu fragen, sollte vielmehr zuerst geklärt werden, welche Eigenschaften ein Lebewesen besitzen muss, um moralische Achtung zu genießen. Die Naturwissenschaften allein helfen dabei nicht weiter, denn es handelt sich um eine normative Frage.
Selbst wenn man geneigt ist, ohne weitere Angabe von Gründen dem menschlichen Leben generell einen unbedingten Schutzstatus zuzugestehen, muss die Frage beantwortet werden, was genau unter „menschlichem Leben" zu verstehen ist.

Thomas Schramme, zeitgenössischer deutscher Philosoph (Bioethik, Campus, Frankfurt a. M. 2002, S. 90)

3. Beantworten Sie die Frage des Autors, „welche Eigenschaften ein Lebewesen besitzen muss, um moralische Achtung zu genießen". Begründen Sie Ihren Standpunkt.
4. Setzen Sie sich in einem philosophischen Essay mit der Frage auseinander, was sie unter „menschlichem Leben" verstehen.

Vier Jahre Haft für tödliche Tritte

Lübeck. Für die tödlichen Tritte gegen sein Kind im Mutterleib hat das Landgericht Lübeck gestern einen 18-Jährigen zu vier Jahren Jugendstrafe verurteilt. Im August 2005 hatte der junge Mann seiner im achten Monat schwangeren Freundin aufgelauert und ihr in den Bauch getreten. Das kleine Mädchen kam tot zur Welt, die Mutter konnte nur durch eine Notoperation gerettet werden. Die Richter werteten die Tat des Jugendlichen als Schwangerschaftsabbruch im besonders schweren Fall in Tateinheit mit gefährlicher Körperverletzung.

(„Oschatzer Allgemeine Zeitung" vom 11.2.2005)

> Der Täter wurde nicht wegen Mordes angeklagt, da nach dem Bürgerlichen Gesetzbuch die Rechtsfähigkeit des Menschen mit dem Geburtsvorgang beginnt und ein Nichtgeborenes Bestandteil des Körpers der Mutter ist.

Mensch von Anfang an

Die christliche Ethik zumindest katholischer Prägung hält mit guten Gründen bzw. aus guten Gründen und mit Recht am Zeitpunkt der Verschmelzung der beiden Keimzellen, also der Eizelle und der Samenzelle, als dem Beginn des Menschseins fest. Die guten Gründe sind folgende:

Mit der genannten Keimzellenverschmelzung, also mit der Befruchtung, ist individuelles Leben, im Normalfall **ein** individuelles Leben, im Falle einer eineiigen Zwillings- oder Mehrlingsentwicklung eben in der Mehrzahl, grundgelegt und unwiderruflich festgelegt, festgelegt in dem Sinn, dass sich daraus individuelles menschliches Leben in einem kontinuierlichen Prozess weiterentwickelt, sofern dieser Prozess nicht auf natürlichem Weg oder auf künstlichem Weg beendet wird, also der Embryo nicht abstirbt oder vernichtet wird. Der Embryo entwickelt sich also **nicht zum** Menschen, sondern **als** Mensch. Alle konstitutiven Merkmale des Menschseins, auch des personalen Menschseins, sind im Embryo grundgelegt, und normalerweise gelangen sie in einem kontinuierlichen Prozess auch zu ihrer Entfaltung. Der Mensch ist also mit sich selbst identisch von der Befruchtung bis zum Tod. [...] Das heißt: Für eine humane Ethik mit dem Bekenntnis zur Menschenwürde, aus der als wesentliches Element ein strenges Tötungsverbot resultiert, besitzt die Leibesfrucht vom Augenblick der Keimzellenverschmelzung an eine hohe Würde.

Valentin Zsifkovits, zeitgenössischer österreichischer Philosoph (Medizinethik mit Herz und Vernunft, Lit Verlag, Münster 2004, S. 28 f.)

Gradualismus

anthropologische Potentialität	Grad der Schutzwürdigkeit.
(1) menschlicher Keim vor der Einnistung (16. Tag)	gering.
(2) Embryo zwischen Individuation und Gestaltwerdung (3.–12. Woche)	eher gering.
(3) Embryo zwischen Gestaltbildung und Ausbildung des Gehirns, Schmerzfähigkeit (13.–25. Woche)	deutlich anwachsende Berücksichtigungswürdigkeit, aber Abwägungen sind immer noch möglich.
(4) Ansatzweise Gehirntätigkeit u. Verschaltung (26.–36. Woche)	dringliche Berücksichtigungswürdigkeit, Abtreibung nur in Ausnahmefällen erlaubt.
(5) Geburt	hohes Maß an Schutzwürdigkeit, (möglicherweise) aktives Sterbenlassen oder Sterbebeschleunigung erlaubt.

Der Wert eines Fötus

Ich schlage daher vor, dem Leben eines Fötus keinen größeren Wert zuzubilligen als dem Leben eines nichtmenschlichen Lebewesens auf einer ähnlichen Stufe der Rationalität, des Selbstbewusstseins, der Wahrnehmungsfähigkeit, der Sensibilität etc. Da kein Fötus eine Person ist, hat kein Fötus denselben Anspruch auf Leben wie eine Person. Ferner ist es sehr unwahrscheinlich, dass Föten von weniger als achtzehn Wochen überhaupt fähig sind, etwas zu empfinden, weil ihr Nervensystem allem Anschein nach noch nicht genug entwickelt ist. Wenn das so ist, dann beendet eine Abtreibung bis zu diesem Datum eine Existenz, die überhaupt keinen Wert an sich hat. In der Zeit zwischen achtzehn Wochen und der Geburt, wenn der Fötus vielleicht bewusst, aber nicht selbstbewusst ist, beendet die Abtreibung ein Leben, das einen gewissen Wert an sich hat, und somit sollte sie nicht leichtgenommen werden. Aber die schwerwiegenden Interessen einer Frau haben normalerweise den Vorzug gegenüber den rudimentären Interessen des Fötus.

*Peter Singer, zeitgenössischer australischer Philosoph (Praktische Ethik, Übersetzt von Oscar Bischoff, Reclam Verlag, Stuttgart 1994, S. 198)

1. Erarbeiten Sie die unterschiedlichen Standpunkte zum Beginn menschlichen Lebens in Gruppen. Lesen Sie dazu auch noch einmal Singers Gedanken zum Präferenzutilitarismus auf den Seiten 59/60 in diesem Buch.
2. Untersuchen Sie die Folgen der jeweiligen Auffassungen für
    · die Abtreibungsproblematik,
    · die Präventivmedizin,
    · den Umgang mit schwerstgeschädigten Neugeborenen,
    · die Forschung und Therapie mit Embryonen (siehe auch die Seiten 60–65 in diesem Buch).

Es gibt keine internationale einheitliche Rechtsprechung über Schwangerschaftsabbruch und der Akzeptanz der Forschung am beginnenden menschlichen Leben. Informieren Sie sich über die verschiedenen Rechtsprechungen zu diesem Thema und halten Sie Kurzreferate dazu.

Wann hat ein Mensch die Grenze zum Tod unwiderruflich überschritten?
Forschung am Sterbebett – Ärzte nutzen die Körper klinisch toter Patienten für Studien, die den Lebenden helfen sollen

Axel Rosengart ist einer jener Ärzte, bei denen niemand Patient sein will. Der deutsche Neurochirurg arbeitet im Klinikum der Universität Chicago mit Kopfverletzten – wer zu ihm gebracht wird, liegt oft bereits tief im Koma, etwa nach einem Autounfall oder einem Sturz vom Motorrad. Viele seiner Patienten haben ein Gehirntrauma erlitten, und häufig verschlimmert sich die Situation in den nachfolgenden Stunden und Tagen: Das Gehirn schwillt an oder erwärmt sich, Blutungen weiten sich aus. „Diese sekundären Prozesse können mehr Schäden anrichten als das Ursprungstrauma", sagt Rosengart, der oft zusehen muss, wie seine Patienten an den Folgeerscheinungen sterben.

Vertrackt ist: Wüsste Rosengart, was sich im Kopf abspielt, könnte er möglicherweise rettend eingreifen. Doch anders als etwa Kardiologen, die „ihr" Organ per EKG kontinuierlich überwachen können, müssen Gehirnspezialisten ihre Patienten aufwändig in den Computer- oder Kernspintomografen schieben, um durch die Schädelwand einen Blick auf das

Gehirn zu erhaschen. Einem Schwerverletzten kann man so etwas nur einmal pro Tag zumuten. „Alles, was wir kriegen, sind Schnappschüsse von Dingen, die sich teils vor Stunden oder Tagen abgespielt haben", klagt Rosengart. [...]

Doch Rosengart hatte ein Problem. Wie sollte er die Sonde testen? Von Gesunden konnte er nicht verlangen, dass sie sich experimentell im Schädel herumfuhrwerken lassen. Von Kranken erst recht nicht. Und so wandte er sich der einzigen Gruppe zu, der seine Versuche nichts ausmachen würden: den Toten.

Dazu muss man wissen, dass Tote auf Rosengarts Station oft verwirrend den Lebenden ähneln. Viele Patienten dort sterben, weil ihre Gehirnfunktion erlischt, doch dank moderner Maschinen und Medikamente schlägt ihr Herz weiter, ihre Brust hebt und senkt sich, und ihre Haut ist warm. In vielerlei Hinsicht erscheinen sie noch so lebendig, „dass es den Familien oft schwer fällt, den Tod zu akzeptieren", sagt Rosengart. „Dieses Zwischenstadium«, sagt der Neurochirurg, „bietet einzigartige Möglichkeiten für die Forschung." Mittlerweile hat er seine Gehirnsonde an rund zehn solcher Leichen ausprobiert.
[...]
Klinisch Tote sind für Forscher so wertvoll, weil ihr Körper in vielen Belangen funktioniert wie der eines lebenden Menschen. Deshalb nutzen sie Forscher, um neue Medikamente und Therapien zu entwickeln. Der Onkologe Wadih Arap injizierte am MD Anderson Cancer Center in Houston einem hirntoten Patienten Millionen von harmlosen Viren, die er genetisch mit einem Peptid ausgestattet hatte. Peptide sind kurze Sequenzen von Aminosäuren. Sie wirken wie ein Navigator, indem sie Viren – oder Zellen – zielgerichtet zu bestimmten Organen lenken. Arap möchte die Peptide in organspezifischen Krebstherapien einsetzen. Kurz nachdem er die Viren gespritzt hatte, fand er die Aminosäuren in der Haut, in Muskeln, Knochenmark, Prostata, Fett und Leber. Das Blut hatte sie dorthin transportiert. An Leichen ohne Herzschlag wäre so ein Experiment unmöglich. [...]

Dürfen auch deutsche Mediziner an Hirntoten forschen? Sie dürfen, obwohl die Frage nicht ausdrücklich gesetzlich geregelt ist. In diesem Fall kämen die Vorschriften des Transplantationsgesetzes zur Anwendung, erklärt der Mannheimer Rechtsprofessor Jochen Taupitz, der dem Nationalen Ethikrat angehört.

Ute Eberle
(„DIE ZEIT" vom 09.6.2005)

Diskutieren Sie: Forschungen am sterbenden oder am toten Menschen? Ist es überhaupt notwendig, diese Unterscheidung zu treffen? Warum? Warum nicht?

Herz-Kreislauf-Tod
Alle zentralen Körperfunktionen selbst müssen zusammengebrochen sein (Herz, Kreislauf, Atmung.)

Hirntod
Hiernach werden Menschen für tot erklärt, wenn der vollständige und endgültige Ausfall der Gehirnfunktionen festgestellt wurde. Durch apparative Beatmung und Medikamente werden Kreislauf und Sauerstoffversorgung künstlich aufrechterhalten.

Teilhirntod
Hiernach sind Menschen im ethisch bedeutsamen Sinn tot, wenn deren Bewusstsein, Denken, Urteilen und Fühlen für immer erloschen ist – im Gegensatz zum Ganzhirntod auch dann, wenn sie noch spontan atmen, weil der Hirnstamm noch funktioniert.

Hirntod-Definition als Vorteil?

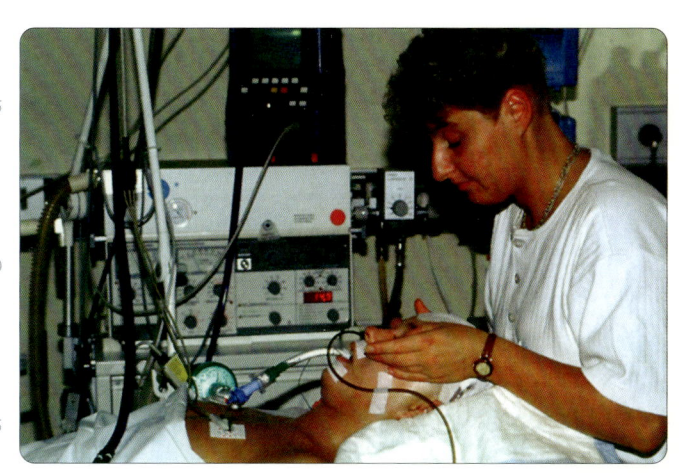

Was die ethischen Probleme des Umgangs mit dem Ende des menschlichen Lebens betrifft, so scheint uns ein vorläufiger Konsens gelungen zu sein, der sich in der „Hirntoddefinition" manifestiert. 1968 machte eine ad hoc Kommission der Harvard Medical School diesen Vorschlag, den personalen Tod eines Menschen mit dem Ende der Funktion des „Hirnorgans" gleichzusetzen. Die neue Formel fand weite Verbreitung, weil sie im abendländischen Kulturkreis kulturgeschichtlich gut begründet werden kann. [...]
Dieser Wechsel von der traditionellen Herz Kreislauf-Definition zur Hirntoddefinition hatte bemerkenswerte ethische und medizinische Vorzüge: (1) Menschliches Leben, das nicht länger Schmerzen empfinden oder kommunikativ sich mitteilen kann, muss nicht verlängert werden; emotionale, ethische, kulturelle, medizinische und ökonomische Kosten brauchen nicht mehr übernommen werden. (2) Organe und Gewebe stehen für Mitmenschen zur Verfügung, die anderweitig, leiden oder früher sterben würden; medizinisches Ethos und mitmenschliche Solidarität erhalten neue Möglichkeiten beruflicher und menschlicher Hilfeleistung. (3) Eine kleine Liste biomedizinischer Kriterien von bioethischer Relevanz ersetzt Entscheidungen im Einzelfall; damit ist ein undiskutierbares Kriterium vorhanden, das von der ethischen Tradition abgedeckt ist und das vor seinem Eintritt den vollen medizinischen und rechtlichen Schutz und die ungeteilte ethische Solidarität mit dem Mitmenschen fordert, nach seinem Eintritt aber einen solchen Schutz und eine solche ethische Respektierung nicht mehr begründet.

Hans-Martin Sass, zeitgenössischer deutscher Philosoph (Wann beginnt das menschliche Leben? In: Urban Wiesing: Ethik in der Medizin, Reclam Verlag, Stuttgart 2000, S. 165)

1. Stimmen Sie mit den genannten Vorzügen überein? Warum? Warum nicht?
2. Welche Nacheile können sich aus der Definition ergeben?
3. Teilhirn-Tod – welche Gründe sprechen dafür, welche dagegen?

> Das Verscheiden eines Menschen sollte von Pietät umhegt und vor Ausbeutung geschützt sein.
>
> **Hans Jonas, deutsch-amerikanischer Philosoph (Technik, Medizin und Ethik, Insel Verlag, Frankfurt am Main, 1987, S. 223)*

4. Wie könnte diese Forderung von Hans Jonas konkret umgesetzt werden? Erarbeiten Sie dazu in kleinen Gruppen Vorschläge.
5. Schreiben Sie einen *Essay zum Thema: Wann ist der Mensch tot?
   Informationen zum Thema Hirntod erhalten Sie kostenlos bei der Bundeszentrale für gesundheitliche Aufklärung: www.bzga.de

3. Kritik der Ethik

Henri Matisse: Die Lebensfreude (1905/06)

Was verbinden Sie mit dem Begriff Lebensfreude?
Schreiben Sie dazu einen *Haiku.

3.1 Der Kynismus: Alles ist erlaubt

Diogenes und Rock'n Roll

Diogenes war Sohn eines Bankiers, soll Geld gefälscht haben, wurde deswegen verbannt, als Sklave verkauft und lebte nach seiner Freilassung auf der Straße. Als Schlafstätte benutzte er eine alte Tonne. Diogenes, der Philosoph, der am hellichten Tage mit seiner Lampe auf dem Marktplatz nach „Menschen" sucht, ist im Internet nicht zufällig in Gesellschaft der alten Bluesmusiker zu finden. Wie sie lebt er auf der Straße und liebt die Unabhängigkeit. Diogenes hat nicht nur den Blues, seine Philosophie ist auch Rock 'n' Roll.
You ain't nothing but a hound dog.

Man nennt ihn wegen seiner rüden Art „Kyon", Hund. Er ist, wie der Rock 'n' Roll, am Anfang kein Schoßhund der Schickimickigesellschaft, sondern ein „hound dog", ein frecher Spürhund – ein Spürhund für das falsche und verlogene Leben. Das richtige Leben findet für Diogenes nicht nur im Kopf statt, es hat einen Körper. Nicht körperbezogene Philosophie lehnte er ab. Bei Diogenes von Sinope kann man, ohne zu zögern, sagen: Seine Selbstsorge ist sein Körper, seine Lehre ist seine Lebensweise. Als der große Platon die berühmte Ideenlehre seinen Adepten vorträgt, lässt Diogenes als Kommentar dazu einen Furz und geht lachend weg. Er onanierte öffentlich mit der Bemerkung: „Wenn man nur auch den Hunger stillen könnte, indem man sich den Bauch reibt!" Und zu seiner Sklavenzeit antwortete er auf die Frage eines potentiellen Käufers seiner Dienste, worauf er sich denn verstehe und welche Kunst er ausübe: „Ich bin ein Befreier der Menschheit, ein Arzt für seelische Leiden."
Diogenes war eine Art Dr. Feelgood der Philosophie. Positives Denken, meinte er, gilt es zuallererst einzuüben und einzutrainieren. „Gar nicht so schlecht", war sein Wahlspruch in allen Lebenslagen. Auch als er verbannt wurde, sagte er: „Gar nicht so schlecht", denn er fing in der Verbannung an zu philosophieren. Seine Übungen der Selbstsorge sind einfach, aber hart. Nach seinen wichtigsten philosophischen Vitaminen als Seelenarzt befragt, antwortet er:
„Frech musst du sein und rücksichtslos und jedem ohne Ausnahme, vom einfachen Bürger bis zum König, die Wahrheit ins Gesicht schleudern. So werden sie dir Beachtung schenken und dich für mutig halten. Deine Sprache soll fremdartig sein, deine Sprechweise schnarrend – genau wie ein Hund. Dein Gesicht wirke angespannt, dein Gang so, wie es sich für ein solches Gesicht schickt, und der Gesamteindruck tierisch, wild. Keine Spur von Respekt, Anstand, Mäßigung darf dir bleiben ... Verrichte hemmungslos vor aller Augen, was man sonst einmal im Verborgenen tut, und was Sex betrifft, praktiziere die lächerlichsten Varianten. Und schließlich, wenn du Lust hast, friss einen rohen Kraken oder Tintenfisch, und stirb! Das ist das Glück, das wir dir garantieren können."

Theo Roos, freier Philosoph und Filmemacher
(Philosophische Vitamine – Die Kunst des guten Lebens,
Kiepenheuer & Witsch, Köln 2005, S. 85/86)

1. Wie beurteilen Sie das Verhalten des Diogenes von Sinope?
2. Warum haben Tabubrüche manchmal eine heilende Wirkung?
3. Sammeln Sie berühmte Tabubrüche aus der Welt der Kunst oder Politik und bewerten Sie diese.

Der Begründer der kynischen Philosophie, die bis weit hinein in die Römerzeit wirkte, war Antisthenes. Er gehörte fast 20 Jahre lang zu den Schülern des Sokrates und soll ihm aus Ehrfurcht nie widersprochen haben. Erst nach dessen Tod 399 v. Chr. begann er, eine eigene Schule ins Leben zu rufen. Er kleidete sich wie die einfachen Bürger und philosophierte mit ihnen in einer verständlichen Sprache wie Sokrates, der auf dem Marktplatz von Athen mit jedermann und -frau gesprochen hatte. Seine Ziele waren die Abschaffung von Ehe und Eigentum, was später auch der Philosoph Platon forderte sowie das Ende der Sklaverei und des Staates, der die Menschen in ihrem Leben bevormundet und ständigem Zwang aussetzt. Stattdessen war die Heimat der Kyniker der Kosmos, der alle Menschen umfasst. Sie werden deshalb auch Kosmopoliten genannt, was so viel heißt wie Heimatlose. – Zu den wichtigsten Schülern des Antisthenes gehörte wiederum Diogenes von Sinope. Er lehnte entschieden den Luxus der athenischen Gesellschaft ab. Vor allem über Diogenes wurden der Nachwelt verschiedene Anekdoten überliefert. Er war der Sohn eines damals berühmten Geldfälschers und wurde anfänglich von Antisthenes verachtet. Dennoch schloss er sich seiner Schule an und ließ sich auch durch Schläge mit der Peitsche nicht vertreiben. Er hielt die ganze Welt für eine Fälschung, weil die Menschen nach Reichtum und nicht nach Wahrheit streben. Deshalb entschloss er sich, alle Bedürfnisse abzulegen und wie ein Hund zu leben. Vom dem griechischen Wort **kyon**, das auf Deutsch Hund heißt, leiteten die Kyniker auch ihren Namen ab. Diogenes erhielt sogar den Beinamen „der Hund". Er lebte in einer Tonne oder wie er selbst sagte, in einer Hundehütte. Sein einziges Eigentum war eine Kürbisschale, die er zum Wassertrinken verwendete. Als er jedoch feststellte, dass die Hunde zum Trinken auch keine Schale benötigen, warf er diese ebenfalls fort. – Die Kyniker lehnten alle Kulturgüter ab. Für sie war es wichtig, in Einklang mit der Natur zu leben. Und da die Natur nichts Hässliches oder Unanständiges kennt, waren auch Regeln des Anstands tabu.

Alexander der Große besucht Diogenes in seiner Tonne.

Informieren Sie sich über die wichtigsten Vertreter der Kyniker, u. a. Hipparchia und Krates. Lesen Sie hierzu auch das erste Kapitel in dem Buch „Berühmte Paare der Philosophie", Militzke, Leipzig 2005.

3.2 Der Nihilismus: Neue Werte schaffen

Tugend – hat mich noch nie rasend gemacht!

*Friedrich Nietzsche war einer der schärfsten Kritiker der Ethik. In seinem Buch „Also sprach Zarathustra" stellt er die Forderung auf, dass sich die Menschen von den starren Regeln der Gesellschaft, der Moral und des Christentums lösen müssen. Nur so kann sich ein „freier, schöpferischer Geist" entwickeln. Nietzsche prägte dafür den Begriff des Übermenschen, der später in der Zeit des Nationalsozialismus in seiner Bedeutung missbraucht wurde. Nietzsches Übermensch zeichnet sich dadurch aus, dass er alle bisherigen Werte überwindet und sich durch seinen schöpferischen Geist von den anderen Menschen absetzt.
In dem folgenden Textausschnitten kritisiert der Weise Zarathustra das Fundament der bisherigen Ethik.

Was ist das Größte, das ihr erleben könnt? Das ist die Stunde der großen Verachtung. Die Stunde, in der euch auch euer Glück zum Ekel wird und ebenso eure Vernunft und eure Tugend.
Die Stunde, wo ihr sagt: „Was liegt an meinem Glücke! Es ist Armut und Schmutz und ein erbärmliches Behagen. Aber mein Glück sollte das Dasein selber rechtfertigen!"
Die Stunde, wo ihr sagt: „Was liegt an meiner Vernunft! Begehrt sie nach Wissen wie der Löwe nach seiner Nahrung? Sie ist Armut und Schmutz und ein erbärmliches Behagen!"
Die Stunde, wo ihr sagt: „Was liegt an meiner Tugend! Noch hat sie mich nicht rasen gemacht. Wie müde bin ich meines Guten und meines Bösen! Alles das ist Armut und Schmutz und ein erbärmliches Behagen!"
Die Stunde, wo ihr sagt: „Was liegt an meiner Gerechtigkeit! Ich sehe nicht, dass ich Glut und Kohle wäre. Aber der Gerechte ist Glut und Kohle!"
Die Stunde, wo ihr sagt: „Was liegt an meinem Mitleiden! Ist nicht Mitleid das Kreuz, an das der genagelt wird, der die Menschen liebt? Aber mein Mitleiden ist keine Kreuzigung."
Spracht ihr schon so? Schreit ihr schon so? Ach, dass ich euch schon so schreien gehört hätte!
Nicht eure Sünde – eure Genügsamkeit schreit gen Himmel, euer Geiz selbst in eurer Sünde schreit gen Himmel! […]
Als ich zu den Menschen kam, da fand ich sie sitzen auf einem alten Dünkel: alle dünkten sich lange schon zu wissen, was dem Menschen gut und böse sei.
Eine alte müde Sache dünkte ihnen alles Reden von Tugend; und wer gut schlafen wollte, der sprach vor Schlafengehen noch von „Gut" und „Böse".

Diese Schläferei störte ich auf, als ich lehrte: was gut und böse ist, das weiß noch niemand: es sei denn der Schaffende! –
Das aber ist der, welcher des Menschen Ziel scharrt und der Erde ihren Sinn gibt und ihre Zukunft: Dieser erst schafft es, dass etwas gut und böse ist.

Und ich hieß sie ihre alten Lehrstühle umwerfen und wo nur jener alte Dünkel gesessen hatte; ich hieß sie lachen über ihre großen Tugendmeister und Heiligen und Dichter und Welterlöser.

*Friedrich Nietzsche, deutscher Philosoph
(Also sprach Zarathustra, Manesse Verlag,
Zürich 2000, S. 13 und 275*

1. Erarbeiten Sie ein Kurzreferat über den persischen Religionsstifter Zarathustra.
2. Überlegen Sie anschließend, warum Nietzsche den Zarathustra zur Hauptperson seiner ethikkritischen Schrift gemacht hat.
3. Formulieren Sie zu Zarathustras Position über die Tugend im ersten Abschnitt des Textes eine Gegenposition in Form eines *Aphorismus.

Der neue Mensch ist der „Sinn der Erde"

Durch das gesamte Werk hindurch benutzt Nietzsche Bilder des Fliegens, Tanzens und Spielens, um seine neue Lebenshaltung und seine Abkehr vom „Geist der Schwere" zu charakterisieren. Auch Jesus von Nazareth hatte von seinen Anhängern gefordert: „Werdet wie die Kinder!" Doch während die christliche Unschuld mit intellektueller Bescheidenheit und einem naiven Vertrauen in die göttliche Lehre verbunden ist, bezieht sich Nietzsches kindliche Unschuld auf das Diesseits, auf die Welt. Der Mensch soll der Welt wie ein Kind gegenübertreten, ohne die alten moralischen Bewertungen und ohne metaphysische Schablonen. Er soll sie unbefangen in sich aufnehmen, er soll spielerisch und schöpferisch mit ihr umgehen – wie ein Kind, das mit allen Dingen, die ihm in die Hände fallen, neue Spiele erfindet. Nietzsche spricht deshalb von der kindlichen Unschuld als einem „heiligen Ja-Sagen".

Mit diesem Ja-Sagen hat sich der Mensch erst wirklich aus der Dekadenz gelöst und eine neue, entscheidende Entwicklungsstufe erreicht. Diese ja-sagende Haltung ist auch die des Übermenschen. Das Bild des Kindes und das des Übermenschen müssen im Zarathustra vom Leser zusammengeführt werden. Der Übermensch ist für Nietzsche der „Sinn der Erde". Er repräsentiert die höchste Stufe der menschlichen Selbstverwirklichung. Der Mensch ist ein Versuch, ein Experiment – das erst im Übermenschen gelingt.

Im Übermenschen hat Nietzsche seine neuen Tugenden und seine Vorstellung von der „großen Gesundheit" gebündelt: Er ist klug, stolz, mutig, unbekümmert, gewalttätig, schöpferisch und offen für Veränderungen. Auch Leiden und Vergänglichkeit sieht er als Quellen der Lust. Schlüsselwörter dieser neuen Haltung sind der „Leib" und die „Erde". Wie Montaigne, den er sehr verehrte, wertet Nietzsche den Körper gegenüber dem Geist und gegenüber der Seele auf. Statt einer Herrschaft der Vernunft oder einer Unsterblichkeit der Seele propagiert er die „Begeisterung des Leibs".

*Robert Zimmer, zeitgenössischer deutscher Philosoph
(Das Philosophenportal, dtv, München 2004, S. 173/174)*

4. Formulieren Sie mit eigenen Worten, warum Nietzsche die bisherige Ethik kritisiert.
5. Lesen Sie zur gesamten Interpretation des „Zarathustra" das o. g. Buch von Robert Zimmer auf den Seiten 164–178.

3.3 Alles egal? Das Problem des ethischen *Relativismus

M. C. Escher, Relativität

1. Benennen Sie die Situationen, in denen sich die Menschen auf dem Bild befinden. In welchem Verhältnis stehen sie zueinander? Welche Bedeutung kommt den Treppen zu?
2. Diskutieren Sie darüber, was Sie unter Relativität verstehen und welche Beziehung das Bild zu dem folgenden Text hat.

Gerade die kulturellen Verschiedenheiten sind es, die uns dazu herausfordern, nach einem Maßstab der Beurteilung zu fragen. Gibt es einen solchen Maßstab? [...]
Wir wollen uns einer Beantwortung der Frage dadurch annähern, dass wir zwei extrem entgegengesetzte Standpunkte prüfen, die nur in dem einen Punkt übereinstimmen, dass sie nämlich jede inhaltliche Allgemeingültigkeit leugnen: also zwei Varianten des ethischen Relativismus. Die erste These lautet etwa: Jeder Mensch sollte der in seiner Gesellschaft herrschenden Moral folgen. Die zweite lautet: Jeder sollte seinem Belieben folgen und tun, wozu er Lust hat. Beide Thesen halten einer vernünftigen Prüfung nicht stand. Betrachten wir zunächst die These: *„Jeder sollte der in seiner Gesellschaft herrschenden Moral folgen."* Diese Forderung verwickelt sich in drei Widersprüche. *Erstens* widerspricht sie sich schon insofern, als der, der sie aufstellt, damit ja gerade wenigstens eine allgemeingültige Norm aufstellen will, nämlich die, dass man immer der herrschenden Moral folgen sollte. Nun könnte man einwenden, dabei handle es sich ja nicht um eine inhaltliche Norm, sondern sozusagen um eine Art Über- oder Meta-Norm, die mit den Normen der Moral selbst gar nicht in Konkurrenz treten könne. Aber so einfach ist die Sache nicht. Es kann zum Beispiel ein Bestandteil der herrschenden Moral sein, über die Moralen anderer Gesellschaften schlecht

zu denken, und die Menschen zu verurteilen, die diesen anderen Moralen folgen. Wenn ich nun einer solchen in meinem Kulturkreis herrschenden Moral folge, dann muss ich mich an dieser Verurteilung anderer Moralen beteiligen. Vielleicht gehört sogar zur herrschenden Moral einer bestimmten Kultur gerade ein missionarischer Elan, der die Menschen dazu anhält, in andere Kulturen einzudringen und deren Normen zu verändern. In diesem Fall ist es unmöglich, der genannten Regel zu folgen, das heißt zu sagen, alle Menschen sollen der bei ihnen herrschenden Moral folgen. Wenn ich der bei mir herrschenden Moral folge, muss ich gerade versuchen, andere Menschen davon abzubringen, nach ihrer Moral zu leben. In einer solchen Kultur lässt sich also nach dieser Regel überhaupt nicht leben.

Zweitens: Es gibt gar nicht immer die herrschende Moral. Gerade in unserer pluralistischen Gesellschaft konkurrieren verschiedene Moralauffassungen miteinander. Ein Teil der Gesellschaft zum Beispiel verurteilt die Abtreibung als Verbrechen. Ein anderer Teil akzeptiert sie und kämpft sogar gegen Schuldgefühle in diesem Zusammenhang. Das Prinzip, sich der jeweils geltenden Moral anzuschließen, belehrt uns also gar nicht darüber, für welche der geltenden Moralen wir denn optieren (1) sollen.

Drittens: Es gibt Gesellschaften, in denen das Verhalten eines Stifters, eines Propheten, Reformers oder Revolutionärs als vorbildlich gilt – eines Mannes, der sich seinerseits keineswegs der Moral seiner Zeit angepasst, sondern der diese verändert hat. Nun kann es zwar sein, dass wir seine Maßstäbe für gültig und eine erneute grundsätzliche Änderung nicht für erforderlich halten. Aber dann eben deshalb, weil wir von der inhaltlichen Richtigkeit seiner Weisungen überzeugt sind, und nicht deshalb, weil wir schlechthin Anpassung für das Richtige halten. Denn als vorbildlich gilt uns hier gerade jemand, der sich seinerseits nicht angepasst hat. Wem also soll sich hier der prinzipielle Anpasser anpassen?

Soviel zur ersten These. Sie verabsolutiert die jeweils herrschende Moral, definiert also die Worte „gut" und „böse" einfach durch diese und verwickelt sich dabei in die genannten Widersprüche.

Die *zweite These* verurteilt im Gegenteil jede geltende Moral als Repression, als Unterdrückung und verlangt, es solle jeder nach seinem Belieben handeln und nach seiner Fasson selig werden. Es ist danach allenfalls Sache des Strafgesetzbuches und der Polizei, gemeinschädliches Verhalten im Interesse der Betroffenen für den Handelnden so nachteilig zu machen, dass er es im eigenen Interesse unterlässt. Die erste These könnte man die autoritäre nennen, diese die anarchistische (2) oder individualistische. Prüfen wir auch sie. Sie erscheint uns auf den ersten Blick unsinniger als die erste, sie steht im unmittelbaren Gegensatz zu unserem moralischen Empfinden. Aber theoretisch ist sie eher schwerer zu widerlegen, und zwar deshalb, weil sie häufig den Charakter des konsequenten Amoralismus hat, für den es „gut" und „böse" in einem anderen Sinne als „gut für mich in bestimmter Hinsicht" gar nicht gibt. Einem Menschen dieser Art, der zwischen der Treue einer Mutter zu ihrem Kind, der Tat *Maximilian Kolbes, der Tat seiner Henker, der Skrupellosigkeit eines Dealers oder der Geschicklichkeit eines Börsenspekulanten gar keine Wertunterschiede wahrzunehmen vermag, fehlen gewisse fundamentale Erfahrungen und Erfahrungsmöglichkeiten, die durch Argumente nicht ersetzbar sind. Aristoteles schreibt: Leute, die sagen, man dürfe die eigene Mutter töten, haben nicht Argumente, sondern Schläge verdient. Vielleicht könnte man auch sagen, er hätte einen Freund nötig. Aber die Frage ist, ob er der Freundschaft fähig wäre. Die Tatsache, dass er vielleicht auf Argumente nicht hören mag, heißt nicht, dass es keine Argumente gegen ihn gibt.

(1) für etwas optieren – etwas bevorzugen
(2) anarchistisch – gesetzlos, willkürlich

Robert Spaemann, zeitgenössischer deutscher Philosoph
(Moralische Grundbegriffe, Verlag C. Beck, München 1994, S. 16–20)

1. Was unterscheidet die relativistische Position der Ethik von der autoritären?
2. Suchen Sie weitere Argumente gegen den ethischen Relativismus.

4. Gerechtigkeit – Illusion oder realisierbares Prinzip der menschlichen Gesellschaft?

4.1 Was heißt gerecht handeln?

Gerecht ist …

Gerechtigkeit entspringt dem Neide, denn ihr oberster Satz ist: Allen das Gleiche.
Walther Rathenau (1867–1922, Politiker der Deutschen Demokratischen Partei)

Und der vorherrschende Glaube an „soziale Gerechtigkeit" ist gegenwärtig wahrscheinlich die schwerste Bedrohung der meisten anderen Werte einer freien Zivilisation.
Friedrich von Hayek (1899–1992, österreichischer Wirtschaftswissenschaftler und Rechtsphilosoph)

Der Schein regiert die Welt, und die Gerechtigkeit ist nur auf der Bühne.
Friedrich Schiller (1759–1805, deutscher Dichter und Dramatiker)

Wenn man die Gerechtigkeit biegt, so bricht sie. *Sprichwort*

Die Gerechtigkeit wohnt in einer Etage, zu der die Justiz keinen Zugang hat.
Friedrich Dürrenmatt (1921–1990, Schweizer Dichter und Dramatiker)

Die Überwindung von Armut ist kein Akt der Barmherzigkeit, sondern ein Akt der Gerechtigkeit.
Nelson Mandela (geb. 1918, südafrikanischer Präsident und Friedensnobelpreisträger)

(Zitiert in: http://de.wikipedia.org/wiki/Gerechtigkeit)

Welche Auffassungen von Gerechtigkeit werden in den Bildern (auf Seite 129) und den *Aphorismen vertreten?

4.1.1 Gerechtigkeit im Alltag

Gerechtigkeit in der Schule

Es klingelte zur Stunde. Ich saß schön brav auf meinem Platz, denn ein zu spätes Erscheinen zum Biologieunterricht würde unter Umständen eine Einladung zur mündlichen Leistungskontrolle nach sich ziehen. Da ging plötzlich die Tür zum Klassenzimmer noch einmal auf und ausgerechnet die nahezu perfekte Musterschülerin Sandra kam zu spät! Gespannt schaute die Klasse zu Frau Schmidt, der Biologielehrerin. „Aber Sandra, das kenne ich von Ihnen doch gar nicht", begrüßte diese unsere Mitschülerin, „wieso sind Sie nicht pünktlich hier gewesen?" Sandra sah irgendwie anders aus als sonst, ja richtig, sie hatte ein ganz verweintes Gesicht. Und es hatte ganz den Anschein, als ob sie gleich wieder mit Weinen beginnen würde. Noch ehe sie Frau Schmidt eine Antwort geben konnte, rief Franz: „Mündliche Leistungskontrolle!" Sandra blickte erschrocken auf Frau Schmidt. Doch die reagierte anders als sonst. Sie ließ Sandra ohne weiteren Kommentar zu ihrem Platz gehen und bat statt dessen Franz nach vorn zur Kontrolle. In der Pause gab es dazu eine Riesendiskussion zu Frau Schmidts Entscheidung. Einige fanden es nicht in Ordnung, dass Sandra nicht die fällige Leistungskontrolle machen musste. „Das war so ungerecht! Nur, weil sie der Liebling der Lehrer ist und so ein unschuldiges Gesicht machen kann", schimpfte Marko, der beste Kumpel von Franz. „Ich fand die Entscheidung von Frau Schmidt o. k.", sagte Lisa, „hat doch jeder gesehen, dass es Sandra nicht gut geht. Ungerecht wäre gewesen, wenn sie auch noch zur Kontrolle dran gekommen wäre. So richtig fies wäre das gewesen." Thomas meinte: „He, was regt ihr euch auf? Gerechtigkeit in der Schule gibt's doch sowieso nicht!"

Susann, Schülerin der 11. Klasse

Wie beurteilen Sie die Entscheidung von Frau Schmidt und den letzten Spruch von Thomas? Begründen Sie Ihren Standpunkt.

Erstellen Sie einen Fragenkatalog zum Thema Gerechtigkeit in der Schule! Gehen Sie auf Themen wie gerechte Bewertung, stärkere Förderung einzelner Schüler und Beachtung individueller Unterschiede ein! Führen Sie, nach vorheriger Absprache mit der Schulleitung, Befragungen in verschiedenen Klassenstufen und bei Ihren Lehrern durch! Werten Sie das Material statistisch aus! Stellen Sie Ihre Ergebnisse dar und diskutieren Sie darüber!

4.2 Leben wir in einer gerechten Gesellschaft?

4.2.1 Gleichberechtigung von Mann und Frau

Bereits mit der Gründung der Bundesrepublik Deutschland im Jahre 1949 wurde die Gleichberechtigung von Mann und Frau im Grundgesetz festgeschrieben. Der Artikel 3, (2) besagt: „Männer und Frauen sind gleichberechtigt." Eine entsprechende Formulierung gab es auch in der Verfassung der DDR. Die Umsetzung dieser im Gesetz stehenden Gleichberechtigung gestaltete sich im praktischen Leben jedoch eher zaghaft. Erst durch das Erstarken einer „Neuen Frauenbewegung" in den 70-er und 80-er Jahren wurde von Seiten des Staates mehr Verbindlichkeit und Verantwortung bei der Umsetzung der Gleichberechtigung zugesichert. Im Jahr 1994 wurde der Absatz 2 erweitert: „Der Staat fördert die tatsächliche Durchsetzung der Gleichberechtigung von Frauen und Männern und wirkt auf die Beseitigung bestehender Nachteile hin."
Ein Beispiel aus dem Jahr 2005 zeigt jedoch, dass Theorie und Praxis noch nicht überall zu einer Einheit verschmolzen sind.

Protokoll eines Bewerbungsgesprächs

Im „Deutschen Ärzteblatt" erschien im März 2006 der Bericht einer 27-jährigen HNO-Ärztin, die gerade erfolgreich ihr Studium abgeschlossen hatte.

Das Protokoll eines Bewerbungsgesprächs für eine Assistenzarztstelle im November 2005 belegt die fehlende Gleichberechtigung von Frauen auch oder gerade im Krankenhausbereich. Das Gespräch fand im Beisein von zwei Oberärztinnen und einer Frau aus der Verwaltung statt. Zunächst erkundigte sich der Chefarzt der Klinik nach meiner Motivation für das Fach und fragte nach Hobbys, Interessen und Herkunft. Es folgte eine Oberärztin mit ihren Fragen, welche sich ausschließlich um private Dinge wie Kind, Anfahrtsweg, Unterbringung des Kindes und die Tätigkeit meines Mannes drehten. Ich wurde also gefragt, ob ich ein Kind habe und wie meine Vorstellungen wären, beides, Beruf und Kind, bewältigen zu können. Ich bejahte die Frage nach dem Kind und fügte verunsichert hinzu, dass kein weiteres mehr folgen sollte. „Sie können uns ja viel erzählen", musste ich mir daraufhin anhören. Ich stellte demnach eine potenzielle Gefahrenquelle dar, weil ich wegen meines Geschlechts jederzeit wieder ausfallen könnte. Die nächsten Fragen kamen von der Frau aus der Verwaltung. Diese erläuterte, dass ich eine Schwangerschaftsvertretung für zwei Jahre sei, weil, so der Chefarzt mit grimmiger Miene: „die uns vor einigen Tagen erzählt hat, was da so im Busch ist!". Weiter fragte die Verwaltungsfrau, wer noch da sei, um sich um mein Kind zu kümmern. Wie viele Großeltern einspringen könnten und was sei, wenn das Kind krank würde." [...] „Nach einiger Zeit endete mein Vorstellungstermin mit den Worten: „Sie verfügen also über eine sehr gute Qualifikation und hätten sogar die Voraussetzungen für eine Anstellung bei meinem damaligen sehr strengen und anspruchsvollen Chef erfüllt. Aber Sie wissen ja, wie das ist, wenn sich ein Mann mit Ihnen bewirbt, werden wir den bevorzugt einstellen." Hinzuzufügen ist, dass sich diese Klinik nicht mehr bei mir gemeldet hat. Erst nach Aufforderung wurde mir meine Ablehnung bekannt gegeben.

(Nora Gräßler: Als Frau nur zweite Wahl. In: Deutsches Ärzteblatt 09/2006, S. A–572)

1. Fassen Sie die besprochenen Themen des Gespräches zusammen! Welche Gesprächsinhalte würden Sie bei einer solchen Bewerbung erwarten?
2. Sammeln Sie in kleinen Gruppen Argumente für und gegen die Entscheidung der Klinik!
3. Führen Sie anschließend eine Pro – und Contradebatte zum Fall der jungen Ärztin! Lesen Sie hierzu auch noch einmal die Seiten 96–99 in diesem Buch.

Gleichbehandlung der Geschlechter?

4. Wie bewerten Sie die dargestellte Realität auf diesem Bild? Entwerfen Sie zum Thema Gleichberechtigung eine eigene Darstellung!

Im Newsletter des Berliner Instituts für Bevölkerung und Entwicklung vom 6. März 2006 wird auf die Tatsache verwiesen, dass im ohnehin geburtenschwachen Deutschland die Anzahl der höher qualifizierten Menschen im Alter zwischen 40 und 44 Jahren, die sich gegen Nachwuchs entscheidet, bedenklich groß ist.

Obwohl sich viele junge Frauen wünschen, berufstätig zu sein und eine Familie zu gründen, sieht die Realität in Deutschland anders aus: „40 Prozent der Frauen kehren nach einer Geburt nicht mehr in den Beruf zurück, obwohl sich über 60 Prozent der Frauen mit Kindern wünschen, wieder zu arbeiten. [...] Über 35 Prozent der Menschen, die im Land unter der Armutsgrenze leben, sind allein erziehende Mütter. Arm ist, wer weniger als 938 Euro im Monat zur Verfügung hat."

(K. Hartmann, K. Kullmann: Wutlos glücklich. In: Neon, 06/2006)

1. Suchen Sie nach Ursachen für die im Text dargestellte Entwicklung!
2. Diskutieren Sie, ob es sinnvoll und möglich ist, eine akademische Karriere mit der Gründung einer Familie zu verbinden!
3. Informieren Sie sich darüber, wie in anderen europäischen Staaten die Vereinbarkeit von Familie und Beruf geregelt wird.
4. Wie sähe Ihrer Meinung nach eine gerechte Verteilung der Aufgaben zwischen den Geschlechtern aus? Unterbreiten Sie in kleinen Gruppen Vorschläge.

Eine Frau sollte nicht nur Mutter sein!

Harriet Taylor-Mill (1807–1858) wurde in London geboren. Ihre Bildung erwarb sie zum großen Teil als Autodidaktin. Im Alter von 18 Jahren wurde sie mit dem Kaufmann James Taylor verheiratet. Sie bekam drei Kinder. 1830 lernte sie den Philosophen James Stuart Mill kennen, den sie nach dem Tod ihres Mannes heiratete (siehe hierzu auch die Seiten 55–60 in diesem Buch). Beide widmeten sich philosophischen Themen wie Frauenemanzipation und dem Verhältnis der Geschlechter. Im Jahr 1848 erschien ihr gemeinsames Werk „Die Hörigkeit der Frau und andere Schriften zur Frauenemanzipation".

Das erste Argument, das der Mutterpflichten, wird gewöhnlich besonders betont, obwohl – es ist fast unnötig, das zu sagen – dieser Grund, wenn er einer ist, sich nur auf Mütter beziehen kann. Es ist aber weder notwendig noch gerecht, die Frauen in die Zwangslage zu versetzen, dass sie entweder Mütter oder gar nichts sein müssen oder dass sie, wenn sie einmal Mütter gewesen sind, ihr ganzes übriges Leben nichts anderes sein dürfen.

Weder für Frauen noch für Männer bedarf es eines Gesetzes, um sie von einer Beschäftigung auszuschließen, wenn sie sich einer anderen zugewendet haben, welche damit unvereinbar ist. Niemand schlägt vor, das männliche Geschlecht vom Parlament auszuschließen, weil ein Mann ein Soldat oder Matrose im aktiven Dienst sein kann, oder ein Kaufmann, dessen Geschäft all seine Zeit und Tatkraft in Anspruch nimmt. Neun Zehntel der Männer sind de facto durch ihre Beschäftigung ebenso wirksam vom öffentlichen Leben ausgeschlossen, als ob das Gesetz sie davon ausschlösse; aber das ist kein Grund dafür, Gesetze zu erlassen, um diese neun Zehntel, geschweige denn um das noch übrige Zehntel auszuschließen.

Für die Frauen gilt hier genau dasselbe wie für die Männer. Es ist nicht notwendig, durch ein Gesetz Vorsorge zu treffen, dass eine Frau nicht in eigener Person die Geschäfte eines Haushaltes besorgen oder die Erziehung von

Kindern leiten und gleichzeitig ein Arzt oder Anwalt sein oder ins Parlament gewählt werden dürfe. Wo die Unvereinbarkeit eine wirkliche ist, wird sie selbst für sich zu sorgen wissen; aber es ist eine grobe Ungerechtigkeit, diese Unvereinbarkeit zum Vorwand der Ausschließung derjenigen zu machen, bei denen sie nicht besteht. Und von solchen würde sich eine sehr große Anzahl finden, wenn man ihnen freie Wahl ließe.

Das Mutterpflichten-Argument lässt seine Vertreter im Stiche im Falle von ledigen Frauen, eine große und rasch zunehmende Klasse der Bevölkerung, welche Tatsache es ist nicht überflüssig, dieses zu bemerken dadurch, dass sie die übermäßige Konkurrenz der Massen verhindert, dazu angetan ist, das Wohl aller erheblich zu fördern. Es gibt keinen in der Sache selbst liegenden Grund und keine Notwendigkeit, warum alle Frauen sich freiwillig dafür entscheiden sollten, ihr Leben einer animalischen Funktion und ihren Folgen zu widmen.

Zahlreiche Frauen werden nur darum Gattinnen und Mütter, weil ihnen keine andere Laufbahn offen steht, kein anderer Spielraum für ihre Gefühle oder ihre Tätigkeit. Jede Verbesserung ihrer Erziehung und jede Erweiterung ihrer Fähigkeiten, alles, was sie für irgendeine andere Lebensweise tauglich macht, vergrößert die Zahl derjenigen, denen durch die Entziehung der freien Wahl ein schweres Unrecht widerfährt. Sagen, dass die Frauen vom tätigen Leben ausgeschlossen werden müssen, weil die Mutterpflichten sie dazu untauglich machen, das heißt in Wahrheit sagen, dass ihnen jeder andere Lebensweg verschlossen sein soll, damit der Stand der Mutter ihre einzige Zuflucht bleibe.

Aber zweitens, so behauptet man, würden die Frauen, wenn ihnen dieselbe Freiheit in der Wahl der Beschäftigungen wie den Männern gewährt würde, jene Überzahl von Konkurrenten noch vermehren helfen, welche bereits die Zugänge zu fast allen Berufsarten sperrt und deren Ertrag vermindert. Dieses Argument hat wohlgemerkt nichts mit der politischen Frage zu tun. Es entschuldigt nicht, dass den Frauen die Bürgerrechte vorenthalten werden. Auf das Stimmrecht, auf die Zulassung zur Geschworenenbank, zum Parlament und zu öffentlichen Ämtern hat es keinen Bezug. Es erstreckt sich einzig und allein auf die industrielle Seite der Frage. Wenn wir somit diesem wirtschaftlichen Argument seine volle Bedeutung zuerkennen, wenn wir einräumen, dass die Zulassung der Frauen zu den Beschäftigungen, welche jetzt ausschließlich Männer innehaben, gleich der Aufhebung von anderen Monopolen dahin abzielen würde, die Einträglichkeit dieser Beschäftigungen zu vermindern dann liegt es uns ob, zu erwägen, wie groß der daraus entspringende Nachteil ist und was demselben gegenübersteht. Das Schlimmste, was jemals behauptet wurde, weit mehr, als irgendwie eintreffen dürfte, ist dies: dass, wenn die Frauen mit den Männern in Konkurrenz träten, ein Mann und eine Frau zusammen nicht mehr erwerben könnten, als was jetzt ein Mann allein erwirbt.

Harriet Taylor-Mill, englische Philosophin
(Über Frauenemanzipation. In: Ruth Hagengruber (Hg.): Klassische philosophische Texte von Frauen, dtv, München 1997, S. 150–152)

Diskutieren Sie die Argumente von Harriet-Taylor Mill gegen die einseitige Ausrichtung der Frau auf ihre Rolle als Mutter. Formulieren Sie in einer *Standpunktrede Ihre eigene Meinung dazu.

4.2.2 Chancengleichheit für alle Menschen?

Traumziel Fuerteventura

Für viele Deutsche ist sie eine der Lieblingsbeschäftigungen an eisig kalten Wintertagen – das Blättern in den Reisekatalogen, in denen verlockende Ziele im warmen, sonnigen Süden angepriesen werden. Die Kanarischen Inseln gehören wegen ihres berechenbaren milden Klimas zu den Lieblingszielen der Deutschen. Und während sie zwischen Traumstränden und Luxushotels hin- und herblättern, wächst die Vorfreude auf den Traumurlaub. Auf zu den Kanaren!

die mehrtägige Überfahrt über den stürmischen Atlantik. Nur wenige der schwarzen Flüchtlinge kommen in Europa an. Dennoch sehen viele keinen anderen Ausweg: „Es ist würdiger, auf dem Wasser zu sterben, als nichts tuend in meinem Dorf", so sagen sie. Also sparen sie sich mühsam das Geld für die waghalsige Überfahrt nach Europa zusammen und hoffen, die Kanarischen Inseln lebend zu erreichen. Doch da sind sie nicht willkommen. Irritiert schauen die Touristen

Bootsflüchtlinge aus Afrika

In Nigeria, Mali, Guinea-Bissau und dem Senegal sind die Kanarischen Inseln auch das Traumziel vieler Menschen – derjenigen nämlich, die vor den ärmlichen Verhältnissen ihrer Heimatländer fliehen wollen und auf Arbeit und ein bisschen Wohlstand in Europa hoffen. Wirtschaftsflüchtlinge werden sie genannt, allein am zweiten Maiwochenende 2006 kamen auf den Inseln Teneriffa, Gomera und Gran Canaria 15 Boote mit 974 Afrikanern an. Sie riskieren für ihren Traum alles. In primitiven Fischerbooten wagen sie

nach ihnen, sie zeigen sich genervt von den fliegenden afrikanischen Händlern, die am Strand durch den Verkauf billiger afrikanischer Schmuckgegenstände auf ein paar Euro Gewinn hoffen. Die spanischen Politiker reagieren mit Frühwarnsystemen in Strandnähe und über dem Atlantik, die das Problem natürlich nicht lösen können. Der spanische Regierungschef Zapatero forderte die Auswandererländer auf, „ihren Anteil zu leisten" bei der Lösung des Problems.

(„Focus" Nr. 21/2006, S .204-206)

Luxus

Alle Welt auf Droge
Städte im Schönheitsschlaf
Passagiere schlürfen eifrig Austern
gepflegt heißt die Parole
gediegen gewinnt die Wahl
hier ist alles sauber, Frohsinn ist angesagt

Wir drehen uns um uns selbst
denn was passiert, passiert,
wir wollen keinen Einfluss
wir werden gern regiert
wir feiern hier 'ne Party
und du bist nicht dabei

Zweifel ertrinken bei uns in Champagner
und dem Kopf hilft Kokain
die Träume werden leider immer kleiner
nur wer überlebt, ist auch auserwählt

Wir drehen uns ...

Umgeben uns nur mit Kashmir und mit Seide
alle Wünsche sind erfüllt
Ideale verkauft, Hoffnungen, Hirngespinste,
Luxus ist das, was uns zusammenhält.

Wir drehen uns ...

Die Lok auf der Hauptstrecke
Seitengleise stillgelegt
Warnsignale werden überfahren

Gehetzt wird jeder,
der dem Rausch im Wege steht
Soll erfüllt, vereint und immer mehr allein

Herbert Grönemeyer, deutscher Liedermacher
(Aus dem Album „Luxus")

1. Hören Sie sich das Lied von Herbert Grönemeyer an! Bringen Sie die im Focus-Text beschriebenen Ereignisse auf den kanarischen Inseln mit der Aussage des Liedes in Zusammenhang!
2. Suchen Sie vier Wochen nach Meldungen, Berichten, Bildern, Liedtexten, Fotos u. a. zum Thema „Gerechte Welt"! Fertigen Sie anschließend eine Wandzeitung dazu an.

4.3 Theorien zur Gerechtigkeit

4.3.1 Gerechtigkeit als Tugend

Die erste philosophische Annäherung an den Begriff der „Gerechtigkeit" fand in der Antike statt. So setzte sich *Aristoteles im fünften Buch der „Nikomachischen Ethik" mit der Mehrdeutigkeit der Begriffe „Gerechtigkeit" und „Ungerechtigkeit" auseinander. Er stellte die Gerechtigkeit als die vollkommene Tugend dar.

Gerechtigkeit in diesem Sinn ist allerdings Trefflichkeit in vollkommener Ausprägung – aber nicht ohne jede Einschränkung, sondern: in ihrer Bezogenheit auf den Mitbürger. Und deshalb gilt die Gerechtigkeit oft als oberster unter den Vorzügen des Charakters und weder Abend- noch Morgenstern sind so wundervoll. Und im Sprichwort heißt es: „In der Gerechtigkeit ist jeder Vorzug beschlossen." Und sie ist in ganz besonderem Sinn „vollkommene Trefflichkeit", weil sie die unmittelbare Anwendung vollkommener Trefflichkeit ist. Vollkommen aber ist sie, weil der, welcher sie besitzt, diese Trefflichkeit nicht nur bei sich, sondern auch in der Beziehung zu anderen Menschen verwirklichen kann. Denn viele können Trefflichkeit in eigenen Angelegenheiten, nicht aber in den Beziehungen zu anderen Menschen verwirklichen. Und deshalb scheint der Ausspruch des Bias gültig zu sein: „Macht prüft Manneswert.", denn es liegt ja schon in dem Begriff „Macht-haben" die Beziehung zu anderen und das Stehen in einer Gemeinschaft. Aus eben diesem Grunde scheint denn auch die Gerechtigkeit – als einzige unter den Trefflichkeiten des Charakters – „des anderen Gut" zu sein, weil sie auf den anderen bezogen ist. Sie verwirklicht ja das, was dem anderen nützlich ist, mag es ein Machthaber oder einer von unseren Partnern sein. Den schlechtesten Charakter zeigt, wer seine Minderwertigkeit gegen sich *und* seine Freunde wirksam werden lässt; den besten, wer seine Vorzüge nicht zu seinen Gunsten, sondern für andere gebraucht. Denn dies ist eine schwere Aufgabe.
Die Gerechtigkeit in diesem Sinn ist also nicht ein Teil der ethischen Werthaftigkeit, sondern die Werthaftigkeit in ihrem ganzen Umfang. Und ihr Gegensatz, die Ungerechtigkeit, ist nicht ein Teil der Minderwertigkeit, sondern die Minderwertigkeit in ihrem ganzen Umfang.

(Nikomachische Ethik, Übersetzt von Franz Dirlmeier, Reclam, Stuttgart 1999, S. 122)

1. Worin liegt das Besondere der Tugend „Gerechtigkeit"?
2. Informieren Sie sich darüber, welche ethischen Tugenden Aristoteles für erstrebenswert hält! Diskutieren Sie, ob auch in der heutigen Zeit die Tugend der Gerechtigkeit eine herausragende Stellung einnimmt bzw. einnehmen sollte.
3. Vorschlag für ein Kurzreferat: Lesen Sie Alasdair MacIntyres Buch „Der Verlust der Tugend", Suhrkamp Verlag, Frankfurt am Main 1995, in dem er sich unter anderem mit dem Tugendbegriff in der heutigen Zeit auseinander setzt. Das Kapitel „Die Tugenden bei Aristoteles" (S. 197-220) bezieht sich direkt auf die Überlegungen von Aristoteles.

Zwei Grundformen der Gerechtigkeit

Aristoteles unterschied im Wesentlichen zwei Formen der Gerechtigkeit: die austeilende und die ausgleichende Gerechtigkeit.

Die Gerechtigkeit als Teilerscheinung und das entsprechende Gerechte weist zwei Grundformen auf: die eine (A) ist wirksam bei der Verteilung von öffentlichen Anerkennungen, von Geld und sonstigen Werten, die den Bürgern eines geordneten Gemeinwesens zustehen. Hier ist es nämlich möglich, dass der eine das gleiche wie der andere oder nicht das gleiche zugeteilt erhält. Eine zweite (B) Grundform ist die, welche dafür sorgt, dass die vertraglichen Bedingungen von Mensch zu Mensch rechtens sind. Sie hat zwei Unterteile: die vertraglichen Beziehungen von Mensch zu Mensch zerfallen nämlich in (1) freiwillige und (2) unfreiwillige. Freiwillige sind z. B. Verkauf und Kauf, Zinsdarlehen und Bürgschaft, Leihe, Hinterlegung und Miete. Hier spricht man von freiwillig, weil der Ursprung dieser wechselseitigen Beziehungen in unserer freien Entscheidung liegt. Die unfreiwilligen Beziehungen sind (a) teils heimlich, wie Diebstahl, Ehebruch, Giftmischerei, Kuppelei, Abspenstigmachen von Sklaven, Meuchelmord, falsches Zeugnis. Zu einem anderen Teil (b) sind sie gewaltsamer Art, z. B. Misshandlung, Freiheitsberaubung, Totschlag, schwerer Raub, Verstümmelung, üble Nachrede und entehrende Beschimpfung. [...]

Denn es liegt nichts daran, ob der Gute den Schlechten um etwas betrogen hat oder der Schlechte den Guten, noch auch, ob der Gute Ehebruch begangen hat oder der Schlechte: das Gesetz schaut nur auf den Unterschied zwischen Höhe (des Unrechts und) des Schadens, es betrachtet die Partner als gleich – ob der eine das Unrecht getan und der andere es erlitten hat, ob der eine den Schaden verursacht hat und der andere davon betroffen worden ist."

(Nikomachische Ethik. Reclam, Stuttgart 1999, S. 125 ff.)

1. Charakterisieren Sie anhand von konkreten Beispielen die Vorstellungen von Aristoteles zur Verteilungsgerechtigkeit und zur ordnenden (ausgleichenden) Gerechtigkeit!
2. Prüfen Sie die Auffassungen der Schülerinnen und Schüler auf den Seiten 130/131 (Gerechtigkeit in der Schule), ob in ihnen die Gerechtigkeitsvorstellungen des Aristoteles zu finden sind. Begründen Sie Ihren Standpunkt.
3. Was würde Aristoteles zu dem folgenden Comic sagen?
4. Ordnen Sie den einzelnen Formen der Gerechtigkeit soweit wie möglich Beispiele zu!

„Zum Ziele einer gerechten Auslese lautet die Prüfungsaufgabe für Sie alle gleich: Klettern Sie auf den Baum."

4.3.2 Gerechtigkeit als Offenbarung Gottes

Im christlich-mittelalterlichen Denken werden die Vorstellungen zur Gerechtigkeit als menschliche Tugend erweitert und mit der göttlichen Offenbarung verbunden. Wahrer Gottesglaube ist die Bedingung für das Erleben von wahrer Gerechtigkeit, denn sie bedeutet Einheit mit Gott.

Mag es immerhin den Anschein haben, als geböte der Geist in löblicher Weise über den Leib und die Vernunft über die Leidenschaften, so muss man doch sagen: Wenn Geist und Vernunft nicht ihrerseits Gott so dienen, wie er selbst seinen Dienst befohlen hat, können sie über Leib und Leidenschaften unmöglich so gebieten, wie es recht ist. Was für ein Herr über Leib und Leidenschaften wäre auch ein Geist, der von Gott nichts weiß und seinem Gebot nicht untertan [...] ist?

*Augustinus, römischer Theologe und Philosoph
(*De civitate dei, 19, 25. In: Philosophie der Gerechtigkeit, Suhrkamp Verlag, Frankfurt am Main 2002)

Augustinus glaubt, dass Glauben und die tiefe Verbundenheit mit Gott dem Menschen Glückseligkeit, Gerechtigkeit und Frieden geben wird, die überirdisch und vollkommen sind.

Hier auf Erden gibt es für jedermann nur eine Gerechtigkeit, nämlich die, dass Gott dem gehorsamen Menschen gebietet, ferner, dass der Geist dem Leibe, die Vernunft aber den Leidenschaften trotz ihres Widerstandes gebietet, sie entweder unterwerfend oder sich ihrer erwehrend, und dass man von Gott Gnade zu Verdiensten und Verzeihung für die Sünden erbittet und Dank sagt für die empfangenen Güter. In jenem endgültigen Frieden aber, auf welchen diese Gerechtigkeit abzielt und um dessentwillen sie geübt werden muss, wird die in Unsterblichkeit und Unvergänglichkeit gesund gewordene Natur keine Leidenschaften mehr kennen und keiner von uns weder mit einem anderen noch mit sich selbst streiten müssen. Dann braucht die Vernunft den Leidenschaften nicht mehr zu gebieten, weil es keine mehr gibt, sondern Gott wird über den Menschen gebieten und der Geist über den Leib, und so süß und leicht wird das Gehorchen sein wie das Leben und Herrschen beglückend. Und alle miteinander und jeder einzelne werden dort dies Glück ewig besitzen und seiner ewigen Dauer gewiss sein.

(*De civitate dei, 19,27. In: Philosophie der Gerechtigkeit, Suhrkamp Verlag, Frankfurt am Main 2002)

1. Beschreiben Sie den Zustand des endgültigen Friedens!
2. Erklären Sie den Zusammenhang zwischen der Gerechtigkeit und der Verbundenheit des Menschen mit Gott!

4.3.3 Gerechtigkeit als moralisches Empfinden

Ein Schutzwächter der Menschen?

Der englische Philosoph *Adam Smith versucht die Gerechtigkeit aus der Natur des Menschen herzuleiten. Der Mensch verfügt über zwei kontrastierende Gefühle: Sympathie und Egoismus. Durch die Sympathie ist er in der Lage, sich ein Bild von den Empfindungen Anderer zu machen und darauf entsprechend zu reagieren. Die Sympathie vermittelt dem Menschen Schuldgefühle, wenn er Andere schädigt, wird jedoch durch den Egoismus stark eingeschränkt. Deshalb verfügt der Mensch zusätzlich über die Gerechtigkeit als moralisches Empfinden.

> Wohlwollen und Wohltätigkeit ist [...] für das Bestehen der Gesellschaft weniger wesentlich als Gerechtigkeit. [...] Die Wohltätigkeit ist die Verzierung, die das Gebäude verschönt, nicht das Fundament, das es trägt, und darum war es hinreichend, sie dem einzelnen anzuempfehlen, keineswegs jedoch nötig, sie zwingend vorzuschreiben. Gerechtigkeit dagegen ist der Hauptpfeiler, der das ganze Gebäude stützt. Wenn dieser Pfeiler entfernt wird, dann muss der gewaltige, der ungeheure Bau der menschlichen Gesellschaft, jener Bau, den aufzuführen und zu erhalten in dieser Welt, wenn ich so sagen darf, die besondere Lieblingssorge der Natur gewesen zu sein scheint, in einem Augenblick zusammenstürzen und in Atome zerfallen.
>
> Darum hat die Natur, um die Beobachtung der Regeln der Gerechtigkeit zu erzwingen, der menschlichen Brust jenes Schuldgefühl eingepflanzt, jene Schrecken des Bewusstseins, Strafe zu verdienen, die der Verletzung der Gerechtigkeit folgen, damit sie die Schutzwächter der Gemeinschaft der Menschen seien – die Schwachen zu schützen, die Ungestühmen zu zähmen und die Schuldigen zu züchtigen.
>
> *(Theorie der ethischen Gefühle, Übersetzt von Walther Eckstein, Felix Meiner Verlag, Hamburg 2004, S. 117/118)*

1. Welche Rolle spielt die Gerechtigkeit als moralisches Empfinden?
2. Lesen Sie hierzu auch die Seiten 70–71 (Mitleid) in diesem Buch. Stützen Sie sich bei der Beantwortung dieser Frage auch auf Ihre eigenen Erfahrungen mit dem „Gerechtigkeitsempfinden" bei alltäglichen moralischen Konflikten.
3. Interpretieren Sie die Überschrift des Textes.
4. Stellen Sie Bezüge zwischen der Abbildung und dem Text von Adam Smith her! Welchen Namen würden Sie dem Mann im Ohr geben?
5. Vergleichen Sie die Aussagen von Augustinus und Adam Smith!

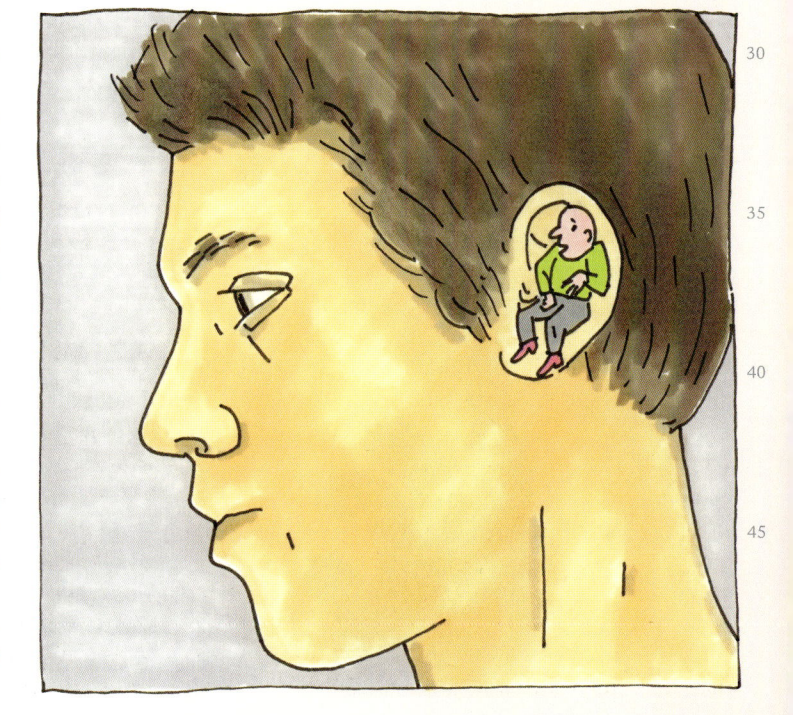

4.3.4 Ungerechtigkeit als moralische Antriebskraft

Ungerechtigkeit ist wie die Nacht

Das Nachdenken über Gerechtigkeit war seit der Antike ein großes Thema in der philosophischen Tradition. Bereits im Mittelalter begann jedoch die Theologin und Philosophin *Hildegard von Bingen in ihrem „Buch der Lebensverdienste" den Untugenden des Menschen wie z. B. der Ungerechtigkeit eine größere Aufmerksamkeit zu widmen. Die lettisch-amerikanische Philosophin Judith Shklar (1928–2004) hat in ihrem Buch „Über Ungerechtigkeit" eine Theorie der Ursachen ungerechten Handelns aufgestellt. Sie vertrat die Ansicht, dass ein Mensch, der gerecht handeln will, sich zuallererst mit der Ungerechtigkeit auseinandersetzen muss.

Die Menschen, welche das Unrecht lieben und es in der Linken wie der Rechten festhalten, werden von den übrigen Menschen umschmeichelt; auf ihre Lehrer aber hören sie nicht. Sie lieben weder das Gesetz, noch mögen sie sonst einer gesetzlichen Einrichtung dienen. Was sie selber wollen, das setzen sie sich zur Satzung, wie es ihnen gerade in den Sinn kommt. Diese Ungerechtigkeit ist wie die Nacht, in welcher der Mond abnimmt und in der die Sterne nicht leuchten, so dass man in dieser Nacht, die ohne Mond und Sterne so dunkel ist, nicht einmal die Zeiten unterscheiden kann, und so wird denn auch in der Ungerechtigkeit keinerlei Ordnung irgendeines ausgeglichenen Zustandes gefunden. Ist sie selbst doch wie eine ungekochte und ungesalzene Speise; denn sie ist nicht gekocht in der Lehre des Wissens und nicht gesalzen mit der Weisheit.

Hildegard von Bingen
(Das Buch der Lebensverdienste, Übersetzt von Heinrich Schipperges, Verlag Otto Müller, Salzburg 1972, S. 209)

1. Haben Sie auch die Erfahrung gemacht, dass ungerechte Menschen von anderen umschmeichelt werden? Worin könnten die Ursachen für ein derartiges Verhalten liegen?
2. Warum vergleicht Hildegard die Ungerechtigkeit mit der Nacht?

Passive Ungerechtigkeit

Was ist das für ein Mensch, der Gewalt und Betrug nicht entgegentritt, obwohl er es könnte? Passiv ungerecht ist nicht derjenige, der versäumt, über die gewöhnlichen Pflichten eines Bürgers hinauszugehen, um mehr als das moralisch Gebotene zu tun oder Heiliger und Held zu sein. Denn dazu ist vermutlich niemand verpflichtet. Betrug und Gewalt zu verhindern, wenn wir es können, ist eine Handlung, die uns als Bürgern ansteht, und keine Handlung aus Humanität. Passiv ungerecht sind wir nicht nur bei aufsehenerregenden Fällen, wie demjenigen Kitty Genoveses, die ermordet wurde, während ihre Nachbarn hinter den Fenstern standen und zusahen, offenbar zu gleichgültig oder zu verängstigt, um die Polizei zu rufen. Passiv ungerecht sind wir vielmehr auch, wenn wir unsere Augen vor kleinen alltäglichen Ungerechtigkeiten verschließen, selbst wenn wir uns von solch harmlosen Motiven leiten lassen, wie kein Aufhebens machen zu wollen, nicht aufdringlich zu sein oder nicht den gegenwärtigen Frieden zu stören. Wenn wir den Ehemann nebenan lieber ruhig seine Frau schlagen lassen, als einzuschreiten, oder beiseite schauen, wenn ein Kollege wie üblich aus reiner Faulheit Noten nach dem Zufallsprinzip und willkürlich verteilt, dann sind wir passiv ungerecht. Wir mögen sagen, Streit in der Familie sei eine Privatsache und die Ehefrau ohnehin kein angenehmer Mensch. Wir können argumentieren, der höfliche Umgang zwischen Fakultätsmitgliedern sei wichtiger als ein faires Verhalten gegenüber Studenten, aber der Preis für diesen Frieden wäre immer noch Ungerechtigkeit. Diese Beispiele zeigen, dass niemand schwerer an der Last passiver Ungerechtigkeit zu tragen hat als der einzelne Bürger. Unsere Feigheiten und Ausflüchte haben sowohl öffentliche wie private Folgen. Die amerikanische Bürgerschaft ist nicht nur auf ihr politisches Mitspracherecht stolz, sondern auch auf die Demokratie im alltäglichen Leben, auf die egalitäre Lebensweise und die Gegenseitigkeit der gewöhnlichen Verpflichtungen zwischen Bürgern. Dieses Ideal bleibt oft unerfüllt, weil wir uns so häufig dafür entscheiden, passiv ungerecht zu sei.

Judith Shklar, lettisch-amerikanische Philosophin (Über Ungerechtigkeit, Übersetzt von Christiane Goldmann, Fischer Verlag, Frankfurt am Main 1997, S. 58/59)

1. Fassen Sie mit eigenen Worten zusammen, was Judith Shklar mit passiver Ungerechtigkeit meint. Suchen Sie nach Beispielen aus Ihrem Erfahrungsbereich, die Shklars Auffassung bestätigen oder widerlegen.
2. Schreiben Sie ein *Akrostichon zum Begriff der Ungerechtigkeit.

4.4 Schafft ein gerechter Staat wirklich Gerechtigkeit?

4.4.1 Vom Naturzustand zum Vertrag

Eine Gruppe englischer Schuljungen überlebt den Absturz eines Flugzeuges mitten über dem Pazifischen Ozean. Die Piloten kommen bei diesem Unglück ums Leben. Deshalb sind die Jugendlichen auf sich allein gestellt. Sie geraten auf eine unbewohnte Insel, die Wasser, Früchte und Wildschweine zum Überleben bietet. Zunächst scheint der Verlust der Zivilisation leicht zu verkraften zu sein. Ralph, der von der Klasse zum Anführer gewählt wird, lässt Hütten bauen und die Insel erkunden. Er führt einen Wachdienst ein, der durch entzündete Signalfeuer Flugzeuge oder Schiffe aufmerksam machen soll. Am Anfang läuft es also gut, das Überleben ist gesichert, und das Feuer brennt den ganzen Tag. Die Jugendlichen warten auf ihre baldige Rettung. Leider wird aus dem guten Anfang eine handfeste Krise. Denn Jack, der Älteste, möchte nicht mehr das Feuer hüten und zieht es vor, Schweine zu jagen. Und plötzlich spaltet sich die Gruppe – „die Jäger" und „die Hüter des Feuers" geraten in einen Kampf um Leben und Tod. Die Freundschaft zerbricht, „die Jäger" versuchen die Macht zu erobern. Dabei schrecken sie auch vor Mord nicht zurück.
In dem folgenden Textauszug fordern Ralph und Piggy, die einzigen Verbliebenen der „Hüter des Feuers", von den „Jägern" Piggys Brille zurück. Die beiden Jungen wurden in der vergangenen Nacht von „Jägern" überfallen, die Piggys Brille mitnahmen, die er unbedingt zum Sehen benötigt. Außerdem lässt sich mit der Brille das erloschene Feuer erneut entzünden. Mit dem Muschelhorn in der Hand bittet Piggy um Redezeit. Dabei handelte es sich um eine Tradition, die zu Beginn der Inselstrandung eingeführt wurde: Es durfte während einer Versammlung nur gesprochen werden, wenn der Redner das Muschelhorn in den Händen hielt.

„Lasst mich mal was sagen!"
Er stand im Kampfeslärm, und als der Stamm seine Absicht bemerkte, ging das schrille Schreien in anhaltendes Johlen über.
Piggy hob das Muschelhorn hoch, und das Johlen ließ ein wenig nach, um gleich wieder anzuschwellen.
„Ich hab die Muschel!"
Er schrie: „Habt ihr gehört, ich hab die Muschel!"

Es trat eine überraschende Stille ein; der Stamm wollte hören, was Piggy Lustiges zu sagen hatte. Schweigen; eine Weile geschah nichts; aber in die Stille hinein zischte etwas an Ralphs Kopf vorbei durch die Luft. Er hörte halb hin – und da war es wieder: ein leises „zupp". Jemand warf mit Steinen: Roger schleuderte sie, eine Hand immer noch am Hebel. Von oben war Ralph für ihn nur ein Haarbüschel und Piggy ein dicker Klumpen.

„Hört mal her! Ihr benehmt euch wie kleine Kinder!"

Das Johlen schwoll an und erstarb wieder, als Piggy die weiße, magische Muschel emporhob.

„Was ist besser – wollt ihr ein Haufen angemalter Nigger sein oder lieber Vernunft annehmen und Ralph folgen?"

Großes Gelärm der Wilden. Piggy schrie noch einmal.

„Was ist besser – wenn alles seine Ordnung hat oder wenn ihr jagt und Schweine schlachtet?"

Wieder der Lärm und wieder – „zupp"!

Ralph schrie gegen das Getöse an.

„Was ist besser – Ordnung und Rettung oder Jagen, und alle gehen vor die Hunde?" Jetzt gellte auch Jacks Stimme, und Ralph konnte sich nicht mehr verständlich machen. Jack war bis zum Stamm zurückgewichen, und sie bildeten einen einzigen drohenden, speerestarrenden Knäuel. Der Gedanke eines Angriffs kam ihnen zuerst als dunkle Vorstellung, dann sahen sie schon den Damm von ihren Sperren blankgefegt. Ralph stand ihnen gegenüber, ein wenig seitwärts gerichtet, den Speer bereit in der Hand. Neben ihm stand Piggy, der immer noch den Talisman hochhielt, die zerbrechliche, schimmernde Pracht der Muschel. Der Lärmsturm schlug ihnen entgegen, eine Beschwörung des Hasses.

Hoch über ihnen stemmte Roger mit einem Gefühl taumelnden Sichgehenlassens sein ganzes Körpergewicht gegen den Hebel.

Ralph hörte den schweren Felsen, lange ehe er ihn sah. Er spürte auf seinen Fußsohlen, wie die Erde zitterte, und hörte, wie Gestein vom Gipfel der Klippen herabbrach. Dann sprang der riesige, rote Brocken über den Damm, und er warf sich unter dem Gekreisch des Stammes platt auf den Boden. Der Felsen streifte Piggy vom Kinn bis zum Knie, das Muschelhorn zersprühte in tausend weiße Stücke und war nicht mehr.

Ohne einen Laut, ohne auch nur einen Seufzer ausstoßen zu können, wirbelte Piggy vom Felsen seitwärts durch die Luft und überschlug sich dabei. Der Felsen prallte noch zweimal auf und tauchte im Wald unter. Piggy fiel vierzig Fuß tief hinunter und klatschte mit dem Rücken auf den breiten, roten Felsen im Meer. [...] Piggys Arme und Beine zuckten noch einmal, wie bei einem Schwein, wenn es getötet worden ist. Dann atmete die See wieder ihr tiefes, langsames Seufzen, die Wasser kochten weiß und rot über den Felsen, und als sie wieder zurückrollten, war der breite rote Felsen leer.

Diesmal war die Stille vollkommen. Ralphs Lippen bewegten sich, aber kein Laut drang hervor. Plötzlich sprang Jack aus der Gruppe der Wilden heraus und begann wie toll zu kreischen. „Da hast du's! Da hast du's! So machen wir's mit euch! Ich hab dir's gesagt! Jetzt hast du keinen Stamm mehr! Die Muschel ist weg!"

Er rannte gebückt auf ihn zu.

„Ich bin der Anführer!"

Mit tückischer, böser Berechnung schleuderte er Ralph seinen Speer entgegen. Die Spitze fuhr ihm durch Haut und Fleisch in die Brust, dann glitt die Waffe ab und fiel ins Wasser. Ralph taumelte, verspürte aber keinen Schmerz, nur panische Angst, und der Stamm stimmte in das Gebrüll des Häuptlings ein und begann vorzurücken. Noch ein Speer, ein gebogener, der nicht gerade fliegen wollte, zischte an seinem Kopf vorbei; und noch einer fiel von oben herab, wo Roger stand. Die Zwillinge lagen hinter dem Stamm verborgen, und die unkenntlichen Teufelsfratzen schwärmten über dem Damm. Ralph wandte sich um und floh. Ein lautes Gekreisch wie von Seemöwen erhob sich hinter ihm. Er gehorchte einem ihm unbekannten Instinkt und wich plötzlich über die freie Stelle aus, so dass die Speere daneben gingen.

(William Golding: Der Herr der Fliegen, Übersetzt von Hermann Stiehl, Fischer, Frankfurt a. M. 2000, 45. Auflage, S. 203 ff.)

1. Verfolgen Sie das Schicksal der Jungen im gleichnamigen Film! Nutzen Sie die DVD ab Kapitel 12 („Das Schlachtfest")!
2. Welche Ursachen könnte es geben, dass das Leben auf der Insel in Mord und Totschlag ausartet?
3. Diskutieren Sie darüber, ob William Goldings Geschichte eine Metapher für reales menschliches Verhalten ist.

Den Zustand, den William Golding in seinem Roman beschreibt, bezeichnete der englische Philosoph *Thomas Hobbes als Naturzustand.

Die Natur hat die Menschen sowohl hinsichtlich der Körperkräfte wie der Geistesfähigkeiten untereinander gleichmäßig begabt; und wenngleich einige Kraft oder Verstand als andere besitzen so ist der hieraus entstehende Unterschied im Ganzen betrachtet dennoch nicht so groß, dass der eine sich diesen oder jenen Vorteil versprechen könnte, welchen der andere nicht auch zu hoffen berechtigt sei. [...] Mitbewerbung, Verteidigung und Ruhm sind die drei hauptsächlichen Anlässe, dass die Menschen miteinander uneins werden. [...] Hieraus ergibt sich, dass ohne eine einschränkende Macht der Zustand der Menschen ein solcher sei, [...] ein Krieg aller gegen alle. [...] Die Zeit aber, in der kein Krieg herrscht, heißt Frieden. Was mit dem Krieg aller gegen alle verbunden ist, das findet sich auch bei den Menschen, die ihre Sicherheit einzig auf ihren Verstand und auf ihre körperlichen Kräfte gründen müssen. Da findet sich kein Fleiß, weil kein Vorteil zu erwarten ist; es gibt keinen Ackerbau, keine Schifffahrt, keine bequemen Wohnungen, keine Werkzeuge höherer Art, keine Länderkenntnis, keine Zeitrechnung, keine Künste, keine gesellschaftlichen Verbindungen; stattdessen ein tausendfaches Elend; Furcht, gemordet zu werden, stündliche Gefahr, ein einsames, kümmerliches, rohes und kurz dauerndes Leben.

(Thomas Hobbes: Leviathan, Übersetzt von J. P. Mayer. Reclam, Stuttgart 1970, S. 112 ff.)

4. Vergleichen Sie den von Hobbes beschriebenen Zustand mit den Geschehnissen auf der Insel.

Nur ein Vertrag schafft Rechtssicherheit

Um aber eine allgemeine Macht zu gründen, unter deren Schutz gegen auswärtige und innere Feinde die Menschen bei dem ruhigen Genus der Früchte ihres Fleißes und der Erde ihren Unterhalt finden können, ist der einzig mögliche Weg folgender: Jeder muss alle seine Macht oder Kraft einem oder mehreren Menschen übertragen, wodurch der Willen aller gleichsam auf einen Punkt vereinigt wird, so dass dieser eine Mensch oder diese eine Gesellschaft eines jeden einzelnen Stellvertreter werde und ein jeder die Handlungen jener so betrachte, als habe er sie selbst getan, weil sie sich dem Willen und Urteil jener freiwillig unterworfen haben. [...] Abgeschlossene Verträge sind zu halten. Ohne dieses Gesetz sind Verträge unwirksam und nur leere Worte, und wenn das Recht aller auf alles bleibt, befinden wir uns im Kriegszustand. Und in diesem natürlichen Gesetz liegen Quelle und Ursprung der Gerechtigkeit. Denn wo kein Vertrag vorausging, wurde auch kein Recht übertragen, und jedermann hat ein Recht auf alles; folglich kann keine Handlung ungerecht sein. Wurde aber ein Vertrag abgeschlossen, so ist es ungerecht, ihn zu brechen, und die Definition der Ungerechtigkeit lautet nicht anders als die Nichterfüllung eines Vertrages. Und alles, was nicht ungerecht ist, ist gerecht.

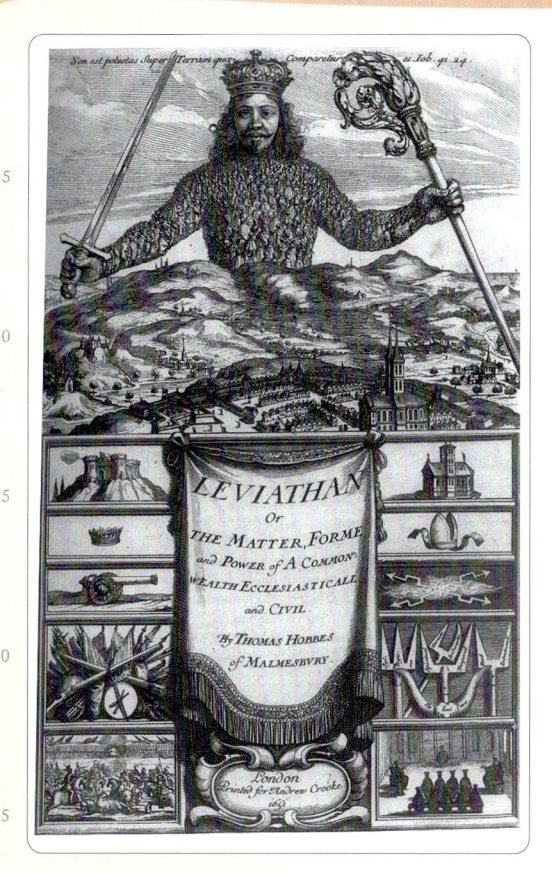

(Thomas Hobbes: Leviathan. Übersetzt von J. P. Mayer. Reclam, Stuttgart 1970, S.112 ff.)

Thomas Hobbes, Leviathan,
Titelbild der Erstausgabe (1651)

1. Welche Rolle spielt der zu schließende Vertrag bei der Überwindung des Naturzustands?
2. Beschreiben Sie anhand des Bildes die Funktion des Leviathan. Achten Sie dabei auf die verschiedenen Symbole; finden Sie heraus, wofür sie stehen.

Allgemeine Merkmale von Verträgen

▸ Gegenseitige Übertragung oder Austausch von Rechten (Ich erwerbe durch den Kauf eines Gegenstands das Recht, ihn zu nutzen.)

▸ Wechselseitige Befriedigung von Interessen (Die Vertragspartner ziehen beide aus dem Kauf bzw. Verkauf eines Gegenstands einen Vorteil.)

▸ Der Vertragsabschluss ist ein freier Willensakt zwischen zwei gleichen Partnern (Keiner wird dazu gezwungen, den Vertrag abzuschließen.)

▸ Es muss eine Vertragssicherheit gewährleistet werden (Bei Nichterfüllung des Vertrages gibt es Sanktionen, z. B. durch staatliche Gerichte.)

3. Überlegen Sie, ob diese Merkmale, die auch Sie beim Abschluss eines Kaufvertrages, z. B. für ein Handy, berücksichtigen müssen, auf den Vertrag von Hobbes und im Folgenden von Rousseau zutreffen.

4.4.2 Der Gemeinwille als Grundlage des Gesellschaftsvertrags

Es gibt keinen Zustand des universalen Krieges

Der englische Philosoph *John Locke (siehe Seiten 158/159 in diesem Buch) und der Schweizer Philosoph *Jean-Jacques Rousseau haben die Ansichten von Hobbes kritisiert, insbesondere seine Auffassung vom Naturzustand. Beide Philosophen haben ihrerseits andere aus Ihrer Sicht gerechte Gesellschaftsmodelle dagegen gesetzt: Locke gilt als „geistiger Vater" der Gewaltenteilung und somit des Rechtsstaates, während Rousseau einen Gesellschaftsvertrag auf der Grundlage eines Gemeinwillens entworfen hat.

Selbst wenn es wahr wäre, dass diese grenzenlose und unbezähmbare Habgier sich in allen Menschen in solchem Maße ausgebildet fände, wie unser *Sophist vermutet, so würde sie dennoch nicht den Zustand des universalen Krieges aller gegen alle hervorbringen, dessen abstoßendes Bild Hobbes uns zu zeichnen wagt. Die zügellose Begierde, sich alles und jedes anzueignen, ist unvereinbar mit derjenigen, alle seine Artgenossen zu vernichten; und der Sieger, der, nachdem er alle umgebracht, das Unglück hätte, allein auf der Welt zu sein, würde sich an nichts erfreuen, eben weil er alles hätte. Die Reichtümer selbst – wozu sollten sie gut sein, wenn sie nicht in Gemeinschaft genossen werden können? Besäße er auch das Weltall – wozu diente es ihm, wenn er sein einziger Bewohner wäre? Wie denn? Soll er etwa alle Früchte dieser Erde vertilgen? Wer wird für ihn zusammentragen, was alle Himmelsstriche hervorbringen? Wer wird das Zeugnis von seinem Reich in die weiten Einsamkeiten tragen, die er niemals bewohnen wird? Was soll er mit seinen Schätzen machen, wer soll seine Vorräte verzehren, vor wessen Augen soll er seine Macht zur Schau stellen? Ich verstehe: Anstatt alle niederzumetzeln, wird er alle in Ketten legen, um wenigstens Sklaven zu haben. Das verändert augenblicklich die Fragestellung; denn nun handelt es sich nicht mehr darum zu zerstören, der Kriegszustand ist also aufgehoben [...]

Der Mensch ist von Natur friedlich und furchtsam; schon bei der geringsten Gefahr ist sein Impuls zu fliehen; an den Krieg gewöhnt er sich nur durch die Erfahrung des Krieges. Die Ehre, der Eigennutz, die Vorurteile, die Rache, alle Leidenschaften, die ihn der Gefahr und dem Tode trotzen lassen, sind ihm im Naturzustand fremd. Erst wenn er mit einem Menschen in Gesellschaft lebt, entschließt er sich, einen anderen anzugreifen; und Soldat wird er erst, wenn er Bürger geworden ist. [...]

Es gibt also keinen allgemeinen Krieg des Menschen gegen den Menschen ...
Wer kann nur, ohne zu erschaudern, das sinnlose Gedankengebäude vom natürlichen Krieg aller gegen alle ersonnen haben? Was sollte das für ein seltsames Wesen sein, das sein Wohl mit der Vernichtung seiner Gattung verknüpft glaubt! Und wie soll man sich vorstellen, dass diese ungeheuerliche und widerwärtige Spezies auch nur zwei Generationen bestehen könnte?

Jean-Jacques Rousseau
(Vom Kriege. Zitiert nach: Hans-Ludwig Freese: Abenteuer im Kopf, Quadriga, Berlin 1995, S. 222/223)

1. Welche Kritik übt Jean-Jacques Rousseau an Hobbes Theorie des Kampfes aller gegen alle? Suchen Sie die wichtigsten Argumente aus dem Text heraus.
2. Vergleichen Sie Rousseaus Auffassung vom Naturzustand mit der von Hobbes.

Eine sittliche Gesamtkörperschaft

Wenn man also beim Gesellschaftsvertrag von allem absieht, was nicht zu seinem Wesen gehört, wird man finden, dass er sich auf folgendes beschränkt: Gemeinsam stellen wir alle, jeder von uns seine Person und seine ganze Kraft unter die oberste Richtschnur des Gemeinwillens; und wir nehmen, als Körper, jedes Glied als untrennbaren Teil des Ganzen auf.

Dieser Akt des Zusammenschlusses schafft augenblicklich anstelle der Einzelperson jedes Vertragspartners eine sittliche Gesamtkörperschaft, die aus ebenso vielen Gliedern besteht, wie die Versammlung Stimmen hat, und die durch ebendiesen Akt ihre Einheit, ihr gemeinschaftliches Ich, ihr Leben und ihren Willen erhält. Diese öffentliche Person, die so aus dem Zusammenschluss aller zustande kommt, trug früher den Namen Polis, heute trägt sie den der Republik oder der staatlichen Körperschaft, die von ihren Gliedern Staat genannt wird, wenn sie passiv, Souverän, wenn sie aktiv ist, und Macht im Vergleich mit ihresgleichen. Was die Mitglieder betrifft, so tragen sie als Gesamtheit den Namen Volk, als Einzelne nennen sie sich Bürger, sofern sie Teilhaber an der Souveränität, und Untertanen, sofern sie den Gesetzen des Staates unterworfen sind. Aber diese Begriffe werden oft vermengt und einer für den anderen genommen; es genügt, sie auseinanderhalten zu können, wenn sie im strengen Sinn gebraucht werden.

[...]

Die erste und wichtigste Folge der oben aufgestellten Prinzipien ist, dass allein der Gemeinwille die Kräfte des Staates gemäß dem Zweck seiner Errichtung, nämlich dem Gemeinwohl, leiten kann: denn wenn der Widerstreit der Einzelinteressen die Gründung von Gesellschaften nötig gemacht hat, so hat der Einklang derselben Interessen sie möglich gemacht. Das Gemeinsame nämlich in diesen unterschiedlichen Interessen bildet das gesellschaftliche Band, und wenn es nicht irgendeinen Punkt gäbe, in dem alle Interessen übereinstimmen, könnte es keine Gesellschaft geben. Nun darf aber die Gesellschaft nur gemäß diesem Gemeininteresse regiert werden.

Ich behaupte deshalb, dass die Souveränität, da sie nichts anderes ist als die Ausübung des Gemeinwillens, niemals veräußert werden kann und dass der Souverän, der nichts anderes ist als ein Gesamtwesen, nur durch sich selbst vertreten werden kann; die Macht kann wohl übertragen werden, nicht aber der Wille.

Jean-Jacques Rousseau

(Der Gesellschaftsvertrag. Zitiert nach: Ekkehard Martens: Ich denke also bin ich, Verlag C. H. Beck, München 2000, S. 159)

1. Erläutern Sie das Verhältnis zwischen Einzelinteressen und dem Gemeinwillen.
2. Was versteht Rousseau unter dem Gemeinwillen? Formulieren Sie dazu eine Definition.

Brauchen wir einen Nachtwächterstaat?

MODERATOR: [...] Wie groß ist Ihrer Ansicht nach die Macht des Staates?

HOBBES: Das ergibt sich aus dem, was bisher gesagt wurde. Solange der Staat den Bürgern Frieden und Sicherheit garantiert, schulden sie ihm totalen Gehorsam. Kein Mensch hat das Recht, sich dem Willen des Souveräns entgegenzustellen, auch dann nicht, wenn er sich ungerecht behandelt fühlt. Der Souverän kann nicht einmal zur Rechenschaft gezogen werden, wenn er einen Menschen unschuldig hinrichten lässt, wenn er glaubt, dass dies im Interesse des Friedens nötig ist. Die Gehorsamspflicht der Untertanen endet erst dann, wenn der Staat seiner Aufgabe der Friedenssicherung nicht mehr nachkommen kann.

ROUSSEAU: Skandalös! Damit könnte man ja sogar eine absolute Monarchie rechtfertigen. Das ist für mich als Demokrat überhaupt nicht akzeptabel. Und damit, dass die Bürger keine Freiheiten und Rechte haben, kann doch niemand einverstanden sein.

HOBBES: Aber bedenken Sie doch: nur ein starker Staat kann wirklich Frieden stiften. Das ist jedenfalls mein Fazit aus den Wirren des Bürgerkrieges in meinem Land, der 1649 erst durch die Diktatur CROMWELLS beendet werden konnte. Gegenüber dem Terror der Anarchie erscheint mir die Gefahr der Despotie als das weitaus geringere Übel.

MODERATOR: Ich bin mir nicht sicher, ob diese Alternative richtig ist. – Aber nun zu Ihnen, Herr LOCKE.

Sie gelten mit Ihren „Zwei Abhandlungen über die Regierung" von 1689/90 als Begründer des Liberalismus und als einer der Wegbereiter der amerikanischen Verfassung. Was halten Sie von den staatsphilosophischen Überlegungen Ihres Kollegen HOBBES?

LOCKE: Ich beurteile sie sehr zwiespältig. Die Rechtfertigung des Staates durch den Gesellschaftsvertrag ist für mich einer der genialsten Ideen der politischen Philosophie, darin bin ich HOBBES gefolgt. Aber ich habe eine ganz andere Auffassung vom Naturzustand – und daraus ergibt sich für mich auch eine ganz andere Sicht des Staates. Selbst ein Zustand ohne staatliche Autorität ist für mich noch kein zügelloser Zustand, denn es gibt natürliche Rechte und Pflichten. Die Vernunft, wenn sie denn nur zu Rate gezogen wird, lehrt die Menschen, dass niemand den anderen töten, verletzen, bestehlen oder seiner Freiheit berauben darf. Denn wenn alle Menschen gleich sind, muss ich das, was ich für mich in Anspruch nehme, auch den anderen zubilligen: also das Recht auf Leben und körperliche Unversehrtheit, das Recht auf Freiheit und das Recht auf Eigentum.

MODERATOR: Die Menschenrechte?

LOCKE: Ja, ich habe sie „natürliche Rechte" genannt. Das sind unveräußerliche Rechte, die jedem Menschen zukommen, also nicht erst durch den Staat verliehen werden, sondern schon im Naturzustand existieren.

MODERATOR: Aber wo gibt es dann noch Probleme im Zusammenleben der Menschen, wenn es schon im Naturzustand diese Rechte und ihnen entsprechende Pflichten gibt?

LOCKE: Sehen Sie: Die natürlichen Rechte, so wie die Vernunft sie uns eingibt, sind allgemein und abstrakt. Da die Rechte nicht eindeutig formuliert sind, kann es bei der Anwendung Probleme geben. Es kann Streit darüber entstehen, wie diese Rechte im konkreten Einzelfall zu interpretieren seien, besonders, wenn die Kontrahenten parteiisch sind. Ferner ist es möglich, dass es Probleme gibt, diese Rechte gegen Widerstände durchzusetzen, so dass jemand zwar im Recht ist, aber nicht Recht bekommt.

MODERATOR: Und welche Aufgaben des Staates ergeben sich daraus?

LOCKE: Das liegt doch nun auf der Hand: Der Staat hat die Aufgabe, die natürlichen Rechte durch eindeutig formulierte Gesetze zu konkretisieren. Er hat ferner darüber zu wachen, dass diese Gesetze auch eingehalten werden. Und im Streitfall braucht er Richter, die Gesetze unparteiisch auslegen. Wenn man dies zusammenfasst, könnte man sagen: Der Staat hat die Aufgabe der Sicherung der natürlichen Rechte.

MODERATOR: Darf der Staat eigentlich selber gegen diese Rechte verstoßen?

LOCKE: Nein, auf keinen Fall. Auch der Staat muss die natürlichen Rechte beachten, die dem Menschen ja schon im Naturzustand zukommen. Das Gewaltmonopol des Staates stellt aber aus meiner Sicht – darin unterscheide ich mich von Herrn HOBBES – eine große Gefahr für die Freiheit der Bürger dar. Deshalb muss man den Staat so einrichten, dass die Bürger vor Machtmissbrauch geschützt werden. Das ist eine der Grundforderungen des Liberalismus.

MODERATOR: Wie wollen Sie das erreichen?

LOCKE: Durch Gewaltenteilung. Die Legislative, d. h. die gesetzgebende Gewalt, und die Exekutive, das ist die Gewalt, die den Gesetzen Anerkennung verschafft, müssen getrennt sein, und die Legislative muss einer Kontrolle unterzogen werden können. Ich denke da an eine gesetzgebende Versammlung, die vom Volk abberufen oder geändert werden kann, wenn sie dem in sie gesetzten Vertrauen nicht gerecht wird. Mein französischer Kollege MONTESQUIEU hat den Gedanken der Gewaltenteilung übrigens weiterentwickelt und auf die richterliche Gewalt, die Judikative, ausgedehnt. So kann die Freiheit der Bürger wirksam geschützt werden.

ROUSSEAU: Unglaublich! Dieser sogenannte Liberalismus hat doch nicht wirklich etwas mit Freiheit zu tun, sondern ist nichts anderes als eine Rechtfertigung der bürgerlichen Klasse. Freiheit bedeutet für Sie, Herr LOCKE, doch nur die Freiheit der Reichen und Besitzenden. Der Staat ist nichts anderes als ein „Nachtwächterstaat", der darüber wacht, dass den wohlhabenden Bürgern nichts gestohlen wird. Für mich hat ein Mensch nicht nur das Recht, dass ihm nichts weggenommen wird, sondern einen positiven Anspruch auf Eigentum. Das bedeutet, dass die gesellschaftlichen Güter an alle Menschen gleich verteilt werden müssen, dass der Staat die Aufgabe hat, den Unterschied zwischen Arm und Reich aufzuheben.

Bernd Rolf, deutscher Autor
(Wozu braucht man eigentlich einen Staat? In: Zeitschrift für die Didaktik der Philosophie und Ethik 4/1998, S. 242/243)

Was könnte John Locke Rousseau antworten? Schreiben Sie den *fiktiven Dialog zu Ende. Organisieren Sie anschließend eine philosophische Talkshow, auf der sich die drei Philosophen über ihre Auffassungen vom Staat streiten.

4.4.2 Gerechtigkeit als Fairness

Der Schleier des Nichtwissens

In seinem Buch „Eine Theorie der Gerechtigkeit" unterbreitet der amerikanische Philosoph John Rawls einen umfassenden Vorschlag zur Errichtung einer gerechten Gesellschaft, die auf den Gerechtigkeitsvorstellungen von Aristoteles und den Vertretern der Vertragstheorie wie z. B. Thomas Hobbes beruht. Ausgangspunkt seiner Überlegungen bildet der „Schleier der Nichtwissens".

Wir können uns eine menschliche Gesellschaft als eine mehr oder weniger selbstgenügsame Vereinigung vorstellen, die von einer gemeinsamen Gerechtigkeitsvorstellung reguliert wird und darauf ausgerichtet ist, das Wohl ihrer Mitglieder zu vergrößern. Als kooperatives Unternehmen zum wechselseitigen Vorteil ist sie sowohl durch Konflikt als auch durch die Identität von Interessen gekennzeichnet. Eine Interessenidentität besteht, weil gesellschaftliche Kooperation ein besseres Leben für alle ermöglicht, [...] gleichzeitig ist es den Menschen jedoch keineswegs gleichgültig, wie die größeren Erträge, die durch ihre gemeinsame Arbeit entstehen, verteilt werden. [...] Das Ziel der Vertragstheorie besteht genau darin, Rechenschaft über die Strenge der Gerechtigkeit abzugeben, indem sie davon ausgeht, dass ihre Prinzipien aus einer Übereinkunft von freien und unabhängigen Personen in einem ursprünglichen Zustand der Gleichheit entstehen und daher die Integrität und gleiche Souveränität der rationalen Personen widerspiegeln, welche die Vertragspartner sind. Statt anzunehmen, dass eine Vorstellung vom Rechten und somit eine Gerechtigkeitsvorstellung eine einfache Ausweitung des Wahlprinzips für den einzelnen auf die Gesellschaft als ganze bedeutet, geht die Vertragstheorie davon aus, dass rationale Individuen, die zur Gesellschaft gehören, in einem gemeinsamen Akt wählen müssen, was unter ihnen als gerecht oder ungerecht zu gelten hat. Sie müssen untereinander ein für allemal entscheiden, was ihre Gerechtigkeitsvorstellung sein soll. Diese Entscheidung kann man sich als eine vorstellen, die in einer passend definierten Ausgangssituation getroffen wird; eines der bedeutsamen Merkmale dieser Situation besteht darin, dass niemand seine Position in der Gesellschaft kennt, ja noch nicht einmal seine Stellung bei der Verteilung von natürlichen Talenten und Fähigkeiten. Die Gerechtigkeitsprinzipien, an die alle für immer gebunden sind, werden in Abwesenheit dieser Art spezifischer Information gewählt. Ein Schleier des Nichtwissens bewahrt jeden davor, durch die Unverfügbarkeiten von sozialer Klasse und Vermögen bevorzugt oder benachteiligt zu werden. Daher wird die Wahl der Prinzipien nicht von den Verhandlungsproblemen beeinflusst, die im Alltagsleben aus dem Besitz des Wissens entstehen. In der Vertragstheorie ist dann die Theorie der Gerechtigkeit – und in der Tat der Ethik selbst- Teil der allgemeinen Theorie der rationalen Entscheidung, eine Tatsache, die in der Kantischen Formulierung vollkommen klar ist."

(*John Rawls: Verteilungsgerechtigkeit. Aufsatz zu „Justice as Fairness". In: Philosophie der Gerechtigkeit, Suhrkamp Verlag, Frankfurt a. M. 2002, S. 355 ff.)

Charakterisieren Sie mit eigenen Worten den „Schleier des Nichtwissens". Lässt er sich mit dem Naturzustand bei Hobbes vergleichen? Begründen Sie Ihren Standpunkt.

Zwei Prinzipien der Gerechtigkeit

Ausgehend von seinen Überlegungen zum Naturzustand formuliert Rawls dann zwei Gerechtigkeits-Prinzipien, die für eine demokratische und gerechte Gesellschaft unerlässlich sind.

Die beiden Gerechtigkeitsprinzipien können wie folgt formuliert werden. Erstens: Jede Person, die mit einer Institution zu tun hat oder von ihr beeinflusst wird, hat ein gleiches Recht auf die größtmögliche Freiheit, die mit derselben Freiheit für alle vereinbar ist; und zweitens sind Ungleichheiten, so wie sie von der institutionellen Struktur festgelegt oder von ihr gefördert werden, willkürlich, wenn nicht vernünftigerweise erwartet werden kann, dass sie sich zu jedermanns Vorteil auswirken, und wenn nicht vorausgesetzt werden kann, dass die Positionen und Ämter, mit welchen diese Ungleichheiten zusammenhängen oder durch welche sie sich ergeben, allen offen stehen. Diese Prinzipien regeln die Verteilungsaspekte von Institutionen, indem sie die Festsetzung von Rechten und Pflichten für die gesamte Gesellschaftsstruktur kontrollieren – angefangen mit der Wahl einer politischen Verfassung, in Übereinstimmung mit welcher sie dann auf die Gesetzgebung angewendet werden müssen. Die Gerechtigkeit der Verteilungsanteile hängt von einer korrekten Wahl der Grundstruktur der Gesellschaft und ihrem grundlegendem System von Rechten und Pflichten ab.

Wenn wir das zweite Prinzip (oder vielmehr den ersten Teil davon, den wir aus offensichtlichen Gründen das Differenzprinzip nennen können) interpretieren, gehen wir davon aus, dass das erste Prinzip eine gleiche Grundfreiheit für alle fordert und dass das daraus entstehende politische System, wenn es die Umstände zulassen, eine Art von konstitutioneller Demokratie ist. [...] Vor diesem Hintergrund sind die zu rechtfertigenden Unterschiede jene verschiedenen wirtschaftlichen und sozialen Ungleichheiten in der Grundstruktur, die in einem solchen Schema unvermeidlich auftreten müssen. Dies sind die Ungleichheiten in der Verteilung von Einkommen und Vermögen sowie die Unterschiede an sozialem Ansehen und gesellschaftlichem Status, die zu den zahlreichen Klassen und Positionen gehören. Das Differenzprinzip besagt, dass diese Ungleichheiten nur dann gerechtfertigt sind, wenn sie einen Teil eines größeren Systems darstellen, in dem sie sich zum Vorteil der am wenigsten Begünstigten auswirken. Die gerechten Verteilungsanteile, die von der Grundstruktur bestimmt werden, sind jene, die durch dieses beschränkte Maximumprinzip spezifiziert werden. [...] Diejenigen, die von der Natur bevorzugt worden sind, dürfen, wer immer sie sein mögen, von ihrem glücklichen Schicksal nur unter Bedingungen profitieren, die das Wohlergehen derjenigen verbessern, die schlecht weggekommen sind.

(*John Rawls: Verteilungsgerechtigkeit. Aufsatz zu „Justice as Fairness". In: Philosophie der Gerechtigkeit, Suhrkamp Verlag, Frankfurt a. M. 2002, S. 355 ff.)

1. Warum stellt Rawls die Freiheitsrechte des Menschen an erste Stelle?
2. Stellen Sie sich vor, ein deutsches Forschungsinstitut hat eine so sensationelle und bahnbrechende Methode zur Energieerzeugung entwickelt, dass es innerhalb eines Jahres Millionen Euro Gewinn erzielt. Machen Sie im Sinne von Rawls begründete Vorschläge für die Verwendung dieses Geldes!

3. Diskutieren Sie darüber, ob das Fairnessprinzip weltweit umsetzbar sein könnte!

Der Schleier des Nichtwissens ist unrealistisch

Die Theorie von John Rawls ist vor allem in den USA stark kritisiert worden, insbesondere der Ausgangspunkt einer gerechten Verteilung im „Schleier des Nichtwissens".

Es gibt weder die Spur eines Beweises noch irgendeinen vernünftigen Grund für die Annahme, es hätte jemals reine Individuen gegeben, die sich ihrer jeweiligen Werte bewusst waren, einzeln durch die Wälder streiften und zusammenkamen, um wohlüberlegt jene Gemeinschaft zu gründen, die ihren individuellen Zwecken und normativen Neigungen entsprach. Auch gibt es keine Anzeichen dafür, dass eine bestimmte Anzahl von Individuen jemals zusammengekommen ist, um der Gemeinschaft irgendwelche Vorrechte abzutreten und dadurch bestimmte moralische Regeln aufzurichten oder Werte auszuwählen, denen die Mitglieder der Gemeinschaft dann zu folgen hatten. Um fair zu sein: Die Befürworter des individualistischen Paradigmas behaupten nicht, die Gebräuche oder die sozialen Werte seien auf diesem Wege entstanden; sie stützen sich auf solche mythischen Erzählungen, um ihren Standpunkt zu illustrieren: Individuen sind diejenigen, die im Rahmen einer Ansammlung von Individuen – wenn nicht sogar schlicht gänzlich auf sich selbst gestellt – soziale Entscheidungen fällen (sie sind also wie Rechtsanwälte, die ein Urteil untereinander aushandeln, oder wie Käufer auf einem Markt, die ein Geschäft abschließen). Die sozialen Gebräuche und Werte können nicht ad hoc und situativ ausgearbeitet werden [...] und verdanken sich auch keinen vorgängig ausgehandelten Verträgen. Wenn eine Gesellschaft dieser Vorgehensweise folgen würde, müsste sie zur Hälfte aus Anwälten bestehen, die Verträge abschließen (oder versuchen, aus ihnen wieder herauszukommen). Es ist kein Zufall, dass die am meisten individualistisch orientierte Gesellschaft, die amerikanische, zugleich die prozesssüchtigste ist. Eine funktionierende Gesellschaft muss sich letztlich auf Kultur und Tradition sowie auf die ihnen innewohnenden Werte stützen. Allein diese Werte stellen jene normativen Kriterien bereit, die wir benötigen, um ohne ständiges Feilschen voranzukommen und die Differenzen auszuarbeiten, die in Verhandlungssituationen zutage treten. Nicht zuletzt Emile Durkheim hat dies in seinen Ausführungen zur Bedeutung jener vorvertraglichen Wertbindungen und Verpflichtungen dargelegt, die Verträgen und ihrer Einhaltung zugrunde liegen.

Amitai Etzioni, zeitgenössischer amerikanischer Philosoph (Die Verantwortungsgesellschaft, Übersetzt von Christoph Münz, Campus Verlag, Frankfurt/ New York 1997, S. 138)

Der amerikanische Philosoph John Rawls gilt als wichtiger Vertreter des philosophischen Liberalismus, abgeleitet von dem lateinischen Wort **libertas**, was auf Deutsch Freiheit bedeutet. Die Freiheit des Einzelnen wird als höchste Form der Gerechtigkeit angesehen; Gemeinschaften wie die Familie oder der Staat spielen dabei nur eine untergeordnete Rolle.
Demgegenüber meinen die Kommunitaristen, abgeleitet von dem Wort **communis**, was auf Deutsch gemeinsam heißt, dass der Mensch nur Gerechtigkeit in der Gemeinschaft mit anderen erlangen kann und dass der Staat die Aufgabe hat, eine gerechte Verteilung der materiellen Güter zu gewährleisten, damit alle Menschen ein gutes Leben führen können. Zu den Vertretern dieser Richtung gehören beispielsweise die Philosophen Alasdair MacIntyre und Amitai Etzioni.

Informieren Sie sich durch Internetrecherchen über die aktuelle philosophische Diskussion zum Kommunitarismus und Liberalismus.

4.5 Eine gemeinsame Formel der Gerechtigkeit

Der polnische Philosoph *Chaim Perelman hat versucht, in den verschiedenen philosophischen Konzeptionen der Gerechtigkeit das Gemeinsame aufzuspüren und zu formulieren. Dabei schlägt er den Bogen von der Antike bis zur modernen Zeit. Sein Anspruch besteht nicht darin, alle bisherigen Ansichten zu verbessern oder gar nach geeignet oder wertlos zu sortieren, sondern die Gemeinsamkeiten zu unterstreichen und hervor zu heben.

Der Gerechtigkeitsbegriff suggeriert allen unvermeidlich die Vorstellung einer gewissen Gleichheit. Seit *Platon* und *Aristoteles* über *Thomas von Aquin* bis zu den zeitgenössischen Juristen, Ethikern und Philosophen sind alle über diesen Punkt einig. Die Gerechtigkeitsidee steckt also in einer gewissen Anwendung der Gleichheitsidee. Die ganze Aufgabe ist nun, diese Anwendung so zu definieren, dass, obgleich sie ja das gemeinsame Element der verschiedenen Gerechtigkeitskonzeptionen festsetzt, auch ihre Divergenzen (1) ausdrückt. Dies ist aber nur möglich, wenn die Definition des Gerechtigkeitsbegriffes ein unbestimmtes Element enthält, eine Variable; die verschiedenen Bestimmungen dieser Variablen werden dann die gegensätzlichsten Gerechtigkeitsformulierungen zulassen. [...]

Es muss eine Gerechtigkeitsformel gefunden werden, die den verschiedenen Konzeptionen, die wir analysiert haben, gemeinsam ist. Diese Formel muss – in der Mathematik Variable genannt – ein unbestimmtes Element enthalten, dessen Bestimmung bald durch die eine, bald durch die andere Gerechtigkeitskonzeption erbracht wird. Der gemeinsame Begriff liefert eine Definition der *formalen* oder *abstrakten* Gerechtigkeit: Dagegen stellt jede besondere oder *konkrete* Formulierung der Gerechtigkeit einen der unzähligen Werte der formalen Gerechtigkeit dar. [...] Wer verlangt, dass dem Verdienst Rechnung getragen werde, wünscht für Individuen mit demselben Verdienst dieselbe Behandlung. Ein zweiter wünscht für Menschen mit denselben Bedürfnissen dieselbe Behandlung; und ein dritter fordert eine gerechte, das heißt gleiche Behandlung für diejenigen, die denselben sozialen Rang bekleiden usw. Welcher Art auch immer ihre Uneinigkeit in anderer Hinsicht ist, so sind sich doch alle darin einig, dass gerecht sein eine gleiche Behandlung für alle Wesen bedeutet, die in bestimmter Hinsicht gleich sind, die dasselbe Charakteristikum aufweisen – die Individuen in eine bestimmte Klasse oder Gruppe einzuordnen erlaubt, so gehören die Wesen mit dem gemeinsamen Wesensmerkmal derselben Kategorie, genauer, derselben Wesenskategorie an. Die formale oder abstrakte Gerechtigkeit lässt sich demnach definieren als ein Handlungsprinzip, nach welchem die Wesen derselben Wesenskategorie auf dieselbe Art und Weise behandelt werden müssen.

(1) Divergenzen = Unterschiede

(Chaim Perelman: Eine Studie über die Gerechtigkeit. In: Philosophie der Gerechtigkeit, stw, Frankfurt am Main 2002, S. 305 ff.)

1. Welches gemeinsame Element steckt in den verschiedenen Gerechtigkeitsbegriffen?
2. Erläutern Sie den Begriff der formalen Gerechtigkeit.
3. Prüfen Sie die Anwendbarkeit des Prinzips der formalen Gerechtigkeit.
4. Wo liegen die Grenzen dieses Modells?

5. Alles, was RECHT ist

Urteil im Mordfall der Zwillinge ist rechtskräftig

Zwickau. Im Mordfall der Auer Zwillingsmädchen ist das Urteil des Landgerichts Zwickau vom November 2005 gegen den Vater rechtskräftig. Der Bundesgerichtshof in Leipzig verwarf die Revision des arbeitslosen Maurers. Er war wegen Mordes zu lebenslanger Freiheitsstrafe verurteilt worden. Die Richter sahen es als erwiesen an, dass der Mann die Sechsjährigen im April 2005 heimtückisch im Schlaf erstochen hat. Die Verteidigung hatte auf Totschlag plädiert. (dpa)

> Wo es kein Gespräch mehr gibt, beginnt die Gewalt.
> — Sokrates

> Die Stärke des Rechts gilt mehr als das Recht des Stärkeren.
> — unbekannt

Mehr als 20 Verletzte nach Krankenhausbrand

Iserlohn. Bei einem Feuer in einem Krankenhaus in Iserlohn (Nordrhein-Westfalen) haben mehr als 20 Menschen Rauchvergiftungen erlitten. Die Polizei vermutet fahrlässige Brandstiftung oder einen technischen Defekt als Ursache.

> Freiheit existiert nur, wenn Ordnung da ist und nicht, wenn Ordnung zerstört ist.
> — Carl Friedrich Weizsäcker

ICH HABE GOTT ERSCHLAGEN

1. Welche Auffassung von Recht wird auf dieser Collage einer Schülerin dargestellt?
2. Suchen Sie sich ein Zitat aus und schreiben Sie dazu einen *Miniaturtext.

5.1 Funktionen des Rechts

Zweitstudenten

Es ist durchaus üblich, dass junge Leute, die bereits ein Studium absolviert haben, an einer Universität eingeschrieben sind, Semestergebühren bezahlen, aber keine Vorlesungen und Seminare besuchen. Trotzdem profitieren sie von allen Vergünstigungen, die der Studentenstatus mit sich bringt. Sie gelten als Zweitstudenten. Als Betrüger sehen sie sich nicht. Da sie noch arbeitslos sind, haben sie auf diese Weise größere Chancen als Student leichter einen Nebenjob zu finden. Die Eltern bekommen weiter Kindergeld. Wenn Sie an der Uni einen Antrag stellen, kann es sogar sein, dass sie von den höheren Studiengebühren für das Zweitstudium befreit werden. Stattdessen können Sie mit ihrem Studentenausweis Fahrtkosten und Eintrittsgelder minimieren. Ihre Krankenversicherung ist günstiger. Ein Student errechnete, dass er so – mit drei Minijobs und all den Vergünstigungen pro Semester 1300 € sparen kann. Dazu kommt noch der Verdienst durch die Jobs. Die Universität erhält aufgrund der höheren Studentenzahlen auch höhere Zuwendungen vom Land. Arbeitgeber und Krankenkassen aber zahlen drauf und können nichts dagegen tun. Gleichaltrige Arbeitslose haben diese Vorzüge nicht. Sie müssen sich mit ihrem Arbeitslosengeld zufrieden geben. Ist das rechtens?

(Nach: „Oschatzer Allgemeine Zeitung" vom 18.5.2006)

„Wenn ich verspreche, es nicht wieder zu tun, behandeln Sie mich dann beim nächsten mal etwas milder?"

1. Stellen Sie sich vor, Sie wären Richter oder Richterin. Wie würden Sie diesen Fall entscheiden?

Was ist Recht?

Recht ist das von einer Gesellschaft (Rechtsgemeinschaft) als verbindlich anerkannte System von Normen, die vorschreiben, wie sich der einzelne in bestimmten Situationen verhalten soll. Rechtsnormen werden erlassen, 1. um Konflikte zwischen Individuen zu verhindern, 2. um zum Ausbruch gekommene Konflikte zu entscheiden. [...] Normen, die von allen als verbindliche Orientierungsmuster für ihr Handeln akzeptiert werden, sind eine notwendige Voraussetzung für das Gelingen des Zusammenlebens. Im Unterschied zu allen übrigen Normensystemen hat man als Besonderheit der Rechtsnormen verschiedentlich angeführt, dass sie durch äußeren Zwang (Rechtszwang) durchgesetzt werden können. [...] jedoch steht allein dem Recht eine eigens zum Zweck seiner Durchsetzung gebildete staatliche Institution zur Verfügung, die das Monopol legitimer, ebenfalls normativ geregelter Gewaltanwendung besitzt. [...] so ist es ein Kennzeichen des Rechts, dass es mit organisierter gesellschaftlicher Macht verbunden ist.

(Schülerduden Die Philosophie. Mannheim/Wien/Zürich: Bibliographisches Institut, 1985, S. 342–343)

2. Interpretieren Sie den Satz: „Recht ist mit organisierter gesellschaftlicher Macht verbunden." Formulieren Sie einen eigenen begründeten Standpunkt dazu.

Funktionen des Rechts

- Die Sicherung des (inneren) Friedens
- Den Schutz der Freiheit
- Die Ordnung des Gemeinwesens
- Die Förderung des Gemeinwohls

1. Übernehmen Sie die grafische Darstellung in ein *philosophisches Tagebuch und ergänzen Sie diese während der Weiterarbeit.
2. Bilden Sie Gruppen mit maximal sechs Teilnehmern. Entscheiden Sie sich für eine Funktion. Bestimmen Sie diese Funktion näher. Nutzen Sie dazu das Grundgesetz.

Laden Sie sich einen Juristen zu einem Gespräch über Recht und Gesetz ein. Bereiten Sie dieses Experteninterview vor. Beachten Sie dabei folgende Gesichtspunkte:
Stellen Sie gezielt solche Fragen, die Sie selbst nicht beantworten können.
Führen Sie ein Vorgespräch mit dem Gast durch und klären Sie dabei den Ort, den Termin, die Zeit, den zeitlichen Rahmen des Treffens. Nennen Sie ihm die Schwerpunktfragen, die Sie gern behandeln möchten. Notieren Sie diese Fragen.
Verabreden Sie, wer aus Ihrer Gruppe das Gespräch leiten soll. Fragen Sie an, ob Sie das Gespräch aufnehmen oder ob Sie fotografieren dürfen. Bestimmen Sie einen Mitschreiber.
Erarbeiten Sie sich in der Vorbereitung bereits Hintergrundwissen, um im Gespräch zielgerichteter und sicherer auftreten zu können. Entscheiden Sie sich für so genannte W-Fragen (Warum? Wieso? ...).
Diskutieren Sie, wenn Sie andere Kenntnisse zu einem Fakt haben oder wenn sich Problemfragen ergeben.
Im Interview sollten Sie darauf achten, dass die Schwerpunktfragen beantwortet werden. Werten Sie das Gespräch möglichst unmittelbar danach aus und halten Sie die neu gewonnenen Erkenntnisse fest.

5.2 Naturrecht und positives Recht

5.2.1 Die Natur als Quelle des Rechts

Bereits in der griechischen und römischen Antike galt die Natur als Quelle des Rechts. Sie war kosmischen Ursprungs und Norm setzend. Der Mensch war ihr und ihren Gesetzen unabänderlich unterworfen. Die Naturgesetze – wie der Lauf der Sonne und die Schwerkraft – bestimmten die Handlungsweisen des Menschen. Sie galten für alle Menschen und alle Völker gleichermaßen. Das Naturrecht wurde dem positiven Recht entgegengesetzt: Recht ist, was der Natur des Menschen entspricht.

Nach christlichem Verständnis besonders im Mittelalter ist die Offenbarung die Quelle des Rechts. Im christlichen Naturrecht gelten die göttliche Schöpfung und der göttliche Wille als Maßstab der menschlichen Gesetze. Das nutzen besonders Herrscher aus, indem sie ihr Amt als ein von Gott bestimmtes Amt interpretieren: Recht ist, was Gott gefällt.

In der Zeit der Renaissance und der Aufklärung ist die Vernunft Quelle des Rechts. Die Grundsätze des Naturrechts sind durch die menschliche Vernunft plausibel. Naturrecht gilt universell, d. h. unabhängig von Ort, Zeit und Religion für alle Menschen und alle Völker. So ergibt sich daraus, dass das Naturrecht das Fundament für die Menschenrechte bildet, d. h. alle Menschen und alle Völker sind gleich. Recht ist, was der menschlichen Vernunft entspricht.

(Nach: Joachim Feldmann: Recht Rechtsentwicklung Rechtsordnung, Bayerische Landeszentrale für politische Bildungsarbeit, München 1997, S.52)

Fassen Sie mit eigenen Worten zusammen, was es bedeutet, dass die Natur die Quelle des Rechts ist.

Das wahre Gesetz

Es ist aber das wahre Gesetz, die richtige Vernunft, die mit der Natur in Einklang steht, sich in alle ergießt, in sich konsequent, ewig ist, die durch Befehle zur Pflicht ruft, durch Verbieten von Täuschung abschreckt, die indessen den Rechtschaffenen nicht vergebens befiehlt oder verbietet, Ruchlose aber durch Geheiß und Verbot nicht bewegt. Diesem Gesetz etwas von seiner Gültigkeit zu nehmen, ist Frevel, ihm irgend etwas abzudingen, unmöglich, und es kann ebenso wenig als Ganzes außer Kraft gesetzt werden. [...] alle Völker und zu aller Zeit wird ein einziges, ewiges und unveränderliches Gesetz beherrschen und einer wird der gemeinsame Meister gleichsam und Herrscher aller sein: Gott! Er ist der Erfinder dieses Gesetzes, sein Schiedsrichter, sein Antragsteller, wer ihm nicht gehorcht, wird sich selber fliehen und das Wesen des Menschen verleugnend wird er gerade dadurch die schwersten Strafen büßen, auch wenn er den übrigen Strafen, die man dafür hält, entgeht.

Marcus Tullius Cicero (106–43 v. Chr.)

*Cicero, römischer Politiker und Philosoph
(De re publica. Vom Gemeinwesen. Übersetzt und herausgegeben von Karl Büchner, Reclam, Stuttgart 1960)

1. Bearbeiten Sie den Text Ciceros nach der Graffity-Methode. Äußern Sie sich innerhalb einer Gruppe zu Ihrem Text auf einem A3-Blatt: Arbeiten Sie den Standpunkt Ciceros heraus. Lassen Sie jetzt Ihre Gedanken dazu „sprühen". Schreiben Sie Ihre Positionen auf das Blatt. Argumentieren Sie für oder gegen Cicero. Belegen Sie Ihre Argumente mit Beispielen aus gegenwärtigem Geschehen. Lassen Sie sich von den Standpunkten und Argumenten Ihrer Gruppenmitglieder inspirieren und reagieren Sie. Dieser Prozess sollte nur schriftlich und nur schweigend erfolgen.
2. Fassen Sie zusammen und präsentieren Sie Ihr Plakat im Plenum.

Die natürlichen Rechte des Menschen

Es ist ein Zustand vollkommener Freiheit innerhalb der Grenzen des Naturgesetzes, seine Handlungen zu lenken und über seinen Besitz und seine Person zu verfügen, wie es einem am besten erscheint – ohne jemandes Erlaubnis einzuholen und ohne von dem Willen eines anderen abhängig zu sein.
Es ist überdies ein Zustand der Gleichheit, in dem alle Macht und Rechtsprechung wechselseitig sind, da niemand mehr besitzt als ein anderer: Ist doch nichts offensichtlicher, als dass Lebewesen von gleicher Art und gleichem Rang, die unterschiedslos zum Genuss derselben Vorteile der Natur und zum Gebrauch der gleichen Fähigkeit geboren sind, auch gleichgestellt leben sollen, ohne Unterordnung oder Unterwerfung. [...]
Niemand kann ohne seine Einwilligung aus diesem Zustand verstoßen und der politischen Gewalt eines anderen unterworfen werden. Die einzige Möglichkeit, diese natürliche Freiheit aufzugeben und die Fesseln bürgerlicher Gesellschaft anzulegen, ist die, dass man mit anderen Menschen übereinkommt, sich zusammenzuschließen und in einer Gemeinschaft zu vereinigen, mit dem Ziel, behaglich, sicher und friedlich miteinander zu leben – in dem sicheren Genuss des Eigentums und in größerer Sicherheit gegenüber allen, die ihr nicht angehören. [...] Sobald eine Anzahl von Menschen

John Locke (1632–1704)

auf diese Weise übereingekommen ist, eine Gemeinschaft oder Regierung zu bilden, haben sie sich ihr sogleich einverleibt, und sie bilden einen einzigen politischen Körper, in dem die Mehrheit das Recht hat, zu handeln und die übrigen Glieder mit zu verpflichten.
Der Grund, aus dem die Menschen in die Gesellschaft eintreten, ist die Erhaltung ihres Eigentums, und das Ziel, um dessentwillen sie eine Legislative wählen und ihr Autorität verleihen, ist, dass Gesetze und Vorschriften geschaffen werden, um über das Eigentum aller Glieder der Gesellschaft zu wachen und es zu schützen und so die Macht und die Herrschaft jedes einzelnen Teiles oder Gliedes der Gesellschaft zu beschränken und mäßigen. [...]
Wann immer deshalb die Gesetzgeber danach trachten, dem Volk sein Eigentum zu nehmen oder es als Sklaven in ihre willkürliche Gewalt zu bringen, versetzen sie sich dem Volk gegenüber in den Kriegszustand. Dadurch ist es jedem weiteren Gehorsam entbunden, [...] und die Macht fällt zurück an das Volk, das dann das Recht hat, zu seiner ursprünglichen Freiheit zurückzukehren und durch die Einrichtung einer neuen Legislative für seine eigene Sicherheit und seinen Schutz zu sorgen.

*John Locke, englischer Philosoph
(Über die Regierung [The Second Treatise of Government].
Hg. von Peter Cornelius Mayer-Tasch, übers. von Dorothee
Tidow, Reclam, Stuttgart 1983, S. 4, S. 73.)

Welche natürlichen Rechte haben die Bürger im Naturzustand? Vergleichen Sie Lockes Auffassung mit der von Thomas Hobbes auf den Seiten 144–145 in diesem Buch.

5.2.2 Was heißt „positives Recht"?

König Hammurabis Gesetze der Gerechtigkeit

Der babylonische König Hammurabi ließ um 1700 v. Chr. auf einer 2,25 m hohen Stele ein Reformgesetz einmeißeln, das unter der Bezeichnung „Codex Hammurabi" bekannt ist. Es umfasste 282 Paragrafen zum Straf-, Zivil- und Handelsrecht. Der König selbst steht vor dem Gott der Sonne und des Rechts. Die Gesetze des Hammurabi gelten als erste nachweisbare Quelle des positiven Rechts in der Geschichte der Menschheit.

Dies sind die Gesetze der Gerechtigkeit, die Hammurabi, der fähige König, erlassen hat [...]. Damit der Starke nicht den Schwachen unterdrücke, damit der Waise und der Witwe Gerechtigkeit widerfahre, darum habe ich meine bedeutungsvollen Worte auf meine Stele einmeißeln lassen und sie aufgerichtet in Babylon vor meiner Statue, die „König der Gerechtigkeit" heißt.

§ 1 Gesetzt, ein Mann hat einen anderen bezichtigt und ihm Mordtat vorgeworfen, hat ihn aber nicht überführt, so wird derjenige, der ihn bezichtigt hat, getötet. [...]
§ 3 Gesetzt, ein Mann ist bei einem Prozesse zu falschem Zeugnis aufgetreten, hat aber die Aussage, die er getan hat, nicht bewiesen, gesetzt, selbiger Prozess war ein Prozess ums Leben, so wird selbiger Mann getötet. [...]

§ 14 Gesetzt, ein Mann hat einen minderjährigen Freigeborenen gestohlen, so wird er getötet. [...]

§ 129 Gesetzt, die Ehefrau eines Mannes wird mit einem anderen Mann beim Beischlaf ergriffen, bindet man beide und wirft sie ins Wasser.
Wenn jedoch der Herr der Ehefrau seine Ehefrau am Leben lässt, dann wird auch der König seinen Diener am Leben lassen. [...]

§ 195 Gesetzt, ein Kind hat seinen Vater geschlagen, so wird man ihm die Hände abschneiden.

§ 196 Gesetzt, ein Mann hat das Auge eines Freigelassenen zerstört, so wird man sein Auge zerstören. [...]

§ 200 Gesetzt, ein Mann hat einem anderen ihm gleichstehenden Mann einen Zahn ausgeschlagen, so wird man ihm einen Zahn ausschlagen. [...]

§ 221 Gesetzt, ein Arzt hat einen zerbrochenen Knochen eines Mannes geheilt oder eine kranke Sehne gesund gemacht, so wird der Patient dem Arzt fünf Schekel Silber geben [1 Schekel: ca. 9 g]

(Hammurabis Gesetz. Edition Pfeiffer. Leipzig 1904)

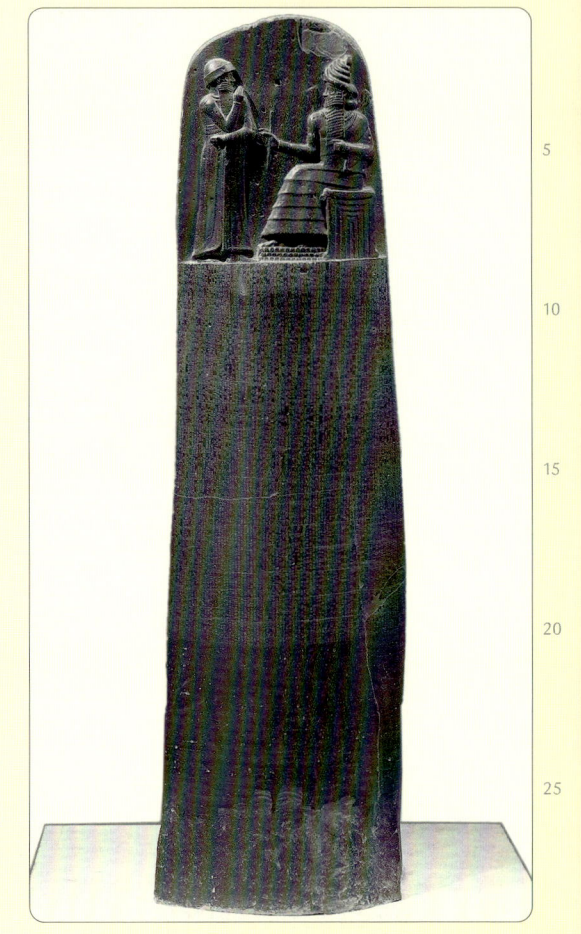

1. Beschäftigen Sie sich mit dem Begriff Gesetz und erarbeiten Sie dazu ein *Begriffsnetz.
2. Untersuchen Sie die Gesetze des Hammurabi. Aus welchen Lebensbereichen stammen sie? Welchen stimmen Sie zu, welche lehnen Sie ab?
3. Wählen Sie einen Rechtsparagrafen aus und überprüfen Sie in Kleingruppen die Durchführbarkeit dieses Gesetzes in unserer Gesellschaft – fast 4 000 Jahre nach dem Aufschreiben der Gesetze.

Positives Recht
(lat. positum gesetzt, gestellt) „Gesetztes", d. h. von Menschen festgesetztes Recht im Gegensatz zum Naturrecht. Das Positive Recht wird von staatlichen oder internationalen Legislativorganen beschlossen. Es umfasst damit alle geltenden Rechtsnormen innerhalb einer Gesellschaft. Das so genannte Gewohnheitsrecht, das nicht „gesetzt" ist, aber ständig praktiziert wird, zählt nur insofern zum Positiven Recht, als es durch den Staat geduldet wird. Eine Weiterbildung des Positiven Rechts ist das so genannte Richter-Recht, das sind Urteile von obersten Gerichten (Bundesverfassungsgericht, Bundesgerichtshof), die wegweisenden Charakter haben und auf die man sich in gleich gelagerten Fällen berufen kann.

(Aus: Christoph Kunz (Hrsg.): Lexikon Ethik Religion, Stark Verlagsgesellschaft mbH, 2001.)

RECHT

Naturrecht	Positives Recht
▼	▼
gilt für alle Menschen aufgrund ihrer gleichen Natur	gilt nur für die Bürger eines bestimmten Staates
▼	▼
ewig gültig	zeitlich begrenzt
▼	▼
in philosophischen Büchern formuliert	in konkreten Gesetzesvorschriften formuliert, z. B. im Bürgerlichen Gesetzbuch (BGB)

5.2.3 Das Recht auf Widerstand

Das Attentat des 20. Juli

Generalmajor Henning von Tresckow war neben Graf Stauffenberg die treibende Kraft hinter dem Umsturzplan des 20. Juli 1944. Im Sommer 1944 gab er Stauffenberg folgende Nachricht:

Das Attentat muss erfolgen, [...]. Sollte es nicht gelingen, so muss trotzdem in Berlin gehandelt werden. Denn es kommt nicht mehr auf den praktischen Zweck an, sondern darauf, dass die deutsche Widerstandsbewegung vor der Welt und vor der Geschichte den entscheidenden Wurf gewagt hat. Alles andere ist daneben gleichgültig.

Nach dem mißglückten Attentat auf Hitler äußerte sich Tresckow folgendermaßen:

Wolfsschanze, 20. Juli 1944

Ich halte Hitler nicht nur für den Erzfeind Deutschlands, sondern auch für den Erzfeind der Welt. Wenn ich in wenigen Stunden vor den Richterstuhl Gottes treten werde, um Rechenschaft abzulegen über mein Tun und Unterlassen, so glaube ich mit gutem Gewissen das vertreten zu können, was ich im Kampf gegen Hitler getan habe. Wenn einst Gott Abraham verheißen hat, er werde Sodom nicht verderben, wenn auch nur zehn Gerechte darin seien, so hoffe ich, dass Gott auch Deutschland um unsretwillen nicht verderben wird. Niemand von uns kann über seinen Tod Klage führen. Wer in unseren Kreis getreten ist, hat damit das

Nessushemd (1) angezogen. Der sittliche Wert eines Menschen beginnt erst dort, wo er bereit ist, für seine Überzeugung sein Leben hinzugeben.

(1) Gehobene Redensart für: unglückbringendes Handeln. Laut einer antiken Sage hatte das mit seinem vergiftetem Blut getränkte Hemd des Kentauren Nessus eine tödliche Wirkung.

Henning von Tresckow (*1901–1944), deutscher Offizier (Zitiert nach: Anfang und Ende – Verweigerung und Widerstand. Eine Ausstellung des Antikriegsmuseums der Evangelischen Kirche in Berlin-Brandenburg. Textsammlung, S. 28)

1. Informieren Sie sich in Zusammenarbeit mir dem Geschichtsunterricht über den Widerstand des 20. Juli.
2. Interpretieren Sie den Satz: Der sittliche Wert eines Menschen beginnt dort, wo er bereit ist zu sterben.
3. Formulieren Sie mit eigenen Worten, unter welchen Umständen Menschen ein Recht auf Widerstand gegen geltende Gesetze haben.

Holen Sie sich die Ausstellung des Antikriegsmuseums der Evangelischen Kirche in Berlin-Brandenburg „Anfang und Ende – Verweigerung und Widerstand" in die Schule. (10405 Berlin, Greifswalder Straße 4, Telefon: 030/5081207).

5.2.4 Rechtspositivismus: Immer treu nach den Gesetzen?

Rechtssicherheit und Gerechtigkeit

Der Richter, der Auslegung und dem Dienste der positiven Rechtsordnung untertan, hat keine andere als die juristische Geltungslehre zu kennen, die den Geltungssinn, den Geltungsanspruch des Gesetzes der wirklichen Geltung gleich achtet. Für den Richter ist es Berufspflicht, den Geltungswillen des Gesetzes zur Geltung zu bringen, das eigene Rechtsgefühl dem autoritativen Rechtsbefehl zu opfern, nur zu fragen, was rechtens ist, und niemals, ob es auch gerecht sei. Man möge freilich fragen, ob diese Richterpflicht selbst, dieses sacrificium intellectus (1), diese Blankohingabe der eigenen Persönlichkeit an eine Rechtsordnung, deren künftige Wandlungen man nicht einmal ahnen kann, sittlich möglich sei. Aber wie ungerecht immer das Recht seinem Inhalt nach sich gestalten möge – es hat sich gezeigt, dass es einen Zweck stets, schon durch sein Dasein, erfüllt, den der Rechtssicherheit. Der Richter, indem er sich dem Gesetz ohne Rücksicht auf seine Gerechtigkeit dienstbar macht, wird also trotzdem nicht bloß zufälligen Zwecken der Willkür dienstbar. Auch wenn er, weil das Gesetz es so will, aufhöret, Diener der Gerechtigkeit zu sein, bleibt er noch immer Diener der Rechtssicherheit. Wir verachten den Pfarrer, der gegen seine Überzeugung predigt, aber wir verehren den Richter, der sich durch sein widerstrebendes Rechtsgefühl in seiner Gesetzestreue nicht beirren lässt; denn das Dogma hat nur als Ausdruck des Glaubens, das Gesetz aber nicht nur als Niederschlag der Gerechtigkeit seinen Wert, sondern auch als Bürgschaft der Rechtssicherheit, und vornehmlich als solches ist es in die Hand des Richters gegeben. Ein gerechter Mann gilt mehr als ein nur rechtlicher, nur gesetzestreuer Mann, vom „rechtlichen" Richter aber pflegen wir nicht zu reden, sondern nur von „gerechten Richtern", denn ein rechtlicher Richter ist eben dadurch und nur dadurch auch schon ein gerechter Richter.

(1) sacrificium intellectus = Aufgabe der eigenen Überzeugung

Gustav Radbruch, deutscher Rechtsphilosoph (Rechtsphilosophie, Stuttgart 1973, S. 178)

Vergleichen Sie die Karikatur von Honore Daumier mit den ethischen Grundsätzen Radbruchs, nach denen ein Richter nur urteilen darf. Finden Sie dafür jeweils die Begründungen des Autors und notieren Sie diese ebenfalls. Wo setzt er den Schwerpunkt? Welche Gefahr könnte in einer Rechtsprechung dieser Art enthalten sein?

Honoré Daumier (1808–1879): Vous avez la parole, expliquez-vous, vous êtes libre! –
Sie haben das Wort, reden Sie, Sie sind frei!

Gustav Radbruch (1878–1949)
war Professor für Strafrecht und Rechtsphilosophie. 1919 wurde er Mitglied der SPD und des Reichstags. Von 1921–1922 und 1923 war er Justizminister. Nach der Machtübernahme 1933 entließen ihn die Nazis aus seiner Professur in Heidelberg. Erst nach Beendigung des zweiten Weltkriegs arbeitete Radbruch dort wieder als Professor. Er galt als die moralische Instanz der Bundesrepublik unter den Rechtswissenschaftlern der Nachkriegsjahre.
Eines seiner berühmtesten Zitate lautet:

„Die Gerechtigkeit ist die zweite grosse Aufgabe des Rechts, die erste aber ist die Rechtssicherheit, der Friede."

Gustav Radbruch hatte der Rechtssprechung immer sein Demokratieverständnis zugrunde gelegt. Die Rechtssprechungspraxis im Nationalsozialismus brandmarkte er deshalb 1946 als „gesetzliches Unrecht". Er überdachte seine Positionen von 1932 neu und forderte ein „übergesetzliches Recht", das den anerkannten Menschenrechten Vorrang gab.

„Gesetzliches Unrecht und übergesetzliches Recht" – Die Radbruchsche Formel

Der Positivismus hat [...] mit seiner Überzeugung „Gesetz ist Gesetz" den deutschen Juristenstand wehrlos gemacht gegen Gesetze willkürlichen und verbrecherischen Inhalts. Dabei ist der Positivismus gar nicht in der Lage, aus eigener Kraft die Geltung von Gesetzen zu begründen. Er glaubt, die Geltung des Gesetzes schon damit erwiesen zu haben, dass es die Macht besessen hat, sich durchzusetzen. Aber auf Macht lässt sich vielleicht ein Müssen, aber niemals ein Sollen und Gelten gründen. Dieses lässt sich vielmehr nur gründen auf einen Wert, der dem Gesetz innewohnt. Freilich, einen Wert führt schon jedes positive Gesetz ohne Rücksicht auf seinen Inhalt mit sich: es ist immer besser als kein Gesetz, weil es zum mindesten Rechtssicherheit schafft. Aber Rechtssicherheit ist nicht der einzige und nicht der entscheidende Wert, den das Recht zu verwirklichen hat. Neben die Rechtssicherheit treten vielmehr zwei andere Werte: Zweckmäßigkeit und Gerechtigkeit. In der Rangordnung dieser Werte haben wir die Zweckmäßigkeit des Rechts für das Gemeinwohl an die letzte Stelle zu setzen. Keineswegs ist Recht alles das, „was dem Volke nützt", sondern dem Volk nützt letzten Endes nur, was Recht ist, was Rechtssicherheit schafft und Gerechtigkeit erstrebt. Die Rechtssicherheit, die jedem positiven Gesetz schon wegen seiner Positivität eignet, nimmt eine merkwürdige Mittelstellung zwischen Zweckmäßigkeit und Gerechtigkeit ein: sie ist einerseits vom Gemeinwohl gefordert, andererseits aber auch von der Gerechtigkeit. Dass das Recht sicher sei, dass es nicht heute und hier so, morgen und dort anders ausgelegt und angewandt werde, ist zugleich eine Forderung der Gerechtigkeit. Wo ein Widerstreit zwischen Rechtssicherheit und Gerechtigkeit, zwischen einem inhaltlich anfechtbaren, aber positiven Gesetz und zwischen einem gerechten, aber nicht in Gesetzesform gegossenen Recht entsteht, liegt in Wahrheit ein Konflikt der Gerechtigkeit mit sich selbst, ein Konflikt zwischen scheinbarer und wirklicher Gerechtigkeit vor. Diesen Konflikt bringt großartig das Evangelium zum Ausdruck, indem es einerseits gebietet, „Gott mehr zu gehorchen als den Menschen". Der Konflikt zwischen der Gerechtigkeit und der Rechtssicherheit dürfte dahin zu lösen sein, dass das positive, durch Satzung und Macht gesicherte Recht auch dann den Vorrang hat, wenn es inhaltlich ungerecht und unzweckmäßig ist, es sei denn, dass der Widerspruch des positiven Gesetzes zur Gerechtigkeit ein so unerträgliches Maß erreicht, dass das Gesetz als „unrichtiges Recht" der Gerechtigkeit zu weichen hat. Es ist unmöglich, eine schärfere Linie zu ziehen zwischen den Fällen des gesetzlichen Unrechts und den trotz unrichtigen Inhalts dennoch geltenden Gesetzen; eine andere Grenzziehung aber kann mit aller Schärfe vorgenommen werden: wo Gerechtigkeit nicht einmal erstrebt wird, wo die Gleichheit, die den Kern der Gerechtigkeit ausmacht, bei der Setzung positiven Rechts bewusst verleugnet wurde, da ist das Gesetz nicht etwa nur „unrichtiges Recht", vielmehr entbehrt es überhaupt der Rechtsnatur. Denn man kann Recht, auch positives Recht, gar nicht anders definieren denn als eine Ordnung und Satzung, die ihrem Sinn nach bestimmt ist, der Gerechtigkeit zu dienen.

(Gustav Radbruch. In: Süddeutsche Juristenzeitschrift 1/1946, S. 105–108)

1. Definieren, beschreiben und grenzen Sie die beiden Begriffe positives Recht und Rechtspositivismus nach Radbruch voneinander ab.
2. Radbruch war der festen Überzeugung: „Eine Tat kann nur bestraft werden, wenn die Strafbarkeit gesetzlich bestimmt war, bevor die Tat begangen wurde."
Führen Sie ein Gedankenexperiment durch: Stellen Sie sich vor, Sie sind Anwalt. Ein Elternpaar, dessen Sohn die DDR 1972 illegal verlassen wollte und dabei von einem DDR – Grenzsoldaten erschossen wurde, bittet Sie 1992 schriftlich um die Unterstützung in einem „Mauerschützenprozess". Beide wollen gegen den Soldaten, der ihren Sohn während seiner Streife entdeckte, verwarnte und dann erschoss, klagen. Nun nach der

Wiedervereinigung sehen Sie endlich die Möglichkeit für Gerechtigkeit für ihr Kind und für eine Verurteilung des ehemaligen Grenzsoldaten.
3. Was antworten Sie in Ihrem Brief den Eltern? Warum nehmen Sie den Auftrag an oder warum lehnen Sie ihn ab? Suchen Sie Ihre Begründung bei Radbruch und kommentieren Sie Ihre Entscheidung für die Eltern sowohl ethisch/moralisch als auch „menschlich".

(**Diskurshilfe:** Seit 1991 stehen „Mauerschützen" laut Einigungsvertrag und nach allgemeinen Grundsätzen des Strafrechts vor bundesdeutschen Gerichten, aber jemand darf wegen einer Tat in der DDR von der Justiz der Bundesrepublik nur verurteilt werden, wenn diese Tat nach dem Recht der DDR und nach dem der Bundesrepublik strafbar war. Hat er also nach DDR-Recht nicht unrecht gehandelt, darf er auch von einem bundesdeutschen Gericht nicht verurteilt werden. Schüsse auf Flüchtlinge waren nach DDR-Recht seit etwa 1970 nicht mehr strafbar, sondern nach § 27 des Grenzgesetzes der DDR erlaubt.)

5.3 Menschenrechte sind unteilbar

Gebrochen

Habe ich eine Heimat? Ist dies meine Heimat? Ist Heimat dort, wo man lebt, die Familie hat, seine Freunde, wo man weiß, wo man am besten einkaufen kann, in welchem Lokal man immer jemanden trifft, mit dem man sich unterhalten kann? Oder ist Heimat dort, wo man seine Wurzeln hat, wo man geboren wurde, aufgewachsen ist, wo einem alles so vertraut ist?

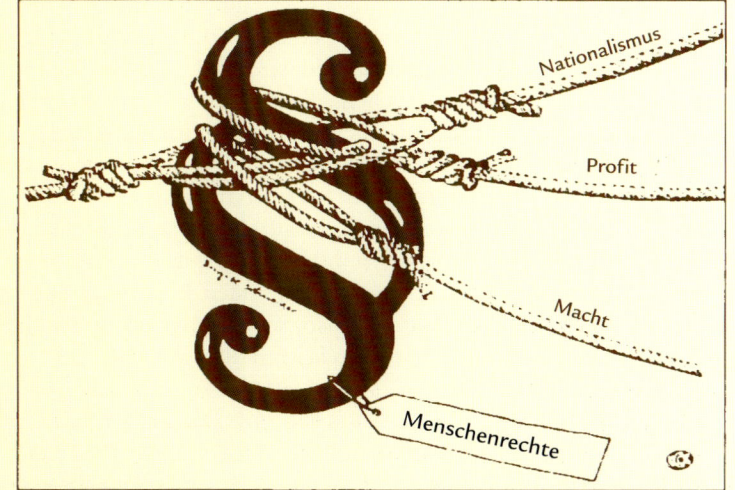

Diese Fragen sind dem 17-jährigen Achmed schon oft durch den Kopf gegangen, in den letzten Tagen und Wochen sogar sehr häufig. Eine Antwort hat er für sich noch nicht gefunden und gerade in dieser Zeit fällt sie ihm immer schwerer. Gut, sagt er sich, ich lebe hier mit meinen Eltern und Geschwistern, wir haben eine Wohnung, nicht sehr groß, aber immerhin ausreichend für die fünfköpfige Familie, selbst wenn ich ein Zimmer mit meinem Bruder teilen muss. Ich gehe hier zur Schule, habe die Sprache gelernt, obwohl sie mir bis heute in manchen Situationen Probleme bereitet. Besonders bei den Hausaufgaben in Deutsch, da komme ich einfach noch nicht ohne Wörterbuch aus und ich brauche viel mehr Zeit als meine deutschen Schulkameraden, um zum Beispiel einen Aufsatz oder eine Textinterpretation zu schreiben, weil ich immer wieder die passenden Vokabeln nachschlagen muss. Ich habe ein paar gute Freunde hier, mit denen ich mich treffe, in die Disko gehe, zum Fußballspielen, in den Sportverein, mit denen ich mich aber auch ganz gut unterhalten kann. Aber reicht das aus, um sagen zu können, dass dies meine Heimat ist?

Achmed überlegt. Wären da nicht seine Wurzeln, die Erinnerungen an seine ersten Lebensjahre, dann würde ihm die Antwort sicher leichter fallen. Wenn er sich diese Fragen dann überhaupt stellen würde. Aber er stellt sie sich, immer wieder. Und sucht nach Antworten, die nicht nur seine Situation erträglicher machen, sondern die er auch leben kann.

Wenn er sich mit seinen deutschen Freunden vergleicht, sieht er erhebliche Unterschiede. Da ist zunächst sein Vater. [...]

Eines Tages, es war in den frühen Morgenstunden, wurde er verhaftet. Für die Familie war sein Schicksal über viele Wochen hin ungewiss. Sie wussten nicht, trotz zahlreicher Nachforschungen, in welches Gefängnis er gebracht worden war; ob er einen Prozess bekommen würde, ob er überhaupt noch am Leben war.

Nach wochenlangen Verhören und Folterungen wurde ihm vom Direktor des Gefängnisses nahe gelegt das Land zu verlassen. Trotz allem war dies in seiner Situation ein Glück, das nur wenigen zuteil wurde.

Die Formalitäten waren schnell abgewickelt, schon das nächste Flugzeug brachte ihn mit seiner Familie nach Frankfurt.

Aber was war aus ihm geworden in der Zeit im Gefängnis? Seine Frau erkannte in ihm nicht mehr den Mann wieder, mit dem sie verheiratet gewesen war, und seine Kinder nicht den Vater. Der ehemals große und kräftige Mann saß nun in einem Rollstuhl, seine Wangen waren eingefallen, faltig, die Haut blass-grau.

Seine Augen, die früher strahlten und jede Regung wahrnahmen, lagen nun trüb in tiefen Höhlen, sein Blick war starr. Und seine Sprache! Achmed erinnert sich oft daran, wie er ihnen früher, als sie noch in Afghanistan lebten, Geschichten erzählt hatte. Einmal war er sogar dabei gewesen, als sein Vater vor Studenten und Professoren eine Rede hielt. Aufmerksam folgten sie seiner wortgewaltigen und anschaulichen Ansprache. Jetzt war seine Sprache monoton, reduziert auf kurze Sätze für notwendige Mitteilungen.

Durch eine intensive medizinische Behandlung in den folgenden Jahren in Deutschland hat sich sein körperlicher Zustand stabilisiert, allein den Rollstuhl wird er bis an sein Lebensende brauchen, da die Verletzungen an der Wirbelsäule auch durch Operationen nicht zu beheben waren. Sein seelischer Zustand ist trotz intensiver Therapien unverändert. Schwere Depressionen, so lautet die Diagnose.

Mein Vater ist nur ein Beispiel für das, was mich von meinen Freunden hier unterscheidet, denkt Achmed, was mich nicht wirklich heimisch werden lässt in diesem Land.

Reiner Engelmann, zeitgenössischer Autor
(Verbrannte Erde. In: Ders. (Hrsg.): Frei und gleich geboren –
Ein Menschenrechte-Lesebuch, Sauerländer, Salzburg 1997,
S. 225 und 226/227)

1. Recherchieren Sie in der aktuellen Presse ähnliche Fälle wie den von Ahmeds Vater und erstellen Sie dazu eine Wandzeitung.
2. Bestellen Sie sich bei der Bundeszentrale für politische Bildung, Berliner Freiheit 7 in 53111 Bonn oder über das Internet: ag4@bpb.de das Buch „Menschenrechte. Dokumente und Deklarationen", Bonn 1995.
3. Interpretieren Sie die Zeichnung auf Seite 165. Berücksichtigen Sie dabei das Schicksal von Ahmeds Vater.

Kurze Geschichte der Menschenrechte

Seit fast 60 Jahren gelten für alle Menschen der Welt, unabhängig von ihrer Nation, Religion oder Hautfarbe, allgemeine Menschenrechte. Im Dezember 1948 nahm die Generalversammlung der Vereinten Nationen die Allgemeine Erklärung der Menschenrechte an. Sie garantiert allen Menschen ein Recht auf Leben, Freiheit, Gerechtigkeit, Frieden, Sicherheit, Schutz vor Folter, Sklaverei und Willkür.

Die Menschenrechte gehen aus den Naturrechten hervor und sind damit unveräußerlich und stehen über dem positiven Recht. Jeder Staat hat diese Rechte jedem Individuum zu garantieren und in seine Rechtsordnung zu überführen.

Naturrecht in der Stoa: Alle Menschen sind gleich und frei.

1215	(England) Magna Charta libertatum
1628	(England) Petition of Rights
1669	(England) Bill of Rights
1776	(Amerika) Die amerikanische Unabhängigkeitserklärung
1786	(Frankreich) Recht auf Arbeit
1789	(Frankreich) Die Erklärung der Rechte des Menschen und Bürgers
1791	(Frankreich) Die Erklärung der Rechte der Frau und Bürgerin
1948	(UNO) Allgemeine Erklärung der Menschenrechte
1950	(Europa) Europäische Konvention zum Schutze der Menschenrechte und Grundfreiheiten
1953	Übereinkommen über die politischen Rechte der Frau
1960	Übereinkommen zur Gewährung der Unabhängigkeit der Länder und Völker
1961	(Europa) Europäische Sozialcharta
1989	(UNO) Konvention der UN über die Rechte des Kindes

Warum Menschenrechte universell sind

Die Menschenrechte sollen jedem Menschen gleichermaßen zukommen. Als Gleichheitsrechte unterscheiden sie sich grundlegend von traditionellen (oder modernen) Privilegienordnungen. Wie sehr dieser Gleichheitsanspruch inzwischen das Rechtsbewusstsein prägt, lässt sich daran zeigen, dass man heute den Begriff des Privilegs fast selbstverständlich als einen »Unrechtsbegriff« versteht. Privilegien und Privilegierungen werden nicht anerkannt, sondern als illegitim und ungerecht verworfen. Dies ist jedoch in historischer Perspektive keineswegs selbstverständlich, war doch die Rechtsordnung des Mittelalters und der frühen Neuzeit als ganze geradezu eine Privilegienordnung: ein kompliziertes Geflecht er-

erbter Sonderrechte, die nicht jedem Staatsbürger oder gar jedem Menschen zustanden, sondern nur den Angehörigen der entsprechend bevorrechtigten Stände. Erst im Vorfeld der Französischen Revolution verlor der Begriff des Privilegs seinen guten Klang und wurde zum Mittel der Anklage gegen ungerechte und menschenrechtswidrigeZustände. Menschenrechte und Privilegien stehen seitdem in Widerspruch zueinander, wie sich auch historisch zeigen lässt; Der französischen Menschenrechtserklärung vom 26. August 1789 ging die Abschaffung der Adelsprivilegien in der »Opfernacht« vom 4. zum 5. August voraus.

Die in den Menschenrechten angesprochene Gleichheit zielt nicht auf vordergründige Egalisierung, sondern auf gleiche Freiheit. Freiheit und Gleichheit gehören seit den Revolutionen des 18. Jahrhunderts zusammen. Die recht verstandene Gleichheit steht nicht etwa in Widerspruch zur Freiheit, sondern sie ist Ausdruck einer Vertiefung des Freiheitsbewusstseins selbst:

Die Freiheit findet ihre Grenze nicht mehr (wie in den traditionellen Privilegienordnungen) an vorgegebenen äußeren Hierarchien, sondern nur noch an der gleichen Freiheit des anderen.

Die Gleichheit ist insofern keine äußere, sondern eine innere Grenze der Freiheit und damit zugleich mehr als eine bloße Grenze: nämlich Bedingung der allgemeinen Anerkennung und Durchsetzung von Freiheitsrechten für jedermann. Wenn man die wechselseitige Anerkennung gleicher Freiheit als das Prinzip der »Brüderlichkeit« oder besser »Solidarität« bezeichnen will, kommen wir somit zur berühmten triadischen Revolutionsparole »Freiheit, Gleichheit, Brüderlichkeit«, die im übrigen auch in Artikel 1 der UNO-Menschenrechtserklärung von 1948 nachklingt, wenn es heißt: »Alle Menschen sind frei und gleich an Würde und Rechten geboren. Sie sind mit Vernunft und Gewissen begabt und sollen einander im Geiste der Brüderlichkeit begegnen.« Alle konkreten Menschenrechte – von der Religionsfreiheit über die demokratische Mitbestimmung bis zum Recht auf Arbeit – haben Anteil an dieser Struktur, d.h. sie sind historisch-konkrete Manifestationen des grundlegenden emanzipatorischen Anspruchs auf Freiheit, Gleichheit und Solidaritäten.

Heiner Bielefeldt, zeitgenössischer deutscher Philosoph (Würde und Recht des Menschen, Könighausen und Neumann, Würzburg 1992, S. 147/148)

1. Was meint Heiner Bielefeldt mit der inneren Grenze der Freiheit?
2. Warum gelten Menschenrechte für alle Menschen gleichermaßen?
3. Was verstehen Sie unter der Würde des Menschen? Suchen Sie nach Beispielen, die diese Würde belegen.

Drei Gruppen von Menschenrechten

Freiheitsrechte	*Mitwirkungsrechte oder Bürgerrechte*	*soziale Rechte*
Schutz des Einzelnen gegenüber dem Staat, z. B. Meinungsfreiheit, Religionsfreiheit, Versammlungsfreiheit	Beteiligung an der Macht, Wahlrecht, Recht auf die Bildung von Organisationen	Anspruch auf Fürsorge durch den Staat, z. B. Recht auf Gesundheitsvorsorge, Recht auf Arbeit

Aus der Allgemeinen Erklärung der Menschenrechte der Generalversammlung der Vereinten Nationen vom 10. Dezember 1948:

▶ **Artikel 1: Freiheit, Gleichheit, Brüderlichkeit**
Alle Menschen sind frei und gleich an Würde und Rechten geboren. Sie sind mit Vernunft und Gewissen begabt und sollen einander im Geiste der Brüderlichkeit begegnen. [...]

▶ **Artikel 3: Recht auf Leben und Freiheit**
Jeder Mensch hat das Recht auf Leben, Freiheit und Sicherheit der Person. [...]

▶ **Artikel 5: Verbot der Folter**
Niemand darf der Folter oder grausamer, unmenschlicher oder erniedrigender Behandlung oder Strafe unterworfen werden. [...]

▶ **Artikel 12: Freiheitssphäre des einzelnen**
Alle Menschen sind vor dem Gesetz gleich und haben ohne Unterschied Anspruch auf gleichen Schutz durch das Gesetz. Alle haben Anspruch auf gleichen Schutz gegen jede Diskriminierung, welche die vorliegende Erklärung verletzen würde, und gegen jede Aufreizung zu einer derartigen Diskriminierung.

(Bundeszentrale für politische Bildung (Hg): Menschenrechte – Dokumente und Deklarationen, Bonn 1999, S. S. 53, 54 und 55)

1. Suchen Sie weitere Menschenrechte heraus und ordnen Sie diese den drei größeren Gruppen von Menschenrechten zu.
2. Warum ist es wichtig, dass Menschen auch soziale Grundrechte haben?

5.4 Strafe – ein notwendiges Übel?

Der Kannibale von Rotenburg

Der 44-jährige PC-Servicetechniker Armin Meiwes wirkt nicht wie ein Monster. Er hat ein tadelloses Auftreten und besucht auch regelmäßig den Gottesdienst in der Haftanstalt. Am Landgericht Frankfurt (Main) plaudert er über sein Leben und über seine bizarren Fantasien. Am liebsten möchte er sich einen Freund „einverleiben". Er möchte ihn schlachten und dann essen. Doch das, was Meiwes in der Nacht vom 9. zum 10. März 2001 tat, gehört zum Abartigsten, was ein Mensch je tun kann.
Am 9. März lässt sich der 43-jährige Bernd B. von Meiwes am Bahnhof in Kassel abholen. Eine Rückfahrkarte hat er nicht dabei. Die zwei Männer haben sich im Internet kennen gelernt: Bernd glaubt, höchste Lust empfinden zu können, wenn ihm der Penis abgeschnitten wird. Dafür würde er sich sogar schlachten lassen. Wahrheit wird das alles noch in dieser Nacht. Betäubt durch Schmerzmittel und Alkohol vollziehen beide ihren wahnsinnigen Traum. Während Meiwes zwei Tage später vom Fleisch isst und das Video ansieht, erregt er sich sexuell.
Die Psychiater bescheinigen Meiwes zwar eine schwere seelische Abartigkeit, halten ihn aber für voll schuldfähig. Sie glauben, dass er es bei Gelegenheit wieder tun würde. Die Juristen hingegen streiten, ob es Mord oder Tötung auf Verlangen gewesen sei.
Nach dem ersten Prozess vor dem Landgericht Kassel hatte die Staatsanwaltschaft den 44-Jährigen nur wegen Totschlags zu achteinhalb Jahren Haft verurteilt. Dieses Urteil hob der Bun-

desgerichtshof im April 2005 auf. Die Mordmotive „zur Befriedigung des Geschlechtstriebes" und „zur Ermöglichung einer anderen Straftat" seien ungenügend geprüft oder Fakten falsch ausgelegt worden.

Die Frankfurter Richter sind fest überzeugt, dass der „Kannibale von Rotenburg" sein Opfer auf besonders perverse Art tötete, um sich daran und an den Videoaufzeichnungen sexuell zu befriedigen. Dennoch müssen die Richter „die Einverständlichkeit im Töten" durch das Opfer berücksichtigen. Deshalb erkennen sie nicht die besondere Schwere der Tat. Meiwes muss lebenslang hinter Gitter.

Der Mörder selbst rechtfertigte sein Verhalten vor dem Landgericht im Januar 2006 damit, dass es wohl ein gesellschaftliches Tabu sei, Menschenfleisch zu essen, aber es sei nicht verboten. Er verglich das freiwillige Aufgegessenwerden sogar mit der freiwilligen Bereitstellung eines Körpers zur Forschung für medizinische Zwecke oder für die Ausstellung „Körperwelten".

(Nach Meldungen in der Presse und in der „Sächsischen Zeitung" vom 10. Mai 2006)

Welche Strafe sollte M. erhalten? Fällen Sie in kleinen Gruppen ein Urteil und verkünden Sie es in einer *Standpunktrede. Beachten Sie mögliche Einwände und Bedenken.

Strafe

Unter einer Strafe versteht man die Zwangsmaßnahmen, die wegen der Übertretung einer Norm, eines Gebots oder eines Gesetzes verhängt werden können. Sie hat damit sowohl eine ethische, pädagogische als auch juristische Dimension. Ziel einer Strafe ist die Wiederherstellung eines gerechten Zustandes. Die durch die Gerichtsbarkeit verhängte Strafe dient sowohl der Abschreckung der Allgemeinheit (Generalprävention) wie des Täters vor weiteren Straftaten (Spezialprävention) als auch der – tatsächlichen wie symbolischen – Wiedergutmachung oder aber der Resozialisierung des Täters.

Aus: Christoph Kunz (Hrsg.): Lexikon Ethik Religion, Stark Verlagsgesellschaft mbH, 2001)

5.4.1 Relative und absolute Strafe

Vom Sinn und Zweck des Strafens

Strafen heißt, mit Absicht Übel zufügen. Kriminalstrafe heißt, mit absichtlicher Übelzufügung durch staatliche Organe auf Kriminalität, auf kriminelle Taten reagieren. Nicht erst die Strafe ist eine Übelzufügung, bereits das Strafverfahren beschneidet Freiheits- und Persönlichkeitsrechte der Beschuldigten. Das Strafverfahren ist ein Zwangsverfahren. Selbst bei einem Freispruch wird mit dem Ermittlungsverfahren, dem Anklagevorwurf, der – öffentlichen – Hauptverhandlung in das Persönlichkeitsrecht eingegriffen. Über die Bloßstellung in der Öffentlichkeit kann eine Anklage zum wirtschaftlichen Ruin oder zum Verlust von gesellschaftlichen* und politischen Ämtern führen. Strafe ist niemals Wohltat, mag sie auch noch so gut gemeint sein.

Für eine solche staatlich angeordnete und durchgeführte Übelzufügung bedarf es einer besonderen Legitimation, und zwar nicht nur einer formalen, das heißt durch Gesetz abgesicherten, sondern auch einer inhaltlichen Legitimation, die sich aus Ethik und Vernunft ableitet. Hierzu wurden und werden sogenannte Straftheorien entwickelt.

Heribert Ostendorf, deutscher Jurist
(Vom Sinn und Zweck des Strafens. In: Informationen zu politischen Bildung, Heft 248 „Kriminalität und Strafrecht", überarbeitete Neuauflage 1995, S. 14)

1. Wozu ist nach Heribert Ostendorf Strafe notwendig?
2. Erkunden Sie in Partnerarbeit in der Übersicht die Theorie von der absoluten und der relativen Strafe. Warum werden Täter nach beiden Theorien bestraft? Schreiben Sie die Gründe in Stichpunkten heraus.
3. Wie würden entsprechend die Urteile im Falle Meiwes aussehen? Fällen Sie zu den einzelnen Gründen je ein Urteil für den Straftäter.

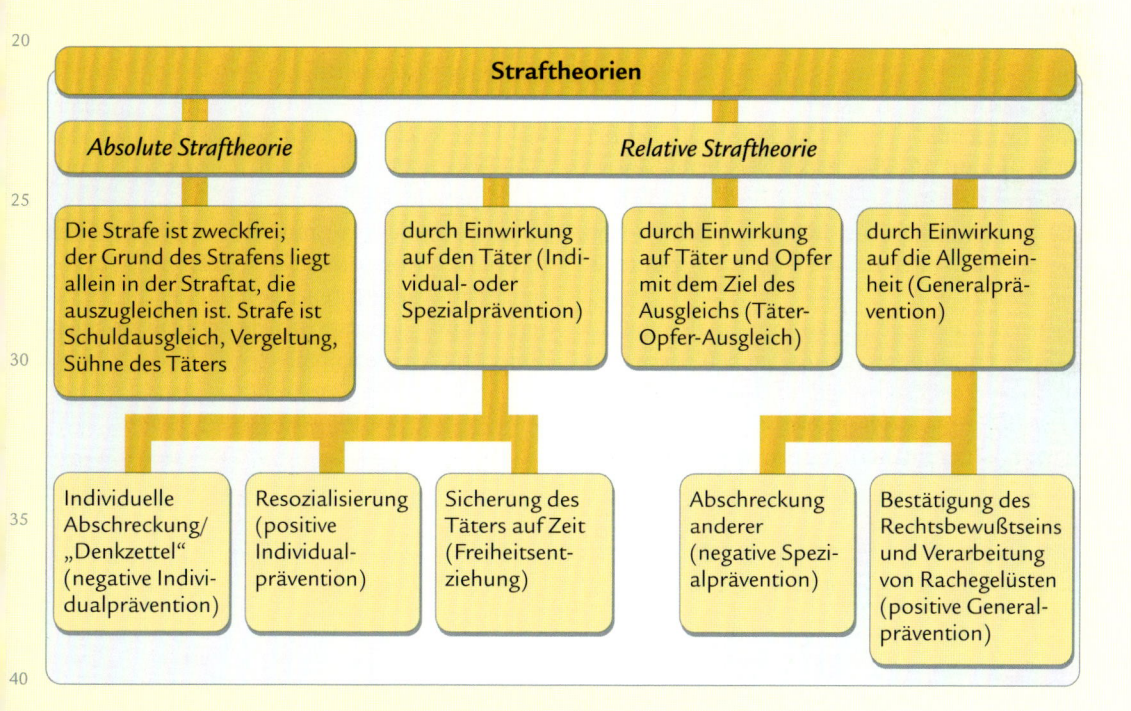

Straftheorien

Absolute Straftheorie
- Die Strafe ist zweckfrei; der Grund des Strafens liegt allein in der Straftat, die auszugleichen ist. Strafe ist Schuldausgleich, Vergeltung, Sühne des Täters

Relative Straftheorie
- durch Einwirkung auf den Täter (Individual- oder Spezialprävention)
  - Individuelle Abschreckung/„Denkzettel" (negative Individualprävention)
  - Resozialisierung (positive Individualprävention)
  - Sicherung des Täters auf Zeit (Freiheitsentziehung)
- durch Einwirkung auf Täter und Opfer mit dem Ziel des Ausgleichs (Täter-Opfer-Ausgleich)
- durch Einwirkung auf die Allgemeinheit (Generalprävention)
  - Abschreckung anderer (negative Spezialprävention)
  - Bestätigung des Rechtsbewußtseins und Verarbeitung von Rachegelüsten (positive Generalprävention)

Das Strafgesetz als kategorischer Imperativ

Selbst, wenn sich die bürgerliche Gesellschaft mit aller Glieder Einstimmung auflöste (z. B. das eine Insel bewohnende Volk beschlösse, auseinander zu gehen und sich in alle Welt zu zerstreuen), müsste der letzte im Gefängnis befindliche Mörder vorher hingerichtet werden, damit jedermann das widerfahre, was seine Taten wert sind und die Blutschuld nicht auf dem Volke hafte, das auf diese Bestrafung nicht gedrungen hat; weil es als Teilnehmer an

Immanuel Kant

brochen hat; denn der Mensch kann niemals bloß als Mittel zu den Absichten eines anderen gehandhabt und unter die Gegenstände des Sachenrechts gemengt werden, wo wider ihn seine angeborene Persönlichkeit schützt, ob er gleich die bürgerliche einzubüßen gar wohl verurteilt werden kann. Er muss vorher *strafbar* befunden sein, ehe noch daran gedacht wird, aus dieser Strafe einigen Nutzen für ihn selbst oder seine Mitbürger zu ziehen. Das Strafgesetz ist der kategorische Imperativ und wehe dem! welcher die Schlangenwindungen der Glückseligkeitslehre durchkriecht, um etwas aufzufinden, was durch den Vorteil, den es verspricht, ihn von der Strafe, oder auch nur einem Grade derselben entbinde, nach dem pharisäischen Wahlspruch: „Es ist besser, dass ein Mensch sterbe, als dass das ganze Volk verderbe"; denn, wenn die Gerechtigkeit untergeht, so hat es keinen Wert mehr, dass Menschen auf Erden leben. [...]

dieser öffentlichen Verletzung der Gerechtigkeit betrachtet werden kann. So viel also der Mörder sind, die den Mord verübt haben, so müssen viele auch den Tod leiden; so will es die Gerechtigkeit als Idee der richterlichen Gewalt nach allgemeinen *a priori* begründeten Gesetzen. [...]

Richterliche Strafe [...] kann niemals bloß als Mittel, ein anderes Gutes zu befördern, für den Verbrecher selbst, oder für die bürgerliche Gesellschaft, sondern muss jederzeit nur darum wider ihn verhängt werden, weil er *ver-*

Nur das Wiedervergeltungsrecht [...], aber, wohl zu verstehen, vor den Schranken des Gerichts (nicht in deinem Privaturteil) kann die Qualität und Quantität der Strafe bestimmt angeben; alle anderen sind hin und her schwankend und können, anderer sich einmischenden Rücksichten wegen, keine Angemessenheit mit dem Spruch der reinen strengen Gerechtigkeit enthalten.

*Immanuel Kant, deutscher Philosoph
(Die Metaphysik der Sitten. In: Werke, Bd. IV, Wiesbaden, S. 453–455)*

Notieren Sie Kants Gedanken zum Strafen in Stichpunkten. Welcher Straftheorie sind seine Ausführungen zur Strafe zuzuordnen? Beurteilen Sie die Forderungen des Königsberger Philosophen aus Ihrer Sicht.

5.4.2 Was durch Strafe erreicht werden soll

Schutz der Gemeinschaft

Strafbedürfnisse sind in vielen gesellschaftlichen Bereichen (etwa im Sport bei Verstößen gegen die Spielregeln) zu finden. Nach Ansicht des französischen Soziologen Émile Durkheim verlangt das Gemeinschaftsbewusstsein bei Verletzung anerkannter Normen nach Reaktionen. Diese können Strafen sein. Es können aber auch andere Maßnahmen zur Wiederherstellung des Rechtsfriedens sein. Tatsächlich begegnen uns zumindest nach schweren Verbrechen lautstark geäußerte Strafbedürfnisse. Die tieferen Wurzeln dafür müssen hier offen bleiben – seien sie gespeist aus einem natürlichen Empfinden, aus einem anerzogenen Gefühl, aus rationaler Überlegung zum Selbstschutz der Gemeinschaft, aus Ohnmacht oder mangels alternativer Lösungen oder aus Sadismus. Derartige kollektive Strafbedürfnisse werden aus psychologisch-psychoanalytischer Sicht durch strafende Reaktionen auf Verbrechen kanalisiert und letztendlich befriedigt. Überschäumende Strafbedürfnisse (Lynchjustiz) sollen bezähmt werden. Damit werden mit Strafen aber bereits konkrete Zwecke verfolgt: Wiederherstellung des Rechtsfriedens und Stärkung des Rechtsbewusstseins. Daneben gibt es auch ein Genugtuungsinteresse der verletzten Person selbst. Opfer von schweren (!) Straftaten können vielfach das erlittene Leid besser verarbeiten, wenn sie sehen, dass die Täter bestraft werden.

Von kollektiven Strafbedürfnissen ist das individuelle Strafbedürfnis des Straftäters, das eigene Verlangen nach Sühne und Genugtuung, zu unterscheiden. Es gibt eine Straftheorie, nach der der Sinn der Strafe – auch – darin liegt, die Schuldverarbeitung für den Straftäter zu ermöglichen, zu sühnen. Ohne offizielle Strafe könne dieser für die psychische Stabilisierung notwendige Reinigungsprozess – bei vorhandenen Strafbedürfnissen schwerlich durchgeführt werden. Die Strafe ist hierfür notwendig für den Täter. [...]

Heribert Ostendorf
(Vom Sinn und Zweck des Strafens. In: Informationen zu politischen Bildung, Heft 248 „Kriminalität und Strafrecht", überarbeitete Neuauflage 1999, S. 14/15)

Straffällige sind auch Mitmenschen

In der Strafanstalt überkommen Zuschnitts erlebt der straffällig gewordene Bürger die Strafe nicht als Aufruf zum Guten, sondern leider häufig nur als Aggression einer Gesellschaft, gegen deren Gesetze er verstoßen hat. Wie vor allem die erschreckend hohe Rückfallquote unter den Gefangenen zeigt, ist der Straffällige oft nicht besser, sondern eher schlechter geworden, wenn er die Strafanstalt verlässt. Es liegt daher im Interesse der Gesellschaft selbst, die strafrechtliche Sanktion so zu gestalten, dass sie dem Delinquenten Chancen zur Wiedereingliederung in normale Verhältnisse bietet. Das soziale Strafrecht, das wir anstreben, ist nicht nur ein Gebot der Solidarität, die auch im Straffälligen den Mitmenschen erkennt, der brüderlicher Hilfe bedarf, sondern nicht zuletzt das beste Mittel, die Gesellschaft wirksam vor Verbrechern zu schützen.

Gustav Heinemann, von 1969 bis 1974 Bundespräsident der BRD
(Informationen zur politischen Bildung, 1970)

1. Entwickeln Sie in Kleingruppen ein fiktives Streitgespräch oder eine Talkshow. Jedes Gruppenmitglied übernimmt eine Rolle. Immanuel Kant, Herbert Ostendorf, Gustav Heinemann. Diskutieren Sie über Sinn und Zweck von Strafen und werten Sie Ihre Diskussion anschließend aus.
2. Lesen Sie nach in: Informationen zu politischen Bildung, Heft 248 „Kriminalität und Strafrecht", überarbeitete Neuauflage 1999. Dieses Heft ist auch online auf der Homepage der Bundeszentrale für politische Bildung einsehbar:
www.bpb.de/publikationen/MXQU1P,0,0,Informationen_zur_politischen_Bildung.html

5.4.3 Straftheorien in der aktuellen Praxis

Vergeltungstheorie

Weil sich ein Straftäter in seiner Gesellschaft gegenüber seinen Mitmenschen durch eine Straftat schuldig gemacht hat, muss diese Tat durch eine angemessene Strafe ausgeglichen werden. Die Vergeltungstheorie geht von einer ausgleichenden Gerechtigkeit aus. Der Vorteil dabei ist, dass die Strafe nicht härter sein darf als die Schuld des Täters. Allerdings wird bei der Strafzumessung nicht beachtet, welche Motive des Angeklagten für die Tat eine Rolle spielten oder welche Folgen sich für ihn oder die Gesellschaft ergeben könnten. Die Schutzaufgabe des Strafrechts und die Verhinderung künftiger Straftaten bleiben unbeachtet. So wird die Strafe immer für Gerechtigkeit sorgen, kann aber zugleich kalt und herzlos sein.

Generalprävention (Abschreckungstheorie)

Diese Theorie bezweckt den Schutz der Allgemeinheit vor weiteren oder wiederholten Straftaten. Der Täter, aber auch andere mögliche Rechtsbrecher sollen durch ein Urteil abgeschreckt werden, eine Schuld auf sich zu laden und ein Verbrechen zu begehen. Der Vorteil dieser Theorie besteht darin, den Rechtsfrieden herzustellen, das Rechtsbewusstsein der Bürger zu stärken und vor Rechtsverstößen zu warnen. Es ist aber von Nachteil, dass das Strafmaß unangemessen hoch ausfallen kann, wenn die Strafe der Abschreckung wegen verhängt wird und nicht entsprechend der Schwere der Tat. Andererseits können Straftäter, die eine große Schuld auf sich geladen haben, straffrei ausgehen. Durch veränderte gesellschaftliche und politische Verhältnisse besteht keine Wiederholungsgefahr ihres Verbrechens (Kriegsverbrechen).

Spezialprävention

Ziel ist die Resozialisierung (Wiedereingliederung) des Täters. Durch die Strafe soll der Täter für seine Untat bestraft werden, zugleich aber den Sinn der Rechtsordnung begreifen, seine Einstellungen zu Recht und Gesetz verändern und sich in die Gesellschaft wieder einfügen, ohne erneut straffällig zu werden. Ein einsichtiger Täter kann demnach mit einer geringeren Strafe rechnen als ein uneinsichtiger Verbrecher. Besteht Wiederholungsgefahr, kann die Strafe höher bemessen werden als es der Tatschwere entspricht. Die Praxis zeigt, dass Täter, die ihre Strafe verbüßt haben oder vorzeitig aus der Haft entlassen wurden bzw. Hafturlaub erhielten, wieder straffällig wurden. Der Schutz der Bevölkerung vor derartigen Straftätern ist unter Umständen nicht gegeben.

Vereinigungstheorie

Die Strafe soll eine Untat sühnen und vergelten (Schuldausgleich), sie soll die Gesellschaft vor Verbrechen schützen, die Bürger von rechtstreuem Verhalten überzeugen und sie soll einem Täter die Wiedereingliederung in die Gesellschaft ermöglichen. Die Strafe muss also gerecht und angemessen sein, sie darf weder zu hoch noch zu gering ausfallen, sie soll den Rechtsfrieden der Allgemeinheit berücksichtigen.

Überprüfen Sie die Richtigkeit oder Wichtigkeit der Thesen zu den Straftheorien an einem der nachfolgenden Strafbestände.

Kidnapping in Dresden

Am 11. Januar 2006 wurde Maria (Name geändert) früh auf dem Weg zur nahe gelegenen Schule von einem Fremden in dessen Auto gezerrt. Der 35-jährige Sexualstraftäter Mario M. brachte sie in seine Wohnung, die nur wenige hundert Meter von Marias Elternhaus entfernt liegt. Fünf Wochen hielt er das Mädchen gefangen, misshandelte es schwer und missbrauchte es sexuell. Immer wenn er das Haus verließ, knebelte er das Kind und sperrte es in eine Kiste. Nachts ging er ein paar mal mit seinem Opfer und seinen Hunden spazieren. Dabei gelang es dem Mädchen vier Zettel mit Hilferufen und der Adresse des Täters fallen zulassen. Am 15. Februar fand endlich ein Passant an Müllcontainern einen solchen Hilferuf. Umgehen verständigte er die Polizei. Noch am selben Tag war Maria frei.

Mario M. ist vorbestraft. Er hatte vorher schon einmal ein Mädchen „gefangen gehalten" und es missbraucht. Drei Jahre und vier Monate saß er dafür eine Haftstrafe wegen Missbrauchs Minderjähriger ab. Aufgrund eines Sachverständigengutachtens wurde er aber vorzeitig entlassen und brachte seine Bewährungszeit ohne Beanstandung bis Ende 2005 hinter sich. Im Gutachten wurde ihm attestiert, dass von ihm keine Gefahr mehr ausgehe. Nur wenige Tage nach Ablauf der Bewährung wurde er rückfällig. Am 16. Februar erließ man einen Haftbefehl gegen ihn. Ihm werden schwerer sexueller Missbrauch von Kindern und Freiheitsentzug vorgeworfen. Die Staatsanwaltschaft will sich dafür einsetzen, dass der Straftäter nie mehr „auf freien Fuß komme".

(Nach: „Sächsische Zeitung Dresden" vom 15. bis 17. Februar 2006)

Mord und Missbrauch einer Toten

In der Nacht zum 14. August 2005 stürzte sich ein 36-jähriger Schlosser aus Kromlau (Bad Muskau) auf eine 15-jährige Schülerin, die aus dem Kromlauer Jugendklub kam. Er erwürgte das wehrlose Mädchen, entkleidete es, zog sich selbst aus und missbrauchte die Tote sexuell. Nach der grausamen Tat stellte er sich, legte ein Geständnis ab und führte die Polizei zum Versteck im Kromlauer Park. Der Staatsanwalt warf ihm vor, das Mädchen „heimtückisch und zur Befriedigung seines Geschlechtstriebes" getötet zu haben.

(Nach: „Sächsische Zeitung Dresden" vom 20. Februar 2006)

Körperverletzung mit Todesfolge

Wegen eines MP3-Players hatte ein Vierzehnjähriger auf ein Mädchen aus seinem Freundeskreis so brutal eingeschlagen, dass es schwere Kopfverletzungen erlitt und starb. Der Täter versteckte das Opfer unter Müll in einem Abrisshaus. Bei der Suche nach dem Mädchen half er mit.

(Nach verschiedenen Pressestimmen)

Kindesmisshandlung und Mord

Am 5. Januar 2004 hatten eine junge Polin und ihr Lebensgefährte ihr grausam gequältes und sterbendes Kind in der Toilette des Krankenhauses in Weißenhorn abgelegt und waren geflohen.

Die Ärzte konnten das Mädchen nicht mehr retten. Nie zuvor hatten sie und die Gerichtsmediziner ein derart zugerichtetes Kind sehen müssen. Die Dreijährige war durch die Hölle gegangen. Tag für Tag wurde sie vom Partner der Mutter unvorstellbar sadistisch gequält.

In der ersten Gerichtsverhandlung erhielten die Mutter und der Mörder nur geringe Strafen. Wegen Körperverletzung mit Todesfolge und Misshandlung Schutzbefohlener wurde er zu zehn Jahren und drei Monaten Haft verurteilt. Die Mutter erhielt damals fünfeinhalb Jahre. Nun wurden beide am 23. Mai 2006 vor dem Münchner Schwurgericht zu lebenslanger Haft verurteilt. Die Mutter erhielt die Strafe für „Mord durch Unterlassen". Sie hatte das Kind nicht vor dem sadistischen Lebensgefährten geschützt, statt dessen hielt sie die Kleine während des grausamen Martyriums.

(Nach Meldungen der „Tagesschau" am 24.05.2006 in der ARD)

1. Beurteilen Sie die Fälle und beraten Sie in Gruppen, wie derartige Verbrechen zu bestrafen sind. Nach welcher Theorie würden Sie verurteilen?

Lebenslang/lebenslänglich

Das Bundesstrafgesetzbuch sieht für ein schweres Verbrechen wie Mord oder Totschlag in besonders schweren Fällen, Raub mit Todesfolge und Vergewaltigung mit Todesfolge lebenslange Haft vor. Es ist gebräuchlich für die lebenslange Strafe das Wort „lebenslänglich" zu verwenden. Juristisch ist das falsch. Lebenslänglich bedeutet grundsätzlich lebenslang.

Liegt keine besondere Schwere der Schuld vor, ist die Sicherheit der Allgemeinheit nicht in Gefahr und ist der Verurteilte einsichtig, so kann das Gericht nach einer Verbüßung von 15 Jahren die Vollstreckung der Reststrafe auf Bewährung aussetzen.

(Nach: www.lexexakt.de/glossar/lebenslang.php)

2. Stellen Sie die lebenslange Freiheitsstrafe vor Gericht.
3. Sammeln Sie bis zur nächsten Unterrichtsstunde Straffälle in Zeitungen und Zeitschriften. Verfolgen Sie aktuelle Nachrichtensendungen und notieren Sie kurz Meldungen zu Straftaten, Gerichtsverhandlungen und Urteilen. Recherchieren Sie im Internet.
4. Erarbeiten Sie sich in Kleingruppen oder in Partnerarbeit aus den Materialien Standpunkte zur lebenslangen Haft. Finden Sie Begründungen, Argumente und Beispiele, die Ihre Argumente unterstützen. Bereiten Sie so eine „Gerichtsverhandlung" vor, in der Sie als Ankläger, Verteidiger, Richter oder Zeuge auftreten und argumentieren oder als Schöffe ein Urteil für oder gegen „Lebenslang" fällen. Bemühen Sie sich um Sachlichkeit, Toleranz und Streitkultur.

5.5 Schuld – Sühne – Gnade

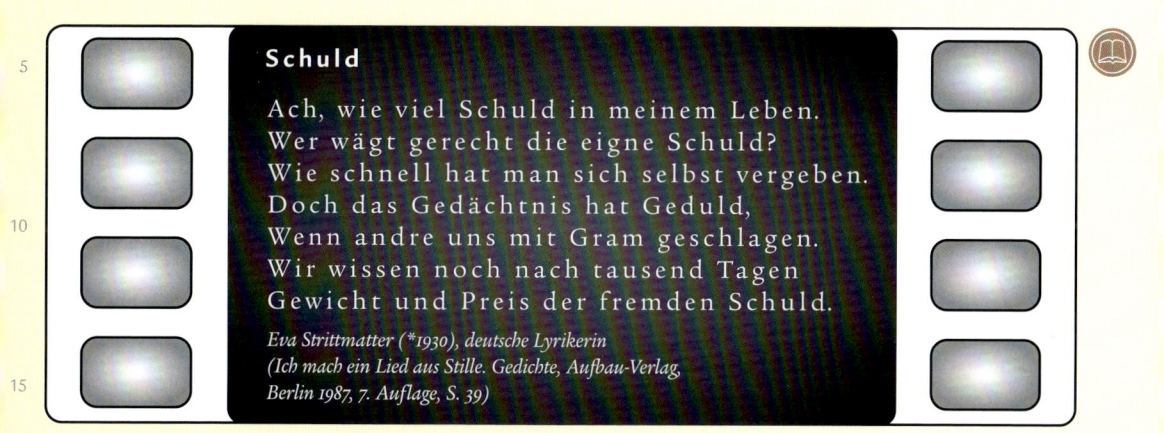

Schuld

Ach, wie viel Schuld in meinem Leben.
Wer wägt gerecht die eigne Schuld?
Wie schnell hat man sich selbst vergeben.
Doch das Gedächtnis hat Geduld,
Wenn andre uns mit Gram geschlagen.
Wir wissen noch nach tausend Tagen
Gewicht und Preis der fremden Schuld.

Eva Strittmatter (*1930), deutsche Lyrikerin
(Ich mach ein Lied aus Stille. Gedichte, Aufbau-Verlag,
Berlin 1987, 7. Auflage, S. 39)

Warum neigen wir dazu, unsere eigene Schuld schnell zu vergeben, fremde Schuld aber nicht? Stimmen Sie der Autorin zu? Warum? Warum nicht?

Schuld, Sühne, Versöhnung

Schuld
Im Deutschen Wörterbuch beschreiben Jacob und Wilhelm Grimm den Begriff der **Schuld** als ein begangenes Unrecht, das wieder gutgemacht, gesühnt werden muss. Nach der altgermanischen Rechtsanschauung, geschieht das, indem eine Rechtsübertretung durch Zahlung eines Bußgelds oder einer Buße ausgeglichen werden kann. Dies entspricht aber auch der Kirchenlehre, die für eine Sünde Genugtuung verlangt. Der Schuldbegriff ist nach kirchlichem Verständnis häufig mit dem Begriff der Sünde verknüpft, die eindringlich eine Sühne verlangt.

(Nach: Jacob und Wilhelm Grimm (Hrsg.), Deutsches Wörterbuch, Bd. 9, Leipzig 1899, Sp. 1879 ff.)

Sühne
erstrebt die Wiederherstellung eines friedvollen Zustandes zwischen Göttern und Menschen. Auslösendes Motiv der Sühne können sakrale Verfehlungen sein, die meist durch Sühneopfer behoben werden sollen. Auf höherer Stufe ist ein echtes menschliches, meist ethisches Schuldbewusstsein der Anlass zur Sühne, die dann als innere Abkehr von der Sünde verstanden wird.

(Schülerduden „Die Religionen", Bibliographisches Institut, Mannheim/Wien/Zürich 1977, S. 402)

Sühne und Versöhnung
haben die gleiche sprachliche Wurzel. Der Sühnegedanke entspringt historisch gesehen jenem Bereich staatlichen Strafens, das den Zorn der Götter besänftigen oder versöhnen sollte. Im Gegensatz zur bloßen Vergeltung bedarf die Sühne immer einer Instanz, die sie annimmt. Dies war ursprünglich die Gottheit. Der Priester vermittelte Gottes Willen und Gottes Zorn, er legte das Sühneopfer fest und verkündete die Versöhnung. […]
In einer pluralistischen Gesellschaft ist es schwierig, das Strafrecht vorwiegend auf den Sühnegedanken zu gründen, schon weil man fragen muss, welche Instanz denn in ihr die Sühne annimmt und die „Absolution" erteilt. Denn dass Strafe als Sühne die Tat löscht, muss wohl auch Hegel gemeint haben, wenn er die Strafe als „Negation der Negation" bezeichnete und postulierte, dass

der Verbrecher ein „Recht auf Strafe" habe, denn darin würde er „als vernünftiges (Wesen) geehrt". Wann ist die Tat gelöscht? Kann und darf man den Täter allein auf sein eigenes (autonomes) Gewissen verweisen? Oder müsste nicht die Gesellschaft, die straft, auch den Straftäter, der die Schuld durch Erleiden der Strafe „negiert" hat, als gereinigt wieder in ihre Mitte aufnehmen? [...]
Mit der vollzogenen Sühne soll ein neuer Anfang gesetzt werden.

(Informationen zur politischen Bildung Nr. 161, Das Recht in der politischen Bildung 4, hrsg. von der Bundeszentrale für politische Bildung, Bonn 1975, S. 3)

Legen Sie sich ein *philosophisches Tagebuch zum Thema Recht und Gerechtigkeit an. Ergänzen Sie Ihre Definitionen mit Beispielen aus dem Alltag oder aus der Geschichte, mit Gedichten, Aphorismen, Zitaten, Karikaturen, ausdrucksstarken Fotos aus Presse und anderen Medien.
Vergleichen Sie die vorgegebenen Begriffe wie „Schuld", „Sünde", „Sühne" mit Definitionen aus verschiedenen modernen Nachschlagwerken. Ergänzen Sie Ihr Nachschlagwerk mit den Begriffen, Beichte, Buße, Gnade und Vergebung.
Melden Sie immer Bedenken, Probleme, Fragen an und messen Sie die theoretischen Aussagen an der Praxis.

Christliche Vorstellungen von Sünde und Erlösung

Den ältesten Rechtsverstoß, den somit ersten „Sündenfall" unserer Kulturgeschichte finden wir in den Legenden des Alten Testaments. Bereits Adam und Eva machten sich schuldig. Gott hatte ihnen im Paradies alle Freiheiten gegeben, mit einer Einschränkung, nämlich nicht vom Baum der Erkenntnis zu kosten. Weil sie es dennoch taten, verwies Gott beide aus dem Paradies. Die Sünde war geboren. (1. Mose 2.16, 17; 3.1-6)

Diese *Ursprungssünde* oder *Erbsünde* charakterisiert den grundsätzlichen Fehlzustand des Menschen aus christlicher Sicht. Der Mensch hat von vornherein die Möglichkeit seine ihm von Gott gegebene Freiheit zu missbrauchen. Er ist einfach nicht gegen das Böse gefeit, sondern er ist der Macht des Bösen ausgeliefert. Nach der katholischen Lehre, die diesbezüglich auf Augustinus zurückzuführen ist, wird der Makel der Adamssünde vom Menschen durch die Lust beim Zeugungsakt von Anfang an auf das Neugeborene übertragen. Erlösung kann der Säugling nur durch die Gemeinschaft mit Jesus erfahren durch das Sakrament der heiligen Taufe. Damit erklärt sich auch, warum die Kindtaufe praktiziert wird.

Lesen Sie den Sündenfall in der Bibel (1. Mose 2.16, 17; 3.1-6) nach. Beurteilen Sie aus Sicht der Kirchenväter die Schwere des Vergehens und dann aus Ihrer Sicht.

Kain und Abel

Kain, der ältere Sohn, bot Jahwe ein Opfer von den Früchten seines Feldes dar. Der jüngere Sohn Abel, ein Schafhirt, opferte Jahwe ein Lamm. Jahwe beachtete nur Abels Opfergabe, aber auf Kains Opfergabe schaute er nicht. Da wurde Kain ganz zornig und sein Blick senkte sich. Jahwe sprach zu ihm: Warum bist du zornig, und warum senkt sich dein Blick? Ist es nicht so, wenn du recht tust, kannst du aufblicken; wenn du nicht recht tust, lauert die

Rembrandt: Kain erschlägt Abel, um 1650

sein, verbannt vom Ackerboden, der seinen Mund aufgerissen hat, das Blut deines Bruders aus deiner Hand aufzunehmen. Wenn du den Ackerboden bebaust, wird er dir fortan seine Kraft nicht mehr geben. Unstet und ruhelos sollst du auf Erden sein. Da sagte Kain zu Jahwe: Zu groß ist meine Schuld, als dass ich sie tragen könnte. Siehe, du hast mich heute vom Ackerland verjagt, und ich muss mich vor deinem Angesicht verbergen; unstet und ruhelos Sünde an der Tür. Nach dir wird ihr Verlangen werde ich auf Erden sein, und wer mich findet, wird mich erschlagen. Jahwe aber sprach zu ihm: Nicht so! Jeder, der Kain erschlägt, siebenfach soll er gerächt werden! Und Jahwe machte dem Kain ein Zeichen, damit ihn keiner erschlage, der ihn finde.

sein, doch du sollst Herr über sie werden!
Kain forderte Abel auf, mit ihm aufs Feld zu gehen. Dort stürzte er sich auf seinen Bruder und erschlug ihn. Gott entdeckte den Mord und er sprach zu Kain: Was hast du getan? Horch! Das Blut deines Bruders schreit zu mir vom Ackerboden. Und nun, verflucht sollst du

(Nach: 1.Mose 4, 1-16, Stuttgarter Erklärungsbibel. Deutsche Bibelgesellschaft Stuttgart, 1992, S. 13/14)

1. Lesen Sie die Geschichte Kains in der Bibel nach. Ordnen Sie einzelne Zitate den christlichen Begriffen Beichte, Buße, Gnade Schuld, Sünde, Sühne, Strafe und Vergebung zu.
2. Deuten Sie das Bild von Rembrandt.
3. Die Bibel ist voll von Verfehlungen der Menschen. Im Neuen Testament ist es Jesus, der einem Sünder beisteht oder ihm gar seine Sünden vergibt. Laden Sie sich einen Pfarrer ein und befragen Sie ihn nach derartigen Bibelstellen oder blättern Sie selbst in der Bibel. Diskutieren Sie mit Ihrem Gast über die Schuldfrage und über die Angemessenheit der Strafe oder Sühne.

Sünde

Unter Sünde versteht man Verstöße gegen religiös begründete Gebote und damit eine Abkehr von Gott. Das Christentum kennt auch die Erbsünde, die sich vom Gehorsam Adams und Evas im Paradies gegen Gottes Gebot, nicht vom Baum der Erkenntnis zu essen, herleitet (Sündenfall). An ihr tragen alle späteren Menschen mit, sodass sie immer auf Gottes Gnade angewiesen sind. Im Bußsakrament der katholischen Kirche erlangt der reuige Mensch eine Lossprechung von seinen Sünden. Nach Martin Luther ist der Mensch immer ein Gerechter und Sünder zugleich. Mit der Taufe beginnt ein lebenslanges Ringen um die Vollkommenheit, die einst durch den Sündenfall verloren ging. Bei der Verletzung lebensweltlich relevanter Normen spricht man heute eher von Vergehen bzw. Verbrechen.

(Christoph Kunz (Hrsg.): Lexikon Ethik Religion, Stark Verlag, Freising 2001, S.175)

Gegen das Verjähren?

Im Oktober 2003 stritt man öffentlich darüber, ob die Firma Degussa am Holocaust-Mahnmal mitbauen darf. Während der NS-Zeit hatte eine Tochterfirma der Degussa das Gift „Zyklon B" produziert, mit dem in den Konzentrationslagern Millionen Juden und andere Verfolgte ermordet worden waren.
Die Stiftung „Denkmal für die ermordeten Juden Europas" lehnte es ab, ein Imprägnierungsmittel zum Schutz der Stelen, produziert von Degussa, zu verwenden. Der amerikanische Architekt des Mahnmals Peter Eisenman hatte aber dieses Mittel ausdrücklich als das beste und kostengünstigste Produkt bezeichnet. Degussa erhielt den Zuschlag.
2003 fragten sich Bausenatoren und Politiker, ob die Firma nicht genug gesühnt hat. Sie hatte in einen Zwangsarbeiterfond eingezahlt.

(Nach einer Sendung von 3SAT am 27.10.2003)

Holocaust-Denkmal in Berlin

Diskutieren Sie folgende Fragen und begründen Sie Ihre Antworten:
- *Dürfen sich deutsche Firmen, die von der Vernichtung der Juden profitiert haben, an einem Projekt der Erinnerungskultur beteiligen?*
- *Wann ist genügend Sühne geleistet?*
- *Können die Erblasten je zu Ende sein?*

6. Der Tod als Strafe – Todesstrafe

Bilder vom Tod

1. Alle Bilder stehen für eine Art der Hinrichtung. Betrachten Sie die Bilder und überlegen Sie, welche Ereignisse diesen Hinrichtungen vorausgegangen sein könnten.
2. Sind die Unterschiede in den Hinrichtungsarten für Sie von Bedeutung oder spielen diese Unterschiede für Ihre Beurteilung der Todesstrafe keine Rolle?
3. Informieren Sie sich darüber, in wie vielen Ländern die Todesstrafe heute praktiziert und für welche Taten diese verhängt wird. (www.amnesty-frankfurt.de)
4. Formulieren Sie in einer *Standpunktrede ihre eigene Meinung zur Todesstrafe.

6.1 Die Todesstrafe in der öffentlichen Meinung

Steinigung für Schwangerschaft

Im Jahre 2002 wurde die Nigerianerin Amina Lawal wegen Ehebruchs zum Tod durch Steinigung verurteilt. Ein Urteil, das der Nigerianische Oberste Gerichtshof bestätigte. Die Frau, die angab, von ihrem Mann verlassen worden zu sein und durch eine Vergewaltigung schwanger zu sein, sollte bis zum Hals eingegraben und dann durch Steinwürfe getötet werden. Die Urteilsvollstreckung wurde mehrfach verschoben, damit das Kind geboren und gestillt werden konnte. Der massive Druck zahlreicher internationaler Organisationen sowie eine einmalige Internetaktion, durch die innerhalb weniger Tage Hunderttausende von Protestschreiben zusammenkamen, trugen dazu bei, dass das Todesurteil gegen Amina Lawal aus formalen Gründen aufgehoben wurde. Die Scharia, das islamische Recht, bestimmt aber weiterhin die Rechtsprechung im Norden Nigerias.

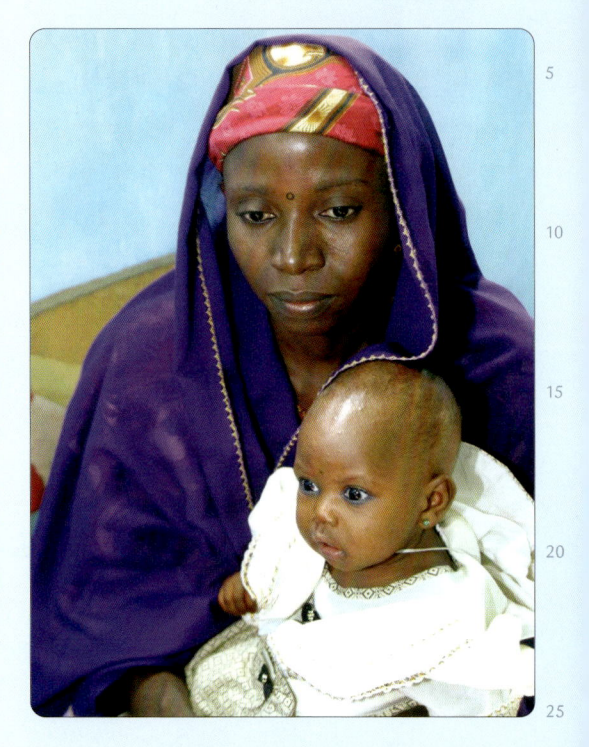

Informieren Sie sich über aktuelle Fälle, in denen Frauen heute mit der Todesstrafe bedroht werden. (www.amnesty-interational.de; www.human-rights-watch.de)

Islamisches Recht

Die Todesstrafe durch Steinigung hat im islamischen Recht, das von der altmosaischen Gesetzgebung stark beeinflusst ist, bis heute ihren Platz behauptet. Gegenwärtig ist diese Hinrichtungsart in der Islamischen Republik Iran, in der Republik Jemen, in der Bundesrepublik Nigeria, in der Islamischen Republik Pakistan, im Königreich Saudi-Arabien, in der Republik Sudan und in den Vereinigten Arabischen Emiraten vorgesehen. Steinigen droht bei Verstößen gegen die Sexualnormen.
Im Juli 1982 verabschiedete die Versammlung des Iranischen Rates das Islamische Strafgesetzbuch von Iran. Als todeswürdige Delikte gelten unter anderem Mord, Vergewaltigung und Verstöße gegen Moralvorschriften wie Ehebruch, Sodomie und wiederholter Konsum alkoholischer Getränke. Die Vollstreckung verhängter Todesurteile richtet sich nach der Qisas, dem islamischen Vergeltungsgrundsatz. Danach kann bei Mord der nächste männliche Verwandte des Opfers ein Blutgeld (Diya) oder die Exekution des Täters verlangen. Der Mörder darf nur mit Zustimmung des nächsten männlichen Verwandten hingerichtet werden. Straftaten wie Ehebruch, Sodomie und böswillige Verleumdung gelten als Verbrechen gegen Gott (Hodoud). Folglich hat der Täter mit göttlicher Vergeltung zu rechnen und muss mit dem Tod bestraft werden.

Artikel 119 des Islamischen Strafgesetzbuches bestimmt: „Die Steine, die bei der Steinigung verwandt werden, dürfen nicht so groß sein, dass die Person, wenn sie von einem oder zwei Steinen getroffen wird, stirbt; sie dürfen nicht so klein sein, dass man sie nicht mehr als Steine bezeichnen kann."

Ingo Wirth, Sozialwissenschaftler (Todesstrafen, Militzke Verlag, Leipzig 2004, S. 160/161)

Stimmen zur Todesstrafe

Die Abschreckung ist der entscheidende Punkt in der Debatte. Wenn jede Hinrichtung drei Morde verhindern würde, müssten drei Unschuldige jede nicht vollzogene Hinrichtung mit dem Leben bezahlen. Der Staat hat die moralische Verpflichtung zur Todesstrafe, wenn er damit die Zahl der Morde deutlich reduzieren und Unschuldige retten kann.

Gary Becker, Nobelpreisträger (www.becker-posner-blog.com)

+ + +

Es ist an der Zeit, die Todesstrafe in den Abfalleimer der Geschichte zu befördern.

Kate Allen, Direktorin von amnesty-international in Großbritannien („Die Zeit" Nr. 17, 2006)

+ + +

Ich sage, das Volk lehnt sich dagegen auf, dass all diese Unmenschen für ihre Untaten ihr Leben als Staatspensionäre weiterführen können, auf Kosten auch der unglücklichen Hinterbliebenen der hingerichteten Opfer, deren Steuergroschen zum Unterhalt der Ungeheuer beitragen müssen.

Dr. Hermann Etzel, Bundestagsabgeordneter, 1959 über nationalsozialistische Verbrecher
(In: Frank Müller (Hrsg.): Streitfall Todesstrafe: Patmos, Düsseldorf 1998, S.99)

+ + +

Ich kann nicht glauben, dass der Staat töten muss, um Leben zu verteidigen und einen Mörder zu bestrafen. Die Todesstrafe ist ebenso unmenschlich wie das ihr zu Grunde liegende Verbrechen.

Eduardo Frei, chilenischer Präsident, anlässlich der Umwandlung eines Todesurteils im Jahr 1996
(Quelle: http://www.amnesty-todesstrafe.de/)

+ + +

Wie kann ein Staat, der die gesamte Gesellschaft repräsentiert und die Aufgabe hat, die Gesellschaft zu schützen, sich selbst auf die gleiche Stufe stellen wie ein Mörder?

Kofi Annan, UNO-Generalsekretär 1997-2006
(Quelle: amnesty international, http://www.amnesty.at/todesstrafe/cont/allgemein/zitate01.html)

+ + +

Es geht nicht nur darum, ob eine Strafe weitere Taten verhindert, sondern ob sie mit der Idee des humanen Staates zusammen bestehen kann. Die Hexenverbrennungen der frühen Neuzeit waren sicherlich abschreckend. Sollten wir also überführte Mörder öffentlich verbrennen?

Claudia Kaufmann, Erzieherin

+ + +

Wenn die Strafen des Staates im Vergleich zur Tat zu milde erscheinen, werden sie als Vergeltung nicht akzeptiert. In diesem Fall darf man sich nicht wundern, wenn die Selbstjustiz zunimmt.

Rike Schröder, Schülerin

> +++
>
> Was ist mit den Rechten der Hinterbliebenen eines Opfers? Zahlreiche Familie fallen auseinander, Menschen werden krank und Karrieren sind zerstört. Wird der Täter hingerichtet, können die Hinterbliebenen viel eher ihren Frieden finden. Diese Menschen wollen keine Grausamkeit, sie wollen Gerechtigkeit und die Chance auf einen neuen Anfang. Hat der Staat nicht die Pflicht, sich auch um sie zu kümmern? Wenn ein Polizist einen Mörder erschießt um ein Opfer zu retten, erhebt niemand einen Vorwurf. Was aber, wenn die Hinrichtung eines Mörders, der Rettungsschuss für die Hinterbliebenen des Opfers ist?
>
> *Stefan Probst, Schüler*

1. Wählen Sie eine Arbeitsgruppe, die für Ihren Kurs den Film „Die Kammer" vorbereitet. Aufgabe ist es, Szenen auszuwählen, in denen die hier abgedruckten Meinungen vertreten oder unterstützt werden.
2. Übernehmen Sie zu zweit die Zuständigkeit für je eine der abgedruckten Positionen. Unterstreichen Sie die wichtigsten Argumente und überlegen Sie, welche Haltung zur Todesstrafe aus den Kommentaren hervorgeht.
3. Führen Sie eine Podiumsdiskussion zum Thema Todesstrafe durch. Spielen Sie einen der abgedruckten Kommentatoren und benutzen sie dessen Stellungnahme als Eingangsstatement. Anschließend können Sie auch eigene Argumente nennen, die die Position Ihrer Rolle stützen.
4. Bestimmen Sie eine Moderatorin, einen Moderator, die/der das Gespräch lenkt und die Diskussion nach einigen Minuten für das Publikum öffnet.

6.2 Rache als Motiv für die Todesstrafe?

Ungestraft bleiben ist schlechter als Strafe leiden

Der griechische Philosoph *Platon hat sich als einer der ersten mit dem Problem von Ungerechtigkeit, Strafe und Rache beschäftigt und dazu den Dialog „Gorgias" geschrieben. Die Hauptperson darin ist der Philosoph Sokrates, gegen den später die Todesstrafe in Athen verhängt wurde.

Sokrates: Hiernach lass uns den zweiten Punkt unseres Streites betrachten, ob das größte Übel ist, wenn man für das Unrecht, das man tut, Strafe erleidet, wie du meintest, oder ob es ein größeres Übel ist, keine Strafe zu erhalten, wie ich meinte. Lass uns das folgendermaßen bedenken: Verstehst du dasselbe unter „Strafe erleiden" und „mit Recht gezüchtigt werden", wenn man Unrecht tut?
Polos: Ja.
Sokrates: Kannst du nun behaupten, dass nicht alles Gerechte schön ist, sofern es gerecht ist? Überlege es genau und sprich dann!
Polos: Ja, ich denke, lieber Sokrates.

Sokrates: Überlege denn auch folgendes: Wenn jemand etwas tut, muss dann nicht auch ein Gegenstand da sein, der von der tätigen Person etwas erleidet?
Polos: Ich denke wohl.
Sokrates: Nämlich das erleidet, was das tätige Subjekt tut, und in der Weise, wie es die Tätigkeit übt? Ich meine z. B.: wenn jemand schlägt, muss doch etwas geschlagen werden?
Polos: Notwendig.
Sokrates: Und wenn der Schlagende hart schlägt oder schnell, so muss auch das geschlagene Objekt in dieser Weise geschlagen werden?
Polos: Ja.

Sokrates: Das Leiden ist für den Geschlagenen also der Art, wie es das schlagende Subjekt macht?
Polos: Jawohl.
Sokrates: Nicht wahr, wenn jemand brennt, muss auch etwas gebrannt werden?
Polos: Natürlich.
Sokrates: Und wenn er stark brennt oder schmerzhaft, muss auch der gebrannte Gegenstand so gebrannt werden, wie das brennende Subjekt brennt?
Polos: Jawohl.
Sokrates: Und wenn jemand schneidet, gilt dasselbe? Denn es wird etwas geschnitten?
Polos: Ja.
Sokrates: Und wenn der Schnitt groß oder tief oder schmerzhaft ist, so trifft ein so bestimmter Schnitt den geschnittenen Gegenstand, wie ihn das Schneidende vornimmt?
Polos: Offenbar.
Sokrates: Sieh denn, ob du im allgemeinen einräumst, was ich eben über alles sagte: Wie das tuende Subjekt etwas tut, so muss es das leidende Objekt leiden.
Polos: Ja, das gebe ich zu.
Sokrates: Nach diesen Zugeständnissen gib an, ob das Strafebüßen etwas leiden heißt oder tun?
Polos: Offenbar, lieber Sokrates, leiden.
Sokrates: Nicht wahr, es setzt einen Tuenden voraus?
Polos: Natürlich. Nämlich den Züchtiger.
Sokrates: Wer aber richtig züchtigt, züchtigt gerecht?
Polos: Ja.
Sokrates: Und tut recht, oder nicht?
Polos: Ja, recht.
Sokrates: Wenn nun der Gezüchtigte Strafe büßt, so leidet er also gerecht?
Polos: Offenbar.
Sokrates: Nach unserem Zugeständnis ist doch das Gerechte schön?
Polos: Jawohl.
Sokrates: Von ihnen tut also der eine Schönes, der andere leidet es, der Gezüchtigte nämlich.
Polos: Ja.
Sokrates: Nicht wahr, wenn Schönes, auch Gutes? Denn entweder ist's angenehm oder nützlich.
Polos: Notwendig.

Sokrates: Also erleidet der, welcher eine Strafe büßt, Gutes.
Polos: So scheint es.
Sokrates: Er hat also Nutzen davon.
Polos: Ja.
Sokrates: Den Nutzen etwa, den ich im Sinne habe? Wird die Seele besser, wenn sie mit Recht gezüchtigt wird?
Polos: Wahrscheinlich.
Sokrates: Wer Strafe büßt, wird also von einer Schlechtigkeit der Seele befreit?
Polos: Ja.
[...]
Sokrates: Die Erwerbskunst also macht frei von Armut, die Heilkunst von Krankheit, die Rechtspflege von Zuchtlosigkeit und Ungerechtigkeit.
Polos: Offenbar.
Sokrates: Was ist darunter nun am schönsten?
Polos: Worunter, meinst du?
Sokrates: Erwerbskunst, Heilkunst, Rechtspflege.
Polos: Weit voran steht, lieber Sokrates, die Rechtspflege.
Sokrates: Bewirkt sie nun ihrerseits nicht entweder am meisten Lust oder Nutzen, oder beides, wenn sie doch am schönsten ist?
Polos: Ja.
Sokrates: Ist das Geheiltwerden angenehm, und haben die Patienten Freude daran?
Polos: Ich denke, nicht.
Sokrates: Aber es ist nützlich. Nicht wahr?
Polos: Ja.
Sokrates: Denn man wird von einem großen Übel befreit. Daher nützt es, sich dem Schmerz zu unterziehen und gesund zu werden.
Polos: Natürlich.
Sokrates: Wäre das nun in Rücksicht auf den Leib der glücklichste Mensch, der geheilt wird, oder der von vornherein nicht krank ist?
Polos: Offenbar, wer gar nicht krank ist.
Sokrates: Das ist nämlich, wie es scheint, kein rechtes Glück, die Befreiung von einem Übel, sondern von vornherein gar keines zu haben.
Polos: So ist's.
Sokrates: Ferner: Wer von zweien mit einem Übel sei es am Leibe oder der Seele Behafteten ist unglücklicher: wer geheilt und von dem Übel frei wird, oder wer gar nicht geheilt wird, während er es doch hat?

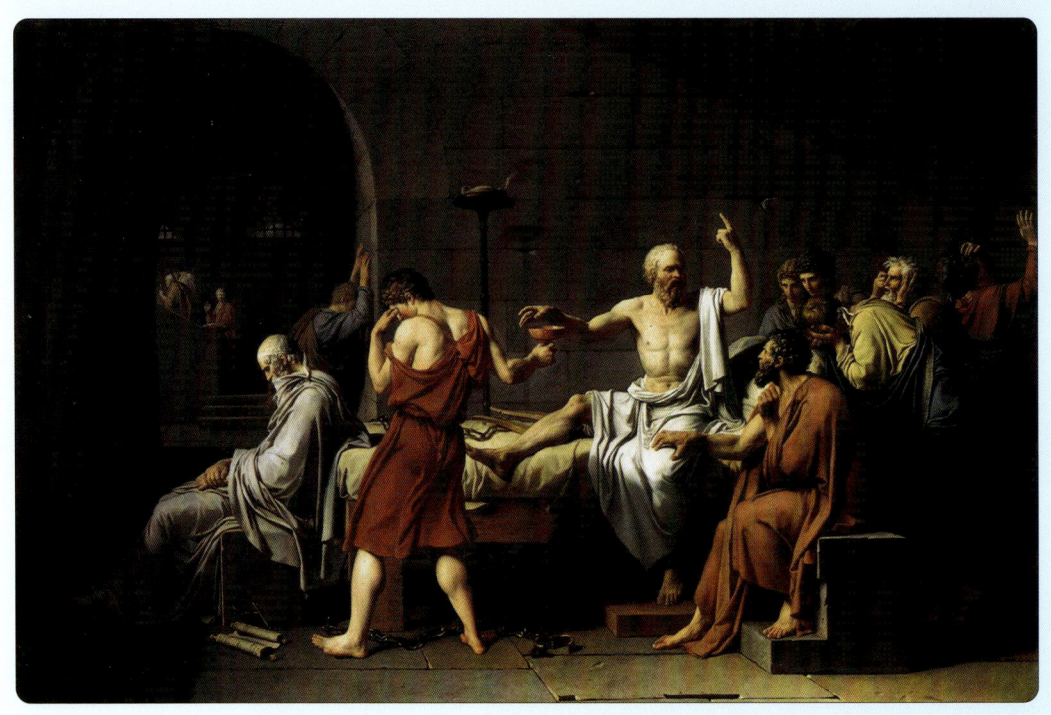

Jacques Louis David: Der Tod des Sokrates

Polos: Mir scheint, wer nicht geheilt wird.
Sokrates: War nicht das Strafeleiden Befreiung vom größten Übel, der Schlechtigkeit?
Polos: Jawohl.
Sokrates: Denn sie macht ja besonnen und gerechter, und das Recht ist eine Heilkunst für die Schlechtigkeit.
Polos: Ja.
Sokrates: Am glücklichsten ist also, wer keine Schlechtigkeit in der Seele hat, denn das ist offenbar das größte Übel.
Polos: Offenbar.
Sokrates: Dann folgt doch der, welcher davon befreit wird?
Polos: So scheint es.
Sokrates: Das ist aber der, welcher mit Wort und Tat gezüchtigt wird und Strafe leidet.
Polos: Ja.
Sokrates: Am schlechtesten also lebt, wer mit Ungerechtigkeit behaftet ist und davon nicht frei wird.
Polos: Offenbar.
Sokrates: Ist das nicht eben der, welcher das größte Unrecht begeht und mit der größten Ungerechtigkeit behaftet ist, es aber dahin gebracht hat, dass er weder mit Wort noch Tat gezüchtigt wird noch Strafe erleidet, ein Zustand, wie du ihn dem Archelaos und den anderen Tyrannen, Rhetoren und Gewalthabern zuschreibst?
Polos: So scheint's.
Sokrates: Diese haben es ja, mein Bester, ungefähr ebensoweit gebracht, wie wenn jemand, mit den schwersten Krankheiten behaftet, es dahin bringt, dass er für die Fehler an seinem Leibe nicht Strafe erhält und nicht geheilt wird, weil er sich wie ein Kind fürchtet vor dem Brennen und Schneiden, weil es weh tut. Oder denkst du nicht auch so?
Polos: Ja.
Sokrates: Er weiß wahrscheinlich nicht, was Gesundheit heißt und Tüchtigkeit des Leibes. So etwas tun denn auch, scheint es nach unseren jetzigen Zugeständnissen, diejenigen, welche der Strafe ausweichen wollen, lieber Polos; sie sehen auch ihre Schmerzhaftigkeit, für ihren Nutzen aber sind sie blind und wissen nicht, wie viel unglücklicheres ist, mit einer ungesunden, ja innerlich faulen, ungerechten und ruchlosen Seele behaftet zu sein als mit einem ungesunden Leibe. Darum bieten sie alles auf, um nur nicht Strafe zu leiden und

frei zu werden von dem größten Übel, schaffen sich Vermögen und Freunde und suchen die Kraft der Überredung so sehr als möglich sich anzueignen. Wenn aber unsere Zugeständnisse wahrhaft begründet sind, lieber Polos, merkst du wohl die Ergebnisse unserer Untersuchung? Oder sollen wir sie zusammenstellen?
Polos: Wenn du meinst.
Sokrates: Es ergibt sich doch also, dass die Ungerechtigkeit und das Unrechttun das größte Übel sind.
Polos: Offenbar.
Sokrates: Als Befreiungsmittel von diesem Übel ergab sich jedoch die Strafe?
Polos: Wohl.
Sokrates: Straflosbleiben aber zeigte sich als Beharren in dem Übel?
Polos: Ja.
Sokrates: An Größe das zweite der Übel ist also das Unrechttun. Unrechttun und Straflosbleiben ist aber das allergrößte und erste der Übel.
Polos: Offenbar.
Sokrates: War nicht dies der Gegenstand unseres Streites, mein Lieber, da du den Archelaos glücklich priesest, weil er trotz der größten Verbrechen straflos bleibe; ich aber meinte im Gegenteil, wenn Archelaos oder irgend sonst ein Mensch Unrecht tue und straflos bleibe, so sei dieser weitaus vor den übrigen Menschen unglücklich, und immer sei der Unrechttäter unglücklicher als der Unrechtleidende, und der Nichtbestrafte unglücklicher als der Bestrafte. War das nicht meine Ansicht?
Polos: Ja.
Sokrates: Hat sich nicht ihre Richtigkeit herausgestellt?
Polos: Wohl.

(Platon: Gorgias, 476c-480a)

1. Sprechen Sie darüber, warum Sokrates Unrechttun für übler hält als Unrechtleiden.
2. Erklären Sie den Zusammenhang der Begriffe Unrecht, hässlich, Übel sowie Gerechtigkeit Schönheit, Nutzen.
3. Diskutieren Sie worin nach Sokrates das Wesen der Strafe besteht und ob Sokrates ein Befürworter der Todesstrafe sein kann.
4. Halten Sie ein Kurzreferat darüber, warum Sokrates zum Tode verurteilt wurde und nicht aus dem Gefängnis fliehen wollte. Lesen Sie dazu Platons Dialog „Kriton".

Schreckt die Todesstrafe ab?

Gesetzliche Vorschriften des Grundgesetzes

▶ Art. 1 Abs. 1 GG: Die Würde des Menschen ist unantastbar. Sie zu achten und zu schützen ist Verpflichtung aller staatlichen Gewalt.

▶ Art. 2 Abs. 1 GG: Jeder hat das Recht auf die freie Entfaltung seiner Persönlichkeit, soweit er nicht die Rechte anderer verletzt und nicht gegen die verfassungsmäßige Ordnung oder das Sittengesetz verstößt.

▶ Art. 2 Abs. 2 GG: Jeder hat das Recht auf Leben und körperliche Unversehrtheit. Die Freiheit der Person ist unverletzlich. In diese Rechte darf nur auf Grund eines Gesetzes eingegriffen werden.

▶ Art. 102 GG: Die Todesstrafe ist abgeschafft.

Nicht nur der „Kampf gegen den Terror", sondern auch die reißerische Berichterstattung über den tödlichen sexuellen Missbrauch von Kindern veranlasst einige Bürgerinnen und Bürger zu der Frage, aus welchen Grund ein Mörder nicht mit dem Tode bestraft werden darf.

Auf der Grundlage der Vergeltungstheorie [siehe Seite 174 in diesem Buch] wäre die Einführung der Todesstrafe aus Gerechtigkeitserwägungen zu bejahen. Eine vom Täter vorsätzlich begangene Tötung müsse durch die Verhängung und Vollziehung der Todesstrafe gesühnt werden. Durch die Auferlegung eines Strafübels werde die verletzte Rechtsordnung wiederhergestellt und das Gerechtigkeitsempfinden befriedigt.

Wenn man jedoch mit den heute vertretenen Präventionstheorie [siehe Seite 174 in diesem Buch] davon ausgeht, dass der Zweck der Strafe darin besteht, die Begehung künftiger Straftaten zu verhindern, dann muss auch die Todesstrafe diesem Zweck dienen. Dies setzt also voraus, dass die Todesstrafe ein geeignetes Mittel darstellt, um künftige Straftaten zu verhindern.
Ob die Todesstrafe geeignet ist, künftige Straftäter von der Begehung schwerster Straftaten abzuhalten, wird überwiegend bezweifelt. Es gibt keinen empirischen Beweis dafür, dass harte Strafen tatsächlich eine abschreckende Wirkung erzielen. Vielmehr ist anzunehmen, dass der Täter nicht das Unrecht und die zu erwartende Strafe abwägt, sondern die Chancen der Straftat und die Risiken bedenkt wie etwa das Entdeckungsrisiko.

Darüber hinaus ist zu beachten, dass das menschliche Leben und die Menschenwürde die höchsten Rechtsgüter des Grundgesetzes darstellen. Durch die Verhängung der Todesstrafe zur Abschreckungsfunktion wird der Täter einer Strafe zugeführt, um das allgemeine Wohl zu stärken. Damit werden der Täter und sein Tod für Zwecke instrumentalisiert, die nicht die seinen sind. Er wird damit zum bloßen Objekt des Staates degradiert, so dass seine in Art. 1 Abs. 1 Grundgesetz geschützte Menschenwürde verletzt wird.

Außerdem ist zu berücksichtigen, dass das Bundesverfassungsgericht festgestellt hat, dass jeder Straftäter das Recht auf Resozialisierung (Besserung) habe. Dies wird aus dem allgemeinen Persönlichkeitsrecht eines Menschen abgeleitet, dass sich aus Art. 1 Abs. 1 und Art. 2 Abs. 1 des Grundgesetzes ergibt.
Schließlich muss Beachtung finden, dass auch der Straftäter gem. Art. 2 Abs. 2 des Grundgesetzes ein Recht auf Leben hat.

Janique Brüning, Juristin
(unveröff. Manuskript)

Fassen Sie die wesentlichen Argumente gegen die Todesstrafe zusammen und ergänzen Sie diese in einem *Cluster.

6.3 Gnade und Begnadigung

Der Gangster, der zum Kinderbuchautor wurde

Ungeachtet aller Proteste ist der wegen vierfachen Mordes verurteilte Gründer der Straßengang „Crips", Stanley „Tookie" Williams, in Karlifornien hingerichtet worden. Der 51 Jahre alte Williams wurde am Dienstag den 13. August 2005 im Gefängnis von San Quentin mit der Giftspritze getötet, nachdem Gouverneur Arnold Schwarzenegger eine Begnadigung abgelehnt hatte.

Stanley „Tookie" Williams

Der Fall hat die Debatte um die Todesstrafe in den Vereinigten Staaten erneut angeheizt, weil Williams in der Haft Bücher geschrieben und darin Kinder vor der Gewalt auf den Straßen gewarnt hatte. Die Aufseher in San Quentin hatten offenbar Probleme, Williams das Gift zu injizieren. […]

Williams wurde 1981 schuldig gesprochen, einen Supermarktangestellten sowie zwei Motelbesitzer und deren Tochter erschossen zu haben. Er bestritt die Morde. Schwarzenegger erklärte, er habe nach gründlichem Studium des Falls keine Gründe für einen Aufschub gefunden. Solange sich Williams nicht für die Morde entschuldige, könne es auch keine Gnade geben. Der letzte kalifornische Gouverneur, der einen Todeskandidaten begnadigt hatte, war Ronald Reagan im Jahre 1967. Gemeinsam mit einem Freund hatte Williams 1971 die Straßengang „Crips" gegründet. Im Gefängnis sagte er sich von seiner Vergangenheit los und wurde zu einem Prediger gegen die Gewalt. Er schrieb in der Haft Kinderbücher und wurde in den vergangenen Jahren fünf Mal für den Friedensnobelpreis und vier Mal für den Literaturnobelpreis nominiert.

(FAZ.NET 2005)

Stellen Sie sich vor, Sie wären der Anwalt von Stanley „Tookie" Williams. Mit welchen Argumenten hätten Sie versucht, Gouverneur Schwarzenegger davon zu überzeugen, Williams zu begnadigen?

Keine Gnade gewähren?

Begnadigungen sind wahrscheinlich so alt, wie die Todesstrafe selbst. Solange Kaiser und Könige immer auch oberster Richter ihres Reiches waren, entschieden sie über Schuld und Unschuld und bestimmten das Strafmaß. Auch behielten sie sich das Recht vor, Delinquenten zu begnadigen. Die Gewaltenteilung der Moderne hat den politischen Machthabern die Richterliche Gewalt entzogen. Politiker können heute weder über Schuld und Unschuld entscheiden, noch Strafen verhängen. Allein das Recht zur Begnadigung ist geblieben. In der Bundesrepublik Deutschland hat der Bundespräsident das Recht zur Begnadigung. In den USA haben die Gouverneure der einzelnen Bundesstaaten die Möglichkeit Todesdelinquenten zu begnadigen und die Strafe in lebenslange

Haft umzuwandeln. Die unterschiedliche Haltung der Gouverneure führt immer wieder zu öffentlichem Streit um den Sinn der Begnadigungen und der Todesstrafe.
Der Gouverneur von Kalifornien der Ex-Schauspieler Arnold Schwarzenegger hat bisher fünf Menschen die Begnadigung verweigert. Zu den letzten Betroffenen zählte auch Stanley Williams. Williams bestritt bis zuletzt, für die vier ihm zur Last gelegten Morde verantwortlich zu sein. Die Tatsache, dass sich Williams während seiner Haft von seiner Vergangenheit als Anführer einer Straßenbande losgesagt hatte und in zahlreichen Aktionen gegen Jugendkriminalität vorzugehen versuchte, blieb für Schwarzeneggers Entscheidung ohne Bedeutung.

Der Gouverneur des Bundesstaates Illinois, George Ryan, verkündete in einer seiner letzten Reden, die 169 Insassen der Todestrakte seines Staates zu begnadigen.

Ich bin in Kankakee aufgewachsen, einer Kleinstadt im Mittleren Westen, in der die Menschen einander kennen. Steve Small war ein Nachbar. Ich sah ihn aufwachsen. Er hütete später gelegentlich unsere Kinder, und das war keine leichte Aufgabe, denn meine Frau Lura Lynn und ich hatten sechs, davon damals fünf unter drei Jahren. Er war ein heller Kopf und half im Geschäft seines Vaters. Er heiratete und hatte drei eigene Kinder. Lura Lynn stand ihm und seiner Familie besonders nahe. Es war gut zu wissen, dass er für uns und wir für ihn da waren. Eines Nachts im September erhielt er einen Anruf. In einem nahe gelegenen Haus, das er gerade renovierte, sei eingebrochen worden. Als er hinausging, wurde er mit Waffengewalt gekidnappt. Seine Kidnapper begruben ihn lebendig in einer Grube. Er erstickte, bevor die Polizei ihn finden konnte.
Sein Mörder führte die Polizei an die Stelle, an der Steves Leiche lag. Der Mörder, Danny Edward, stammte ebenfalls aus meiner Heimatstadt. Er wartet heute in der Todeszelle auf seine Hinrichtung. Auch seine Familie kenne ich. Ich erzähle Ihnen das, damit Sie wissen, dass ich nicht als Neubekehrter handle, der nichts von den bitteren Erfahrungen weiß, unter denen die Angehörigen von Mordopfern leiden. Meine Verantwortung und meine Pflichten gehen aber über den Kreis meiner Nachbarn und meiner Familie hinaus. Ich repräsentiere das Volk von Illinois – ob Sie das mögen oder nicht. Meine Entscheidung wird nicht nur hier, sondern in aller Welt Beachtung finden.
Kürzlich erhielt ich einen Anruf von Nelson Mandela. Ich war gerade in einem Restaurant und aß ein Sandwich mit Corned Beef. Wir sprachen gut zwanzig Minuten miteinander. Die Botschaft, die er mir vermittelte, besagte im wesentlichen, dass die Vereinigten Staaten der übrigen Welt die Standards für Gerechtigkeit und Fairness setzen. Aber wir spielen nicht in derselben Liga wie Europa, Kanada, Mexiko oder der größte Teil Süd- und Mittelamerikas. Dort hat man die Todesstrafe abgeschafft. Wir sind Partner im Tode mit diversen Ländern der Dritten Welt. Wussten Sie, dass selbst Russland ein Moratorium ausgerufen hat?
In zwölf amerikanischen Bundesstaaten ist die Todesstrafe abgeschafft worden, und in keinem dieser Staaten ist die Zahl der Morde gestiegen. Hier eine Zahl, die Ihnen zu denken geben sollte: Im vergangenen Jahr hatten wir in Illinois etwa 1 000 Morde, und nur in zwei Prozent der Fälle ist die Todesstrafe verhängt worden. Ich wüsste gerne, was daran fair und gerecht sein soll. Die Todesstrafe wird deshalb nicht fair und gerecht verhängt, weil es für die 102 Counties des Staates keine einheitlichen Richtlinien gibt. Die Staatsanwälte entscheiden, ob sie die Todesstrafe beantragen. Darf die Geographie bestimmen, wer zum Tode verurteilt wird? Ich meine nein, aber in Illinois gibt es solche Unterschiede. In den ländlichen Regionen besteht eine fünffach höhere Wahrscheinlichkeit, dass man zum Tode verurteilt wird, als etwa hier in Cook County. Eine fünffach höhere Wahrscheinlichkeit. Wo ist da die Fairness, wo das rechte Verhältnis?
Ich brauche nicht zu betonen, dass ich nie die Absicht hatte, mich in dieser Frage als Aktivist hervorzutun. Schon bald nach meiner Amts-

übernahme erlebte ich aber mit Verwunderung und Bestürzung, wie der Todeskandidat Anthony Porter aus dem Gefängnis entlassen wurde. Als freier Mann trat er Professor Dave Protess von der Northwestern University gegenüber. Ist Dave im Saal? Ich werde nie vergessen, wie der kleine Anthony Porter dir als freier Mann um den Hals fiel, denn du hattest zusammen mit deinen Publizistikstudenten seine Unschuld bewiesen.

Anthony Porter trennten nur 48 Stunden von der Hinrichtungszelle, wo der Staat ihn töten wollte. Alles wäre sehr aseptisch abgelaufen, und die meisten von uns hätten nicht einmal Notiz davon genommen. Nur dass Porter unschuldig war. Er hatte den Doppelmord, für den man ihn zum Tode verurteilte, nicht begangen. Es ist unvorstellbar: Bei der Hälfte der nahezu 300 Todesurteile in Illinois wurde ein neues Verfahren oder eine Revision des Urteils angeordnet. Wer von Ihnen kann in seinem Beruf mit einer Genauigkeit von fünfzig Prozent leben? Dreiunddreißig Insassen der Todeszellen wurden bei ihrem Prozess von einem Anwalt vertreten, dem man später die Zulassung entzog oder dem schon einmal zeitweilig die Zulassung entzogen worden war. Unter den 160 Todeskandidaten befanden sich fünfunddreißig Afroamerikaner, die nicht von ihresgleichen, sondern von rein weißen Jurys verurteilt worden waren. Mehr als zwei Drittel aller Todeskandidaten waren Afroamerikaner. Ich erinnere mich, wie ich mir diese Fälle ansah und mich selbst wie auch meine Leute fragte: Wie kann so etwas in Amerika geschehen? Diese Frage stelle ich nun seit drei Jahren, und bisher hat noch niemand sie beantwortet.

Wenn Sie wirklich wissen wollen, was schändlich und unerträglich ist, dann meine ich, dass siebzehn in Illinois zum Tode Verurteilte, die später freigesprochen werden mussten, nichts anderes als ein katastrophales Versagen darstellen. Unser Todesstrafensystem ist mit unerträglichen Fehlern behaftet, bei der Feststellung der Schuld wie auch des Strafmaßes.

Je näher meine Entscheidung rückte, desto mehr fragte ich mich, ob ich auch Daniel Edwards begnadigen würde – der Mann, der Steve Small, den Freund meiner Familie, getötet hat. Als ich mit meiner Frau darüber diskutierte, war sie erzürnt und enttäuscht über meine Entscheidung, wie so viele Angehörige von Opfern es sein werden. Der Zorn der Familien von Mordopfern hat mich beeindruckt. Sie appellierten an mich, die Todesstrafe beizubehalten, damit sie Frieden finden. Aber ist das der Zweck der Todesstrafe?

Ich kann mir nicht vorstellen, ein Familienmitglied durch Mord zu verlieren. Aber ebenso wenig kann ich mir vorstellen, zwanzig Jahre lang in jeder wachen Stunde darauf zu warten, dass der Mörder hingerichtet wird. Das System der Todesstrafe in Illinois ist so unsicher, dass es gar nicht ungewöhnlich ist, wenn ein Fall zwanzig Jahre bis zu seinem Abschluss benötigt. Und wir können von Glück sagen, dass es so ist. Denn wenn ich auf Eile gedrungen hätte, wären Anthony Porter, Ronald Jones, Madison Hobley und andere unschuldig zum Tode Verurteilte möglicherweise längst tot und begraben.

Aus all diesen Gründen wandle ich alle ausgesprochenen Todesstrafen in Freiheitsstrafen um. Diese Umwandlung erfolgt pauschal. Ich habe selbst nicht geglaubt, dass ich es tun würde. Es ist mir klar, dass ich mir damit den Zorn und die Verachtung vieler Menschen zuziehen werde. Aber die Menschen unseres Staates haben mich gewählt, damit ich für Gerechtigkeit sorge. Meine Mitarbeiter und ich haben viele Tage und schlaflose Nächte mit der Überprüfung des Systems verbracht. Heute Nacht werde ich gut schlafen, weil ich weiß, dass ich die richtige Entscheidung getroffen habe.

(„Frankfurter Allgemeine Zeitung", 15.01.2003, S. 33)

Diskutieren Sie die von George Ryan angeführten Gründe gegen die Todesstrafe.

Überlegen Sie sich, wie Sie mit einer *Collage gegen die Todesstrafe Position beziehen könnten. Stellen Sie anschließend Ihre Arbeiten in der Schule aus.

7. Der Mensch lebt – Literatur des Existentialismus

Edvard Munch: Der Schrei (1893)

Der Schrei

Das Bild „Der Schrei", das Edvard Munch 1893 malte und von dem er 1895 eine lithografierte Version schuf, ist eines der bedeutendsten Gemälde der klassischen Moderne. Es erfreut sich größter Beliebtheit und eines hohen Wiedererkennungswertes. Die Entstehung des Bildes findet enge Verbundenheit mit einem persönlichen Erlebnis Edvard Munchs, das ihm 1890 widerfuhr, als er mit Freunden am Fjord einen abendlichen Spaziergang unternahm.

Der Himmel verwandelte sich in ein blutiges Rot. Und ich fühlte einen Hauch von Schwermut. Ich blieb stehen, lehnte mich, todmüde, an das Geländer. Über dem blauschwarzen Fjord und der Stadt hingen Blut und Zungen aus Feuer. Meine Freunde gingen weiter, ich blieb, bebend vor Angst, zurück. Und ich fühlte ein großes, endloses Geschrei, das durch die Nacht hallte.

(Reinhold Heller: Kunst des 20. Jahrhunderts, Prestel Verlag, München 1997, S. 16/17)

1. Beschreiben Sie die verschiedenen Elemente des Bildes und setzen Sie diese zu seinem Titel in Beziehung.
2. Versuchen Sie die Beweggründe Edvard Munchs zu erörtern, warum er die Person im Vordergrund mit einen kahlen Schädel gemalt hat.
3. Erklären Sie, warum das Bild häufig mit dem Begriff der „existenziellen Angst" in Verbindung gebracht wird.

Die Geschichte der Existenzphilosophie

Die Geschichte der Existenzphilosophie beginnt mit Sören Kierkegaard (1813–1855) und *Friedrich Nietzsche. Sie gingen davon aus, dass das höchste Gut des Menschen die Erkenntnis seiner eigenen Bestimmung sei. Jeder Mensch solle ohne Rücksicht auf gesellschaftliche Verhaltensweisen seine eigene Welt- und Werteanschauung schaffen und sich von der traditionellen Moral befreien (siehe hierzu auch die Seiten 125/126 Nietzsche) in diesem Buch.
Als Vertreter der deutschen Existenzphilosophie haben Karl Jaspers (1883–1969) und Martin Heidegger (1889–1976) die verschiedenen Aspekte der Existenz herausgearbeitet. Hiernach werde der Mensch den Grund seines Daseins nie erfassen können. Jedoch müsse er sich sein eigenes Lebensziel suchen und es mit Überzeugung verfolgen.
Das philosophische Hauptwerk Martin Heideggers „Sein und Zeit" war die Inspirationsquelle für die französischen Strömung der Existenzphilosophie, die allgemein als „Existentialismus" bezeichnet wird. Die bedeutendsten Vertreter sind Albert Camus, Jean-Paul Sartre und Simone de Beauvoir. Ihre existentialistischen Romane haben die Lebenseinstellung der Nachkriegsjugend derart geprägt, so dass sie den Namen „existentialistische Generation" trägt.
Das Gemeinsame, das alle Vertreter der Existenzphilosophie verbindet, ist die Suche nach dem Sinn des Lebens und die Charakteristik seiner Grundbefindlichkeiten wie Liebe, Hass, Ekel, Einsamkeit und Tod.

4. Erstellen Sie biografische Porträts von Kierkegaard, Jaspers und Heidegger.

7.1 Elixiere des Lebens – die Pariser Existentialisten

7.1.1 Albert Camus: Das Absurde

Albert Camus wurde am 7. November 1913 in der algerischen Stadt Mondovi geboren, wo er mit seiner Mutter und seinem Bruder in großer Armut lebte. Nach seinem Abitur erkrankte er an Tuberkulose. Dennoch begann Camus 1932 in Algier mit dem Studium der Philosophie. Da er auf Grund seines Lungenleidens nicht Lehrer werden durfte, arbeitete Camus als Journalist und Theaterregisseur in Algier, wo er sich für die Rechte der einheimischen Bevölkerung einsetzte. 1942 trat er in Paris der Widerstandsgruppe „Combat" (der Kampf) bei, die sich gegen die Nationalsozialisten engagierte. Während dieser Zeit lernte er Jean-Paul Sartre kennen, mit dem er sich jedoch nach der Veröffentlichung seines Buches „Der Mensch in der Revolte" 1951 heftig zerstritt. Camus sprach sich deutlich gegen einen totalitären Sozialismus aus, während Sartre trotz des Stalinistischen Terrorregimes zum Kommunismus hielt. 1960 verstarb Camus bei einem Autounfall in Villeblevin auf der Rückfahrt von einer Lesung in Paris.
Albert Camus erhielt 1957 den Nobelpreis für Literatur. Zu seinen bedeutendsten Werken gehörten unter anderem „Der Mensch in der Revolte", 1951 und „Der Fremde", 1942. In dem Essay „Der Mythos des Sisyphos", 1943 entwickelt Camus seine Philosophie des Absurden. Hierin zeigt er auf, dass das Absurde aus einem Spannungsverhältnis entsteht zwischen der Sehnsucht des Menschen nach Klarheit einerseits und der vernunftwidrigen, irrationalen Welt andererseits.

Die Absurdität wird oft an einer Straßenkreuzung geboren

Alle großen Taten und alle großen Gedanken haben einen lächerlichen Anfang. Die bedeutenden Werke werden oft an einer Straßenbiegung oder im Eingang eines Restaurants geboren. So ist es auch mit der Absurdität. Mehr als irgendeine andere Welt verdankt die Welt des Absurden ihren Adel dieser niedrigen Herkunft. Antwortet ein Mensch auf die Frage, was er denke, in gewissen Situationen mit „nichts", so kann das Verstellung sein. Verliebte wissen das genau. Ist diese Antwort jedoch aufrichtig, entspricht sie dem sonderbaren Seelenzustand, in dem die Leere beredt wird, die Kette alltäglicher Gesten zerrissen ist und das Herz vergeblich das Glied sucht, das sie wieder zusammenfügt – dann ist sie gleichsam das erste Anzeichen der Absurdität.
Manchmal stürzen die Kulissen ein. Aufstehen, Straßenbahn, vier Stunden Büro oder Fabrik, Essen, Straßenbahn, vier Stunden Arbeit, Essen, Schlafen, Montag, Dienstag, Mittwoch, Donnerstag, Freitag, Samstag, immer derselbe Rhythmus – das ist meist ein bequemer Weg. Eines Tages aber erhebt sich das „Warum", und mit diesem Überdruss, in den sich Erstaunen mischt, fängt alles an. „Fängt an" – das ist wichtig. Der Überdruss steht am Ende der Handlungen eines mechanischen Lebens, gleichzeitig leitet er aber auch eine Bewusstseinsregung ein. Er weckt das Bewusstsein und fordert den nächsten Schritt heraus. Der nächste Schritt ist die unbewusste Rückkehr in die Kette oder das endgültige Erwachen. Schließlich führt dieses Erwachen mit der Zeit zur Entscheidung: Selbstmord oder Wiederherstellung. An sich hat der Überdruss etwas Widerwärtiges. Hier jedoch muss ich den Schluss ziehen, dass er gut ist. Denn mit dem Bewusstsein fängt alles an, und nur durch das Bewusstsein hat etwas Wert. Diese Feststellungen sind keineswegs originell. Sie liegen vielmehr auf der Hand, und für eine summarische Erkundung der Ursprünge des Absurden genügen sie einstweilen. Die einfache „Sorge" ist aller Dinge Anfang.
So trägt uns im Alltag eines glanzlosen Lebens

die Zeit. Stets aber kommt ein Augenblick, da wir sie tragen müssen. Wir leben auf die Zukunft hin: „morgen", „später", „wenn du eine Stellung haben wirst", „mit den Jahren wirst du's verstehen". Diese Inkonsequenzen sind bewundernswert, denn schließlich geht es ums Sterben. Es kommt gleichwohl ein Tag, da stellt der Mensch fest oder sagt, dass er dreißig Jahre alt ist. Damit beteuert er seine Jugend. Zugleich aber situiert er sich im Verhältnis zur Zeit. Er nimmt in ihr seinen Platz ein. Er erkennt an, sich an einem bestimmten Punkt einer Kurve zu befinden, die er eingestandenermaßen durchlaufen muss. Er gehört der Zeit, und bei jenem Grauen, das ihn dabei packt, erkennt er in ihr seinen schlimmsten Feind. Morgen erst, wünschte er sich, morgen, während doch sein ganzes Selbst sich dem widersetzen sollte. Dieses Aufbegehren des Fleisches ist das Absurde.

(Albert Camus, Der Mythos des Sisyphos, Übersetzt von Vincent von Wroblewsky, Rowohlt Verlag, 4. Auflage, Hamburg 2002, S. 22 f.)

Wolfgang Mattheuer: Die Flucht des Sisyphos (1972)

1. Fassen Sie mit eigenen Worten zusammen, was Albert Camus unter dem Gefühl des Absurden versteht.
2. Nehmen Sie zu folgendem Zitat Stellung: „Das Gefühl der Absurdität kann an jeder beliebigen Straßenecke jeden beliebigen Menschen anspringen".
3. Sind Sie selber schon einmal mit dem Gefühl der Absurdität in Berührung gekommen? Schreiben Sie dazu einen *Essay.
4. Erstellen Sie zu dem Gefühl der Absurdität einen *Cluster und diskutieren Sie anschließend im Kurs darüber.
5. Suchen Sie aus dem Text von Camus Stellen heraus, die als *Aphorismen gelten könnten.
6. Interpretieren Sie das Bild von Mattheuer auf der Grundlage der Gedanken von Camus.

Kann man ohne Geld glücklich sein?

Albert Camus hat die Herausgabe des Manuskriptes „Der glückliche Tod" zu Lebzeiten abgelehnt. Der Roman wurde jedoch 1971 posthum veröffentlicht. Die Familie ist damit dem Wunsch vieler Leserinnen und Leser gefolgt, die sich für Camus' Werk und Denken interessieren. Der Textauszug beschreibt ein Gespräch zweier Männer, Zagreus und Mersault, die sich mit der Frage beschäftigen, ob man ohne Geld glücklich sein kann.

„Ich bin sicher", begann dieser, „dass man ohne Geld nicht glücklich sein kann. Damit ist alles gesagt. Ich kann es weder leiden, dass man die Dinge leicht, noch dass man sie romantisch nimmt. Ich will Klarheit haben. Nun, ich habe festgestellt, dass gewisse Ausnahmewesen eine Art von geistigem Snobismus pflegen und sich einbilden, Geld sei nicht unerlässlich notwendig, um glücklich zu sein. Das ist dumm, das ist falsch und in gewissem Maß sogar feige. Sehen Sie, Mersault, für einen Menschen von guter Herkunft ist Glücklichsein niemals kompliziert. Es genügt, wenn er das Schicksal aller übrigen auf sich nimmt, nicht mit dem Willen zum Verzicht, wie so viele falsche große Männer, sondern mit dem Willen zum Glück. Nur braucht es, um glücklich zu sein, Zeit. Sehr viel Zeit. Auch Glücklichsein erfordert viel Geduld. Und in fast allen Fällen bringen wir unser Leben damit hin, Geld zu verdienen, während man Geld haben müsste, um Zeit für sich zu gewinnen. Das ist das einzige Problem, das mich je interessiert hat. Es ist eindeutig. Es ist klar."
Zagreus hielt inne und schloss die Augen. Mersault betrachtete beharrlich den Himmel. Einen Augenblick lang traten die Geräusche von der Straße und den Feldern draußen deutlich hervor. Dann fuhr Zagreus ohne Eile fort: „Oh! Ich weiß natürlich, dass die meisten Reichen keinen Sinn haben für das Glück. Doch darum geht es nicht. Geld haben bedeutet über Zeit verfügen. Ich gehe aber nicht davon aus. Man kann sich die Zeit kaufen. Man kann alles kaufen. Reich sein oder werden bedeutet Zeit haben, um glücklich zu sein, wenn man würdig ist, es zu sein."
Er sah Patrice an:
„Mit fünfundzwanzig Jahren, Mersault, hatte ich schon begriffen, dass jede Kreatur, die Sinn für das Glück, den Willen zum Glück und das Verlangen danach hat, auch das Recht besitzt, reich zu sein. Das Verlangen nach Glück kam mir wie das Edelste im menschlichen Herzen vor. In meinen Augen rechtfertigte es alles. Ein reines Herz genügte dafür."
Zagreus, der Mersault immer noch ansah, sprach auf einmal sehr langsam, mit einer kalten, harten Stimme, als wolle er Mersault aus seinem scheinbaren Zustand der Geistesabwesenheit reißen. „Mit fünfundzwanzig Jahren habe ich angefangen, mir mein Vermögen zu schaffen. Ich bin nicht vor Betrug zurückgeschreckt. Ich wäre vor nichts zurückgeschreckt. Innerhalb von ein paar Jahren hatte ich meine gesamte flüssige Habe beisammen. Stellen Sie sich vor, Mersault, beinahe zwei Millionen. Die Welt tat sich mir auf. Und mit der Welt das Leben, von dem ich in der Einsamkeit und in glühenden Phantasien träumte ..." Nach einer Pause fuhr Zagreus mit gedämpfter Stimme fort: „Das Leben, das ich gehabt hätte, Mersault, wenn mir nicht fast gleich darauf der Unfall meine Beine genommen hätte. Ich habe nicht Schluss zu machen gewusst ... Und da bin ich nun. Sie verstehen gut, nicht wahr, dass ich ein derart eingeschränktes Leben nicht habe fortführen wollen. Seit zwanzig Jahren habe ich mein Geld hier bei mir. Ich habe bescheiden gelebt. Ich habe die Summe kaum angegriffen." Er strich sich mit seinen harten Händen über die Lider und fuhr mit leiserer Stimme fort: „Man darf das Leben nie mit den Küssen eines Krüppels beschmutzen."
Im gleichen Augenblick hatte Zagreus die kleine Truhe geöffnet, die dicht neben dem Kamin stand, und auf eine schwere Kassette aus dunklem Stahl gedeutet, in der der Schlüssel steckte. Auf der Kassette lag ein weißer Brief-

umschlag und darauf ein großer schwarzer Revolver. Auf Mersaults unwillkürlich neugierigen Blick antwortete Zagreus nur mit einem Lächeln. Die Sache war sehr einfach. An Tagen, an denen er allzu stark die Tragödie empfand, durch die ihm sein Leben geraubt worden war, legte er diesen Brief, den er nicht datiert hatte und der einen Teil seines Verlangens zu sterben darstellte, unmittelbar vor sich hin. Dann legte er die Waffe auf den Tisch, schob sie dichter heran und presste seine Stirn dagegen, bewegte seine Schläfen daran und kühlte an dem kalten Eisen das Fieber seiner Wangen. Lange verharrte er so, ließ die Finger über den Abzug gleiten, betastete den Verschluss, bis alles um ihn her in Ruhe versank und er sich, schon schläfrig geworden, mit seinem ganzen Sein an das Gefühl des kalten, salzig schmeckenden Eisens verlor, aus dem jederzeit der Tod hervorgehen konnte. Wenn er in dieser Weise spürte, dass es genügen würde, den Brief zu datieren und zu schießen, und sich der absurden Leichtigkeit des Selbstmordes bewusst wurde, war seine Phantasie genügend angeregt, um ihm das ganze Grauen vor Augen zu stellen, das die Negation des Lebens für ihn bedeutete, so dass er all sein Verlangen, noch weiter in Würde und Schweigen die Lebensflamme zu bewahren, in seinen Halbschlaf mit hinübernahm. Wenn er dann mit einem von schon bitterem Speichel angefüllten Mund erwachte, leckte er an dem Lauf der Waffe, führte seine Zunge in die Mündung ein und stöhnte schließlich in einem unmöglichen Glücksgefühl.

(Albert Camus, Der glückliche Tod, Übersetzt von Eva Rechel-Mertens, Rowohlt Verlag, 16. Auflage, Hamburg 2001, Seite 44 f.)

1. Mit welchen Argumenten bekräftigt Zagreus seinen Standpunkt, dass man für ein glückliches Leben über Geld verfügen muss?
2. Haben Sie eine Erklärung dafür, warum Zagreus nach seinem Unfall bescheiden gelebt hat. Nehmen Sie dabei Bezug auf die Äußerung von Zagreus: „Man darf das Leben nie mit den Küssen eines Krüppels beschmutzen."
3. Stimmen Sie zu, dass man ohne Geld nicht glücklich sein kann? Gehört Geld zu den existentiellen Problemen des Lebens? Begründen Sie Ihre Antwort.
4. Schreiben Sie auf ein leeres Blatt Papier, was Ihrer Meinung nach ein glückliches Leben ausmacht. Diskutieren Sie anschließend darüber in der Klasse.

7.1.2 Simone de Beauvoir: Liebe und Tod

Simone de Beauvoir wurde am 9. Januar 1908 in Paris in einer wohlhabenden Familie geboren und absolvierte an dem katholischen Mädcheninstitut Cours Désir ihr Abitur. Nach dem Studium der Mathematik und Philosophie an der berühmten Pariser Universität Sorbonne arbeitete sie zunächst einige Jahre als Philosophielehrerin. 1943 konnte sie sich endgültig als Philosophin und Schriftstellerin etablieren. Ihre philosophischen Ideen wurden wesentlich von Jean-Paul Sartre beeinflusst, den sie 1929 an der Universität kennen gelernt hatte. Beauvoir und Sartre blieben ein Leben lang ein Liebespaar, ohne verheiratet zu sein. Sie verzichteten bewusst auf Kinder und lebten in getrennten Wohnungen. Beide hatten den Wunsch nach Freiheit und Unabhängigkeit, den sie in ihren philosophischen Büchern vertraten und der Gesellschaft auch vorlebten. Dazu gehörte auch die Freiheit in der Liebe. 1986 starb Simone Beauvoir in Paris; sie wurde neben Jean-Paul Sartre auf dem Pariser Friedhof Montparnasse beigesetzt.
Simone de Beauvoir gilt als Mitbegründerin der europäischen Frauenbewegung. Zu ihren bedeutendsten Schriften gehören u. a. „Das andere Geschlecht" und „Die Mandarins von Paris".

Verzeiht wahre Liebe alles?

Der erste Roman von Simone de Beauvoir „Marcelle, Chantal, Lisa" erzählt die Geschichte von fünf Töchtern aus gutem Hause. Der Textauszug schildert eine Gesprächssituation zwischen Marcelle und ihrem Ehemann Denis.

Um sich das Warten zu verkürzen, blickte Marcelle sich suchend nach einem Buch um, aber sie war unfähig zu lesen. Der Straßenlärm hatte aufgehört, die Stille war beinahe erdrückend. Marcelle hatte einen heiligen Schrecken vor der Dunkelheit, sie zitterte beim leisesten Knacken. Eine Weile ging sie im Zimmer auf und ab, dann setzte sie sich an Denis' Schreibtisch und blätterte in den herumliegenden Papieren. Er hatte mit Müh und Not zwei oder drei Seiten beschrieben, auf denen auch noch alles durchgestrichen war. Sie hatte alles auf ihn gesetzt und hatte alles verloren.

Mechanisch zog Marcelle eine der Schubladen auf: Darin lagen wirr durcheinander ein Dutzend Briefe. Sie nahm sie mit etwas banger Erwartung heraus und legte sie vor sich hin. Da waren ein paar unbedeutende Mitteilungen, Verabredungen mit Freunden, Bitten um Geld. Marcelle überflog einen dieser Briefe:

„Du sagst mir, dass deine Freiheit der kostbarste jener goldenen Becher ist, die wir, wie der König von Thule, manchmal ins Meer werfen müssen, um ihnen anschließend weinend nachzutrauern", schrieb ein gewisser André anlässlich der Hochzeit seines Freundes, „doch was wird aus mir, während du traurig zusiehst, wie das Wasser sich kräuselt? Dieses abenteuerliche Spiel, das du uns beigebracht hast, werden wir uns ohne dich noch dafür begeistern können? Ich habe Angst, das Leben zu verlernen."

Marcelle fand auch ein Gedicht von André, und sie wollte es gerade lesen, als ihr ein blauer Brief auffiel: der Brief einer Frau, mit dem vorgestrigen Datum. Am oberen Rand war in dunkelblauen Buchstaben eine Adresse gedruckt: Rue du Ranelagh 12. Die Frau unterschrieb mit Marie-Ange, und es war klar, dass sie Denis' Geliebte war. Daraufhin begann Marcelle bedenkenlos das ganze Zimmer zu durchsuchen. In einer Westentasche fand sie einen weiteren blauen Brief, der drei Monate alt war und mit M.-A. Lamblin unterzeichnet war.

Denis' Briefpartnerin lud ihn zum Nachmittagskaffee ein, bei dem sie ihn mit interessanten Leuten bekannt machen wollte. Zu jener Zeit siezte sie ihn noch. Ihre übrige Korrespondenz musste Denis weggeschlossen haben, denn Marcelles Suche blieb vergeblich.

„Er hat mich hereingelegt", dachte sie. Denis hatte sie geheiratet, weil er mittellos war und weil es ihm zuwider war, einen Beruf zu ergreifen. Aber jetzt, wo er der Liebhaber einer zweifellos steinreichen Frau war, machte er sich nicht einmal mehr die Mühe, sich ihr gegenüber korrekt zu verhalten. Zwei Stunden lang war Marcelle wie am Boden zerstört. Sie weinte all den in Aufopferung und Tränen verlorenen Tagen nach, und dieses Weinen war nicht mehr die belebende Verheißung einer glänzenden Zukunft, es war gefühlloser Groll. Sie war nicht mehr jung, sie war körperlich erschöpft, ihr Leben war endgültig festgelegt: Bald würde sie nur noch eine nutzlose alte Frau sein, die Glück nie kennen gelernt hatte. Sie dachte mit kaltem Hass an Denis.

Es schlug drei, als sie aufstand und die Briefe wieder an ihren Platz legte. Sie zwang sich, ausführlich Toilette zu machen, sie wollte sich wieder fangen. Sie würde sich an Denis rächen: Mit ruhiger und gefasster Traurigkeit würde sie ihm sein Unrecht begreiflich machen, sie würde ihn mit ihrer Verachtung vernichten. Von den Briefen würde sie nicht sprechen.

Eine Stunde später kamen Marguerite und Denis nach Hause. Marcelle musterte ihre Schwester, die halb betrunken war, schweigend, und wandte sich an ihren Mann:

„Ich glaube, wir sollten uns aussprechen", sagte sie.

„Glaubst du wirklich?", sagte Denis und folgte ihr in ihr Zimmer. Er setzte sich aufs Bett, um seine Schuhe auszuziehen. Marcelle schlug die Arme untereinander und starrte ihn an.

„Dass du keine Liebe mehr für mich empfindest, mir nicht einmal ein bisschen Achtung zeigst, will ich dir nicht vorwerfen", sagte sie.

„Aber ich wüsste gern, warum du mich unter diesen Umständen geheiratet hast?"
Denis zögerte:
„Vielleicht habe ich einen Fehler gemacht. Ich habe geglaubt, ich würde bei dir die friedliche Atmosphäre finden, die ich für ein ausgeglichenes und glückliches Leben brauche. Ich hätte meine Freiheit dem Frieden vorziehen sollen."
„Du gibst also zu, dass du mich nie geliebt hast?"
Denis lächelte und fing an, den Knoten in seiner Krawatte aufzumachen.
„Was ist Liebe?", sagte er.
„Ich habe dir alles geopfert!", sagte Marcelle mit bebender Stimme.
„Ja, ich weiß", sagte er lebhaft, „ich esse das Brot, das du im Schweiße deines Angesichts verdienst, aber ich versichere dir, dass es ein saures Brot ist."
Marcelle verschlug es den Atem.
„Oh, das ist zu viel!", sagte sie. „Du findest es normal, uns auszubeuten, und wagst es, dich darüber zu beklagen!"
Er sah sie ernst an, und in seinen Augen stand tiefe Verachtung.
„Stimmt ja, für euch sind diese Geldgeschichten derartig wichtig. Du musst entschuldigen, aber ich habe mich an diese Mentalität nie gewöhnen können."
Marcelle wurde rot; keine Beleidigung konnte sie mehr verletzen. Sie bereute ihren ungeschickten Satz bitter.
„Ich habe mich dir mit Leib und Seele aufgeopfert", sagte sie.
„Ich dachte eigentlich, das machte dir Spaß", sagte Denis unverschämt. „Wenn du dabei jetzt nicht mehr auf deine Kosten kommst, gibt es eine ganz einfach Lösung: Wir brauchen uns nur zu trennen."
„Uns trennen!", sagte Marcelle; das Blut wich aus ihren Wangen, und sie ließ sich in einen Sessel fallen. Sie hatte das furchtbare Schicksal auf sich zukommen sehen, ohne Liebe und ohne Hoffnung an Denis' Seite zu leben, aber nicht eine Minute hatte sie daran gedacht, ihn zu verlassen.
„Ich kann mich nicht ändern", sagte Denis, „und du kannst mich nicht akzeptieren, wie ich bin. Das Beste ist, wir trennen uns ein für alle Mal."
Er war jung und wurde geliebt. Er würde ohne sie glücklich werden, und sie würde allein bleiben. Ihre Rache war ihr jetzt ziemlich egal, sie konnte sich nicht damit abfinden, nachts für immer allein zu schlafen, nie wieder einen warmen und starken Körper auf sich liegen zu fühlen.
„Du würdest mein Leben ohne Gewissensbisse zerstören?"
„Wenn du aber doch nicht glücklich mit mir bist."
Marcelle stand auf, fasste Denis an den Schultern und sah ihm tief in die Augen.
„Du bist nur ein Kind", sagte sie langsam, „ein grausames Kind. Aber ich liebe dich, Denis, ich werde dich immer lieben, trotz allem."
Er machte sich etwas verlegen frei.
„Ich bin kein Rohling, Marcelle", sagte er ein wenig unsicher, „ich habe dich sehr gern, glaub mir." Er lächelte: „Ich bin bloß nicht für das Eheleben geschaffen."
Denis sprach nicht mehr von Trennung. Marcelle hatte so große Angst gehabt, ihn zu verlieren, dass sie beschloss, alles hinzunehmen, um ihn zu behalten. Es machte nichts, dass Denis nie ein Genie werden würde, dass er andere Frauen liebte, wenn er nur bei ihr bliebe. „Wirkliche Liebe verzeiht alles", dachte sie.

(Simone de Beauvoir: Marcelle, Chantal, Lisa, Übersetzt von Uli Aumüller, Rowohlt Verlag, Neuausgabe, Hamburg 2005, S. 48 f.)

1. Haben Sie eine Erklärung dafür, warum Marcelle bereit ist, sich mit dem Verhalten von Denis abzufinden? Nehmen Sie dabei Bezug auf das Zitat von Simone de Beauvoir: „Es ist unbedingt notwendig, dass die Frauen selbst ihr Schicksal in die Hand nehmen."
2. Wie würden Sie an Stelle von Marcelle reagieren?
3. Verhalten sich Ihrer Meinung nach Männer und Frauen unterschiedlich in Liebesbeziehungen? Erläutern Sie Ihre Auffassung in einer *Standpunktrede.
4. Was stellen Sie sich unter dem Begriff der „wahren Liebe" vor. Schreiben Sie dazu einen *Aphorismus.

Edvard Munch: Der Abschied, 1912

1. Schreiben Sie zu dem Bild einen *Miniaturtext.
2. Gibt es einen Zusammenhang zwischen dem Bild und dem Verhalten von Marcelle und Denis? Begründen Sie Ihre Meinung.

Denk daran, irgendwann wird jeder alt

Zu gegebener Zeit, und schon wenn man sich ihm nähert, zieht man das Alter gewöhnlich dem Tod vor. Dennoch sehen wir diesen auf weite Sicht klarer vor uns. Der Tod ist eine unserer unmittelbaren Möglichkeiten, er bedroht uns in jedem Alter; gelegentlich streift er uns, oft haben wir Angst vor ihm. Dagegen wird man nicht von einem Augenblick zum anderen alt: Jung oder in der Blüte der Jahre, denken wir nicht wie Buddha daran, dass das künftige Alter schon in uns wohnt: Es ist durch eine so lange Zeitspanne von uns getrennt, dass es in unseren Augen mit der Ewigkeit verschmilzt; diese ferne Zukunft erscheint uns irreal. Und außerdem sind die Toten nichts; man mag einen metaphysischen Schauder vor diesem Nichts empfinden, aber in gewisser Weise beruhigt es, es stellt kein Problem dar. „Ich werde nicht mehr sein": Ich bewahre meine Identität bei diesem Verschwinden. (Diese Identität ist jenen umso mehr garantiert, die eine unsterbliche Seele zu besitzen glauben.) Wenn ich mit 20, mit 40 Jahren an mein Alter denke, dann sehe ich mich als jemand anderen. In jeder Metamorphose liegt etwas Erschreckendes. Als Kind war ich bestürzt, ja sogar entsetzt, als mir klar wurde, dass ich mich eines Tages in einen Erwachsenen verwandeln würde. Aber der Wunsch, man selbst zu bleiben, wird in jungen Jahren im Allgemeinen kompensiert durch die erheblichen Vorteile, die das Erwachsensein mit sich bringt. Wohingegen das Alter wie ein Unglück erscheint: Selbst bei Leuten, die als „gesund und rüstig" gelten, springt der körperliche Verfall ins Auge. Denn beim Menschen sind die Veränderungen, die das Alter hervorruft, am auffallendsten. Tiere werden mager, schwach, aber sie machen keine Metamorphose durch. Wir hingegen schon. Es schnürt einem das Herz zusammen, wenn man neben einer schönen jungen Frau ihren Abglanz im Spiegel der Zukunft sieht: ihre Mutter. Die indischen Nambikwara, berichtet Lévi-Strauss, haben nur ein Wort, „um jung und schön" auszudrücken und auch nur eines für „alt und hässlich". Vor dem Bild, das die alten Leute uns von unserer eigenen Zukunft zeigen, stehen wir ungläubig; eine Stimme in uns flüstert uns widersinnigerweise zu, dass uns dies nicht widerfährt: Das sind nicht mehr wir, wenn es eintritt. Ehe es nicht über uns hereinbricht, ist das Alter etwas, das nur die anderen betrifft. So kann man auch verstehen, dass es der Gesellschaft gelingt, uns daran zu hindern, in den alten Menschen unseresgleichen zu sehen.

Hören wir auf, uns selbst zu belügen; der Sinn unseres Lebens ist in Frage gestellt durch die Zukunft, die uns erwartet; wir wissen nicht, wer wir sind, wenn wir nicht wissen, wer wir sein werden: Erkennen wir uns in diesem alten Mann, in jener alten Frau. Das ist unerlässlich, wenn wir unsere menschliche Situation als Ganzes akzeptieren wollen. Dann werden wir das Unglück des Alters nicht mehr gleichgültig hinnehmen, wir werden uns betroffen fühlen: Wir sind es. Eklatant liegt das System der Ausbeutung bloß, in dem wir leben. Der Greis, der unfähig ist, selbst für seine Bedürfnisse aufzukommen, stellt immer eine Bürde dar.

Armin Mueller-Stahl: Homeless in Venics L.A. (1998)
(Übersetzt bedeutet der Titel des Bildes „Obdachlos in Venice Los Angeles".
In den USA gibt es verhältnismäßig viele alte Menschen, die wegen
mangelnder Altersversorgung keinen festen Wohnsitz haben.)

Aber in Gesellschaften, in denen eine gewisse Gleichheit herrscht – in einer ländlichen Gemeinschaft, bei einigen primitiven Völkern –, weiß der reife Mensch, auch wenn er es nicht wahrhaben möchte, dass seine Stellung morgen jene sein wird, die er heute dem Alten zuweist. Das ist der Sinn des Grimmschen Märchens, das in abgewandelter Form in fast allen Landstrichen vorkommt: Ein Bauer lässt seinen alten Vater abseits von der Familie aus einem kleinen Holznapf essen; er überrascht seinen Sohn, wie er Hölzchen zusammenträgt:" Das ist für dich, wenn du alt bist", sagt das Kind. Sofort hat der Großvater seinen Platz am gemeinsamen Tisch wieder. Die aktiven Mitglieder der Gemeinschaft erfinden Kompromisse zwischen ihrem langfristigen und ihrem unmittelbaren Interesse.

(Simone de Beauvoir: Das Alter, Übersetzt von Augusta Aigner-Dünnwald und Ruth Henry, Rowohlt Verlag, 2. Auflage, Hamburg 2004, Seite 9 f.)

1. Fassen Sie mit eigenen Worten zusammen, warum sich junge Menschen nicht mit dem Alter bzw. Altwerden auseinandersetzen.
2. Inwieweit beeinflusst Sie die Tatsache, dass Sie eines Tages sterben müssen, in Ihrer persönlichen Lebensgestaltung. Diskutieren sie darüber im Kurs.
3. Versuchen Sie aus der Sicht eines alten Menschen zu beschreiben, welche altersbedingten Probleme das alltägliche Leben bereitet. Berücksichtigen Sie dabei sowohl physische als auch psychische Probleme.
4. Organisieren Sie in ihrer Schule eine Ausstellung zum Thema „Jung und Alt – miteinander leben". Sie können dafür Zeitungsartikel, selbst geschriebene Dialoge oder Fotos verwenden.
5. Lesen Sie das von de Beauvoir zitierte Märchen „Der Großvater und der Enkel" im Original.
6. Versuchen Sie sich in die Lage eines obdachlosen alten Menschen zu versetzen, der jeden Tag unter dem Existenzminimum lebt. Diskutieren Sie über die Lebensbedingungen im Kurs.

7.1.3 Jean-Paul Sartre: Ekel und Einsamkeit

Jean-Paul Sartre wurde am 21. Juni 1905 in Paris als Sohn eines Marineoffiziers und einer deutsch-elsässischen Muter geboren. Seine Kindheit verbrachte er in La Rochelle, nachdem seine Mutter, eine Cousine Albert Schweitzers, nach dem frühen Tod des Vaters erneut heiratete. Nach dem Besuch des Gymnasiums studierte Sartre in Paris Philosophie, Psychologie und Soziologie. 1931 wurde er in Le Havre Gymnasiallehrer für Philosophie. Sartre musste 1939 den Militärdienst antreten, geriet in deutsche Kriegsgefangenschaft und floh mit falschen Papieren aus einem Konzentrationslager. Als er 1941 nach Paris zurückkehrte, schloss er sich der französischen Résistance (Widerstandsbewegung) gegen die Deutschen an und schrieb gleichzeitig sein philosophisches Hauptwerk „Das Sein und das Nichts". Nach dem zweiten Weltkrieg gründete Sartre die Zeitschrift „Les temps modernes" (Moderne Zeiten), die sich mit philosophischen und kulturellen Themen auseinander setzte. Darüber hinaus engagierte er sich in der Kommunistischen Partei Frankreichs; wandte sich jedoch vom Kommunismus ab, als die Sowjets 1956 in Ungarn einen Arbeiteraufstand brutal niederschlugen. Schließlich unterstützte Sartre die Studentenbewegung in den 60er Jahren, da sie die individuellen Freiheiten des Menschen in den Mittelpunkt ihrer Aktivitäten stellte. Als Sartre 1980 in Paris starb, kamen mehr als 50 000 Menschen zu seinem Begräbnis.

Jean-Paul Sartre lehnte 1974 den Nobelpreis für Literatur ab. Zu seinen bedeutensten Schriften gehört „Das Sein und das Nichts", 1943 und „Der Ekel", 1938.

Die Einsamkeit macht mich fertig!

Der folgende Textauszug stammt aus Sartres Buch „Der Ekel" und beschreibt die Gedanken und Empfindungen eines einsamen Mannes.

Das Grab von Jean Paul Sartre und Simone de Beauvoir auf dem Friedhof von Montparnasse in Paris

Früher – sogar lange nachdem sie mich verlassen hatte – habe ich für Anny gedacht. Jetzt denke ich für niemanden mehr; ich bemühe mich nicht einmal, nach Wörtern zu suchen. Das fließt in mir, mehr oder weniger schnell, ich halte nichts fest, ich lasse es laufen. Meistens bleiben meine Gedanken, da sie sich nicht an Wörter binden, nebelhaft. Sie nehmen unbestimmte und gefällige Formen an, sinken in sich zusammen: sofort vergesse ich sie.

Diese jungen Leute verwundern mich: sie erzählen, während sie ihren Kaffee trinken, klare und wahrscheinlich klingende Geschichten. Wenn man sie fragt, was sie gestern gemacht haben, geraten sie nicht aus der Ruhe: sie informieren einen in zwei Wörtern. Ich an ihrer Stelle käme ins Stammeln. Allerdings kümmert sich schon lange kein Mensch mehr darum, wie ich meine Zeit verbringe. Wenn man allein lebt, weiß man nicht einmal mehr, was das ist, erzählen: das Wahrscheinliche verschwindet zur gleichen Zeit wie die Freunde. Auch die Ereignisse lässt man vorbeifließen; man sieht plötzlich Leute auftauchen, die reden und wieder weggehen, man gerät mitten in Geschichten ohne Hand und Fuß: man würde einen miserablen Zeugen abgeben. Aber alles Unwahrscheinliche dagegen, alles, was in den Cafés nicht geglaubt werden könnte, entgeht einem nicht. Zum Beispiel am Sonnabend, gegen vier Uhr nachmittags, am Rand des hölzernen Gehsteigs der Bahnhofsbaustelle, lief eine kleine Frau in Himmelblau lachend rückwärts und winkte mit einem Taschentuch. Im gleichen Augenblick bog ein Neger in cremefarbenem Regenmantel, gelben Schuhen und einem grünen Hut um die Straßenecke und pfiff. Die Frau ist mit ihm zusammengestoßen, immer noch rückwärts laufend, unter einer Laterne, die an der Bretterwand hängt und abends angezündet wird. Da war also gleichzeitig dieser Bretterzaun, der so stark nach feuchtem Holz riecht, diese Laterne, dieses blonde Frauchen in den Armen eines Negers, unter einem Feuerhimmel. Zu viert oder zu fünft hätten wir vermutlich das Aufeinanderprallen, alle diese zarten Farben bemerkt, der schöne blaue Mantel, der aussah wie eine Daunendecke, der helle Regenmantel, die roten Scheiben der Laterne; wir hätten über die Verblüffung auf diesen beiden Kindergesichtern gelacht.

Es ist selten, dass ein allein lebender Mensch Lust hat zu lachen: das Ganze hat sich für mich mit einem sehr starken, fast wilden, aber reinen Sinn belebt. Dann fiel es auseinander, und zurück blieb nur die Laterne, der Bretterzaun und der Himmel; so war es noch ganz schön. Eine Stunde später brannte die Laterne, der Wind wehte, der Himmel war schwarz: es war gar nichts mehr übrig.

Das alles ist nicht gerade neu; diese harmlosen Regungen habe ich nie abgelehnt; im Gegenteil. Um sie zu empfinden, braucht man nur ein ganz klein wenig allein zu sein, gerade genug, um sich im richtigen Augenblick über die Wahrscheinlichkeit hinwegzusetzen. Aber ich blieb ganz in der Nähe der Menschen, an der Oberfläche des Alleinseins, fest entschlossen, mich im Notfall in ihre Mitte zu flüchten: eigentlich war ich bis jetzt ein Amateur.

Jetzt sind überall Dinge wie dieses Glas Bier da, auf dem Tisch. Wenn ich es sehe, habe ich Lust zu sagen: aus, ich spiele nicht mehr mit. Ich verstehe sehr wohl, dass ich zu weit gegangen bin. Vermutlich kann man mit dem Alleinsein nicht „spaßen". Das soll nicht heißen, dass ich unters Bett sehe, bevor ich schlafen gehe, oder fürchte, meine Zimmertür könnte mitten in der Nacht plötzlich aufgehen. Aber ich bin trotzdem unruhig: seit einer halben Stunde vermeide ich es, dieses Glas Bier anzusehen. Ich sehe drüber, drunter, rechts und links daran vorbei: aber das Glas selbst will ich nicht sehen. Und ich weiß ganz genau, dass alle Junggesellen um mich herum mir überhaupt nicht helfen können: es ist zu spät, ich kann mich nicht mehr zu ihnen flüchten. Sie würden mir auf die Schulter klopfen und sagen: „Na, was ist denn mit diesem Glas Bier los? Es ist wie die anderen. Es ist geschliffen, es hat einen Henkel, ein kleines Wappen mit einem Spaten, und auf dem Wappen steht Spatenbräu." Ich weiß das alles, aber ich weiß, dass da etwas anderes ist. Fast nichts. Aber ich kann das, was ich sehe, nicht mehr erklären. Niemandem. Das ist es: ich gleite sachte auf den Grund des Wassers, in die Angst.

Ich bin allein mitten unter diesen fröhlichen und vernünftigen Stimmen. Alle diese Typen verbringen ihre Zeit damit, sich zu erklären, voller Glück festzustellen, dass sie derselben Meinung sind. Wie wichtig sie es nehmen, mein

Otto Dix: Sehnsucht (1918)

Gott, alle zusammen dasselbe zu denken. Man braucht nur zu sehen, was für ein Gesicht sie machen, wenn in ihrer Mitte einer dieser Menschen mit Fischaugen auftaucht, die nach innen zu sehen scheinen und mit denen man sich ganz und gar nicht mehr einigen kann. Als ich acht Jahre alt war und im Jardin du Luxembourg spielte, war da so einer, der sich immer in ein Wärterhäuschen vor dem Gitter setzte, das an der Rue Auguste-Comte entlang läuft. Er redete nicht, aber von Zeit zu Zeit streckte er das Bein aus und sah erschreckt auf seinen Fuß. An diesem Fuß trug er einen Schnürstiefel, aber der andere Fuß steckte in einem Pantoffel. Der Parkwächter hat meinem Onkel gesagt, das sei ein ehemaliger Konrektor. Man hatte ihn in den Ruhestand versetzt, weil er zum Verlesen der Schulzeugnisse im Talar in die Klassen gekommen war. Wir hatten grässliche Angst vor ihm, weil wir spürten, dass er allein war. Eines Tages hat er Robert zugelächelt und hat von weitem die Arme nach ihm ausgestreckt: Robert wäre fast in Ohnmacht gefallen. Nicht das armselige Aussehen dieses Typs machte uns Angst, auch nicht die Geschwulst, die er am Hals hatte und die an seinem Kragen scheuerte: sondern wir spürten, dass er in seinem Kopf Krabben- oder Langustengedanken bildete. Und es erfüllte uns mit Grausen, dass man über das Wärterhäuschen, über unsere Reifen, über die Büsche Langustengedanken bilden konnte.

Ist es etwa das, was mich erwartet? Zum erstenmal langweilt es mich, allein zu sein. Ich würde gern mit jemandem über das, was mit mir geschieht, sprechen, bevor es zu spät ist, bevor ich den kleinen Jungen Angst einjage. Ich wollte, Anny wäre da.

(Jean-Paul Sartre: Der Ekel, Übersetzt von Uli Aumüller, Rowohlt Verlag, 50. Auflage, Hamburg 2006, Seite 18 f.)

1. Analysieren Sie die verschiedenen Bildelemente und schreiben Sie zum Begriff Sehnsucht einen *Haiku. In welchem Zusammenhang stehen Einsamkeit und Sehnsucht?
2. Welche Unterschiede beobachtet der Erzähler zwischen allein lebenden und geselligen Menschen? Orientieren Sie sich an der Textpassage, dass der allein lebende Mensch gar nicht mehr wisse, was „erzählen" eigentlich ist.
3. Erklären Sie, vor welcher Situation der Erzähler Angst hat.
4. Welche Vor- und Nachteile bringt das Alleinsein Ihrer Meinung nach mit sich? Sammeln Sie dazu Pro- und Contra-Argumente im Kurs.
5. Haben sie schon einmal Erfahrungen mit der Einsamkeit gemacht? Gestalten Sie Ihre Empfindungen in einer *Collage.
6. Entwickeln Sie Strategien, wie man mit dem Gefühl der Einsamkeit besser umgehen kann. Assoziieren Sie dazu in einem *philosophischen Tagebuch.

Keine Entschuldigung, du bist für dein Handeln verantwortlich

In dem Textauszug aus dem philosophischen Hauptwerkes Sartres „Das Sein und das Nichts" geht es um die Frage, inwieweit der einzelne für sein Handeln die Verantwortung trägt.

Es ist also unsinnig, sich beklagen zu wollen, weil ja nichts Fremdes darüber entschieden hat, was wir fühlen, was wir leben oder was wir sind. Diese absolute Verantwortlichkeit ist übrigens kein Akzeptieren: sie ist das bloße logische Übernehmen der Konsequenzen unserer Freiheit. Was mir zustößt, stößt mir durch mich zu, und ich kann weder darüber bekümmert sein noch mich dagegen auflehnen, noch mich damit abfinden. Übrigens, alles, was mir zustößt, ist meins; darunter ist zuallererst zu verstehen, dass ich als Mensch immer auf der Höhe dessen bin, was mir zustößt, denn was einem Menschen durch andere Menschen und durch ihn selbst zustößt, kann nur menschlich sein. Die grauenhaftesten Situationen des

Krieges, die schlimmsten Foltern schaffen keinen unmenschlichen Sachverhalt: es gibt keine unmenschliche Situation; allein durch Furcht, Flucht und Rückgriff auf magische Verhaltensweisen kann ich mich für das Unmenschliche entscheiden; aber eine solche Entscheidung ist menschlich, und ich werde die gesamte Verantwortung dafür tragen. Aber die Situation ist außerdem meine, weil sie das Bild meiner freien Selbstwahl ist, und alles, was sie mir bietet, ist meins, insofern es mich darstellt und symbolisiert. Bin ich es nicht, der ich, indem ich über mich entscheide, über den Widrigkeitskoeffizienten der Dinge entscheide bis hin zu ihrer Unvorhersehbarkeit? So gibt es keine Zwischenfälle in einem Leben; ein gesellschaftliches Ereignis, das plötzlich ausbricht und mich mitreißt, kommt nicht von außen; wenn ich in einem Krieg eingezogen werde, ist dieser Krieg mein Krieg, er ist nach meinem Bild, und ich verdiene ihn. Ich verdiene ihn zunächst, weil ich mich ihm immer durch Selbstmord oder Fahnenflucht entziehen konnte: diese letzten Möglichkeiten müssen uns immer gegenwärtig sein, wenn es darum geht, eine Situation zu beurteilen. Da ich mich ihm nicht entzogen habe, habe ich ihn gewählt; das kann aus Schlaffheit, aus Feigheit gegenüber der öffentlichen Meinung sein, weil ich bestimmte Werte sogar der Kriegsdienstverweigerung vorziehe (die Achtung meiner Nächsten, die Ehre meiner Familie usw.). Jedenfalls handelt es sich um eine Wahl. Diese Wahl wird in der Folge bis zum Ende des Krieges fortgesetzt wiederholt werden; man muss also den Ausspruch von Jules Romains unterschreiben: „Im Krieg gibt es keine unschuldigen Opfer." Wenn ich also dem Tod oder der Entehrung den Krieg vorgezogen habe, dann geschieht alles so, als trüge ich die gesamte Verantwortung für diesen Krieg. Gewiss, andere haben ihn erklärt, und man wäre vielleicht versucht, mich als bloßen Komplizen zu betrachten. Aber dieser Begriff der Komplizenschaft hat nur einen juristischen Sinn; hier hält er nicht stand; denn es hat von mir abgehangen, dass für mich und durch mich dieser Krieg nicht existiert, und ich habe entschieden, dass er existiert. Es hat keinerlei Zwang gegeben, denn Zwang vermag nichts über eine Freiheit; ich habe keinerlei Entschuldigung gehabt, denn wie wir in diesem Buch gesagt und wiederholt haben, ist es die Eigenart der menschlichen Realität, dass sie ohne Entschuldigung ist. Es bleibt mir also nur, diesen Krieg anzunehmen. Aber außerdem ist es meiner, denn allein dadurch, dass er in einer Situation auftaucht, die ich sein mache, und dass ich ihn in ihr nur entdecken kann, indem ich mich für oder gegen ihn engagiere, kann ich jetzt meine Selbstwahl nicht mehr von der Wahl dieses Krieges unterscheiden: diesen Krieg leben heißt durch ihn mich wählen und durch meine Selbstwahl ihn wählen. Es kann gar nicht in Frage kommen, ihn als „vier Jahre Ferien" oder als „Aufschub" oder als eine „Sitzungspause" zu betrachten, weil das Wesentliche meiner Verantwortlichkeit woanders läge, in meinem Ehe-, Familien- und Berufsleben. Sondern in diesem Krieg, den ich gewählt habe, wähle ich mich Tag für Tag, und ich mache ihn zu meinem, indem ich mich mache. Wenn er vier leere Jahre sein soll, trage ich dafür die Verantwortung.

(Jean-Paul Sartre: Das Sein und das Nichts, Übersetzt von Traugott König, Rowohlt Verlag, 12. Auflage, Hamburg 2006, S. 950 f.)

1. Bilden Sie kleine Arbeitsgruppen und fassen Sie mit eigenen Worten zusammen, was Sartre unter dem Begriff der „freien Selbstwahl" versteht. Lesen Sie hierzu auch die Seiten 6–41 in diesem Buch.
2. Warum wäre der Krieg, in den ein Mensch geraten könnte, sein eigener Krieg?
3. Dem Standpunkt von Sartre zu Folge hat jeder Mensch im Falle eines Krieges die Wahl, sich durch „Selbstmord" oder „Fahnenflucht" der Situation zu entziehen. Stellen diese beiden Optionen für Sie wirkliche Wahlmöglichkeiten dar? Erarbeiten Sie dazu eine *Standpunktrede.
4. Veranstalten Sie anschließend in Ihrer Klasse eine Talkshow zum Thema „Jeder Krieg, an dem du teilnimmst, ist deiner".

7.2 Die Welt spielt verrückt – junge existentialistische Literatur

Hilfe, unsere Seelen sind eingesperrt!

Camille de Toledo wurde 1976 in Lyon als Sohn einer großindustriellen Familie geboren, zu deren Besitz unter anderem der Lebensmittelkonzern Danone gehört. De Toledo lebt und arbeitet als Autor, Regisseur und Fotograf in Paris. Sein Dokumentarfilm „Tango de Olvido" wurde 2002 bei den Filmfestspielen in Cannes gezeigt.
In seinem Essay „Goodbye Tristesse" setzt sich Camille de Toledo mit der Wirkung des weltweit entwickelten Kapitalismus auseinander.

Meine Seele hat Asthma. Damit meine ich: Die Gegenwart bereitet mir Schmerzen. Es sind keine, die man sofort bemerken würde, sondern weniger auffällige, ohne Husten und Halskratzen. Ich habe alles geschluckt, was man mir gegeben hat, und bin von jedem dieser Zeitgeisttrips noch kranker zurückgekehrt. Ich brauche Luft. Deshalb habe ich mich ganz früh in den 90er Jahren auf den Weg gemacht, um in dem ganzen alten Plunder meiner verblassten Ideale nach einem Ort zu suchen, nach der einen oder anderen Idee [...] weil ich wieder atmen wollte. Ich glaube, ich bin nicht der einzige. Ganz im Gegenteil, ich möchte wetten: Mein erstickendes ICH ist ein WIR. Das WIR einer Generation, die ihr Bewusstsein zwischen zwei eigenartig symmetrischen Daten entfaltet hat: 11/9 steht für den 9. November 1989. 9/11 für den 11. September 2001. Der Fall einer Mauer und der Fall der Zwillingstürme. Erst Boom! Dann Doppel-Boom! Zweimal 9, zweimal 11, Doppelkollaps. Zwischen den Einstürzen habe ich begriffen, dass Erwachsenwerden nichts anderes bedeutet, als den Kapitalismus zu erlernen. Schließlich habe ich mein Heranwachsen und die eigene Resignation mit diesen albernen, ignoranten, bescheuerten Eitelkeiten verwechselt, dem Konkurrenzdenken, den tausenderlei Ablenkungen, dem Sich-Begnügen mit mehr Schein als Sein, samt Speckrollen am Bauch und Dreck auf den Augen. Zweimal 9, zweimal 11. Ein Doppelkollaps, aus dem ein neues Bewusstsein hervorging, seiner selbst noch nicht sicher, meines, unseres. 119911. Das Bewusstsein meiner Generation – ein Palindrom. Eine Generation, die an allen Ecken und Enden mit großen Mengen Schutt, Staub und leerem Gerede zu kämpfen hat. Die Stimme unserer Generation, sie hätte die Chance verdient, gehört zu werden. Die bekam sie nicht. Vielleicht noch nicht. Denn noch achten die Alten darauf, dass niemand das Maul aufreißt. Verbieten uns, die Stimme zu erheben, akzeptieren nur die leisen Töne. Sie ertragen die Dinge nur, wenn sie schwach, fad und leicht verdaulich sind, und so werden sie auch unsere Stimme klein halten, bis unser Bewusstsein wie sie selbst alt und versteinert geworden ist, bereits vor der ersten ungehörigen Tat ergraut und von Falten gezeichnet, die von nichts anderem als der Entsagung erzählen. Wenn wir eines Tages doch noch mitbestimmen und vielleicht einen Platz in den Geschichtsbüchern einnehmen wollen, wird es längst zu spät sein. Das schöne Bewusstsein von der Mauer und den zwei Türmen, die es nicht mehr gibt, wird sich schon lange angepasst und die Notwendigkeit zu atmen durch die Trivialität des Fressens ersetzt haben. Deshalb möchte ich jetzt anfangen, ich möchte beginnen, bevor mein Bewusstsein verfault und meine Unschuld vom Leben zerfressen wird. Ich habe als Kind viel gelernt, unglaubliches Wissen hat man in mich hineingestopft. Jetzt weiß ich es, jetzt kann ich es sagen: Wir, die Söhne und Töchter des BOOM und DOPPELBOOM, werden nicht nur die Kraft, sondern auch die Unschuld haben, Dinge zu verändern und wahre Kunstwerke zu schaffen. Es macht mich wütend, wenn ich jeden Tag zusehen muss, wie wichtig die Alten sich nehmen und wie sie ihren Schwachsinn verbreiten. Sie sollten endlich sterben, verdammt noch mal, und ihre erbärmlichen

Egos, ihre Erinnerungen, ihren Staat, ihre sexuelle Befreiung, ihre gescheiterten Revolutionen, ihre Desillusionierung, ihre Parteien, Parlamente und all ihre Leichen mitnehmen. Die von ihnen geschriebene Geschichte brauchen wir nicht mehr. Wir schreiben von jetzt an unsere eigene!

Der neue Protest unserer Generation – nennen wir uns die Kinder des Doppelkollaps – hat keinen wirtschaftlichen Grund. Wir wollen wieder atmen können. Das Unbehagen kommt aus dem diffusen, belastenden Gefühl, man sei eingesperrt. Genau, das ist es. Als sei man eingesperrt, während sich draußen die Meinung verbreitet, die Welt sei nunmehr fertig und abgeschlossen, und nur ein politisches, kulturelles und soziales System sei übriggeblieben. Dieses Eingesperrtsein erzeugt jenen seltsamen Schmerz, der keine Symptome kennt und der sich dennoch in ein mächtiges Gefühl der Ohnmacht verwandelt. Erst drückt es auf den Bauch, dann auf die Kehle und schließlich auf den ganzen Körper. Um diesen Schmerz loszuwerden, suchen die verdorbenen Kinder des Westens eine neue Form des Widerstands. Und falls jemand fragt, ob man das ernst nehmen sollte – natürlich sollte man. Die letzten fünfzehn Jahre trugen die Farben der Hoffnungslosigkeit. Und gegen diese Hoffnungslosigkeit müssen wir nun einen Daseinsgrund jenseits der RESIGNATION finden, für den es sich zu leben lohnt.

Albert Camus hat 1951 in seinem Aufsatz „Der Mensch in der Revolte" gefragt: „Was ist ein Mensch in der Revolte? Ein Mensch, der nein sagt. Auch wenn er ablehnt, verzichtet er doch nicht, er ist auch ein Mensch, der ja sagt aus erster Regung heraus. Ein Sklave, der sein Leben lang Befehle erhielt, findet plötzlich den neuesten unerträglich. Was ist der Inhalt dieses ‚Nein'?". Seitdem sind über fünfzig Jahre vergangen, in denen die Revolte vermarktet, ihr Ideal mit lukrativen Zielen verknüpft und das ganze Lager der Protestler vom Reformismus des Marktes bekehrt wurde. Die Frage lautet nicht länger: Was beinhaltet dieses Nein? Sondern: Warum hat das Nein keinen Inhalt mehr? Gegen wen und gegen was sagt man Nein?

(Camille de Toledo: Goodbye Tristesse, Übersetzt von Jana Hensel, Tropen Verlag, 3. Auflage, Berlin 2006, Seite 15 f.)

1. Setzen Sie sich im Kurs mit den Begriffen „Kapitalismus" und „Globalisierung" auseinander. Sammeln Sie anschließend Fragen, die Sie dazu besonderes interessieren.
2. Warum fühlt sich Camille de Toledo in der gegenwärtigen Gesellschaftssituation eingesperrt?
3. Welchen Vorwurf macht er insbesondere der älteren Generation?
4. Stimmen Sie zu, dass Ihre Generation bezüglich politischer und gesellschaftlicher Belange keine Chance erhält, ihren Standpunkt kundzutun? Begründen Sie Ihren Standpunkt.
5. Schreiben Sie an de Toledo einen *fiktiven Brief, was Sie an dem gegenwärtigen Gesellschaftssystem verändern und gegen wen und was Sie „Nein" sagen möchten.
6. Versetzen Sie sich in die Gestalt des Denkers und notieren Sie Stichworte zu dem Bild.
7. Welchen anderen Titel würden Sie der Skulptur geben: Stellen Sie eine mögliche Beziehung zu den Gedanken von de Toledo her.

Auguste Rodin: Der Denker (1880)

7.3 Im Wandel der Zeit – existentialistische Lyrik

Das Leben stellt uns unendlich viele Fragen

Erich Fried wurde am 6. Mai 1921 in Wien als Sohn einer jüdischen Familie geboren. Sein Vater wurde 1938 nach der Besetzung Österreichs durch die deutschen Truppen von der Gestapo ermordet. Daraufhin floh der erst siebzehnjährige Fried nach London, von wo er seiner Mutter und 70 weiteren Personen zur Flucht verhalf. Nach dem Krieg arbeitete Fried für verschiedene neugegründete Zeitschriften und als freier Schriftsteller. Er starb 1988 in Baden-Baden nach langer Krankheit.

Wie groß ist dein Leben?
Wie tief?
Was kostet es dich?
Bis wann zahlst du?
Wie viel Türen hat es?
Wie oft
hast du ein neues begonnen?

Warst du schon einmal
gezwungen um es zu laufen?
Wenn ja
bist du rundherum gelaufen
im Kreis oder hast du
Einbuchtungen mitgelaufen?
Was dachtest du dir dabei?

Woran erkanntest du
dass du ganz herum warst?
Bist du mehrmals gelaufen?
War das dritte Mal
wie das zweite?

Würdest du lieber
die Strecke im Wagen fahren?
oder gefahren werden?
in welcher Richtung?
von wem?

(Erich Fried: Gedichte, dtv, 10. Auflage, München 2002, S. 16)

1. Lesen Sie das Gedicht laut im Kurs vor.
2. Können Sie erklären, warum Erich Fried ein Gedicht verfasste, das ausschließlich aus Fragen besteht?
3. Versuchen Sie auf einige der Fragen zu antworten, indem Sie Ihr persönliches „Antwortgedicht" schreiben.

Die Zeit verändert den Menschen

Kurt Tucholsky wurde 1890 in Berlin geboren. Nach dem Abitur im Jahre 1909 begann er mit dem Jurastudium in Berlin und Genf. 1915 schloss Tucholsky sein Studium mit einem Doktortitel ab, noch im selben Jahr wurde er in den Kriegsdienst eingezogen. Nach dem ersten Weltkrieg arbeitete er als Chefradakteur der Zeitschrift „Ulk" in Berlin. Mit der Machtübernahme der Nationalsozialisten 1933 wurde Tucholsky ausgebürgert und seine Bücher verbrannt. Zwei Jahre später nahm er sich im schwedischen Exil das Leben.

Einmal müssen zwei auseinander gehn;
einmal will einer den andern nicht mehr verstehn – –
einmal gabelt sich jeder Weg – und jeder geht allein –
wer ist daran schuld?

Es gibt keine Schuld. Es gibt nur den Ablauf der Zeit.
Solche Straßen schneiden sich in der Unendlichkeit.
Jedes trägt den andern mit sich herum –
etwas bleibt immer zurück.

Einmal hat es euch zusammengespült,
ihr habt euch erhitzt, seid zusammengeschmolzen,
und dann erkühlt-
Ihr wart euer Kind. Jede Hilfe sinkt nun herab-:
ein neuer Mensch.

Jeder geht seinem kleinen Schicksal zu.
Leben ist Wandlung. Jedes Ich sucht ein Du.
Jeder sucht seine Zukunft. Und geht nun stockendem Fuß,
vorwärtsgerissen vom Willen, ohne Erklärung und ohne Gruß
in ein fernes Land.

(Zitiert nach: Marcel Reich-Ranicki (Hrsg.): Meine Gedichte, Insel Verlag, 1. Auflage, Frankfurt am Main 2003, Seite 230)

1. Interpretieren Sie folgenden Satz „Leben ist Wandlung". Gestalten Sie anschließend dazu eine *Collage.
2. Gibt es Ihrer Meinung nach ewige Liebe? Unternehmen Sie dazu einen *Galeriespaziergang im Kurs.

8. Rüstzeug zum Philosophieren

8.1 Hermeneutik

Gott Hermes aus der griechischen Mythologie

Der Begriff **Hermeneutik** kommt von dem griechischen Verb *hermeneúein*, das auf Deutsch interpretieren oder auslegen bedeutet. Es wurde vom Namen des griechischen Gottes Hermes abgeleitet. Die Hermeneutik ist eine Methode der Geisteswissenschaften, die auf das Verstehen von Texten und Kunstwerken gerichtet ist. Sie grenzt sich von der empirischen Methode der Naturwissenschaften ab, die auf Fakten setzt. Die Hermeneutik will dagegen das Gesamtverständnis eines Textes oder Kunstwerkes entschlüsseln. Denn was würde es beispielsweise an neuen Erkenntnissen bringen, wenn in einem Text von Aristoteles über Freundschaft alle „o" gezählt würden, anstelle herauszuarbeiten, was er mit seiner Unterscheidung zwischen vollkommener und unvollkommener Freundschaft meint.
In der Philosophie dient die hermeneutische Methode dazu, die wichtigsten Aspekte eines Textes zusammenzufassen und schwierige Begriffe zu klären. Dabei muss man zunächst seine eigene Meinung zurückstellen und sich auf eine fremde Meinung, nämlich die des Autors oder der Autorin, einlassen.

Wie lassen sich philosophische Texte verstehen?

Der amerikanische Philosoph Jay Rosenberg lehrt Sprachphilosophie an der Universität von North Carolina. Er hat einige wichtige Merkmale der hermeneutischen Methode zusammengefasst.

Philosophische Werke lassen sich nicht einfach durchlesen; sie wollen, dass man ihnen auf den Grund geht. Deshalb unterscheiden sich philosophische Seminare von, sagen wir, mathematischen oder biologischen Kursen dadurch, dass sie nicht inhaltlich, nach Schwierigkeitsgrad oder Komplexität des Stoffes gegliedert sind. In der Mathematik beherrscht man Multiplikation und Division vor Geometrie und Algebra, Geometrie und Algebra vor Trigonometrie und Analysis. In der Biologie seziert man einen Regenwurm, bevor man einen Frosch seziert, einen Frosch vor einer Maus. In der Philosophie lernt man dagegen auf dem selben Gelände Krabbeln, Gehen und Laufen. In der Philosophie beginnt man, womit man auch aufhört, mit Platon und Aristoteles, mit Descartes und Hume, ja, mit dem ganzen Sternenhimmel großer Philosophen, ihren Werken und ihren Themen. Was im Laufe eines Philosophiestudiums variiert, sind nicht die Gegenstände, mit denen man sich auseinandersetzt, sondern die Art und Weise, in der man das tut, und die Tiefgründigkeit, mit der es geschieht. Die Werke eines Philosophen können also auf verschiedene Weisen gelesen werden.

Einen Philosophen auf seine Resultate hin lesen

Das ist vielleicht die verbreitetste Art des ersten Zugangs für den Studienanfänger wie für den interessierten Laien. Sie lesen ein Werk, um herauszufinden, was sein Verfasser denkt. Sie stellen eine Liste seiner Ansichten und Überzeugungen zusammen. Wenn Ihre Untersuchung hier endet, dann ist Philosophieren für Sie ein Klassifizieren (Etikettieren). Sie ordnen jeden einzelnen Philosophen den entsprechenden „ismen" zu: Realismus, Idealismus, Empirismus, Rationalismus, Existenzialismus, Utilitarismus, Intuitionismus, Logizismus, Nominalismus usw. Die Möglichkeiten, zu gliedern und zu untergliedern, sind unbegrenzt. Es ist schon sinnvoll, sich in diesen Klassifikationen auszukennen. Das verschafft einen groben Überblick über die philosophische Landschaft. Wer sich für ein philosophisches Werk hauptsächlich als kulturelles oder historisches Produkt, als Meilenstein der Geistesgeschichte interessiert, der mag mit diesem Zugang zufrieden sein. Für einen Philosophen ist das jedoch nur der Anfang.

Einen Philosophen auf seine Argumente hin lesen

Als nächstes werden Sie wahrscheinlich versuchen, über den Inhalt der Resultate, Thesen und Ansichten, die ein Philosoph akzeptiert, hinauszugelangen und auf ein Verständnis der zugrundeliegenden Argumentationsstruktur hinzuarbeiten. In dem Fall lesen Sie ein Werk nicht nur, um herauszufinden, was sein Verfasser oder seine Verfasserin denkt, sondern warum er beziehungsweise sie es denkt. Ein nützlicher Nebeneffekt dieses Zugangs besteht darin, dass sich Erkenntnisse über die gedanklichen Zusammenhänge zwischen den einzelnen Ansichten eines Philosophen ergeben, darüber, wie verschiedene Schlussfolgerungen verknüpft oder auch nicht verknüpft sind, wie sie sich stützen oder einander aufheben. Liest man einen Philosophen auf diese Art sorgfältig, mit dem Ziel, die Argumentationsstruktur darzustellen und zu verdeutlichen, so hat man eine wesentliche Grundlage für jedes noch tiefergehende Verständnis philosophischer Werke. Jedoch ist es eine Grundlage, auf der man in verschiedener Weise aufbauen kann.

Einen Philosophen in seinem dialektischen Zusammenhang lesen

Jeder Philosoph betritt das große historische Forum der Philosophie zu einem bestimmten Zeitpunkt. So hat jeder Philosoph Vorläufer und Lehrer, Kollegen und Kontrahenten. Die Diskussion, der Schlagabtausch der Argumente ist schon voll im Gange. Sie können nun versuchen, aus dem Rohmaterial, das Sie beim Lesen auf Resultate und Argumente hin gewonnen haben, den dialektischen Beitrag des jeweiligen Philosophen herauszufiltern. Wie fasst er die zentralen Diskussionsthemen und Probleme auf, und welche neue Sichtweise vermittelt er uns? Welche neuen Fragen werden gestellt? Welche Wege werden als Irrwege kenntlich gemacht und versperrt? Das Hauptwerk eines bedeutenden Philosophen wirkt wie ein Stein, der in einen Teich von Begriffen und Problemen fällt. Einen Philosophen in seinem dialektischen Zusammenhang lesen, heißt, die Wellenlinien, die so ein Stein verursacht, zu untersuchen und dabei festzuhalten, wie sie die vielen anderen Wellenkreise aufheben oder verstärken, die die Wasseroberfläche in Bewegung halten. Ein Problem ändert sich, sobald ein großer Geist es berührt. Was es vorher war und was aus ihm geworden ist, darum geht es bei dieser dritten Form, einen Philosophen zu lesen. Wenn auf Resultate hin lesen heißt, feststellen, was jemand denkt, und auf Argumente hin lesen heißt, feststellen, warum er oder sie es denkt, dann heißt, etwas im dialektischen Zusammenhang lesen, feststellen, wie dieser Mensch denkt, und das herauszufinden ist die schwierigste der drei Aufgaben. [...]

Einen Philosophen kritisch lesen

Sie haben die Resultate. Sie haben die Argumente. Haben Sie diese erst einmal verstanden, so können Sie darangehen, sie zu beurteilen. Das heißt es, Philosophie kritisch zu lesen. Dazu müssen Sie mit dem Buch in einen Dialog treten. An jede positive Ansicht oder Behauptung eines Philosophen können Sie die kritischen Fragen richten: Ist das wahr? Folgt das? Die Antworten, die Sie geben, sind jedoch mehr als nur eine Überprüfung des fraglichen philosophischen Standpunktes. Wichtig ist, dass Sie damit auch testen, ob Sie diesen Standpunkt richtig verstanden haben. Denn Sie müssen mehr erfassen, als nur das, was der Philosoph sagt und warum er es sagt. Sie müssen auch eine Ahnung davon haben, was der Philosoph als Antwort auf Ihre bohrenden, kritischen Fragen entgegnen würde. Nur wenn Sie ein solches Vorstellungsvermögen und eine solche Einfühlungsbereitschaft für eine philosophische Position mitbringen, kann Kritik mehr bieten als nur oberflächliche Spitzfindigkeiten. Nur dann kann Ihre Kritik für das, was den Kern der betrachteten Ansicht ausmacht, wichtig sein. Sie sollten also nicht nur verstehen, was, warum das und wie ein Philosoph denkt. Um kritisch zu lesen, müssen Sie auch erkennen, was es mit der vorliegenden Position auf sich hat. Und natürlich werden Sie nicht der erste sein, der das versucht.

Einen Philosophen kritisch lesen

Um auf diese fünfte Art an Philosophie heranzugehen, brauchen Sie ein Vielfaches an analytischen Fähigkeiten, extrapolierendem Verständnis und kritischem Scharfsinn. Denn, liest man ein philosophisches Werk mit dem Ziel, zu einer Entscheidung zu kommen, so betrachtet man es in seinem dialektischen Zusammenhang und nicht wie beim kritischen Lesen als isolierte Position. Das Ziel ist hier nicht nur, die neuen Wendungen, die ein Philosoph einem alten Problem gegeben hat, zu erfassen, sondern man bemüht sich zu ermessen, welches sachliche Gewicht sein Beitrag hat, man bemüht sich einzuschätzen, wie weit er seine Vorläufer und Zeitgenossen richtig verstanden und zu Recht kritisiert hat, und versucht abzuwägen, wie ergiebig die neuen Fragen, neuen Methoden und neuen Wege sein mögen, die sie der philosophischen Forschung eröffnen. Um das zu leisten, bedarf es so etwas wie einer sorgfältig kontrollierten Schizophrenie, denn Sie müssen sich mit Einfühlungsvermögen innerhalb einer Vielfalt philosophischer Standpunkte bewegen, die oft in ganz unterschiedlicher Ausdrucksweise entwickelt werden und radikal divergierende methodische Konzepte verkörpern. Sie müssen versuchen, sich in die Rolle eines jeden Teilnehmers zu versetzen, der seinerzeit an der Debatte beteiligt war, und Sie müssen versuchen, von allen diesen Standpunkten aus das Hin und Her der ganzen Diskussion, eben die „Dialektik", neu zu durchdenken.

Jay F. Rosenberg, zeitgenössischer amerikanischer Philosoph
(Philosophieren. Übersetzt von Brigitte Flickinger. Verlag Vittorio Klostermann. Frankfurt am Main 1997, 4. Auflage, S. 154-158)

1. Warum ist es wichtig, in Texten nicht nur die Gedanken eines Autors oder einer Autorin zu erfassen, sondern auch die Argumentationsstruktur?
2. Warum sollte man die Ideen von Philosophinnen und Philosophen auch kritisch lesen?

Suchen Sie sich einen Text aus dem Lehrbuch aus und interpretieren Sie ihn nach der Methode von Rosenberg.

Der hermeneutische Zirkel

Die Methode der philosophischen *Hermeneutik* geht in Anlehnung an den deutschen Philosophen Hans-Georg Gadamer (1900–2002) davon aus, dass es bei der Interpretation von Texten einen „hermeneutischer Zirkel" gibt, der die Deutung erschwert. Dieser besagt: Alles, was ich verstehe, ist von einem gewissen Vorverständnis oder Vorurteil mitbestimmt. Jemand, der zum Beispiel Aristoteles' Gedanken über Freundschaft in der „Nikomachischen Ethik" liest, kennt möglicherweise schon bestimmte Einschätzungen dieser Gedanken vor der Lektüre aus der Sekundärliteratur. Seine Deutungen werden von diesem Vorverständnis mitgeprägt – d. h. eine „reine Objektivität der eigenen Interpretation" gibt es nicht.
Der hermeneutische Zirkel lässt sich beim Philosophieren nicht völlig beseitigen. Man kann ihn jedoch entschärfen, indem man sich des Vorverständnisses philosophischer Gedanken bewusst ist.

1. Warum fängt jemand bei der Deutung philosophischer Texten nicht bei Null an?
2. Informieren Sie sich über das Leben und die wichtigsten Gedanken von Hans-Georg Gadamer.

Die Begriffsanalyse als Instrument der Textinterpretation

Ein wichtiges methodisches Verfahren zur Interpretation von Texten ist die Begriffserläuterung. Sie ermöglicht einen zu klärenden Begriff, das *Explikandum*, in verschiedene Bedeutungen zu zerlegen, um dadurch einen exakten Begriff, das *Explikat*, zu erhalten. Durch die Begriffserläuterung wird dann diejenige Bedeutung herausgearbeitet, die für das weitere Verständnis eines Textes hilfreich ist. Um beispielsweise den Begriff „Glück" zu klären, wird von mehreren möglichen Bedeutungen diejenige ausgewählt, die für den weiteren Deutungsprozess sinnvoll erscheint.

In Anlehnung an die Traditionen der analytischen Philosophie wurden verschiedene Verfahren entwickelt, wie Begriffsbedeutungen unterschieden werden können. Das geläufigste Verfahren, das auch in anderen Unterrichtsfächern wie z. B. Deutsch angewendet werden kann, ist die Suche nach wesentlichen Merkmalen eines Begriffs, nach verwandten Begriffen.
Verwandte Begriffe werden anhand von *Modellfällen* (Beispielen von ähnlichen Situationen etc.) präzisiert. Sie sind Merkmale, die ein Begriff unbedingt haben muss, damit wir das Wesen eines Dinges, das er bezeichnet, auch erkennen. So lassen sich zu einem philosophischen Begriff wie Glück verwandte Begriffe suchen, die Bedeutungsähnlichkeiten mit dem Explikandum aufweisen. Solche verwandten Begriffe, die das Glück näher charakterisieren sind z. B. Begriffe wie Wunscherfüllung, Wohlbefinden, Harmonie oder der erfüllte Augenblick. Sie können als wesentliche Eigenschaften des Begriffs „gleichberechtigt nebeneinander stehen bleiben" und zur Klärung eines philosophischen Gedankens beitragen. Es wäre jedoch auch möglich zu versuchen, sich auf eine wesentliche Eigenschaft des Begriffes zu beschränken, was allerdings in den seltensten Fällen gelingen wird. In Bezug auf unser Beispiel Glück wäre es auch möglich, den Begriff Glück lediglich als Wohlbefinden zu definieren und sich auf dieses eine charakteristische Merkmal zu beschränken. So hat eine Schülerin aus einer 11. Klasse in Riesa gesagt: „Glücklich sein bedeutet, mit seinen Hoffnungen, Wünschen und Erwartungen im Einklang zu sein."

1. Wählen Sie wichtige ethische Begriffe wie z. B. Freiheit oder Gerechtigkeit aus dem Lehrbuch aus und erstellen Sie dazu ein Explikat.
2. Warum ist es wichtig, in einem *sokratischen Gespräch oder bei der Interpretation eines Textes Begriffe zu klären?

8.2 Das sokratische Gespräch

Sokrates* war der erste Philosoph, der auf dem Marktplatz von Athen, der *agora*, mit jedermann und jederfrau philosophierte. Dabei wandte er eine spezielle Gesprächsmethode an, die heute als das „sokratische Gespräch" bezeichnet wird. Da Sokrates selbst keine Schriften hinterlassen hat, müssen wir uns auf die Dialoge des griechischen Philosophen Platon* stützen, der Sokrates zur Hauptperson seiner philosophischen Reflexionen gemacht hat. Eine der interessantesten Überlieferungen der sokratischen Gesprächsmethode stammt von dem griechischen Geschichtsschreiber Xenophon. In seinen „Erinnerungen an Sokrates" schildert er ein Gespräch zwischen Sokrates und seinem etwa 12- bis 14-jährigen Sohn Lamprokles.

1. Lesen Sie das folgende Gespräch auf Seite 216 und formulieren Sie schriftlich einige Gedanken, wie Sokrates mit seinem Sohn spricht.

Sokrates: Sag mal Junge, weißt du, dass man bestimmte Leute undankbar nennt?
Lamprokles: Natürlich weiß ich das.
Sokrates: Hast du auch verstanden, was diejenigen tun, die man so nennt?
Lamprokles: Das habe ich. Diejenigen, die etwas Gutes bekommen haben und es nicht erwidern, obwohl sie es könnten, nennt man undankbar.

Sokrates: Du glaubst doch wohl, dass die Undankbaren zu denen zählen, die Unrecht tun?
Lamprokles: Klar …
Sokrates: Wen gibt es wohl, der von irgend jemandem mehr Gutes erhält als Kinder von ihren Eltern? …
Lamprokles: Meine Mutter hat ja sicher das alles getan, und noch viel Ähnliches mehr, trotzdem kann wohl niemand ihre heftige Art ertragen.
Sokrates: Glaubst du, dass die Wildheit eines Tieres schwerer zu ertragen ist oder die einer Mutter?
Lamprokles: Ich meine, die der Mutter, jedenfalls von so einer.
Sokrates: Hat sie dir je ein Übel zugefügt, indem sie dich biss oder trat, wie dies schon vielen von Tieren passiert ist?
Lamprokles: Nein, aber sie sagt Dinge, die man sein ganzes Leben lang nicht hören möchte.
Sokrates: Wie viel Unannehmlichkeiten, glaubst du, hast du dieser mit deinem Geschrei und deinen Unarten bereitet, als du von Kind auf Tag und Nacht Kummer und Schwierigkeiten gemacht hast? Wieviel Sorgen hast du ihr bereitet, wenn du krank warst?
Lamprokles: Aber niemals habe ich ihr gegenüber etwas gesagt oder getan, was sie in ihrer Ehre treffen müsste.
Sokrates: Wie? Glaubst du es schwerer nehmen zu müssen, wenn deine Mutter dir etwas sagt, als die Schauspieler, wenn sie einander in den Tragödien die ärgsten Dinge sagen?

Lamprokles: Das ist nicht das Gleiche. Da sie ja nicht glauben, dass der Tadelnde tadelt, um zu verletzen, noch dass der Drohende droht, um Böses zuzufügen, ertragen sie das alles leicht.
Sokrates: Du weißt aber doch, dass die Mutter, wenn sie dir etwas sagt, dies nicht etwa tut, weil sie etwas Schlechtes im Sinn hat. Ganz im Gegenteil, sie möchte dir so viel Gutes wie sonst kein anderer zukommen lassen. Und da zürnst du ihr? Glaubst du tatsächlich, dass deine Mutter dir übel gesonnen ist?
Lamprokles: Sicher ist sie es nicht. Das glaube ich wirklich nicht.
Sokrates: Sage mir aber, wen sonst muss man deiner Meinung nach ehren? Oder bist du so eingestellt, dass du keinem Menschen zu gefallen versuchst und dass du weder einem Feldherrn noch sonst einem, der zu befehlen hat, gehorchen willst?
Lamprokles: Aber sicher will ich das!
Sokrates: Also, mein Junge, wenn du klug bist, wirst du die Götter bitten, dir zu verzeihen, sooft du deine Mutter vernachlässigt hast. Sonst wollen auch sie dir nichts Gutes tun,

weil sie dich für undankbar halten. Vor den Menschen aber nimm dich in acht! Lass sie nicht sehen, dass du deine Eltern missachtest. Sonst verachten sie dich alle und du stehst dann von den Freunden verlassen da! Denn wenn sie annehmen können, dass du gegen deine eigenen Eltern undankbar bist, wird wohl keiner glauben, er werde Dank erhalten, wenn er dir Gutes getan hat ...

(In: Ekkehard Martens: Die Sache des Sokrates, Reclam, Stuttgart 1997, S. 52–55)

1. Was hätten Sie anstelle von Lamprokles dem Sokrates auf seine letzten Ausführungen geantwortet? Unterbreiten Sie schriftlich einen Vorschlag.
   Lektürevorschlag: Lesen Sie den Dialog „Kriton" von Platon in den „Sämtlichen Werken", Platon, Ausgabe des Rowohlt Verlages, Reinbek bei Hamburg 1977, Band I und finden Sie weitere Gesprächsmerkmale des sokratischen Gesprächs heraus. Vgl. Sie hierzu auch den Dialogausschnitt aus „Phaidon" in diesem Band S. 22 f.

Die besonderen Merkmale eines sokratischen Gesprächs

Die sokratische Gesprächsmethode wurde 1922 von dem deutschen Philosophieprofessor Leonard Nelson als Methode für den Philosophieunterricht in der Schule, der Hochschule und der Erwachsenenbildung empfohlen. Der Philosoph Gustav Heckmann gehörte nach dem Krieg zu denjenigen, die diese Methode weiterentwickelt haben.

Im Sokratischen Gespräch geht es um die Untersuchung eines für eine solche Untersuchung geeigneten Sachverhalts, um die Klärung einer durch eine solche Untersuchung zu klärenden Sachfrage. Darüber, welche Fragen im Sokratischen Gespräch geklärt werden können, wird noch Näheres gesagt werden. Das Sokratische Gespräch ist ein Miteinanderreden über diese Frage, in dem jeder sich – mit dem Ziel der Wahrheitssuche – über sie offen ausspricht und sich auch bemüht, den anderen ernst zu nehmen und zu verstehen. Damit der andere mich verstehen kann, muss ich ihm Einblick in mein Denken geben. Ich muss ihm mitteilen, was ich über die zur Diskussion stehende Sache wirklich denke. Wovon ich überzeugt bin, muss ich aussprechen, wenn es zu der erörterten Sache gehört, und Zweifel muss ich ebenfalls aussprechen. Ich darf nicht, um der Freude am Disput willen, eine These verfechten, von der ich in Wahrheit nicht überzeugt bin. „Ehrlichkeit des Denkens und Sprechens" ist NELSONS Grundanforderung an die an einem Sokratischen Gespräch Teilnehmenden.

Das Ernstnehmen gehört zum Verstehen. Es bedeutet, auf einen mich befremdenden Gedanken des anderen nicht mit Ablehnung zu reagieren, sondern mit der Neugier: „Was ist daran? Er ist doch ein vernünftiges Wesen wie ich; sein Gedanke wird nicht ganz und gar abwegig sein; es wird sich lohnen, ihn aufzufassen." Nur bei einem solchen Ernstnehmen des anderen werde ich sein Denken verstehen können.

Im Gespräch ist die Sprache das Medium des Verstehens. Es gibt aber in den Bereichen der Philosophie, der Psychologie und der Soziologie, mit denen die Inhalte der meisten Sokratischen Gespräche zu tun haben, kaum ein eindeutiges Wort. Viele Wörter werden in mehr als einer Bedeutung gebraucht, sowohl wenn wir uns in der Alltagssprache als auch, wenn wir uns in den Fachsprachen über diese Bereiche verständigen wollen.

Wir müssen uns also ständig um eine gemeinsame Sprache bemühen. Eine zunächst nur einer bestimmten Richtung geläufige besondere Terminologie ist dafür ungeeignet. Unsere Sprache muss aufgrund der Erfahrung, die als allen Teilnehmern gemeinsam vorausgesetzt werden kann, verständlich sein. Wir müssen dann prüfen, ob wir uns verstehen.

Bloße verbale Bejahung bietet dafür keine Gewähr. Es muss die Probe auf das Einanderverstehen gemacht werden, z. B. in der Weise, dass ein von einem Teilnehmer vorgebrachter Gedanke von einem anderen in dessen Sprache wiedergegeben wird, und der, der den Gedanken zunächst geäußert hat, prüft, ob er richtig verstanden worden ist oder ob er seinen Gedanken noch deutlicher machen sollte. So gelingt das Einanderverstehen schrittweise besser. Und der zu verstehende Gedanke wird erhellt; es wird deutlich, was er im Einzelnen beinhaltet.

Es treten dann in der Regel gegensätzliche Auffassungen zur erörterten Frage zutage. Diese werden fortschreitend schärfer herausgearbeitet. Damit ist schon mehr erreicht, als es die üblichen Diskussionen zulassen.

Das Sokratische Gespräch bleibt bei solchem Gegeneinander der Standpunkte jedoch nicht stehen. Es will über die subjektiven Meinungen der Teilnehmer hinauskommen. Es geht ihm um die Klärung dessen, was Gegenstand dieser Meinungen ist, dessen, worüber die Teilnehmer noch verschiedener Meinung sind. Dem Sokratischen Gespräch liegt die Auffassung zu Grunde, dass Übereinkunft – Konsens – über die zu erörternde Frage erreichbar ist.

(Gustav Heckmann/Dieter Krohn: Über Sokratisches Gespräch und Sokratische Arbeitswochen. In: Zeitschrift für die Didaktik der Philosophie, Heft 1, 1988, S. 39)

1. *Worin besteht nach Heckmann und Krohn die Besonderheit eines sokratischen Gesprächs? Warum ist es wichtig, dass die Gesprächspartner in einem Sokratischen Gespräch eine gemeinsame Sprache sprechen? Prüfen Sie, ob in dem Dialog zwischen Sokrates und Lamprokles eine gemeinsame Sprache gesprochen wird.*
2. *Was bedeutet es für Sie, Ihre Gesprächspartner und -partnerinnen ernst zu nehmen?*

Anhang

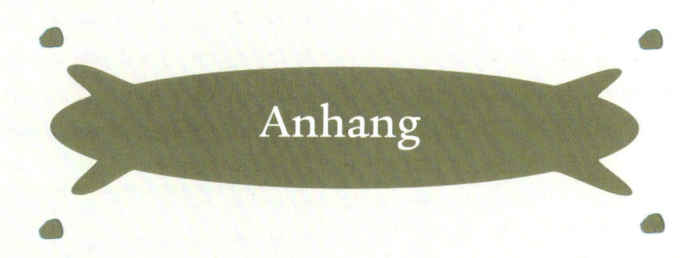

Kleines Methodenlexikon der Ethik

Ein APHORISMUS umfasst Gedankensplitter zu einem philosophischen Problem, die in besonders geistreicher, manchmal auch witziger Form formuliert worden sind und in der Regel aus einem Satz bestehen. Sie sind im Grenzgebiet zwischen Philosophie und Poesie angesiedelt und bringen ein Werturteil, eine allgemeine Lebensweisheit, eine charakterliche Besonderheit oder eine unerhörte philosophische Begebenheit zum Ausdruck. So hat beispielsweise der Philosoph Friedrich Nietzsche seine wichtigsten Schriften wie „Die fröhliche Wissenschaft" in Aphorismen verfasst.

In einem BEGRIFFSNETZ wird der Begriff, über den nachgedacht werden soll, in die Mitte eines Blattes geschrieben. Und um ihn herum werden andere Begriffe oder Ausdrücke postiert, die ermöglichen, den Hauptbegriff näher zu charakterisieren: Beim Begriff Glück könnten zum Beispiel die Begriffe sich wohlfühlen, Harmonie, Zufriedenheit hingeschrieben werden. Dabei können Sie zwischen dem Kern des Begriffs (wesentliche Begriffe) und dem Umfeld des Begriffs (ergänzende Begriffe) unterscheiden. Neben den Kreis können Sie noch weitergehende Bemerkungen zu dem Begriff machen.

CLUSTER oder MINDMAPS dienen beim Philosophieren dazu, Gedanken zu einem philosophischen Begriff oder Problem zu assoziieren und diese in einen Zusammenhang zu bringen. So wird beispielsweise ein philosophischer Begriff vorgegeben und eingekreist. Er soll die Philosophierenden zu Gedankenassoziationen anregen, die sich in verschiedenen Assoziationsketten ordnen lassen, wobei *Haupt- und Nebenzweige* unterschieden werden können.

Eine COLLAGE ist ein Klebebild. Der Begriff kommt aus dem Französischen und heißt ursprünglich leimen oder zusammenkleben. Um eine ethische Aussage wie z. B. „Alle Menschen haben ein Gewissen" anschaulich darzustellen, werden Bilder, Fotos und (kurze)Texte wie zum Beispiel Sprichwörter und Aphorismen herausgesucht und so zusammengestellt, dass sie wichtige Gedanken zum Thema ausdrücken. Sie können dazu auch eigene Kommentare dazu schreiben (siehe hierzu auch die Auftaktseite zum Kapitel „Alles, was Recht ist …". (S. 154)

Ein philosophischer Essay kann sowohl kurz als auch umfangreich sein. Er widmet sich einem speziellen philosophischen Problem, das auch ohne ein vertieftes philosophisches Quellenstudium dargelegt werden kann. Ein Essay hat eine starke Verbindung zu lebensweltlichen Problemen und praktischen Erfahrungen, befasst sich jedoch nicht mit subjektiven Gefühlen oder Eindrücken, sondern bringt die subjektive Weltsicht des Autors oder der Autorin zum Ausdruck. Bekannte Philosophen wie z. B. Robert Spaemann (siehe das Kapitel „Kritik der Ethik") haben diese Form philosophischen Schreibens gegenwärtig zu wahrer Meisterschaft geführt. Folgende Punkte sollten Sie beachten:
- Widerspruchsfreiheit des Gedankengangs
- logische Stringenz des Gedankenaufbaus
- argumentative Rechtfertigung
- begriffliche Klarheit

Der fiktive Brief trägt dazu bei, wichtige Gedanken zu einem philosophischen Thema aufzuschreiben und sich dabei einen direkten Gesprächspartner wie zum Beispiel einen Philosophen oder eine Philosophin vorzustellen. Berühmte (fiktive) Briefe hat der Philosoph Seneca (4. v. Chr.–65 n. Chr.) an seinen Schüler Lucilius geschrieben.

Ein Galeriespaziergang ist eine kooperative Lernmethode. Es werden kleine Gruppen gebildet und in den Ecken des (Kurs)Raumes große Bögen Papier an die Wände geheftet. Auf jeden der Bögen werden eine Frage, ein kurzer Text oder eine Aussage geschrieben bzw. ein Bild oder eine Karikatur zum Thema aufgeklebt.
Jede Gruppe beginnt an einem Bogen und „spaziert" nun von einer Station zur nächsten, um sich für eine bestimmte Zeit mit dem jeweiligen Text oder Bild zu befassen. Sie fügt dann weitere Gedanken, Ideen, Assoziationen auf das dazugehörige Plakat hinzu.
Wenn die Gruppe wieder an Ihrem Bogen angekommen ist, werden die niedergeschriebenen Ideen der Vorgruppe aufgenommen, diese ergänzt und weiterentwickelt.
Am Ende werden die Plakate ausgestellt, sodass alle Teilnehmerinnen und Teilnehmer die Fülle der zusammengetragenen Ideen und Assoziationen betrachten und kommentieren können.

Die Grundmethoden des Philosophierens haben Sie in den Jahrgängen der Sekundarstufe I bereits kennen gelernt. Zu ihnen gehören die Begriffsanalyse, das Argumentieren, das sokratische Gespräch und das Gedankenexperiment.

- Die *Begriffsanalyse* dient dazu, sich Klarheit über einen schwierigen philosophischen Begriff zu verschaffen und ihn in seine verschiedenen Bedeutungen zu zerlegen (siehe Begriffsnetz).

- Das *Argumentieren* ist wichtig, um anderen Mitdiskutierenden den eigenen Standpunkt zu verdeutlichen. Dies gelingt in hohem Maße, wenn nicht nur ein Grund zur Stützung einer Meinung, sondern mehrere Argumente angeführt werden.

- Das *sokratische Gespräch* wurde von der griechischen Philosophin Aspasia von Milet (ca. 6. Jahrhundert v. Chr.) begründet und von ihrem Schüler Sokrates (470–399 v. Chr.) in die philosophische Tradition eingeführt. Da jedoch beide Philosophen keine Schriften hinterlassen haben, überlieferte Platon (428–348 v. Chr.) die Technik dieser Gesprächsform. Er machte den Philosophen Sokrates zur Hauptgestalt seiner Dialoge.
In einem sokratischen Gespräch wird versucht, alltäglich verwendete Begriffe wie zum Beispiel Gerechtigkeit von anderen Begriffen abzugrenzen und durch eine umfassende Begriffsanalyse zu klären. Dieser Klärungsprozess erfolgt durch gezieltes Nach-

fragen des Sokrates, der in den Gesprächen mit seinen Schülern dominiert, d. h. er ist derjenige, der fragt, begriffliche Bedeutungen einkreist und somit seine Gesprächspartner zwingt nachzudenken bzw. den von ihm präsentierten Gedanken mitzudenken. Die sokratische Methode verläuft dabei in zwei Schritten: Sokrates hält sich zunächst mit seiner Meinung zurück und geht auf die Ansichten seiner Gesprächspartner ein. Dabei stellt er sich meistens unwissend und lässt sich sogar belehren. In einem zweiten Schritt versucht er durch „Kreuz- und Querfragen" die Behauptungen seiner Gesprächspartner „auseinander zu nehmen" oder Folgerungen daraus zu ziehen. Dabei werden Widersprüche offengelegt, die zu einem Prozess des reflexiven Nachdenkens führen. Am Schluss müssen die Teilnehmerinnen und Teilnehmer nicht immer zu einer Lösung kommen, die alle Mitdiskutierenden überzeugt. Ein sokratisches Gespräch kann also in einer Aporie enden, d. h. einen offenen Ausgang haben.

Der Göttinger Philosophieprofessor Leonard Nelson entdeckte die sokratische Methode Anfang der 20er Jahre für den Bildungsbereich, speziell den Philosophieunterricht. Er gründete 1922 eine Philosophisch-politische Akademie, welche die Kunst des eigenen Nachdenkens in den Mittelpunkt stellte. Folgende Merkmale sollten dabei beachtet werden:

- Klarheit des Denkens steht im Mittelpunkt: Begriffe müssen geklärt und Meinungen durch Argumente gestützt werden
- Verwendung einfacher Begriffe fördert den Verständigungsprozess
- Es gilt die Aufrichtigkeitsregel: jeder Teilnehmer und jede Teilnehmerin muss sagen, was er oder sie wirklich denkt
- Auf eine außergewöhnliche Meinung wird nicht mit Ablehnung, sondern mit Neugier reagiert: warum denkt jemand so?
- Orientierung auf einen Konsens hin: am Schluss der Gesprächs sollte ein gut begründeter Kompromiss stehen (eine vorläufige Problemlösung, der alle Beteiligten zustimmen können)
- Zurückhaltung des Gesprächsleiters oder der Gesprächsleiterin bei der Artikulation eigener Meinungen

- Das *Gedankenexperiment* ermöglicht spielerische Versuche mit Gedanken und phantastischen Möglichkeiten, die nicht auf Fakten beruhen. Dabei werden Beziehungen zwischen bestimmten Dingen konstruiert, die in der Wirklichkeit so nicht vorkommen aber dennoch existieren könnten und manchmal sogar dem gesunden Menschenverstand zuwiderlaufen, wie z. B.: Was würde passieren, wenn es auf anderen Planeten Menschen gäbe und die zu uns auf die Erde kommen würden? Gedankenexperimente haben immer die Form „Was wäre, wenn (nicht)" und dienen dazu, philosophische Fantasie zu entwickeln.

Ein HAIKU ist ein Denk-Gedicht aus dem Zen-Buddhismus, das sich insbesondere in Japan entwickelt hat. Seine Form besteht aus drei Zeilen: Die erste Zeile umfasst fünf Silben und schildert einen Zustand oder eine Betrachtung. Die zweite Zeile enthält sieben Silben und beschreibt eine Aktivität, während die letzte Zeile wiederum aus fünf Silben besteht und ein Resultat oder eine Frage beinhaltet.
Das Haiku fand vor allem in der Naturphilosophie Anwendung. Er lässt sich jedoch auf alle wichtigen Lebensfragen beziehen.

Ein MINIATURTEXT ist ein Text, der aus höchstens zehn Zeilen steht, die in fünf Minuten geschrieben werden müssen. Er dient in der Philosophie dazu, Bildbetrachtungen durchzuführen oder in einer Art Gedankenblitz eigene Gedanken oder Gefühle zum Ausdruck zu bringen.

Das PHILOSOPHISCHE TAGEBUCH stützt sich auf die Vorliebe einiger Menschen, wichtige Gedanken über ihr Leben oder einzelne Lebensabschnitte in einem (manchmal geheimen) Tagebuch festzuhalten. Darin werden Erfahrungen, Ideen oder Gefühle notiert, die zu einem bestimmten Zeitpunkt für die Schreibenden eine wichtige Bedeutung haben. Durch das

Niederschreiben erhalten sie einen bestimmten Sinn; während des Schreibprozesses erfolgt gleichzeitig eine reflektierende Auseinandersetzung.

Diese Form der Lebensreflexion kann eine explizit philosophische Ausrichtung erhalten, wenn sich der *Gegenstand* des Tagebuchschreibens auf ein oder mehrere philosophische Probleme bezieht. Als ergänzende Medien können Gedichte, Aphorismen und kurze Textauszüge von Philosophinnen und Philosophen in das Tagebuch aufgenommen werden.

In einer STANDPUNKTREDE wird ein Standpunkt zu einem ethischen Problem, zu einer politischen oder moralischen Frage vertreten oder der Standpunkt eines Philosophen bzw. einer Philosophin verteidigt.

Zunächst sollte in fünf Minuten eine Rede zum eigenen Standpunkt vorbereitet werden, die dann im Plenum in einer Minute gehalten wird. Ein Mitschüler stoppt die Zeit. Dabei sind folgende Arbeitsschritte zu beachten:

1. Formulieren Sie präzise Ihren Standpunkt.
2. Begründen Sie Ihren Standpunkt.
3. Geben Sie nähere Erläuterungen oder belegen Sie mit Beispielen oder Texten die Richtigkeit Ihres Standpunkts.
4. Ziehen Sie am Ende ein Fazit oder benennen Sie Konsequenzen.
5. Richten Sie einen Appell an Ihre Zuhörer.

Glossar

Hannah Arendt (1906–1975) studierte Philosophie, Theologie und Griechisch unter anderem bei Karl Jaspers, bei dem sie 1928 promovierte. 1933 emigrierte sie nach Paris, lebte ab 1941 in New York, wo sie von 1946 bis 1948 als Lektorin arbeitete. Danach war sie als freie Schriftstellerin tätig. 1963 bekam sie eine Professur an der Universität von Chicago, ab 1967 dann an der New School for Social Research in New York. Zu ihren wichtigsten Werken gehört das Buch „Vita activa", in dem sie sich mit den Tätigkeiten Arbeiten, Herstellen und politisches Handeln beschäftigt. / 9, 10

Der Begriff Alltagspsychologie bezeichnet Analysen auf der Basis des gesunden Menschenverstandes, der von den grundsätzlichen Erfahrungen menschlichen Lebens und Verhaltens ausgeht, aber auch Volksweisheiten und Sprichwörter einbezieht. / 30, 31

Aristoteles (384–322 v. Chr.) gilt als einer der bedeutendsten Philosophen der Antike. Er war Mitglied von Platons Akademie in Athen. Außerdem unterrichtete er eine Zeit lang den mazedonischen Thronfolger Alexander. Im Alter von 50 Jahren gründete er eine eigene Schule in der Nähe von Athen, das „Lykeion", dessen Name später in „Lyzeum" umgewandelt wurde und die Bezeichnung für eine so genannte höhere Lehranstalt war. Aristoteles beschäftigte sich sowohl mit dem ausführlichen Studium der Natur (so schuf er ein System zur Einordnung der Tiere, das bis ins 18. Jahrhundert Gültigkeit behielt), aber auch mit dem Zusammenleben der Menschen und der Gestaltung der Gesellschaft. Seine berühmtesten Werke sind die „Nikomachische Ethik", die er seinem Sohn Nikomachos widmete, und die „Politik", in der er insbesondere seine Vorstellungen zur Gestaltung eines gerechten Staates darlegte. / 2, 16, 17, 18, 20, 23, 40, 128, 137, 138, 149, 153, 211, 212, 214

Augustinus (354–430) zählte zu den bekanntesten Philosophen im Mittelalter. Die Philosophie des Mittelalters ist durch die Einheit von Wissen und Glauben gekennzeichnet. Augustinus setzte sich in seiner Theologie vor allem mit den Werken Platons auseinander. Der Glaube an die christliche Offenbarung und das Studium der Theologie, der „heiligen Wissenschaft", prägten sehr stark alle seine Werke Große Berühmtheit erlangten seine „Bekenntnisse" und das Buch „Vom Gottesstaat". / 139, 140, 178

Hildegard von Bingen (1098–1179) gehört zu den berühmtesten Frauen des frühen Mittelalters; sie war Philosophin, Ärztin, Äbtissin und Mystikerin (Seherin religiöser Erlebnisse) und verfügte über umfangreiche Kenntnisse der Tier-, Pflanzen- und Mineralienwelt.
Hildegard hat auf dem Gebiet der Philosophie vor allem die Einheit von Körper und Seele betont, die vor ihr von den Atomisten (siehe Epikur) und nach ihr vor allem von den französischen Materialisten wie beispielsweise Julien Offray de La Mettrie (1709–1751) vertreten wurde. In ihrem „Buch der Lebensverdienste" gibt sie Ratschläge für eine moralisch gute Lebensführung des Menschen. Sie charakterisiert darin 35 Tugenden und Untugenden. / 81, 141

Buße ist ein Sakrament in der christlichen Kirche. Da der Mensch nicht nur gut ist, sondern durch Fehler auch schuldig wird, kann das Sakrament der Buße/der Beichte ihm helfen, eine schwierige Situation zu meistern und auf den rechten Weg zurückzukehren. Es lädt ihn ein, sein Gewissen und seine Urteilskraft zu sensibilisieren, sich selbst kritisch zu betrachten und zu bereuen, um Verzeihung und Versöhnung zu bitten und eigene Schritte zur Veränderung zu gehen. Gott ist für den Menschen da, er vergibt ihm seine Sünden und reinigt den Menschen von seinem Unrecht. / 177, 178, 179

CICERO (106–43 v. Chr.) war ein römischer Politiker, Philosoph und Schriftsteller. Er arbeitete zunächst als Anwalt in Rom und wurde später Konsul. Berühmt wurde Cicero als Philosoph u. a. mit seinem Buch „Über die Gesetze", in dem er die rechtlichen Grundlagen des römischen Staates entwickelte. Er gilt darüber hinaus als Schöpfer der lateinischen Kunstprosa und als Vermittler der griechischen Philosophie in Rom. / 158

Der DETERMINISMUS (vom lat. „determinare": abgrenzen, bestimmen) bezeichnet in der Philosophie die Lehre von der „Bestimmung" des Denkens und Handelns durch kausale Prozesse. / 26, 27, 30, 31, 34, 35, 39

Der EMPIRISMUS ist eine philosophische Richtung, die alle Erkenntnis aus der Erfahrung herleitet und alle Wissenschaft ausschließlich auf dieser begründet. / 212

EPIKUR (341–270 v. Chr.) gehört zu den bedeutendsten griechischen Philosophen. Er baut in der Naturphilosophie auf der Atomistik des Philosophen Demokrit auf, wonach die Welt aus kleinsten Teilchen zusammen gesetzt ist. In der Ethik geht er davon aus, dass der Mensch nach einem glückseligen Leben strebt. Dabei ist die Lust der Ursprung und das Ziel. Der Hauptzweck aller Handlungen ist ein Leben frei von Schmerz und Furcht. / 223

ERASMUS VON ROTTERDAM (1466–1536) war ein bedeutender Humanist, der insbesondere als Philologe, Kirchen- und Kulturkritiker Einfluss erlangte. Er gilt zudem als Wegbereiter der Reformation, grenzte sich jedoch ausdrücklich von Luther und dessen Positionen ab. Als Gelehrter hatte Erasmus von Rotterdam sich ganz in den Dienst der Wissenschaften gestellt.

In seinen geistreichen Satiren nahm er auch die Missstände in Kirche und Theologie aufs Korn und leistete damit entscheidende Vorarbeit für die Reformation. Dennoch hielt er sich sorgfältig von Martin Luther fern, wollte sich nicht einmischen, nicht Partei ergreifen. / 35, 37

EXISTENTIALISMUS bezeichnet eine Strömung in der Philosophie, die insbesondere in Frankreich seit den 60er Jahren des 20. Jahrhunderts weit verbreitet war. Die wichtigsten französischen Vertreter waren aus philosophischer Sicht Albert Camus und Jean-Paul Sartre, Simone de Beauvoir und Gabriel Marcel. Existentialismus meint zudem eine Strömung in der Literatur (Kafka, Rilke, Benn), der Theologie (Bultmann) und der Pädagogik (Bollnow).
Des Weiteren ist der Begriff des „Existentialismus" im Gebrauch als Bezeichnung für eine allgemeine Geisteshaltung, die den Menschen als Existenz im Sinne der Existenzphilosophie auffasst. / 38, 39

SIGMUND FREUD (1856–1939) war ein österreichischer Arzt und Philosoph, der die Psychoanalyse begründete. Sie beurteilt und therapiert Störungen des psychischen Verhaltens durch die Analyse des Unbewussten (Triebe, Träume) im Menschen. Eines seiner Hauptwerke „Die Traumdeutung" beschäftigt sich mit dem Zusammenhang zwischen Sexualität und Träumen. / 11

ARNOLD GEHLEN (1904–1976) war ein deutscher Philosoph und Soziologe, der seit 1934 als Universitätsprofessor u. a. in Königsberg und Wien lehrte und als Hauptvertreter der modernen Philosophischen Anthropologie gilt. Er sah den Menschen als instinktunsicheres biologisches „Mängelwesen". In seinem Hauptwerk „Der Mensch" vertritt Arnold Gehlen die Auffassung, dass der Mensch nicht nur biologisch vorbestimmt ist, sondern sich selbst durch die Sprache, Kultur und Erziehung geschaffen hat. Weitere wichtige Veröffentlichungen sind: „Sozialpsychologische Probleme in der industriellen Gesellschaft" und „Moral und Hypermoral". / 12

THOMAS HOBBES (1588-1679) gehörte zu den ersten englischen Empiristen. Spekulationen lehnte er kategorisch ab, statt dessen definierte er Philosophie als Erkenntnis von Wirkungen aufgrund von Ursachen und gleichzeitig dem Schluss auf Ursachen anhand der erkannten Wirkungen. Sein Vorbild war Galileo Galilei, den er auch persönlich kennen lernte. Durch seine moderne, von den Naturwissenschaften stark geprägte Denkweise, kam er zu recht radikalen Schlüssen, beispielsweise zur Natur des Menschen, die er als Wolfsnatur bezeichnete (Der Mensch ist des Menschen Wolf). Sein bedeutendstes Werk „Leviathan" schrieb er im französischen Exil. Es beschäftigt sich mit der Frage, wie die Wolfsnatur des Menschen auf der Grundlage eines Vertrages überwunden werden kann. / 144, 145, 149, 159

OTTFRIED HÖFFE (geb. 1943) lehrte als Professor für Ethik und Politische Philosophie an zahlreiche deutschen Universitäten; seit 2002 ist er ständiger Gastprofessor für Rechtsphilosophie an der Universität St. Gallen. Er verfasste zahlreiche Bücher, v. a. über Ethik, Rechts-, Staats- und Wirtschaftsphilosophie sowie Kant und Aristoteles. Zu seinen wichtigsten Veröffentlichungen gehört „Das Lexikon der Ethik". / 56, 58

INKOMPATIBILITÄT bezeichnet die Unverträglichkeit oder auch die negative Koexistenz zweier Gegenstände oder Zustände. / 30, 31

HANS JONAS (1903-1993) gilt als einer der wichtigsten Vertreter der Verantwortungsethik. Er wurde in Mönchengladbach geboren, studierte bei Martin Heidegger Philosophie und musste 1933 aufgrund seines jüdischen Ursprungs in die USA emigrieren. In seinem Hauptwerk „Das Prinzip Verantwortung" mahnte er einen verantwortungsbewussten Umgang des Menschen mit der Natur an, um künftigen Generationen eine lebenswerte Umwelt zu hinterlassen. / 67, 92, 121

IMMANUEL KANT (1724-1804) gehört zu den berühmtesten deutschen Philosophen. Er lehrte in Königsberg, heute Kaliningrad. Kant beschäftigte sich sowohl mit Fragen der Erkenntnistheorie wie z. B. dem Verhältnis zwischen Anschauung und Begriffen als auch mit Problemen der Ethik. In seinem wichtigsten ethischen Werk „Kritik der praktischen Vernunft" formulierte er den Kategorischen Imperativ. Er macht es den Menschen der Vernunft gemäß zur Pflicht, bei allen ihren Handlungen davon auszugehen, dass sie allgemeines Gesetz werden könnten. / 22, 51, 62, 72, 172, 173

HANS KÜNG (geb. 1928) lehrte an der Universität von Tübingen katholische Theologie. 1980 entzog ihm die katholische Kirche die Lehrerlaubnis, weil er u. a. Reformen innerhalb der Kirche gefordert hatte. Bis zu seiner Emeritierung 1996 unterrichtete er weiterhin als fakultätsunabhängiger Professor Ökumenische Theologie, d. h. er befasste sich mit dem Verhältnis der Weltreligionen und schrieb sein bekanntestes Buch „Das Projekt Weltethos". Gemeinsam mit dem Publizisten Walter Jens veröffentlichte Küng das Buch „Menschenwürdig sterben", in dem es um Probleme des menschlichen und emotionalen Umgangs mit Sterbenden geht. / 33, 78, 80, 95

MAXIMILIAN KOLBE (1894-1941) war ein polnischer Geistlicher, der im Konzentrationslager Auschwitz einen Mitgefangenen vor dem Tod bewahrte und an seiner Stelle den Hungertod auf sich nahm, wurde jedoch noch vor dem Eintreten des Hungertodes durch eine Giftspritze ermordet. Er wurde später heilig gesprochen. / 128

Der LIBERALISMUS ist eine Denkrichtung, die vor allem das Recht der Menschen auf freie

Entscheidung einfordert und staatliche Einflüsse und Regulierungen auf ein Minimum beschränken möchte. / 148, 149, 152

JOHN LOCKE (1632–1704) erlangte Berühmtheit als Arzt, Politiker, Erzieher und Philosoph. Er gilt als einer der Hauptvertreter des englischen Empirismus, d. h. einer Philosophie welche die Erfahrung zur Grundlage der Erkenntnis macht. Nichts kann im Geist sein, das nicht durch die Sinne erfasst wurde. Als politischer Philosoph begründete Locke in seinem Werk „Zwei Abhandlungen über die Regierung" das Prinzip der Gewaltenteilung zwischen Staat und Parlament. Auf der Basis des Naturrechts forderte er allgemeine Menschenrechte wie Freiheit, Gleichheit und Unverletzlichkeit der Person. / 146, 149, 159

MARTIN LUTHER (1483–1546) war ein deutscher Theologe und Reformator. Er lebte zunächst als einfacher Augustinermönch und lehrte dann ab 1512 als Professor an der Theologischen Fakultät der Universität Wittenberg. Durch seine Lehrtätigkeit kam er in Konflikt mit der katholischen Kirche, an der er u. a. Ablasshandel und die Ehelosigkeit der Priester u. a. kritisierte. Nachdem Luther mit dem Kirchenbann belegt wurde, musste er sich auf der Wartburg in Eisenach verstecken und übersetzte während dieser Zeit zwischen 1522 und 1534 die Bibel in die deutsche Sprache. / 35, 36, 37, 179

MICHEL DE MONTAIGNE (1533–1592) entwickelte die Form der philosophischen Essayistik, eine Art Kurzprosa, in der lebensweltliche philosophische Themen wie Glück, Gerechtigkeit und Tod reflektiert werden. / 126

FRIEDRICH NIETZSCHE (1844–1900) war Pfarrerssohn, der schon im Knabenalter komponierte und dichtete. Während der Zeit seines Studiums der Theologie und Klassischen Philologie nahmen seine Zweifel am Christentum zu und führten schließlich zur völligen Distanzierung. Von Arthur Schopenhauer und Richard Wagner beeinflusst, entwickelte N. seine eigene Lebensphilosophie. Er stellte sich die Aufgabe, überkommene, fest gewordene Urteile umzustürzen. So galt es den Glauben an eine absolute Wahrheit zu zerbrechen, die Existenz allgemeingültiger moralischer Grundsätze, an die sich ohnehin niemand hielt, in Frage zu stellen und das Christentum als überholte Religion zu verwerfen. Zu seinen berühmtesten Werken gehören: „Menschliches – Allzumenschliches", „Die fröhliche Wissenschaft" und „Also sprach Zarathustra". N. starb in geistiger Umnachtung. / 69, 125, 126, 193

CHAIM PERELMAN (1912–1984) war ein in Polen geborener Rechtsphilosoph und Rhetoriker, der die meiste Zeit seines Lebens in Brüssel verbrachte. Dort lehrte er als Professor an der Freien Universität. In seinem Hauptwerk „Das Reich der Rhetorik. Rhetorik und Argumentieren" entwickelte er seine Theorie der Argumentation, in der Rhetorik, Logik und Philosophie verbunden werden. Sein Bemühen galt der Wiederbelebung der Tradition der Rhetorik, vor allem auch an den Schulen. / 153

ANNEMARIE PIEPER (geb. 1941) studierte Philosophie, Anglistik und Germanistik an der Universität von Saarbrücken, wo sie 1967 in Philosophie promovierte.
Von 1972–1981 war sie Hochschullehrerin in München und von 1981–2001 Professorin für Philosophie in Basel. Zu ihren wichtigsten Schriften gehören „Einführung in die Ethik" und „Der Aufstand des stillgelegten Geschlechts. Einführung in die feministische Ethik". / 44, 46, 103, 105, 116

Die PRÄDESTINATIONSLEHRE bezeichnet die Lehre von der Vor(her)bestimmung durch Gottes ewige Anordnung, vermöge deren er bei sich beschloss, was aus jedem einzelnen Menschen werden sollte.

John Rawls (1921–2002) zählte zu den Vertretern der liberalen politischen Philosophie in den USA. Er lehrte 40 Jahre als Professor Politische Philosophie an der Harvard University. Seine Überlegungen zu den Grundsätzen der Gerechtigkeit legte er in seinem Werk „Eine Theorie der Gerechtigkeit" dar. Außerdem erschienen von ihm die Bücher „Politischer Liberalismus" sowie „Die Rechte der Menschen", in dem er sich für das Einhalten des Völkerrechts einsetzte. / 149, 150, 151, 152

Der ethische **Relativismus** ist eine Auffassung, wonach ethische Werte nicht absolut gelten, d. h. keine objektive Gültigkeit beanspruchen können. Sie sind demgegenüber abhängig von Personen und Situationen, d. h. subjektiv bedingt und in diesem Sinne vom Standpunkt eines Einzelnen oder einer Gruppe abhängig. / 2, 127, 128

Rhetorik ist Kunst des Überzeugens und Überredens durch das wirkungsvolle Gestalten einer Rede. / 228

Jean-Jacques Rousseau (1712–1778) wurde in Genf geboren, verbrachte aber die meiste Zeit seines Lebens in Frankreich, wo er auch starb. Mit seiner „Abhandlung über die Wissenschaften und Künste" wurde er schlagartig berühmt. Darin setzte er sich mit der Frage nach dem Wert der Kultur auseinander und gab seiner Überzeugung Ausdruck, dass gerade die Entwicklungen in der Wissenschaft die Ursache für den sittlichen Verfall in der Gesellschaft sind. Im Naturzustand sah er das Idealbild des menschlichen Zusammenlebens, die Entstehung von Eigentum als Beginn von Krieg und Ungerechtigkeit. Den Ausweg legte er in seiner politischen Schrift „Gesellschaftsvertrag" dar, den er als freiwillige Übereinkunft aller Mitglieder der Gesellschaft verstand. In seinem Roman „Emile" beschrieb Rousseau, wie sehr Erziehung die Menschen verändert und vom Naturzustand entfernt. / 145, 146, 147, 149

Fernando Savater lehrt Philosophie an der Universität Complutense in Madrid in Spanien. Er wurde in Deutschland u. a. mit seinem Buch „Tu was du willst" bekannt, in dem es um ethische Werte für Jugendliche geht. / 9, 41

Arthur Schopenhauer (1788–1860) gehört zu den wichtigsten deutschen Philosophen des 19. Jahrhunderts. Nach dem Studium der Philosophie gelang es ihm nicht, Professor zu werden. Da er aus einer reichen Kaufmannsfamilie stammte, war er zeit seines Lebens finanziell unabhängig.
Seine Ethik baut auf dem Prinzip des Leidens auf: da alles Leben Leiden ist, muss jeder Einzelne darum bemüht sein, nicht nur seine eigenen Schmerzen, sondern auch die seiner Mitmenschen zu lindern. Aus diesem Grund wird das Gefühl des Mitleids zum zentralen Prinzip der Moral. Es treibt die Menschen an, einander Gutes zu tun. Schopenhauers Hauptwerke trägt den Titel „Die Welt als Wille und Vorstellung". / 23, 24, 67, 69, 70, 86

Peter Singer (geb. 1956) ist gegenwärtig einer der wichtigsten Philosophen Australiens. Mit seinem Buch „Die Befreiung der Tiere" gilt er als einer der Begründer der Tierethik. Tiere verfügen nach seiner Ansicht über Bewusstsein und Leidensfähigkeit und können deshalb einen Anspruch auf Rechte erheben. Im Bereich der Ethik vertritt Singer utilitaristische Positionen. In seinem Buch „Praktische Ethik" rückt er von dem Grundsatz ab, dass der Schutz des Lebens uneingeschränkt für alle Menschen gilt – er plädiert stattdessen für Sterbehilfe gegenüber schwerst behinderten Menschen. / 59, 60, 70, 94, 119

Adam Smith (1723–1790) war ein schottischer Moralphilosoph und Ökonom. Seine „Theorie der moralischen Gefühle" ging davon aus, dass die Menschen die Fähigkeit zu Sympathie und Mitgefühl besitzen. Damit schloss er sich den Auffassungen seines Landsmannes David Hume (1711–1776) an. Adam Smith gilt darüber hinaus als Begründer der klassischen englischen Nationalökonomie und der liberalen Marktwirtschaft. / 140

Die Sophisten (5./4. Jahrhundert v. Chr.) waren griechische Weisheitslehrer (sophia bedeutet Weisheit) und Rhetoriker, die als Gegenspieler des Sokrates galten. Von ihm grenzen sie sich ab, weil sie als Wanderlehrer gegen Entgelt ihren Mitmenschen Bildung und Rhetorik vermitteln. In den demokratischen Stadtstaaten war es nach der Ablösung des Adels von der Macht möglich, durch eine geschickte Rhetorik und eine gute Bildung auch als Bürger politischen Einfluss zu gewinnen. In der Sophistik steht der Mensch im Mittelpunkt der philosophischen Betrachtung. Auf politische, ethische, rechtliche und ästhetische Fragen werden allgemeingültige Wahrheiten gesucht, die nicht losgelöst vom Menschen betrachtet werden können.

Im Rechtsdenken hinterfragen die Sophisten die Gültigkeit der Gesetze. Sie entdecken einen Gegensatz zwischen natürlichem Recht und positivem (gesetzten) Recht. Platon lässt Hippias sagen: „Das Gesetz (nómos) tyrannisiert den Menschen und zwingt ihn zu vielem, was der Natur zuwiderläuft." / 146

Die Theodizee bezeichnet den Versuch einer Rechtfertigung Gottes angesichts des von ihm zugelassenen Übels und Leidens in der Welt.

Tugend (von „taugen" im Sinne einer allgemeinen Tauglichkeit, lat. *virtus*, griech. *arete*) bezeichnet die Erfahrung und Übung erworbene Haltung, Gutes aus Überzeugung und mit Freude zu tun. Im weiteren sind Tugenden in einer Gesellschaft geachtete menschliche Eigenschaften. / 16, 17, 19, 52, 72, 75, 76, 77, 86, 89, 105, 125, 126, 137, 139

Simone Weil (1909–1943) war eine französische Philosophin, entstammte einer jüdischen Arztfamilie und arbeitete nach dem Studium als Lehrerin für Philosophie in Paris. Sie veröffentlichte mehrere Essays zur marxistischen Staatstheorie. Während des Krieges ging W. in den französischen Widerstand. Durch die Bekanntschaft mit dem Dominikanerpfarrer Jean-Marie Perrin wandte sie sich vor ihrem Tode im New Yorker Exil verstärkt religiösen Themen zu. W. starb 1943 an Lungentuberkulose und selbst verordneter Unterernährung. Ihr wichtigstes Buch heißt „Unterdrückung und Freiheit". / 24

Bücher zum Weiterlesen

Barbara Brüning:
Ethik auf den Begriff gebracht (50 ethische Begriffe zu allen Themen des Lehrbuches), Militzke, Leipzig 2005.

Barbara Brüning:
Berühmte Paare der Philosophie, Militzke, Leipzig 2005 (insbesondere Informationen über Jean-Paul Sartre und Simone de Beauvoir).

Catherine Clément:
Theos Reise, Hanser Verlag, München 1998 (Kapitel 2/Religiöse Ethik).

Ruth Hagengruber (Hg.):
Klassische philosophische Texte von Frauen, dtv, München 1997 (u. a. Texte von Simone Weil – Kapitel 1 und Simone de Beauvoir – Kapitel 8).

Brigitte Hellmann:
Der kleine Taschenphilosoph, dtv, München (insbesondere Texte von Buddha).

Ottfried Höffe:
Lesebuch zur Ethik, C. H. Beck, München 1999 (Texte zu allen Kapiteln des Lehrbuches).

Peter Köhler (Hg.):
Geh mir aus der Sonne – Anekdoten über Philosophen und andere Denker, Reclam, Stuttgart 2001 (vor allem Kapitel 2, Kritik der Ethik, u. a. Diogenes).

Hans Küng:
Der Anfang aller Dinge, Piper, München 2006, 8. Auflage (vor allem zum Kapitel 1 – Kritik der Hirnforschung).

Hans Küng:
Weltethos für Weltpolitik und Weltwirtschaft, Piper Verlag, München, 1997, 2. Auflage (vor allem Wirtschaftsethik, Kapitel 2).

Alfred Metzner:
Rechtsphilosophische Grundbegriffe, Luchterhand, Neuwied 2000 (zu den Kapiteln 5 und 6).

Roger-Pol Droit:
Wie ich meiner Tochter der Philosophie erkläre, Hoffmann und Campe, Hamburg 2006 (Begriff der Philosophie).

Fernando Savater:
Die Fragen des Lebens, Campus Verlag, Frankfurt 2000 (u. a. die Beiträge Freiheit in Aktion – Kapitel 1 und Zusammenleben – Kapitel 5 und 6).

Aljoscha A. Schwarz/Roland P. Schweppe:
Anleitung zum Philosophieren, Herbig Verlag, München 2002 (u. a. Erklärungen philosophischer Theorien von Lao Tse, Konfuzius, Sartre, Arthur Schopenhauer, Buddha, Immanuel Kant und Friedrich Nietzsche (Kapitel 1, 2 und 8).

Urs Thurnherr:
Angewandte Ethik, Junius Verlag, Hamburg 2000 (u. a. Auflistung der Themenfelder; insbesondere zu Kapitel 2 – Wirtschaftsethik und Kapitel 4 Medizinethik).

Michael Wittschier:
Abenteuer Philosophie, Piper, München 2002 (insbesondere zum Kapitel 2 – Ethik).

Ursula Wolf:
Das Tier in der Moral, Klostermann, Frankfurt am Main 1990 (u. a. Mitleidsmoral – Kapitel 2).

Bildnachweis

Titelseite, Seite 3: Rene Magritte, La condition humaine, © VG Bild-Kunst, Bonn 2009; Seite 6: AKG, © VG Bild-Kunst, Bonn 2009; Seite 7: Donatus Thürnau; Seite 11: Ralf Thielicke, Leipzig; Seite 12: Rebecca Meyer, Berlin; Seite 14: Hainmüller. In: Ethik & Unterricht, 02/2005, S. 41; Seite 14: Der Spiegel 41/2005, v. 10.10. 2005, S. 54; Seite 16: F. K. Waechter: Wahrscheinlich guckt wieder kein Schwein, Zürich 1978; Seite 20: Die großen Meister der Malerei, Frankfurt am Main 1980, S. 62; Seite 22: Archiv des Autors; Seite 25: © Colonia Media/ Darius Ghanai; Seite 28: Fritz Kahn: Das Leben des Menschen, Stuttgart 1924; Seite 29: Archiv des Autors; Seite 32: © VG Bild-Kunst, Bonn 2009; Seite 37: AKG, © VG Bild-Kunst, Bonn 2009; Seite 38: AKG, © VG Bild-Kunst, Bonn 2009; Seite 40: Archiv des Autors; Seite 42: Courtesy Gavin Brown's Enterprise, New York; Seite 45: © VG Bild-Kunst, Bonn 2009; Seite 50: Museum der bildenden Künste, Leipzig; Seite 54: Uta Wolf, Leipzig; Seite 55: AKG; Seite 61: AKG, © VG Bild-Kunst, Bonn 2009; Seite 64: AKG, © Banco de México Diego Rivera & Frida Kahlo Museum Trust/VG Bild-Kunst, Bonn 2009; Seite 64: © Natalia Sinjushina & Evgeniy Meyke, Fotolia.com; Seite 66: FOTEX Medienagentur GmbH, Hamburg; Seite 69: Ethik & Unterricht 4 (1998); Seite 71: wollmilcheber (www.photocase.de); Seite 73: Chinese Gods (Foto: Keith Stevens); Seite 74: Special Exhibition of Furniture in Paintings; Seite 75: Das Leben des Konfuzius, Zürich 1991; Seite 76: Eberhard Thiem, Das alte China, C. Bertelsmann; Seite 78: © VG Bild-Kunst, Bonn 2009; Seite 81: www.wga.hu; Seite 82: popular, pixelio.de; Seite 85: Johann Hisch/Josef Mann: Weltreligionen, Wien 1986, S. 41; Seite 86: Kurt Michel (www.pixelio.de); enobe (www.photocase.com); Seite 89: Trésors du Musée national du Palais, Taipei, Paris 1998, S. 315; Seite 90: Deutsches Albert Schweitzer Zentrum, Frankfurt a. M.; Seite 91: Ralf Thielicke, Leipzig; Seite 92: http://www.genpets.com/media/photo 06.jpg; Seite 97: Ralf Thielicke, Leipzig; Seite 100: Ullstein Bild, Berlin; http://www.surgeryencyclopedia.com; Seite 101: Ralf Thielicke, Leipzig (2); Seite 103: www.1000fragen. de; Seite 104: Deutsches Ärzteblatt; Seite 109: Panthermedia; Seite 111: Allensbacher Archiv; Seite 113: Deutsche Stiftung Organtransplantation, www.dso.de; Seite 114: picture alliance/ dpa (epa Chu Amiens); Seite 116: gen-welten. Werkstatt Mensch. Deutsches Hygiene Museum, Dresden 1999; Seite 121: BZgA; Seite 122: © Succession H. Matisse / VG Bild-Kunst, Bonn 2009; Seite 124: Holger Lindner, Berlin; Seite 125: Gitti (www.pixelio.de); Seite 127: © The M.C. Escher Company; Seite 129: Panthermedia; AKG; Spiegel Nr. 96, S. 95; Seite 132: Uta Wolf, Leipzig; Seite 134: tkoche, photocase.com; Seite 135: picture alliance/dpa (epa efe Juan Medina); Seite 136: Uta Wolf, Leipzig; Seite 138: Uta Wolf, Leipzig; Seite 139: Panthermedia; Seite 140: Uta Wolf, Leipzig; Seite 143: Uta Wolf, Leipzig; Seite 148: Zeitschrift für die Didaktik der Philosophie, Heft 4/98, S. 243; Seite 151: Uta Wolf, Leipzig; Seite 154: Christine Grünberg; Seite 156: Ralf Thielicke, Leipzig; Seite 157: Tommy W. (www.photocase.com); Seite 158: AKG; Seite 161: Ralf Thielicke, Leipzig; picture alliance/akg-images; Seite 163: Honoré Daumier: Das lithographische Werk, Henschelverlag, Berlin 1979; picture alliance/dpa; Seite 165: picture alliance/Picture Press/CAMERA PRESS (ERMA A0009); Seite 166: www.kindernothilfe.de; Seite 170: picture alliance/dpa/dpaweb (Boris Roessler); Seite 171: Ralf Thielicke, Leipzig; Seite 173: Marco Barnebeck/Telemarco (www.pixelio.de); Seite 175: B. Hageneder, photocase.com; Seite 179: Kobberstiksamling Kopenhagen; Seite 180: www.pixelio.de; Seite 181: Florida Department of Corrections (http://www.dc.state.fl.us); http://boisdejustice.com; 3d4free, photocase.com; Die berühmtesten Gemälde der Welt, Imprimatur-Verlag Bergisch-Gladbach 1976, S. 101; Seite 182: picture alliance/dpa (epa afp Frederic Noy); Seite 186: www.wga.hu; Seite 188: royjackson, photocase.com; Seite 189: picture alliance/dpa/ dpaweb (DB Becnel); Seite 192: AKG, © The Munch Museum / The Munch Ellingsen Group / VG Bild-Kunst, Bonn 2009; Seite 195: AKG, © VG Bild-Kunst, Bonn 2009; Seite 200: © The Munch Museum / The Munch Ellingsen Group / VG Bild-Kunst, Bonn 2009; Seite 201: © VG Bild-Kunst, Bonn 2009, aus: Volker Skierka: Armin Mueller-Stahl. Begegnungen, Knesebeck, München 2002, S. 131; Seite 203: Burkhart Brüning, Hamburg; Seite 204: AKG, © VG Bild-Kunst, Bonn 2009; Seite 208: AKG; Seite 210: Panthermedia.

Alle übrigen Abbildungen: Militzke Archiv, Leipzig. Leider ist es uns trotz größter Sorgfalt nicht in allen Fällen gelungen, zu den Abbildungen den Rechteinhaber zu ermitteln. Berechtigte Ansprüche werden selbstverständlich über die üblichen Vereinbarungen abgegolten.

Herausgeberin:
Prof. Dr. Barbara Brüning
Autoren:
Prof. Dr. Barbara Brüning (Kap. 2.1, 2.2, 2.3, 2.4.1, Kap. 4 mit Cornelia Arnold)
Cornelia Arnold (Kap. 4 mit Barbara Brüning)
Frederick Brüning (Kap. 7)
Christine Grünberg (Kap. 5)
Michaela Schmidt (Kap. 2.4.2)
Dr. Donatus Thürnau (Kap. 1)
Dr. Markus Tiedemann (Kap 6)
Textlektorat:
Oliver Tekolf
Bildlektorat:
Lars Pietzschmann, Oliver Tekolf
Layoutentwurf und technische und gestalterische Umsetzung:
Ralf Thielicke

Besuchen Sie den Militzke Verlag im Internet: http://www.militzke.de

Wir haben alle Internetadressen vor dem Druck sorgfältig geprüft. Dennoch kann es in Einzelfällen vorkommen, dass diese in der Zwischenzeit nicht mehr aktuell sind. Deshalb können wir für die absolute Aktualität keine Gewähr übernehmen. Außerdem liegt die Verantwortung für den Inhalt von Internetadressen bei deren Betreibern und nicht bei den Autoren und dem Verlag des vorliegenden Schulbuchs.

Alle Texte, die für dieses Buch erstellt wurden folgen der reformierten Rechtschreibung und Zeichensetzung (Stand: August 2006). Quellentexte sind in der Regel nach den zum Zeitpunkt ihrer ursprünglichen Drucklegung geltenden Regeln gesetzt.

Das Werk und seine Teile sind urheberrechtlich geschützt. Jede Nutzung in anderen als den gesetzlich zugelassenen Fällen bedarf der vorherigen schriftlichen Einwilligung des Verlages. Hinweis zu § 52 a UrhG: Weder das Werk noch seine Teile dürfen ohne eine solche Einwilligung eingescannt und in ein Netzwerk eingestellt werden. Dies gilt auch für Intranets von Schulen und sonstigen Bildungseinrichtungen.

© Militzke Verlag GmbH, Leipzig 2007
Satz und Gestaltung: Ralf Thielicke
Druck und Binden: Druckerei Wagner, Verlag und Werbung GmbH
ISBN 978-3-86189-319-6

www.militzke.de

Die letzte Jahreszahl bezeichnet das Erscheinungsjahr dieser Auflage:
2011   2010   2009